이 책의 한국어판 저작권은 EYA(Eric Yang Agency)를 통해 케임브리지대학교 출판부(Cambridge University Press)와 독점계약한 (주)소와당에 있습니다. 저작권법에 의하여 보호를 받는 저작물이므로 무단전재와 복제를 금합니다.

Korean translation copyright © 2021 by SOWADANG
Korean translation rights arranged with Cambridge University Press through EYA(Eric Yang Agency)

CAMBRIDGE WORLD HISTORY: Volume VII(PART 2)
Copyright © Cambridge University Press 2015

생산, 파괴, 접속 3
가족의 변화와 문화의 네트워크

존 로버트 맥닐·케네스 포메란츠 편집 / 류충기 옮김

기원후 1750년 – 현대

Cambridge World History
VOL. VII Part 2 Ch.1-11

소와당

케임브리지 세계사 시리즈 소개

케임브리지 세계사 시리즈는 활발한 연구가 펼쳐지고 있는 세계사 분야를 새롭게 개괄하는 권위 있는 개론이다. 세계사 및 지구사의 최근 연구 경향을 반영함으로써 포괄하는 시간적 범위를 확대했으며, 문헌 기록 이후의 역사뿐 아니라 인류의 전체 역사를 대상으로 했다. 국제적으로 다양한 분과 학문에서 선도적인 연구 업적을 내는 필자들을 섭외했고, 200명 이상의 저자들이 참여하여 오늘날까지 인류의 과거를 종합적으로 설명했다. 세계사는 다양한 방법론을 통해, 그리고 다양한 시공간적 범위에서 검토되어야 한다는 인식이 성장하고 있음을 감안하여, 시리즈의 각 권에서는 지역별 연구, 주제별 연구, 비교 연구의 성과를 수록했으며, 사례 연구를 더하여 넓은 시각의 연구를 깊이 있게 들여다볼 수 있도록 기획했다. 바로 이런 점이 케임브리지 세계사 시리즈의 특징이라 하겠다.

시리즈 편집 총괄
메리 위스너-행크스(Merry E. Wiesner-Hanks)
- Department of History, University of Wisconsin-Milwaukee

편집위원회
그레이엄 바커(Graeme Barker)
- Department of Archaeology, Cambridge University

크레이그 벤저민(Craig Benjamin)
- Department of History, Grand Valley State University

제리 벤틀리(Jerry Bentley)
- Department of History, University of Hawaii

데이비드 크리스천(David Christian)
- Department of Modern History, Macquarie University

로스 던(Ross Dunn)
- Department of History, San Diego State University

캔디스 가우처(Candice Goucher)
- Department of History, Washington State University

마니 휴스-워링턴(Marnie Hughes-Warrington)
- Department of Modern History, Monash University

앨런 캐러스(Alan Karras)
- International and Area Studies Program, University of California, Berkeley

베냐민 케다르(Benjamin Z. Kedar)
- Department of History, Hebrew University

존 맥닐(John R. McNeill)
- School of Foreign Service and Department of History, Georgetown University

케네스 포메란츠(Kenneth Pomeranz)
- Department of History, University of Chicago

베린 셰퍼드(Verene Shepherd)
- Department of History, University of the West Indies

산자이 수브라마니암(Sanjay Subrahmanyam)
- Department of History, UCLA and Collège de France

스기하라 가오루(杉原 薫)
- Department of Economics, Kyoto University

마르설 판 데르 린던(Marcel van der Linden)
- International Institute of Social History, Amsterdam

에드워드 왕(Q. Edward Wang)
- Department of History, Rowan University

노먼 요피(Norman Yoffee)
- Departments of Near Eastern Studies and Anthropology, University of Michigan; Institute for the Study of the Ancient World, New York University

한국어판 영어판 분권 대조표

케임브리지 세계사 시리즈 영어판은 7권 9책으로 구성되어 있지만, 번역본 한국어판은 18권으로 출간한다. 그 이유는 분량 때문이다. 분량이 워낙 많은 데다 번역하는 과정에서 페이지 수가 더욱 늘어나 때로는 1000페이지가 넘는 경우가 생기므로, 부득이 영어판 각 1권을 한국어판 2권으로 나눴다. 다만 세계사 서술에서는 시대구분 문제가 중요한 주제 중 하나이며, 영어판의 구성 자체가 시리즈 기획자들의 의도를 담고 있으므로, 페이지 분량 문제로 한국어판에서 부득이 분권을 하더라도 영어판의 구성을 최대한 존중하고자 했다. 그리하여 각 권의 표지에서 영어판의 분권 체제를 명시했으며, 또한 아래와 같이 한국어판과 영어판의 분권 구성과 시대구분을 정리했다. ─ 옮긴이

영어판		한국어판
Cambridge World History Vol. I (to 10,000 BCE)	Part 1	케임브리지 세계사 01
	Part 2	케임브리지 세계사 02
Cambridge World History Vol. II (12,000 BCE~500 CE)	Ch.1~7	케임브리지 세계사 03
	Ch. 8~23	케임브리지 세계사 04
Cambridge World History Vol. III (4000 BCE~1200 CE)	Part 1~3	케임브리지 세계사 05
	Part 4~6	케임브리지 세계사 06
Cambridge World History Vol. IV (1200 BCE~900 CE)	Part 1	케임브리지 세계사 07
	Part 2	케임브리지 세계사 08

영어판		한국어판
Cambridge World History Vol. V (500~1500 CE)	Part 1~3	케임브리지 세계사 09
	Part 4~5	케임브리지 세계사 10
Cambridge World History Vol. VI (1400~1800 CE)	Part I Ch. 1~10	케임브리지 세계사 11
	Part I Ch. 11~18	케임브리지 세계사 12
	Part II Ch. 1~12	케임브리지 세계사 13
	Part II Ch. 13~18	케임브리지 세계사 14
Cambridge World History Vol. VII (1750~Present)	Part I Ch. 1~10	케임브리지 세계사 15
	Part I Ch. 11~23	케임브리지 세계사 16
	Part II Ch. 1~11	케임브리지 세계사 17
	Part II Ch. 12~21	케임브리지 세계사 18

케임브리지 세계사 VOL. Ⅶ 소개

1750년 이후 세계는 점점 더 긴밀하게 연결되기 시작했다. 생산과 파괴의 과정은 이제 육지나 바다의 교통과 통신 수단에만 국한되지 않았다. 《케임브리지 세계사》 VOL. 7(한국어판 15~18권)은 갈수록 밀접해지는 인류의 역사를 다양한 시각에서 조명한다. 제15~16권은 현대 세계가 만들어진 구조와 공간, 그리고 그 과정들을 다룬다. 여기에는 환경, 에너지, 기술, 인구, 질병, 법률, 산업화, 제국주의, 탈식민화, 민족주의, 사회주의뿐 아니라 주요 지역의 역사까지 폭넓게 포함된다. 제17~18권은 현대 세계의 변화가 과연 얼마나 전 세계적으로 공유되었는지 질문을 던진다. 이를 위해 도시화, 인구 이동(이주), 가족과 성(性)의 변화 같은 사회적 현상을 살펴본다. 또한 종교, 과학, 음악, 스포츠 등 다양한 문화적 교류도 중점적으로 다룬다. 세계화의 핵심 요소인 고무, 약물, 자동차 등과 같은 상품들에 대해서도 논의하며, 대서양 혁명에서 1989년에 이르는 중요한 역사적 사건들도 함께 다룬다.

책임 편집 / 존 로버트 맥닐(J. R. McNeill)
조지타운(Georgetown) 대학교 역사학 교수. 주요 저서로는 *The Atlantic Empires of France and Spain, 1700-1763* (UNC Press, 1985), *The Mountains of the Mediterranean World* (Cambridge University Press, 1992), *Something New Under the Sun: An Environmental History of the Twentieth-century World* (Norton & Company, 2000), *The Human Web: A Bird's-eye View of World History* (Norton & Company, 2003), *Mosquito Empires: Ecology and War in the Greater Caribbean, 1620-1914* (Cambridge University Press, 2010) 등이 있다.

책임 편집 / 케네스 포메란츠(Kenneth Pomeranz)
시카고(Chicago) 대학교 역사학 교수. 주요 저서로는 *The Great Divergence: China, Europe, and the Making of the Modern World Economy* (Princeton University Press, 2000), *The Making of a Hinterland: State, Society and Economy in Inland North China, 1853-1937* (University of California Press, 1993), *The World That Trade Created: Society, Culture, and the World Economy, 1400 to the Present* (공저, Routledge, 2012) 등이 있다.

17권 저자 목록
디르크 회르더(Dirk Hoerder), University of Arizona.
린 홀런 리즈(Lynn Hollen Lees), University of Pennsylvania.
피터 스턴스(Peter N. Stearns), George Mason University.

줄리 피크먼(Julie Peakman), University of London.

알레산드로 스탄지아니(Alessandro Stanziani), Ecole des Hautes Etudes en Sciences Sociales and Centre.

안토니아 피넌(Antonia Finnane), University of Melbourne.

페터르 판 데르 페이르(Peter van der Veer), Max Planck Institute.

제임스 매클렐런 3세(James E. McClellan III), Stevens Institute of Technology.

티모시 테일러(Timothy D. Taylor), University of California, Los Angeles.

수전 브라우넬(Susan Brownell), University of Missouri - St. Louis.

라리타 고팔란(Lalitha Gopalan), University of Texas.

18권 저자 목록

하이메 로드리게스(Jaime E. Rodríguez O.), University of California, Irvine.

리처드 오버리(Richard Overy), University of Exeter.

다니엘 사전트(Daniel Sargent), University of California, Berkeley.

캐롤 핑크(Carole Fink), Ohio State University.

니콜 레벡(Nicole Rebec), University of California, Irvine.

제프리 워서스트롬(Jeffrey Wasserstrom), University of California, Irvine.

대니얼 헤드릭(Daniel R. Headrick), Roosevelt University.

리처드 터커(Richard Tucker), University of Michigan and Oakland University.

윌리엄 맥앨리스터(William B. McAllister), Georgetown University.

베른하르트 리허(Bernhard Rieger), University College London.

토머스 자일러(Thomas W. Zeiler), University of Colorado Boulder.

케임브리지 세계사 시리즈 서문

케임브리지 역사 시리즈는 오래전부터 역사학의 특정 주제를 선정하여 권위 있는 개론을 제공해왔다. 전문가들이 각 장별로 집필을 맡아서 여러 권으로 구성된 시리즈를 제작하는 방식이었다. 이런 방식으로 만들어진 첫 번째 시리즈는 〈케임브리지 근대사〉였다. 액턴 경(Lord Acton)이 기획을 맡았는데, 그가 사망한 직후 1902년부터 1912년까지 14권으로 출간되었다. 이는 이후 시리즈 구성의 모범이 되었다. 후속 시리즈로는 7권으로 구성된 〈케임브리지 중세사〉(1911~1936), 12권으로 구성된 〈케임브리지 고대사〉(1924~1939), 13권으로 구성된 〈케임브리지 중국사〉(1978~2009) 등이 있었다. 이외에도 국가별, 종교별, 지역별, 사건별, 주제별, 장르별로 전문화된 시리즈가 있었다. 이러한 시리즈들은 〈케임브리지 중국사〉가 표방했듯이 해당 주제에 대해서 영어로 된 "가장 방대하고 가장 종합적인" 역사서였고, 〈케임브리지 정치사상사〉가 주장했듯이 해당 분야의 "주요 주제를 모두" 포괄하고자 했다.

〈케임브리지 세계사〉 시리즈는 위대한 선배들의 업적을 본받았지만 동시에 차이도 있다. "가장 방대하고 가장 종합적인" 세계사 시리즈로서 "주요 주제를 모두" 포괄하려면 적어도 300권 규모가 필요할 것이다(시간은 100년쯤 걸리지 않을까?). 그 대신 이번 시리즈는 세계사 중에서 활발히 논의되는 분야를 개괄하고자 했고, 전체는 7권(volume) 9책(book)으로 구성되었다. 시간 범위는 문자 기록이 발달한 이후로 한정하지 않고 인류의 역사 전체를 포괄했다. 이러한 범위 설정은 최근 세계사 연구 경향을 반영한 것이다. 이처럼 폭넓게 시간 범위를 설정하면 고고학과 역사학의 경계가 모호해지고, 인류의 과거를 밝혀내기 위해 두 학문이 서로 보충적 관계에 놓이게 된다. 그래서 시리즈 각 권의 책임 편집에는 역사학자뿐만 아니라 고고학자도 참여했다. 이들은 미국, 영국, 프랑스, 오스트레일리아, 이스라엘 등지의 대학교에 재직하는 학자다. 또한 저자들의 연구 분야 역시 지역 범위 못지않게 폭이 넓다. 역사학, 미술사, 인류학, 고전학, 고고학, 경제학, 언어학, 사회학, 생물학, 지리학, 지역학 전문가가 참여했다. 이들은 오스트레일리아, 영국, 캐나다, 중국, 에스토니아, 프랑스, 독일, 인도, 이스라엘, 이탈리아, 일본, 네덜란드, 뉴질랜드, 폴란드, 포르투갈, 스웨덴, 스위스, 싱가포르, 미국 등지의 대학교에 재직하는 학자다. 연구를 통해 세계사 분야를 형성하는 데 기여한 원로 학자도 포함되어 있으며, 중견 및 소장 학자는 앞으로 세계사 분야를 만들어갈 사람들이다. 저자들 중 일부는 독립된 학문 분과이자 교육 분과로서의 세계사를 구축하는 데 긴밀한 노력을 기울였다. 학계에서는 이들의 활동을 지구사(global history), 초국사(transnational history), 국제사(international history), 비교사(comparative history) 등으로 일컬었다. (이들 분야는 서로 겹치거나 얽혀 있고 때로는 경쟁 관계에 놓여 있다. VOL. I 에 이 분야의 발전을 추적하는 글이 몇 편 수록되었다.) 대부분의 저자는 자기 분야의 전문가일 뿐이라고 생각하지만, 편집자들이 보기에는 폭넓은 대중에게 해당 분야를 가장 잘 설명할 수 있는 전문가, 혹은 자신에게 익숙한 영역을 넘어 새로운 영역으로 나아갈 수 있는 학자다.

세계사에 접근하는 길은 여러 갈래가 있고, 시공간적 범위를 다양하게 설정해야 한다는 인식이 날로 심화되고 있다. 이를 반영해서 각 권에는 다양한 분야의 글이 수록되었다. 지역 연구, 주제 연구, 비교 연구뿐만 아니라 사례 연구도 포함되었다. 사례 연구는 세계사 특유의 폭넓은 시야에 깊이를 부여해줄 것이다.

VOL. I (한국어판 01~02권)에서는 핵심적인 분석의 틀을 소개한다. 시대를 관통하는 세계사를 어떻게 서술할 것인지, 가장 중요한 접근 방법과 주제는 무엇인지 등에 대한 내용이다. 그리고 인류 역사의 95퍼센트를 차지하는 구석기 시대부터 기원전 1만 년까지를 다룬다. 이후로 각 권이 포괄하는 시간 범위는 갈수록 줄어들 것이며, 각 권별로 시간 범위가 다소 겹칠 수도 있다. 여기에는 복잡한 시대구분 문제가 반영되어 있다. 진정으로 글로벌한 역사를 다루려면 시대구분 문제가 복잡할 수밖에 없다. 편집자들은 겹치는 시간 범위를 억지로 조정하지 않았고, (예컨대 고전기, 근대 등의) 전통적 시대구분에 얽매이지 않았다. 이는 기존의 시대구분에 도전하고자 하는 의미도 있다. 또한 각 권별로 시간 범위를 조금씩 겹치게 함으로써 다양한 지역 간의 고립과 불균형, 서로가 서로에게 영향을 미치는 방식을 강조할 수 있었다. 각 권은 고유의 주제, 혹은 일정한 범위 내의 주제에 집중한다. 주제 선정은 편집자들이 맡았는데, 각 권에서 포괄하는 시대의 핵심인 동시에 세계사 전체를 이해하는 데 기본이 되는 주제들이 선정되었다.

VOL. II (한국어판 03~04권) "농업과 세계사(1만 2000 BCE~500 CE)"는 신석기 시대 이전부터 시작해서 이후 농업의 기원과 세계 여러 지역의 농경 공동체를 살펴본다. 더불어 유목 경제와 사냥·어로·채집 경제 관련 이슈들도 검토한다. 농업을 통해 형성된 더욱 복합적인 사회 구조 및 문화 양식의 공통점을 추적하고, 세계 여러 지역을 개관하며, 해당 지역의 사례 연구를 제시한다.

VOL. Ⅲ (한국어판 05~06권) "고대의 도시들(4000 BCE~1200 CE)"은 초기 도시에 초점을 맞춘다. 도시는 인류 사회 변화의 원동력이었다. 도시 및 공통 이슈 비교 연구를 통해 행정 및 정보 기술의 탄생과 전승, 의례, 권력의 분배, 도시와 그 배후지의 관계를 추적한다. 세계 여러 지역을 대상으로 도시의 발전과 일부 도시가 제국의 수도로 전환되는 과정을 살펴보기 때문에, VOL. Ⅲ이 포괄하는 시간 범위는 매우 폭넓다.

VOL. Ⅳ (한국어판 07~08권) "제국과 네트워크(1200 BCE~900 CE)"는 대규모 정치 단위와 상호 교환 네트워크가 형성되는 과정을 분석한다. 여기에는 "고대 문명"이라고 일컬어지던 내용이 포함된다. 그러나 세계의 다른 지역까지 포함하다 보니 시간 범위가 더 넓어졌다. 노예, 종교, 과학, 예술, 성차별에 대한 장을 포함해 사회·경제·문화·정치·기술 발전의 공통점을 분석한다. 또한 지역별 개관을 제시하는데, 지역별로 한두 군데 사례 연구도 포함되어 있다. 이는 해당 지역을 보다 깊이 있게 들여다보도록 하기 위함이다.

VOL. Ⅴ (한국어판 09~10권) "교역과 분쟁(500~1500 CE)"은 당시 1000년 동안 특징적으로 나타났던 무역 네트워크 및 문화 교류의 확장을 조명한다. 여기에는 경전 중심 종교의 확장과 과학, 철학, 기술의 전파도 포함된다. 사회 구조, 문화 제도, 환경, 전쟁, 교육, 가족, 법정 문화 같은 의미 있는 주제들이 전 지구적 차원 혹은 유라시아 차원에서 논의된다. 그리고 아시아, 아프리카, 유럽, 아메리카의 정치 및 제국 연구에서는 VOL. Ⅳ에서 시작된 국가 형성에 관한 논의가 계속 이어진다.

이상 VOL. Ⅰ~Ⅴ는 모두 각 1책(book)이다. 그러나 VOL. Ⅵ~Ⅶ은 각 2책이다. 기존의 시대구분으로 보면 근현대에 해당하는 부분이다. 최근 500년에 해당하는 이 시대의 특징은 갈수록 복잡해졌다는 데 있다. 전례 없는 세계화가 진행되었기 때문이다. 뿐만 아니라 그리 멀지 않은 과거이기 때문에 자료도 풍부하고 연구 성과도 많이 남아 있다.

VOL. Ⅵ(한국어판 11~14권) "세계화의 시대(1400~1800 CE)"는 갈수록 확대되는 생물학적·상업적·문화적 교류를 추적하고, 정치·문화·지성의 발달을 살펴본다.

VOL. Ⅵ 제1책(한국어판 11~12권)은 갈수록 상호 의존성이 심화되는 세계가 어떻게 만들어지게 되었는지 그 기초를 살펴본다. 여기에는 환경이나 기술 혹은 질병 등의 주제, 카리브해나 인도양 혹은 동남아시아처럼 특히 교류가 집중되었던 지역, 해양 제국이나 러시아 같은 육지 중심의 제국, 이슬람 제국, 대륙과 해양 모두 진출한 이베리아반도의 제국(포르투갈과 스페인) 같은 대규모 정치 체제 등이 연구 대상에 포함된다.

VOL. Ⅵ 제2책(한국어판 13~14권)은 전 세계적 혹은 지역적 이주와 서로의 만남을 검토한다. 이주를 일으킨 경제·사회·문화·제도적 구조를 살펴보고, 또한 이주를 통해 이러한 구조가 어떻게 바뀌었는지 검토한다. 여기에는 무역 네트워크, 법, 생필품 유통, 생산 과정, 종교 체제 등의 논의가 포함된다.

VOL. Ⅶ(한국어판 15~18권) "생산, 파괴, 접속(1750~현재)"은 세계가 화석 연료 사용 단계로 접어드는 과정을 추적하고, 인구 폭발과 세계화 과정을 통한 활발한 교류의 시대를 다룬다.

VOL. Ⅶ 제1책(한국어판 15~16권)은 인구 과잉의 지구가 만들어진 물질적 조건에 대해 논의한다. 여기에는 환경, 농업, 기술, 에너지, 질병 등의 주제와, 국가주의, 제국주의, 탈식민화, 공산주의 등 현대 사회를 만든 정치적 흐름, 그리고 몇몇 핵심 지역 연구가 포함된다.

VOL. Ⅶ 제2책(한국어판 17~18권)은 앞에서 논의된 주제들을 다시 검토한다. 가족, 도시화, 이민, 종교, 과학 등의 주제뿐만 아니라 스포츠, 음악, 자동차 등 이 시대에 특징적으로 나타난 글로벌한 현상, 냉전과 1989년 같은 변화의 특별한 계기 등에 대한 연구가 포함된다.

〈케임브리지 세계사〉 시리즈에는 모두 200여 편의 논문이 수록된 만큼 종합적이라고 할 수 있다. 그러나 결코 충분하지 않다. 각 권별 책임 편집자는 무엇을 포함하고 무엇을 배제할지 고심을 거듭했다. 이는 세계사 연구자라면 누구나 맞닥뜨리는 문제다. 2000년도 더 지난 과거에 헤로도토스(Herodotos)도 그랬고, 사마천(司馬遷)도 마찬가지였다. 각 권에서 논문의 배열 순서는 해당 시대의 특성을 고려하여 책임 편집자(들)가 판단했다. 그래서 각 권의 구성이 조금씩 다르다. 권별로 시대도 조금씩 겹치므로 어떤 주제는 여러 권에 걸쳐서 등장하기도 한다. 이는 각 권의 역사적 흐름을 이해하는 데 모두 중요하다고 판단되는 주제였기 때문이다. 특히 시리즈 편집자들은 중요한 요소의 발전 과정을 각기 다른 관점에서 살펴보는 것이 세계사 연구에 가장 적합한 방향이라고 생각했다. 각주는 다른 케임브리지 역사 시리즈들과 마찬가지로 상대적으로 가볍게 달았고, 처음 이 분야에 주목하는 독자들을 위한 배려로 각 장이 끝날 때마다 "더 읽어보기" 목록을 제시했다. 또한 이 시리즈는 이전의 시리즈들과 달리 전권이 한꺼번에 출간되었다(영어판의 경우 ─옮긴이). 시리즈를 출간하는 데 10여 년씩 걸리던 출판계의 여유로운 속도가 21세기 디지털 시대에 이르러 달라진 것인지도 모르겠다.

다시 말해 〈케임브리지 세계사〉 시리즈는 책이 기획 및 생산되는 시점의 시대상을 반영하고 있다. 〈케임브리지 근대사〉 시리즈도 이와 다르지 않았다. 케임브리지대학교 출판부의 설명에 따르면, 액턴 경이 기획한 것은 "세계사"였다. 그러나 실제로 그 시리즈에 수록된 수백 편의 글 중에서 주인공이나 사건 혹은 정치 단위가 유럽과 북아메리카를 벗어난 경우는 손에 꼽을 정도에 불과했다. 〈새로운 케임브리지 근대사〉 (1957~1979) 시리즈도 마찬가지로 세계사를 자처했지만 지역 편중은 별로 개선되지 않았다. 이는 놀라운 일이 아니다. 1957년, 심지어 시리즈의 마지막 권이 출간된 1979년에도 유럽은 곧 "세계"였고, 근대의 모든 것은 유럽에서 비롯되었다고 믿었다. 이런 관점을 우리는 "유럽 중심주의"라 부른다. (다른 언어권에서도 세계사가 집필되는 해당 지역을 중심으로 세계를 바라보는 관점이 없지 않았다.) 20세기 중반에도 유럽 중심은 지속되었고, 세계사와 지구사 분야는 미약했다. 강연회, 학회, 학술지 등 신생 분야를 형성해간 주역들은 1980년대에 이르러서야 등장했다. 그중에는 시작된 지 10년도 안 지난 것들도 있다. 가령 〈세계사 저널(Journal of World History)〉이 1990년 처음 출간되었고, 〈지구사 저널

(Journal of Global History)〉이 2005년, 〈뉴 글로벌 스터디즈(New Global Studies)〉가 2007년 시작되었다.

세계사 혹은 지구사의 발전은 다른 모든 학문 분과에서 치열한 자기반성이 이루어지던 시대와 맥을 같이했다. 자신의 존재를 돌아보지 않고는 어떤 연구도 불가능했고, 기존의 모든 범주가 혼란스러워졌다. 포함과 배제, 다양성에 대한 우려가 역사학의 하위 분야에서 기본으로 자리 잡았고, 이러한 분위기에서 역사학 관련 교육이 이루어졌다. 그래서 이 시리즈의 편집자들은 균형을 추구하려고 노력했다. 전통적으로 세계사 분야에서 중점을 둔 것은 거대 규모의 정치·경제적 과정이었고, 정부나 경제 엘리트들이 주체가 된 역사였다. 이것과 문화적 요인, 사고방식, 의미 등 새로운 관심 주제들의 균형을 고려해야 했다. 뿐만 아니라 우리는 세계 여러 나라의 역사에서 중요한 주제들도 포함시키고자 노력했다. 저자의 구성에서도 지역적 안배와 세대별 안배를 고려했다. 〈케임브리지 근대사〉와 비교하자면 저자군의 지역적 범위가 훨씬 더 넓고, 저자의 성별도 더 균형이 맞는다. 그러나 우리가 원한 만큼 글로벌하지는 못했다. 현재 세계사와 지구사 연구는 영어권에서 압도적으로 많이 진행되고 있다. 그래서 학자들의 분포 또한 영국과 미국의 대학교에 편중되어 있다. 현대 세계의 여러 가지 불평등한 현실도 그렇지만, 세계사 연구의 이 같은 격차는 그야말로 이 시리즈에서 서술하는 세계사의 결과다. 그중 어느 시대가 핵심 요인이었는가, 그리고 어느 정도 비중으로 기원의 문제를 다룰 것인가 하는 문제는 저자마다 의견이 다를 수 있다.

나는 다만 이 시리즈가 액턴 경의 시리즈만큼 편차가 크지 않기를 바랄 뿐이다. 가능하면 2권으로 구성된 〈케임브리지 인도 경제사〉(1982) 정도였으면 좋겠다. 〈케임브리지 인도 경제사〉의 편집자들(Tapan Raychaudhuri, Irfan Habib)은 서문에서 이렇게 말했다. "우리는 감히 우리의 노력이 새로운 지식을 형성하는 데 촉매가 되기를 바랄 뿐이다. 그래서 머지않아 새로운 지식이 이 책에 수록된 내용을 대체할 수 있기를 기원한다." 세계사와 지구사는 활발한 분야라서 머지않아 틀림없이 새로운 지식이 등장할 것이다. 다만 우리의 시리즈가 21세기 초라는 시점에 한해서나마 세계사 분야로 들어가는 문이 되고 전체를 조망할 수 있는 유용한 개론이 되기를 기대해본다.

메리 위스너-행크스(Merry E. Wiesner-Hanks)

케임브리지 세계사 17 차례

케임브리지 세계사 시리즈 소개	4
한국어판 영어판 분권 대조표	7
케임브리지 세계사 VOL. Ⅶ 소개	9
케임브리지 세계사 시리즈 서문	12

PART 1 사회적 변화

CHAPTER 1	이민	27
CHAPTER 2	도시화	85
CHAPTER 3	가족	125
CHAPTER 4	성적 행동의 지속성과 변화	167
CHAPTER 5	노예제 폐지	215

PART 2 문화와 연결

CHAPTER 6	백화점과 문화의 상품화	259
CHAPTER 7	종교	299
CHAPTER 8	자연과학	337
CHAPTER 9	음악 유행, 오브제에서 상품으로	379
CHAPTER 10	스포츠	417
CHAPTER 11	영화	459

케임브리지 세계사 18 차례

	PART 3 역사의 전환점
CHAPTER 12	대서양 혁명의 재해석
CHAPTER 13	세계대전, 1914~45년
CHAPTER 14	냉전
CHAPTER 15	1956년
CHAPTER 16	1989년

	PART 4 세계화를 이끌어가는 힘
CHAPTER 17	교통과 통신
CHAPTER 18	고무 산업
CHAPTER 19	약물
CHAPTER 20	자동차
CHAPTER 21	세계화, 앵글로-아메리칸 스타일

그림 목록

1-1. 집결지에 모인 인도 출신 플랜테이션 노동자들, 1891년경   39
1-2. 엘리스(Ellis) 섬에 있던 미국의 입국심사장   44
1-3. 미국에서 추방된 과테말라 불법 이민자들   64
1-4. 이주 노동자들의 시위. 베이루트. 세계 여성의 날   71
3-1. 목마를 타고 노는 아이들, 1840년대 미국 민화   136
3-2. 중국 문화혁명 선전 포스터   156
3-3. 버스를 개조한 이동식 학교(인도)   160
6-1. 셀프리지 백화점의 제과 섹션, 20세기 초   269
6-2. 일본 도쿄의 근대 백화점 내부, 1895년-1900년경   272
6-3. 상해(상하이) 남경로, 1934년   286
6-4. 발고 힐스 공동체의 예술가   294
10-1. 2008년 하계 올림픽 당시 북경의 국가체육장   447

지도 목록

1-1. 주요 이주 시스템   37
2-1. 함부르크 아메리카 라인의 해운 항로, 1914년   97
2-2. 세계의 도시화 비율, 2005년   106

표 목록

2-1. 세계 도시화 비율, 1700년-2000년   91
2-2. 세계 10대 도시   117

2-3. 인구 1,000만 명 이상의 도시, 1950년-2000년　　　　　　　　119

그림 출처

[그림 1-1] Royal Commonwealth Society, London, UK / Bridgeman Images. [그림 1-2] FPG / Getty Images. [그림 1-3] EITAN ABRAMOVICH / AFP / Getty Images. [그림 1-4] © Str / Reuters / Corbis. [그림 3-1] © Francis G. Mayer / Corbis. [그림 3-2] © David Pollack / Corbis. [그림 3-3] © KRISHNENDU HALDER / Reuters / Corbis. [그림 6-1] Private Collection / © Look and Learn / Peter Jackson Collection / Bridgeman Images. [그림 6-2] Private Collection / The Stapleton Collection / Bridgeman Images. [그림 6-3] © Bettmann / CORBIS. [그림 6-4] Werner Forman Archive / Bridgeman Images. [그림 10-1] © ITAR-TASS Photo Agency / Alamy.

CHAPTER 1

이민

디르크 회르더
Dirk Hoerder

인적 자본(human capital)의 수요공급 불균형은 사람들의 이동(mobility)을 통해 해소된다. 사람들이 단거리 또는 장거리 이동을 할 경우에는 지역을 연결해주는 정보망이나 교통수단을 이용해야 한다. 여기에는 반드시 비용이 따르기 때문에, 사람들은 대개 무제한적으로 이동하는 것이 아니라 최적의 선택지를 찾으려 한다. 가정에서, 또는 국가에서 제공한 교육비가 투입된 젊은 연령대의 노동 가능 인구를 인적 자본이라 한다면, 사람들이 이동할 경우 출발지 사회에서는 인적 자본의 손실이 일어나고, 도착지 사회에서는 생산성과 세금 수입이 추가된다. 기존의 학자들이나 정치 지도자들은 주로 장거리 이주에 더 많은 관심을 기울였다. 그래서 남성에 비해 여성의 이주가 과소집계되는 측면이 있었다. 여성의 이주는 대개 중단거리 이주가 많았기 때문이다. 현실적으로 이주라 하면 국경을 넘어가는 이주보다는 제국 혹은 국내에서 이루어지는 이주가 훨씬 더 많았다. 이주 시스템(migration system)이란 오랜 시간에 걸쳐 일어나는, 경험적으로 확인 가능한 대규모 이동의 패턴을 의미한다. 이주 시스템은 특정 지역 내에서 만들어질 수도 있고, 대륙 간 또는 대양을 건너는 형태로 나타날 수도 있다. 패턴을 분석하기 위해서는 단거리와 장거리, 남성과 여성, 개인과 가족의 이주를 통합적으로 고려해 보아야 한다. 이주의 유형은 일시적 노동 이주, 영구적인 도시 이주, 영구적인 농촌 정착, 난민 이주 또는 강제 추방 등 여러 가지가 있을 수 있다. 동시에 여러 유형들이 서로 중첩될 수도 있다. 마지막으로 출발지와 도착지 사회의 경제적 틀, 국가가 부과한 법적 틀을 주의 깊게 살피는 동시에, 이주자의 생활적 관점과 현실적인 의사결정 요인을 함께 고려해야 한다.[1]

이주의 형태와 방향은 시기에 따라 변해왔다. 이를 나누어보면 네 개의 시기가 뚜렷하게 구분된다. 첫 번째는 1770년대부터 1830년대까지, 두 번째는 1830년대부터 1930년대까지, 세 번째는 1950년대 초부터 1990년대까지, 마지막으로 21세기 초반이다. 개인 또는 가족의 이주 결정에 영향을 미치는 요인들은 무수히 많았다. 특정 지역의 정치경제적 발전, 제국과 국가 간 국경 변화와 세력의 위계, 중소규모 경제 지역의 상대적 중요성 변화, 전쟁, 혁명, 자연재해 등이 모두 가능한 요인들이었다. 농촌 혹은 도시에서 생계유지에 어려움을 느끼는 사람들이 더 나은 노동 조건이나 생활 조건을 알게 되면, 개인이나 가족 단위로 이주를 결정하게 되는 것이다. 동시에 이 결정은 유교, 이슬람교, 기독교를 비롯한 여러 가지 가치규범의 맥락 속에서 이루어졌다. 이주는 사회경제적 관

---

[1] 이 장은 Dirk Hoerder, *Cultures in Contact: World Migrations in the Second Millennium* (Durham: Duke University Press, 2002)와 Christiane Harzig, Dirk Hoerder, Donna Gabaccia, *What is Migration History?* (Cambridge: Polity, 2009)를 기반으로 한다. 정량적 자료는 주로 Adam M. McKeown, "Global Migration, 1846-1940," *Journal of World History* 15.2 (2005), 55-189, José C. Moya, "A Continent of Immigrants: Postcolonial Shifts in the Western Hemisphere," *Hispanic American Historical Review* 86/1 (2006), 1-28, 그리고 Moya and McKeown, "World migration in the long twentieth century," in Michael Adas (ed.), *Essays on Twentieth-Century History* (Philadelphia: Temple University Press, 2010), pp. 9-52에서 가져왔다.

계 전반에 영향을 미쳤다. 가족, 성별, 세대 간의 위계도 물론 영향의 범위에 포함되었다. 세계 인구는 1800년 약 10억 명에서 2010년 약 70억 명으로 증가했다. 이주를 결정하는 사람들도 그만큼 더 늘어났다. 그러나 이주자의 절대 수는 증가했지만, 상대적 비율(인구 1,000명당 이주자 수)은 사회경제적 요인에 따라 달랐다. 도시 개발과 산업화 등의 여파로 이동 비용이 비교적 낮은 가까운 선택지들이 늘어날 경우 이동이 증가하는 결과로 이어졌다. 제국의 확장도 이동이 증가하는 원인이었다. 네덜란드의 경우 17세기 식민지 팽창 시기에 이주의 비율이 가장 높았다. 실제로 이주와 관련된 정량적 자료는 많지 않고, 남아 있는 자료도 부정확한 경우가 많다. 과거에는 특별한 예외를 제외하면 대부분의 평범한 사람들은 한곳에 정착해 살아간다고 생각했기 때문에, 사람들이 이동하는 일에 큰 관심을 두지 않았고, 이주와 관련된 자료를 적극적으로 수집하지 않았다. 19세기가 되어서야 비로소 인구 이동에 관한 자료가 수집되기 시작했지만, 당시에는 주로 국가와 민족을 기준으로 삼았다. 그래서 자료 역시 대부분 국경을 넘는 이동에 대해서만 기록되었다. 게다가 당시 사람들의 성별에 대한 편견 때문에 여성과 어린이는 단지 남성 이주자를 따라가는 '부수적인 존재'로만 취급되었다.

예전에는 거대 지역 단위로 이주 패턴이 나누어져 있었다. 그런데 앞에서 언급한 네 시기 중 첫 번째에 해당하는 1770년대-1830년대에, 기존의 지역 단위별 이주 패턴이 서로 연결되었다. 이는 소수의 식민지 개척자들 때문이었다. 이들은 강력한 무장을 갖추고, 세계 곳곳에서 강압적 지배와 수출 경제체제를 구축했다. 다만 그때까지도 중국 같은 광대한 지역은 사실상 별다른 영향을 받지 않은 상태로 남아 있었다. 두 번째 시기인 1830년대-1930년대에는 서반구와 동반구 사이의 이주가 두드러졌다. 당시 아메리카의 플랜테이션 농장에서는 기존의 노예 노동 체제가 유지되고 있었고, 아프리카에서 아메리카로 강제 이주도 계속되고 있었다.(참고로 지역별 노예제 금지 시기는, 아이티 1804년, 칠레 1823년, 멕시코 1829년, 영국 1833년, 아르헨티나 1853년, 미국 1865년, 브라질 1888년이었다. - 옮긴이) 이 시기에 대서양 횡단 이주 시스템과 러시아의 시베리아 진출 이주 시스템이 대대적으로 확대되었다. 영국령 인도와 중국 남부의 인력이 계약노동자(indentured servitude)로 이주하는 시스템도 이 시기에 만들어졌다. 이들은 아메리카의 플랜테이션 농장으로 들어가 과거 아프리카 노예 노동을 대신할 인력이었다. 19세기 후반에는 북중국에서 만주로 가는 이주 시스템이 형성되었다. 1930년대 세계대공황과 제2차 세계대전으로 일종의 공백기를 거친 뒤, 1950년대 초반부터 1990년대까지 새로운 거대 지역 체제(macro-regional systems)가 형성되었다. 이 체제는 21세기 초반에 접어들면서 변화를 맞이했다. 과거 식민지였던 일부 지역에서 강력한 신흥 경제국들이 등장했기 때문이다. 2008년의 금융 위기로 잠시 주춤하긴 했지만, 이후로도 그 양상이 지속되었다.

첫 번째 시기: 1770년대부터 1830년대까지의 이주 시스템

이른바 혁명의 시대에 대서양 권역에서는 혁명 세력과 반혁명 세력 사이의 전쟁이 벌어졌다. 이때는 이주가 대단히 위험했다. 수많은 병사들이 고용 혹은 징집되어 이동했다. 전쟁 지역에서는 난민, 이주민, 귀환 이주민들이 빈번히 오고 갔다. 이동 중에 생존자들이 낯선 땅에서 고립되는 경우도 많았다. 유럽-지중해 권역과 아시아-인도양 권역이 접촉하는 경계 지역에서는 러시아 제국과 합스부르크 제국이 오스만 제국을 상대로 세력을 다투었다. 그 여파로 병사들이 이동했고, 무슬림 농민들도 가족 단위로 피난길에 올랐다. 흑해 북쪽의 광활한 농지는 이주 농민들을 불러들였다. 그 지역으로 들어온 이주민들은 대부분 독일 남서부의 소규모 공국 출신들이었고, 현지인들과 다른 종교를 가진 사람들이었다. 발칸 지역에서는 이민을 떠나는 사람들이 증가했다. 발칸의 일부를 통치하던 합스부르크 제국이 봉건적 조세 제도를 다시 실시했기 때문이다. 과거 헝가리에서도 이와 비슷하게 이민 유출이 증가한 사례가 있었다. 그때는 합스부르크 제국이 반종교개혁 정책의 일환으로 가톨릭을 강요했던 것이 원인이었다. 그럼에도 불구하고 발칸 지역에서 합스부르크 제국의 세력은 강화되었다. 그와 경쟁하던 오스만 제국의 세력은 오히려 점차 쇠락했다. 그 과정에서 유럽의 이상적 모델로 간주되었던 오스만 제국의 민족적, 문화적, 종교적 다원주의도 함께 약화되었다. 러시아 제국의 행정당국에서는 가혹한 기후의 시베리아를 정치범과 범죄자의 유배지로 활용했다.(시베리아는 이미 오래전부터 세계 모피 무역 경제 시스템에 편입되어 있었다.) 그러나 18세기에는 토지를 소유하지 못한 농민들이 시베리아로 이주했다. 그들은 국가의 통제와 세금을 피하고자 시베리아 남부의 비옥한 농경지대에 정착지를 마련했다. 중국의 청 제국에서는 특정 경제 부문의 성장과 혁신이 이주민들을 끌어들였다. 이주민들은 인적 자본의 더 나은 투자 기회를 찾아 나섰다. 제국이 확장되는 과정에서 삶의 터전을 상실하는 사람들이 생겨났고, 문화적 변화가 발생했으며, 재정착을 위한 이주 등의 일들이 일어났다. 16세기 이베리아 반도의 제국들이 카리브해 지역을 장악한 이후, 그곳에서 글로벌 플랜테이션 농장 지대가 형성되었다. 또한 그곳에서 일할 노예의 강제 이주가 시작되었다. 그러나 인권 개념이 발전하고 경제 상황이 변하면서, 1807-8년부터 노예무역이 금지되기 시작했다.(먼저 영국과 미국에서 노예무역이 금지되었고, 이후 나폴레옹 전쟁 이후 유럽의 질서 회복을 논의했던 1815년의 빈 회의에서 노예무역을 규탄하는 공동 성명이 발표되었다. - 옮긴이) 그러나 브라질 등 일부 지역에서는 여전히 노예제가 유지되고 있었다. 유럽과 아메리카의 노예상인들은 국법을 무시한 채 1870년대까지 노예무역을 계속했다. 1760년대부터 1815년에 이르기까지 유럽 각국은 전쟁에 몰두했고, 대서양 너머 아메리카에도 그 여파가 미쳤다. 신생국 미국뿐만 아니라 라틴 아메리카에서도 식민지 열강의 세력이 약화되었다. 1820년대에는 라틴 아메리카에서도 신생 독립국들이 출현했다. 전쟁 중에 병사, 노예, 난민의 강제 이주가 이루어졌다. 이와 함께 식민지 지배 계층이었던 스페인계 크리올 엘리트의 자발적 이동도 있었다. 19세기 전반기의 라틴 아메리카는 북아메리카와 달리 이민자들이 선호할 만한 경제 발전 지역이 아니었다.

두 번째 시기: 1830년대부터 1930년대까지의 이주 시스템

19세기는 이주 시스템이 구조적으로 확대되던 시기였다. 플랜테이션 농장과 광산 지역에서는 노예제와 노예무역이 점진적으로 폐지되었지만, 아시아와 아프리카 지역에서는 식민 통치자들에 의해 여전히 강제 노동이 이루어지고 있었다. 유럽 각국에서는 서서히 농노제가 폐지되었고, 농촌의 잉여 인력이 다른 지역으로 떠나기 시작했다. 이들이 향한 곳은 주로 인구가 적고 비옥한 땅이 많은 지역이거나, 산업화된 도시로 노동력이 필요한 곳이었다. 이와 함께 유럽의 제국주의 국가들은 중국, 일본, 그리고 사하라 사막 이남의 아프리카 내륙까지 세력을 넓혀 갔다. 1830년대부터 철도망이 빠르게 확장되었고, 1870년대에는 증기선 기술이 크게 발전하면서 바다를 건너는 여행과 무역이 더 쉬워졌다. (최초로 증기선이 대서양 횡단에 성공한 것은 1819년이며, 1830년대부터는 정기적으로 증기선이 대서양을 오갔고, 1870년대에는 더욱 효율적인 복합엔진과 철제 선체가 보편화되었다. - 옮긴이) 그 결과 사람들의 이동이 많아졌고, 화물 운송 비용도 크게 낮아졌다. 이러한 기술 발전 덕분에 식민지에서 생산된 물품을 이전보다 저렴한 비용으로 운송할 수 있게 되었고, 그 수요 또한 급격히 증가했다. 이로 인해 현지의 노동력과 자유 이민자의 노동력을 이용한 플랜테이션과 착취 체제 역시 더욱 확대되었다.

세계적 차원에서 보자면, 반구(지구의 절반)를 포괄하는 이주 시스템이 출현했다. 이동하는 사람들의 단위는 개인, 가족, 혹은 가족과 형제가 순차적으로 움직이는 등으로 다양했다. 가장 잘 알려진 반구적 이주의 시스템은 대서양 횡단 시스템이었다. 이 시스템으로 움직이는 사람들은 대개 1815년부터 시작해서 주로 유럽에서 북아메리카로 향했지만, 19세기 후반부터는 남아메리카로 가는 사람들도 많았다.(5,500-5,800만 명) 이외에 전 세계에 걸쳐 유럽 세력이 구축했던 식민지로 이주한 사람들은 주로 남성들이었고, 그 수도 그리 많지 않았다.(100만 명) 대서양 횡단 이주 시스템에는 아프리카의 강제 이주자들도 포함되었다. 이들은 아프리카의 노예 포획 국가, 백인 무역상, 운송업자, 백인과 메티스(Métis, 백인과 아메리카 원주민 혼혈) 농장주들에게 이익을 안겨 주었다.

19세기 강제 이주자들의 수는 약 200만 명에 달했다. 아프리카인의 강제 이주는 1870년대에 가서야 비로소 중단되었다. 두 번째 반구적 이주의 시스템은 인도양-동남아시아-남중국을 연결하는 시스템이었다. 이 시스템은 1830년대부터 발달하기 시작했다. 이 지역에서는 전통적으로 이주의 시스템이 존재했지만, 이 시기에 이르러 유럽 식민주의자들의 관심에 따라 크게 영향을 받았다. 이 시스템은 카리브해와 브라질까지 연결되었으며, 제1차 세계대전을 계기로 유럽으로도 연결되었다.(4,800만-5,200만 명) 세 번째 반구적 이주의 시스템은 북중국-만주를 연결하는 시스템이었다. 이 시스템은 1880년대부터 시작되었다. 가난한 시골 농민들이 이 시스템에 의거해서 새로운 농지나 변경의 산업 지역으로 이주했다.(약 4,000만 명) 네 번째 반구적 이주의 시스템은 러시아-시베리아를 연결하는 시스템이었다. 약 1,000만-1,200만 명의 사람들이 남부 시베리아의 비옥한 땅으로 이주했고, 멀리는 아무르강 유역까지 진출하는 사람들도 있었다. 남아메리카에서는 신생독립국에서 지역별로 수많은 이주의 패턴이 발달했다. 북아메리카에서는 1830년대부터, 사하라 이남 아프리카에서는 1880년대부터, 유럽 세력의 대대적인 군사 식민지 개척으로 수많은 사람들이 이주했다. 난민이 발생했고, 강제노동을 위해 끌려간 사람들도 있었으며, 혼란한 상황 속에서 개인이나 가족이 스스로 판단하여 이주한 사람들도 있었다. 과거 유럽중심적 시각에서 학자들은 이러한 반구적 이주 시스템 중의 일부를 도외시하는 경향이 있었다. 예를 들면 북중국-만주의 이주 시스템이 그랬다. 또한 인종적 편견에 따라 이주의 현실을 축소하기도 했다. 백인들의 자유 이주와 황인종의 억압적 "쿨리(coolie)" 이주를 구분하거나, 혹은 대서양 횡단

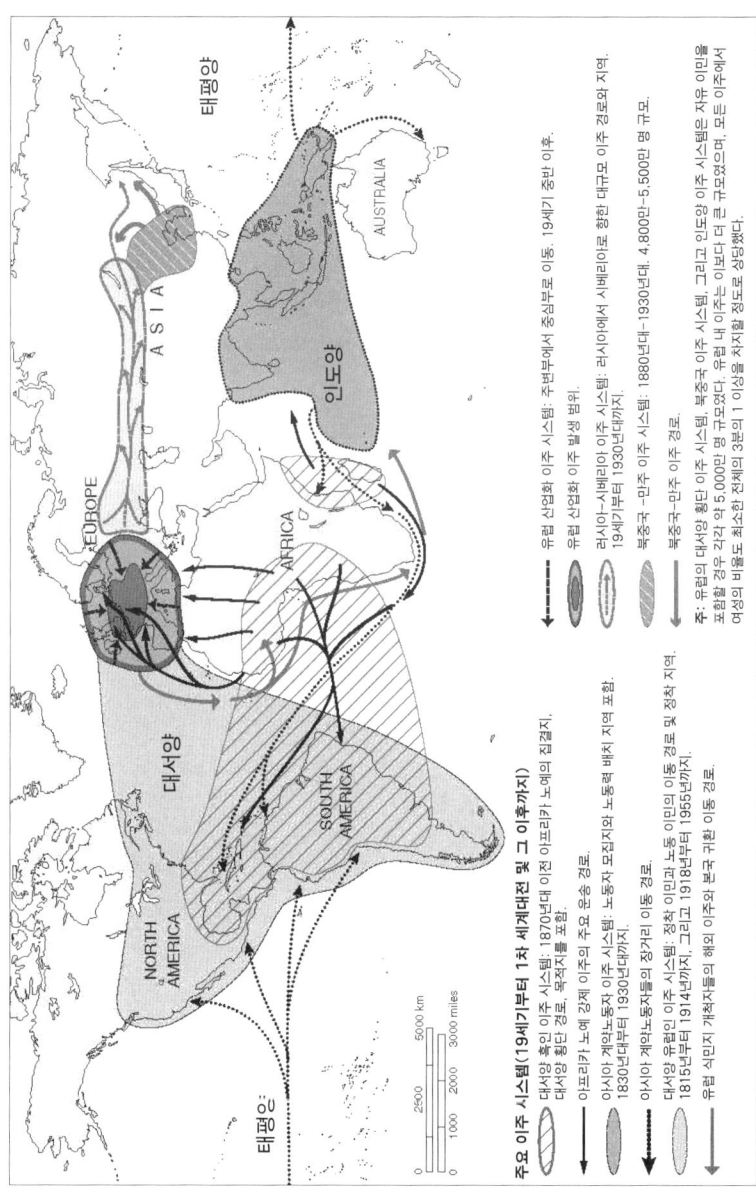

[지도 1-1] 주요 이주 시스템

자유 이주와 시베리아 강제 추방을 달리 보았던 것이 바로 그런 사례였다.(복잡다단한 이주의 현실을 도외시하고 자유와 속박의 이분법으로 단순화한 것이 유럽중심적 시각이라는 비판이다. – 옮긴이)

유럽에서 농노제가 폐지되고, 아메리카와 플랜테이션 농장 지대에서는 노예제가 폐지된 이후 사람들의 자발적 이동이 증가했다. 그러나 해방된 사람들이 전 주인으로부터 보상을 받기는커녕 오히려 주인의 손실을 보상해주어야 하는 경우가 많았다.(유럽에서 농노제 폐지 이후 농민들은 토지 주인에게 토지 사용료를 지불해야 했다. 결과적으로 그것이 장기 부채로 남았다. – 옮긴이) 빈곤은 더욱 심화되었고, 사람들은 떠날 수밖에 없었지만, 새로운 제약이 이동을 곤란하게 만들었다. 노동력 수요가 높았던 지역에서는 새로운 법령에 따른 구조적·사적 폭력 때문에 노예에서 해방된 흑인들의 이동이 자유롭지 못했다.(미국 남부에서는 흑인법이 제정되어 직업의 제한이 있었고, 계약 없이 떠돌아다닐 경우 체포 및 강제 노동에 처할 수 있었다. – 옮긴이) 플랜테이션 지대의 다른 지역들, 예컨대 아이티나 브라질 같은 곳에서는 해방된 사람들이 임금 노동을 위해 이주하거나, 독립적인 자급자족 농업에 종사할 수 있는 주변 지역으로 이동했다. 유럽에서 해방된 농노들은 극심한 제약에서 벗어났지만, 그들이 완전히 '자유롭게' 이주할 수는 없었다. 이주를 하더라도 종종 그들의 목적지는 스스로 선택한 것이 아니었다.

인도, 중국 남부, 일부 동남아시아 섬지역에서는 계약노동(indentured sevitude)이 5년 단위로 체결되는 관행이 형성되었다. 이는 "제2의 노예노동"이라고 일컬어진다. 개인이 계약노동자가 되는 이유는 생활고, 가난, 불우한 환경 등 다양했다. 영국뿐만 아니라 네덜란드와 프랑스 식민

〔그림 1-1〕 집결지에 모인 인도 출신 플랜테이션 노동자들, 1891년경

당국의 과중한 세금과 노역도 그 이유에 포함되었다. 계약노동자가 플랜테이션 농장 안에 위치한 상점에서 지나치게 비싼 음식을 구매할 수밖에 없는 환경이거나, 또는 고용주가 귀국 비용 지급을 거부하면, 계약노동자는 영구적 노예 상태로 전락했다. 모든 유형의 억압 제도에는 이동의 강제성, 또는 도착지에서의 구속이 뒤따랐다. 미국이나 브라질의 경우 토양 영양분의 고갈이나 작물 전환 등의 이유로 생산지가 변경되곤 했다. 생산지가 변경될 경우, 제2차 강제 이주가 뒤따랐다.

젠더(gender) 이데올로기는 여성을 더욱 "구속"했고, 때로는 여성의 이동에 제약이 되기도 했다. 예컨대 중국에서는 유교적 규범에 따라 여성을 의존적이고 심지어 하인과 같은 가족 구성원으로 간주했다. 따라서 여성의 이주 선택은 상당히 제한적이었다. 과거 남성 관료들로 구성된 국가 관료 체제에서 수집된 데이터에서는 이주민을 모두 남성으로 간주하는 경향이 있었다. 이는 잘못된 것이다. 19세기 유럽 내 이주자의 약 50퍼센트가 여성이었으며, 대서양 횡단 이주에서는 약 40퍼센트가 여성이었다. 다만 이는 이주 집단에 따라, 또한 이주 과정의 각 단계에 따라 달라지는 문제였다. 계약노동에 따른 이주에서는 약 20-35퍼센트가 여성이었다. 여성이 없이는 공동체 형성도 세대의 재생산도 가능하지 않았다.[2] 여성들은 흔히 서비스 직종으로 이주했으며, 이는 오늘날도 마찬가지다. 하지만 여성들은 "그들만의" 영역에 머무르기보다는 경계를 넘어섰다. 하나는 농촌과 도시 생활 방식 간의 경계였고, 다른 하나는 노동자 계층과 고용주 계층 간의 경계였다. 일부 지역에서는 젠더 시스템 때문에 남성에 비해 오히려 여성의 이동이 증가하는 경향을 보이기도 했다. 예를 들어 아프리카에서는 채무가 여성의 책임으로 돌아가는 경우가 많았다. 즉 주로 여성과 아이들이 채권자를 위해 일하거나 봉사하기 위해 단거리 이주를 하는 경향을 보였다.

전 세계적으로 인구가 빠르게 증가함에 따라, 자급 농가를 운영하는

---

2 Hoerder and Amarjit Kaur, eds., *Proletarian and Gendered Mass Migrations: A Global Perspective on Continuities and Discontinuities from the 19th to the 21st Century* (Leiden: Brill, 2013); Linda Bryder, "Sex, race, and colonialism: an historiographic review," *International History Review* 20 (1998), 806-822; Clare Midgley, ed., *Gender and Imperialism* (Manchester University Press, 1998).

모든 농촌 지역에서는 두 명의 생존 자녀를 제외한 나머지 자녀들의 이주가 불가피했다. 이주 목적지는 인구밀도가 낮은 미개척 농촌 지역이었다. 예컨대 뉴잉글랜드에서는 오하이오 강 유역으로, 양자강 유역 평야에서 점차 가파른 산악지대로 사람들이 이주했다. 그리고 운하, 도로, 철도 건설 등 토목 작업과 같은 인프라 건설 노동 시장이나 도시 노동 시장과도 연관성이 있었다. 1910년경 합스부르크 제국을 출발해서 대서양을 횡단하는 이민이 절정에 달했을 무렵에도, 고향이나 소도시를 떠난 사람들 중에 국경의 범위 내에서 이주하는 사람들이 95퍼센트였다. 국내 이주는 별도의 통계가 없었으므로, 국내와 해외 이주를 포괄하는 이주민의 절대 수치와 비율을 파악하려면, 지역별로 출생·사망 기록을 재구성해 보아야 한다. 당시 유럽의 도시는 대부분 위생 시스템이 열악해서 사망률이 높았다. 이를 감안하면 인구 규모를 유지하는 것조차도 지속적인 이주민의 유입에 의존해야 했다. 이슬람 사회에서는 의례의 일부로 세정이 포함되어 있어서 공중위생에 유리한 면이 있었다. 전통적으로 일부 농촌 지역 사람들은 가정 내에서 성별에 따라 특화된 수공예 작업을 통해 비농업 소득을 창출했다. 예를 들어 대부분의 지역에서는 직물을 제작했고, 중국 일부 지역과 서아프리카 만데(Mande)족 사람들은 도자기를 만들었으며, 독일 팔츠(Pfalz) 지방에서는 식기를, 스위스 산악 계곡에서는 레이스를 제작했다. 19세기에는 제품의 생산이 공장으로 집중되었고 이후 기계화된 생산이 도입되었다. 대량생산 체제에서 생산된 상품들이 철도를 통해 유통되자 농촌 지역에서는 부수입 소득이 감소했다. 그 여파로 젊은이들이 개인적으로 이주하거나 가족 전체가 이주를 결정하기도 했다. 그 무렵의 농촌 마을이나 유목민 공동체를 연구한 성과에 따르면 이동성이 상당히 높게 나타난다. 흔히 생각하는 것처럼 정적인 농촌마을이 아니었던 것이다. 사람들이 많이 모이는 도시에 일자리와 교육 기회가 더 많았으며, 여가와 결혼 선택의 범위도 도시가 더 풍부하다는 사실을 사람들은 잘 알고 있었다. 1880년대 이후 제1차 세계대전 시기까지, 산업화를 통해 특정 일자리를 제공한다든지, 혹은 도시화로 선택의 폭이 넓어지는 등의 영향으로, 지역에 따라 이주의 양상도 변화해 갔다.

대서양 이주 시스템

19세기에 세계 인구는 약 60퍼센트 증가한 반면, 유럽의 인구는 두 배로 늘어났다. 이것이 대서양 이주 시스템(atlantic migration system)이 발달하게 된 하나의 원인이었다. 이 시스템에 따른 이동을 흔히 "프롤레타리아 대중의 이주(proletarian mass migration)"라 했다. 이주를 통해 동유럽과 남유럽 농촌 출신의 이주민들이 프롤레타리아화(proletarianizing)되었기 때문이다. 이는 곧 숙련 농업 종사자들이 비숙련 공장 노동자로 전환되는 과정이었다. 당시 이주를 가속화한 요인은 여러 가지가 있었다. 영국과 아일랜드에서는 토지 소유의 집중, 초기 산업화, 그리고 식민주의의 영향이 컸다. 유럽 대륙에서는 1815년의 빈 회의 이후 반동적 왕조 체제가 복원되면서 기존에 폐지되었던 높은 세금과 십일조, 엄격한 사회 계층 구조, 하층민 억압이 다시 부활했다. 이 또한 이주를 촉진한 요인이었다. 잉글랜드와 작센(Sachsen) 지방을 제외한 유럽의 다른 모든 지역에서는 산업의 성장 속도가 매우 느렸다. 이것도 이주가 증가한 원인이었다. 17-18세기의 이민자들은 19세기와 여러 가지로 달랐다. 1820년 이전까지는 가난한 이민자들이 대서양 횡단 비용을 충당하기 위해 3-7년 간 자발적으로 계약노동자가 되기도 했다. 한편 1763년부터 러시아 예카테리나 2세의 특혜 정책에 따라 남서부 독일의 농민들이 도나우강을 통해 러시아 남부 평원으로 이주했는데, 이 사업 또한 1820년대에 중단되었다. 이후 19세기의 유럽인들은 유럽 안에서 많은 이주를 했지만, 서유럽인들부터 시작해서 대서양 횡단 이주를 선택하기도 했다. 뒤이어 북유럽인, 나중에는 동유럽인과 남유럽인도 그 길을 따랐다. 또한 19세기에는 알제리(1830년부터 프랑스), 남아프리카(네덜란드와 영국), 케냐, 호주 등의 지역으로 이주하는 사람들도 있었다. 이들 또한 농업 식민지 개척이 목표였지만, 규모는 훨씬 적었다. 아열대와 열대의 플랜테이션 식민지로 간 이주자는 그보다 더 적었다.

북대서양 항로를 통해 이주한 인구는 3,500만 명에 달했다. 1776년 이후 북아메리카의 새로운 통치자들은 원주민을 추방했다. 백인 정착지의 확대가 원주민 난민(당시 문헌에서는 'red refugee'라 표현)의 이주를 초래했다. 1830년대에 이르면 미시시피 강 동쪽에서는 원주민들이 거의 "청소(clean)"되었다.(청소라는 표현은 당시에 사용된 표현은 아니다. 20세기에 인종적으로 배제된 사람들의 배척을 의미하는 용어로, 유대인의 추방'judenrein'이라든가, 민족 청소'ethnic cleansing'라는 표현이 사용되었다) 1840년대에 미국으로 이주한 유럽인들 중 약 3분의 1은 정착을 위해 농지를 개척했고, 나머지 3분의 2는 도시 노동자가 되었다. 1890년대 이후에는 95퍼센트가 산업 분야에서 일했다. 이들의 노동이 없었다면 북아메리카가 도시화 산업 생산 체제로 빠르게 전환될 수 없었을 것이다. 일반적으로 "테일러주의(Taylorization)"로 알려진 생산 공정의 단순

[그림 1-2] 엘리스(Ellis) 섬에 있던 미국의 입국심사장
가운데 남성은 아일랜드 이민자이며, 그 옆에 아이를 안은 여성은 이탈리아 이민자다.

화 덕분에 이주자들은 쉽게 일자리를 얻을 수 있었다. 수백만 명의 유럽인들이 캐나다로 이동했으며, 소수는 멕시코로도 이주했다. 1850년대 멕시코 공화국 정부는 "인디오(Indios)"의 토지를 빼앗고, 그들에게 이주를 강요했다.(멕시코가 스페인으로부터 독립한 해는 1821년이었다. - 옮긴이) 이베리아 반도와 이탈리아 반도 출신자 약 800만 명이 남아메리카, 특히 브라질과 아르헨티나로 이주했다. 그들 대부분이 플랜테이션 농장 노동자나 도시 노동자가 되었다. 1890년대의 이탈리아 이주자들은 부에노스아이레스부터 몬트리올에 이르기까지 대서양 남북 항로를 모두 활용하여 아메리카 대륙의 다양한 목적지로 진출했다.

"이민자(immigrant)"로 분류된 사람들 중 약 3분의 1 내지 2분의 1은 나중에 유럽으로 되돌아갔다. 이탈리아 농촌의 노동자들은 생계를 위해 대륙 간 이동을 하기도 했다. 북반구와 남반구의 농작물 수확 시기가 달랐으므로 계절에 따라 양쪽을 오가기도 했다. 당시 유럽에서는 산업화 중심부 지역(영국, 프랑스, 독일, 스위스, 보헤미아, 오스트리아 북동부)으로 주변부 지역(아일랜드, 스칸디나비아, 동유럽, 지중해 지역)의 노동자들이 이동했다. 1880년대 중심부 도시 인구의 절반 이상이 이주민이었다. 이민자들은 대개 현지인과 같은 언어를 사용했지만, 서로 다른 방언을 구사하는 경우가 많았다. 거주민과 이주민이 서로를 소통하지 못하는 경우도 종종 있었다.[3]

대서양의 흑인 디아스포라(Black Atlantic)와 백인 디아스포라(White Atlantic)는 대조적이면서도 상호보완적인 관계에 있었다.(Black Atlantic이란 Robert Farris Thompson이 아프리카계 미국인의 예술과 철학을 논의하는 과정에서 아프리카인 디아스포라의 문화적 연속성과 상호작용을 설명하기 위해 사용한 개념이었다. -옮긴이) 강제 이주 아프리카인들은 "들판의 공장(factories in fields)"에서 일했다. 그들의 노동으로 사탕수수, 면화, 기타 작물이 재배되었고, 생산물은 식민지 지배 세력의 시장으로 수출되었다. 1830년대까지 아메리카에 도달한 아프리카인이 유럽인보다 더 많았다. 그러나 아메리카 현지에서 아프리카계 인구의 비율은 거의 증가

---

3 Walter Nugent, *Crossings: The Great Transatlantic Migrations, 1870-1914* (Bloomington: Indiana University Press, 1992); Moya, "A continent of immigrants."

하지 않았다. 아메리카에 도착한 아프리카인들은 대량학살에 가까운 과정을 거친 사람들이었다. 포획, 해안까지의 행군, 대서양 중부 횡단항로 항해 중에 수많은 사람들이 목숨을 잃었다. 아메리카에서는 두 번째 대량학살의 과정이 기다리고 있었다. 그것은 바로 혹독한 노동이었다. 대부분 출산의 기회도 주어지지 않았다. 아메리카에서 아프리카 문화의 재창조와 정치적 주체성의 발현은 다양한 형태로 나타났다. 브라질에서는 노예로 끌려온 사람들끼리 문화를 공유했으며, 아프리카 출신 지역을 배경으로 활기찬 생활 관습이 형성되었다. 카리브해 지역에서는 아이티의 노예들이 대서양 혁명의 시대에 동참했다. 그러나 다른 섬들에서는 주로 크레올(Creole) 엘리트 계층에 종속된 상태로 남아 있었다. 경제와 인종의 계층 구조 측면에서 보자면, 미국 남부는 뉴욕이나 보스턴보다 카리브해 지역 사회와 더 유사했다. 미국 남부로 들어오는 노예들은 먼저 카리브해 지역에서 "적응 기간(breaking-in period)"을 거쳤으며, 농장의 엄격한 통제를 경험했다. 여기서는 문화적 재창조는 억압되었지만 출산은 장려되었다. 안정적인 가족 구조는 없었지만 세대를 넘어 노예 노동력을 지속적으로 확보하기 위해서였다. 미국에서 노예제가 폐지된 때는 1863년(북부)과 1865년(남북 전체)이었다. 이는 러시아 제국의 농노 폐지(1861년)보다 늦게 이루어졌다. 이후 1886년에는 쿠바, 1888년에는 브라질에서도 노예제가 폐지되었다.[4]

---

4 José C. Curto and Renée Soulodre-La France, eds., *Africa and the Americas: Interconnections during the Slave Trade* (Trenton, nj, and Asmara: Africa World Press, 2005); Katia M. de Queiros Mattoso, *To Be A Slave in Brazil, 1550-1880* (fourth edn.; New Brunswick: Rutgers, 1994).

인도양-동남아-중국 남부 이주 시스템

인도양-동남아시아-중국 남부 지역으로 이어지는 이주 시스템은 예전에는 흔히 '쿨리(coolie)' 시스템이라 했다. 그러나 오늘날에는 '쿨리'라는 표현이 인종차별적이고 비하하는 뜻을 담고 있어 흔히 사용하지 않는 편이다. 이 시스템의 역사는 사실상 2,000년 전까지 거슬러 올라가며, 바닷길이나 연안 항로를 따라 이동하는 시스템이었다. 대영제국은 1830년대에 공식적으로 노예제를 폐지했다. 백인과 흑인 모두가 참여한 노예폐지운동의 영향도 있었지만, 노예제를 유지하는 비용과 국가에 미치는 손익을 따져 내린 결정이었다. 그러나 노예제가 폐지된 이후에도 열대 지역에서 생산되는 식량과 작물에 대한 수요는 여전히 높았고, 값싸고 통제하기 쉬운 노동력이 계속 필요했다. 이에 따라 영국과 뒤이어 프랑스 제국은 '계약노동(indentured sevitude)' 시스템을 도입했다. 이 시스템을 통해 영국령 인도, 프랑스령 인도차이나, 중국 남부에서 노동자를 모집하여 버마(지금의 미얀마), 인도네시아 제도, 모리셔스, 남아프리카의 나탈 지역 등 플랜테이션 농장으로 보냈다. 하지만 이들의 열악한 노동 환경을 개선하기 위해 제국의 정부가 실질적인 조치를 취한 경우는 거의 없었다. 강압적인 계약노동을 통해 이주한 사람은 전체 해외 이주민의 약 10퍼센트에 불과했다. 많은 중국 노동자들은 자발적으로 '신용대출(credit-ticket)' 방식을 선택했는데, 이는 여행 비용을 빌려서 목적지에 도착한 뒤 1년 이내에 노동으로 갚는 형태였다. 하지만 대부분의 이주민들은 자유로운 '여행객(passenger)'으로 이동했다. 이들 중 일부는 이미 오랜 기간 유지되어 온 전통적인 이주 경로를 이용했으며, 다른 일부는 플랜테이션 작물 재배와 계약노동의 경로를 따르는 사람들도 있었다. 유럽과 미국은 아시아 시장 개방을 꾸준히 추진했다. 1840년대 영국은 아편전쟁을 통해 중국을 군사적으로 압박하고 상업적 개방을 이끌었으며, 1850년대 초에는 미국 함대의 압력으로 일본이 개항했다. 또한 1857-58년 인도에서는 영국 동인도회사의 통치가 끝나고 영국 왕실이 직접 통치를 시작했다. 이후 이주는 더욱 활발해졌다. 인도에서는 영국이 임명한 세금 징수 책임자(zamindar)의 과도한 세금 징수로 농민들이 극심한 빈곤에 처했다. 중국 역시 영국의 아편 강요로 농민 생활이 크게 악화되었다. 메이지 시대 일본은 산업화를 추진하면서 농민들에게 무거운 세금을 부과했고, 많은 시골 젊은이들이 생계 문제로 해외 이주를 선택하게 되었다.

자유 이주자나 신용대출 또는 계약에 묶인 이주자들이 새로운 지역에 도착하거나 잠시 머무는 과정에서 생필품 수요가 늘어났다. 이를 겨냥한 상인 가족과 무역업자들 또한 이주경로를 따라 이동했다. 예컨대 영국 식민지였던 버마에서는 계약노동자들을 위한 식량으로 쌀 생산량을 늘려야 했고, 따라서 추가적인 이주 노동력이 필요했다. 이주 노동자들은 하와이나 카리브해의 섬들처럼 먼 지역까지 이동했다. 카리브해 지역에서는 민족적·문화적(또는 인종적) 다문화 사회가 형성되어 있었다. 계약노동자와 자유 이주민들도 그 사회의 일부로 편입되었다. 이민자 가정과 공동체는 남아프리카와 동아프리카에서 하와이에 이르기까지 다양한 사회에서 현실정치에 참여했다. 제1차 세계대전 당시 유럽은 전쟁으로 노동력이 크게 부족해지자 중국, 인도차이나, 인도 등에서 약 100만-200만 명의 노동자들이 유럽으로 이주했다. 이들은 주로 유럽 식민지의 행정과 군사 활동을 보조하는 일을 맡았다. 전쟁이 끝난 후 일부 노동자들은 유럽에 정착했고, 식민지의 독립을 위한 운동에 참여하기도 했다. 인도의 민족주의 지도자들(간디와 인도국민회의 등)은 영국 정부와 협상하여 계약노동(Indentured servitude) 제도의 폐지를 추진했다. 그러나 이후에도 자발적인 이주는 계속해서 끊이지 않았다.[5]

북중국-만주 이주 시스템

중국 남부에서 해외로 떠나는 이주나 해안 지역에서 운남(雲南), 귀주(貴州) 등 내륙 지방으로 향하는 장거리 이주 외에, 1880년대부터는 북중국에서 만주로 이동하는 새로운 이주 흐름이 나타났다. 이때는 계절에 따라 일자리를 찾아 떠나는 독신 남성뿐 아니라, 가족 단위로 이주하는 사람들도 늘어나기 시작했다. 특히 산동(山東), 직예(直隷, 현재의 河北 일대), 하남(河南) 등 북중국의 농업 지역은 인구가 많고 극심한 빈곤에 시달리고 있었다. 이 지역 주민들은 생계를 위해 발해만을 건너 만주로 떠났다. 1896년에 일본의 투자로 남만주철도 공사가 시작되었다.(개통은 1906년) 이 철도는 이주민들이 이용하는 주요 교통수단이 되었다. 만주 지역 농촌의 인구 구성은 점차 이주민 중심으로 바뀌었다. 이 중 일부는 산업 노동자로 일했다. 당시 러시아는 극동 지역의 도시 개발을 추진하고 있었으며, 일본 역시 만주에서 광업과 다양한 산업에 투자하고 있었다. 1932년부터 만주는 일본이 통치하는 만주국(滿洲國)으로 바

---

5 David Northrup, *Indentured Labor in the Age of Imperialism, 1834-1922* (Cambridge University Press, 1995); Piet C. Emmer, ed., *Colonialism and Migration: Indentured Labour before and after Slavery* (Dordrecht: Martinus Nijhoff, 1986).

뀌었다. 중국의 정책 결정자와 지식인 엘리트들은 이주민들에 대해 대체로 무관심한 태도를 보였다. 식민지 지배자인 일본은 이주민들을 주로 착취의 대상으로 여겼다. 다만 철도 회사는 사회과학자들을 고용해 농민들이 고향을 떠날 수밖에 없었던 배경과 만주 지역의 노동력 수요를 조사했다. 결국 만주에서는 농촌 개척과 산업화가 동시에 진행되며 새로운 사회가 형성되고 있었다.[6]

러시아-시베리아 이주 시스템

아무르강(Amur River) 주변에서는 중국에서 건너온 이주민들과 시베리아 횡단철도를 타고 동쪽으로 온 사람들이 뒤섞여 살고 있었다. 러시아-시베리아 이주 시스템은 원래 모피 무역업자들에 의해 형성되었다. 나중에는 범죄자와 정치적 반대자들을 동쪽으로 추방할 때도 이 시스템이 활용되었다. 이후 시베리아 남부 지역으로 농민들의 대규모 이주가 이어졌다. 러시아와 청나라가 극동 지역에서 경쟁을 벌이게 되자, 러시아는 군대와 행정 관리들을 동쪽으로 보내 본격적으로 극동 개발에 나섰다. 이 과정에서 가족 단위로 온 농민들은 별다른 공식 절차 없이 땅을 차지했고, 기업가들은 새롭게 형성된 도시들로 모여들었다. 러시아의 유럽 지역에서는 마을 단위로 묶인 공동체(미르, mir)가 중요했다. 도시로 일자리를 찾아 떠난 사람들도 여전히 가족 관계를 통해 이 공동체와 연결되어 있었다.(mir는 마을 공동체로, 농노제가 유지될 때도 영주가 공

---

6 Adam McKeown, "Chinese Emigration in Global Context, 1850-1940," *Journal of Global History* 5 (2010), 1-30.

동체 단위로 농지를 임대하고, 농민들은 공동체에 소속되어 함께 일했다. 농노제가 폐지된 이후에도 개인에게 토지가 할당된 것이 아니라 공동체 단위로 토지가 유상 분배되었고, 공동체에 소속된 농민들은 농지에 대한 상환금을 지불해야 했다. 그래서 농노제 폐지 이후에도 농민들은 공동체에 속박되어 있었다. 그러나 산업화가 진행되면서 공동체 조직은 점차 느슨해졌다. — 옮긴이)

1861년에 러시아에서 농노해방령이 내려진 후에는 불과 10년 사이에 약 1,300만 명의 인구가 이동했다. 이들 대부분은 일자리를 찾아 모스크바나 상트페테르부르크 같은 산업 중심 도시로 잠시 향했다. 남부의 돈바스(Donbass)나 우랄산맥 주변의 광산과 산업 지역에도 많은 사람들이 몰려들었다. 1900년경에는 모스크바와 상트페테르부르크 주민의 70퍼센트 이상이 다른 지역에서 온 이주민이었다. 러시아의 이주 시스템은 대서양 횡단 이주 시스템과는 별개였다. 다만 소수의 서유럽 및 중부 유럽 출신 전문가, 기업가, 숙련공들이 기회를 찾아 러시아로 오기도 했다. 그러나 1880년대부터는 반대로 러시아를 떠나 서쪽으로 향하는 이주가 급증했다. 특히 유대인에 대한 경제적 탄압과 폭력 사태(pogrom), 우크라이나 민족에 대한 억압, 독일계 농업 이주민들에게 주어졌던 특권의 폐지 등으로 많은 사람들이 유럽과 북아메리카로 떠나갔다.[7]

이상에서 언급한 거대 이주 시스템보다 규모는 작았지만, 태평양 횡단 이주 시스템도 있었다. 1840년부터는 동아시아에서, 1900년대부터는 남아시아에서 아메리카 대륙 연안 지역으로 이주가 시작되었다.

---

7 Donald W. Treadgold, *The Great Siberian Migration: Government and Peasant in Resettlement from Emancipation to the First World War* (Princeton University Press, 1957).

1920년대까지 약 100만 명의 인구가 이 시스템을 따라 이동했다. 그들의 영향은 대단히 컸다. 철도 건설 프로젝트와 채굴 산업뿐만 아니라 농업에도 그들의 노동력이 사용되었다. 캘리포니아와 브리티시 컬럼비아(캐나다 서부 해안)의 농업도, 초기에는 중국인 노동자, 이후에는 일본인, 필리핀인, 시크교도 노동자들에 의존했다. 중국 상인들은 아시아와 아메리카의 무역에서 대체 불가능한 중개자 역할을 했으며, 중국 유학생들은 귀국 후 미국의 사상과 소비문화를 전파할 주역들이었다. 과거 독일인과 아일랜드인이 겪었던 것처럼, 이들도 모두 인종차별을 겪었다.[8]

이 모든 이주의 사례에서, 개인과 가족의 결정을 이끄는 주요 요인은 최소한의 생계 유지나 혹은 더 나은 기회의 추구였다. 거대 이주 시스템을 기반으로 정보가 유통되었고, 정부나 대기업이 주도하는 톱다운 방식의 투자 전략이 출현했다. 유럽의 여러 왕조 국가에서는 일반적으로 출국이 제한되었지만, 19세기 중엽에는 제한이 철폐되었으며, 조금 늦었지만 러시아도 이를 따랐다. 인도, 중국, 일본에서도 외부의 강압에 따라 어느 정도 자유로운 출국이 허용되었다. 민족 국가 차원에서 이민을 유도하거나 배제하기 시작한 시기는 19세기말 이후였다.

이민 배제 법령

특정 이민자 집단을 배제하는 법령이 만들어진 데는 여러 가지 배경이 있었다. 유럽에서 새로운 민족국가들이 잇달아 생겨나면서, 자신들만의 뚜렷한 민족 정체성을 확립해야 한다는 생각이 퍼졌다. 여기에 인종

---

8 Hoerder, *Cultures in Contact*, pp. 393-400.

이나 민족 사이에도 우열이 있다는 차별적인 인식까지 더해졌다. 대개 최초의 이민 배제 법령은 1882년 미국에서 제정된 중국인 노동자 입국 금지법으로 알려져 있지만, 사실은 1875년 페이지(Horace F. Page) 하원 의원이 발의했던 페이지법(Page Act)에서 이미 중국인 여성의 입국 금지를 규정한 적이 있었다. 남성 입법자들이 보기에 중국인 여성들이 매춘에 종사할 가능성이 있다는 이유에서였다. 이러한 관념은 혼자 여행하는 여성들의 입국을 어렵게 만들었다. 유럽에서 미국으로 들어오는 미혼 여성들도 마찬가지로 어려움을 겪었다.[9] 미국 이외에도 인종차별적이고 민족중심적인 제한 법령이 존재하는 나라가 많았다. 독일 제국은 폴란드(당시 러시아와 합스부르크 제국에 분할 편입된 상태였다) 노동자들의 이민을 배제하려 했으며(1885년), 프랑스는 이탈리아에서 온 이주민들에 부정적인 반응을 보였다(1880년대). 오스트레일리아(1901년)와 남아프리카연합(1911년) 역시 "아시아인"의 이민을 배제했다. 그러나 각국의 경제는 이민 노동력을 필요로 했다. 선박 회사를 비롯한 여러 산업체들은 관련 법률을 회피하거나 법률을 변경하기 위한 노력을 기울였다. 그러나 이러한 제한들이 점차 누적되면서 이른바 "오픈 도어"(open door) 이민의 시기는 막을 내렸다. 1900년대 초까지 미국에서는 유럽인에 대한 입국 제한이 거의 없었다. 당시 평론가들의 표현을 빌자면, "위대한 백인 앵글로색슨 인종의 쇠퇴"에 대한 두려움이 있었다. "올리브빛" 혹은 "거무스름한" 남유럽 사람들, "어두운 혈통"의 슬라브인들, 그리고 유대인들(이유를 달 필요도 없다는 듯)이 끊임없이 유입(심지어 결혼까

---

9 이 법에는 계약노동자 배제 조항도 있었지만 제대로 집행되지 않았다.

지)되었기 때문이다. 결국 미국은 1917년부터 의무적으로 문해력 시험을 도입했다. 제1차 세계대전 시기에는 대부분의 이민이 중단되었다. 그러나 전쟁 이후 이민이 재개되었을 때, 1921년과 1924년의 이민 할당 법률(quota laws)을 통해 남유럽인과 동유럽인의 입국을 엄격히 제한했다. 그러나 이는 항구를 통한 입국에 적용되었을 뿐, 육상 국경에서는 통제 장치가 거의 없었다. 영국계 캐나다인은 앵글로색슨 계열로 간주되었고, 멕시코인은 저임금 노동자로 필요했으며, 일부 지역에서 프랑스계 캐나다인은 이미 뉴잉글랜드 사회의 일부가 되어 있었기 때문이다. 1920년대의 캐나다는 농민 가족의 이민을 적극적으로 권장했으며, 노동 이민자들도 자발적으로 캐나다로 이주했다.

엄격한 규제와 복잡한 서류 처리의 불편을 완화하고자 여권 제도가 도입되었다. 동시에 규제를 회피하고자 서류상으로만 영주권자의 자녀라고 주장하는, 소위 "페이퍼 칠드런(paper children)"이 등장했다.[10] 1929년부터는 대공황이 시작되어 이민의 유입이 줄어들었고, 오히려 고향으로 돌아가는 귀환 이민이 늘어났다. 어려운 시기에는 이민 국가보다 가족 네트워크가 더 든든한 지원을 제공했기 때문이다. 결과적으로 이주민 실업의 사회적 비용은 이주민들의 출신 사회가 떠안게 된 셈이었다. 한편 플랜테이션 지역에서는 1917년에 공식적으로 계약노동(indentured sevitude)이 철폐되었지만 실질적으로는 1930년대까지 유지되었다.

---

10 John Torpey, *The Invention of the Passport: Surveillance, Citizenship and the State* (Cambridge University Press, 2000).

민족주의, 동화, 인구전이 : 1880년대부터 1950년대까지

제1차 세계대전이 시작될 무렵, 세계에서 가장 영향력이 컸던 나라는 유럽의 식민 제국들, 떠오르는 신흥 강국이었던 미국, 그리고 처음엔 주목받지 못했지만 점차 힘을 키우던 일본이었다. 당시의 강대국들은 다민족 국가였다. 그런데 19세기 말에 이르러, 강대국들이 이념적으로 하나의 문화와 민족 정체성을 강조하는 민족국가로 변모하기 시작했다. 과거 왕조 시대에는 다양한 문화 공동체가 한 나라 안에서 공존할 수 있었다. 통치자에게 충성을 맹세하기만 하면, 경제적으로 도움이 되는 이주민들을 영구적이든 일시적이든 받아들였다. 신하의 입장에서 조용히 지내기만 한다면, 이주민들은 고유한 문화, 언어, 종교를 계속 유지할 수 있었다. 하지만 특정 문화를 국가의 정체성으로 간주하는 이념이 확산자, 다문화적 공존 방식은 더 이상 유지될 수 없었다. 서구에서는 점차 "하나의 민족"이라는 개념이 강해졌고, 이에 따라 이민을 제한하거나, 특정 민족 집단을 아예 받아들이지 않거나, 이주민을 차별하는 새로운 관행들이 나타나기 시작했다. 오늘날의 학자들은 이를 일컬어 "타자화(othering)"라 한다. 어느 국가도 민족적·문화적으로 동질적인 인구만 존재하는 나라는 없었다. 그러나 그중 가장 강력한 집단이 스스로를 그 국가의 "민족"으로 규정하자, 다른 문화적 관습을 가진 소규모 거주 집단은 "소수자"로 낙인찍혔다. 이에 따른 차별 때문에 소수자 집단은 사회적 자원에 접근이 제한되었고 이주의 압박을 받았지만, 막상 이주는 자원 부족 때문에 쉽지 않았다. 이주자들로서는 자신의 지위를 협상하거나 다양한 문화적 관습을 유지할 수 있는 공간이 점점 축소되었다. 그들에게는 미국화(americanization), 독일화(germanization), 합스부르크-오스트리아식 독일화, 러시아화(russification) 등 무조건적인 동화가 요구되었다. 어떤 문화가 "민족적"이라는 이유로 낙인찍히면, 그것은 곧 차별의 근거가 되었다. 과거에 종교나, 19세기의 식민지 지배자와 피지배자 간의 위계가 차별의 이유가 되었던 것과 비슷한 현상이었다. 기독교 국가와 그 관계자들은 힌두교, 불교 또는 기타 신앙을 가진 사람들을 여전히 열등한 존재로 여겼다. 식민지 지역에서는 기독교가 주로 백인의 특성(whiteness)과 연결되었다. 서구 국가들이 공화정이나 민주적 형태의 정부를 발전시키면서 모든 사람이 법 앞에서 평등하다는 원칙을 채택했지만, 동시에 민족주의 이념을 수용하면서 "소수자"와 이민자 "외국인"의 권리는 더욱 축소되었다.[11]

소수민족에 대한 차별과 강제 동화 정책에 더해, 관료들은 민족주의에 입각해 새로운 유형의 강제 이주를 실행했다. 관료들은 누가 우리 편이고 누가 아닌지를 구분하고, 그들이 원치 않는 사람들은 추방하거나 강제 이주를 시켰으며, 같은 민족으로 간주되는 사람들의 이주를 지원했다. 초기적 형태에다 규모도 그리 크지는 않았지만 대영제국 정착 프로그램(British Empire Settlement program, 1922년)이라는 것이 실시되었다. 가난한 고아, 미혼 여성, 식민지 전쟁에서 부상당한 재향군인 등을 남아프리카, 호주, 뉴질랜드와 같은 대영제국 소속 자치령(White Dominions)으로 보냈다. 그들이 그곳에서 일자리를 찾으면 정부는 공공재원 부담을 덜 수 있었다.[12] 자국민을 대상으로 하는 이와 같은 정책과 더불어 "외국인"을 대상으로 하는 프로그램도 있었다. 여기서 말하는 외

---

11 더 자세한 요약은 다음을 참조. Hoerder, *Cultures in Contact*, Chapter 17.

국인이란 대부분 차르 체제 러시아의 학살을 피해 도망친 유대인이었다. 이 시기에 그들의 정체성은 점차 종교보다는 인종에 초점이 맞추어지고 있었다. 합스부르크 제국은 스스로를 다민족 국가로 정의했다. 그럼에도 불구하고 합스부르크 왕가의 통치 아래 있던 오스트리아의 관료들은 독일어 이외에 다른 언어를 사용하는 사람들을 소외시켰다. 오스만 제국에서 이슬람교도가 아닌 다른 민족들은 특별한 지위(Dhimmi)를 가지고 있었다.(세금과 몇 가지 제약을 준수하는 대가로 이슬람 제국의 보호를 받는 특권을 딤미라 한다. – 옮긴이) 그러나 이 시기에는 그들의 지위가 약화되는 대신 튀르크 민족성이 제국 소속의 정체성으로 인정되었다. 이는 유럽의 다른 국가로부터 영향을 받은 민족주의적 개념이었다. 1920년대에는 국제 연맹(League of Nations)의 승인 하에 '그리스인(Greeks)'이 터키(튀르키예)에서 추방되었고, 그리스와 불가리아에서는 '튀르크인(Turks)'이 추방되었다. 미국에서는 노동계급 급진주의에 대한 두려움이 '무정부주의자(anarchists)'나 '빨갱이(Reds)'로 규정된 사람들의 추방으로 이어졌다. 민족국가는 '정화(clean)'되어야 한다는 논리가 있었고, 이에 따라 다른 문화나 집단으로 간주된 이들에 대해 '민족 정화(ethnic cleansing, 인종 청소)'가 강요되었다.

1880년대부터 발칸 전쟁과 제1차 세계대전, 제2차 세계대전을 거쳐 1940년대 후반에 이르기까지, 유럽의 정치 엘리트들은 유럽을 난민과 이주민의 지역으로 만들어버렸다. 제1차 세계대전을 마무리하며 여

---

12 동시에 우월성의 이데올로기에 부합하지 않는 가난하고 병약한 백인들은 식민지에서 추방하거나 식민지 피지배자들의 눈에 띄지 않도록 수용소로 보냈다.

러 평화조약들이 잇달아 체결되었다. 수 세대에 걸쳐 그 지역에서 살아온 사람들의 머리 위로 새로운 국경선이 그어졌고, 기존의 국경선은 자리를 옮겼다. 다른 문화를 가진 사람들은 갑작스럽게 "외국인"으로 규정되었다. 새로운 "민족주의" 국가 조직은 그들에게 자신의 민족국가를 찾아 돌아가거나 떠나가도록 압력을 가했다. 중앙유럽(Central Europe)은 다문화 사회였지만 새로운 국경선은 이들을 갈라놓았고, 게르만어권과 로망스어권을 단절시켰다. 새롭게 형성된 민족국가에서는 하나의 민족 집단이 통치 기관을 장악했으며, 다른 집단은 권리가 제한된 소수자로서 주변부에 머물게 되었다. "근대 민족국가의 성장은 특정 집단을 국가의 적으로 규정하는 것뿐만 아니라, 국가가 책임지지 않으려 하거나 책임질 수 없는 주요 집단을 추방하는 것을 의미했다. … 전쟁 자체는 정부 기구를 상대로 원치 않는 집단을 어떻게 추방할지를 교육시켜 주는 의미가 있었다."[13]

제1차 세계대전 이후 경제적 조정과 1929년의 대공황으로 노동 이주가 감소했다. 그러나 파시즘과 스탈린주의 하에서 민족주의적 추방이 반복적으로 자행되었다. 독일과 러시아 점령군에 쫓겨 폴란드인들은 이리저리 이동할 수밖에 없었고, 우크라이나인들은 나치 지배 아래 하층 노동력으로 격하되었다. 유럽에서 가장 강력했던 민족국가들은 난민을 만들어내는 기계로 변했다. 그들과 이웃한 민주주의 국가들도 난민을 거부하는 국가로 전락했다. 지구 반대편에서는 일본 엘리트들(일부는 서

---

13 Michael R. Marrus, *The Unwanted: European Refugees in the Twentieth Century* (Oxford University Press, 1985), quote p. 51.

구에서 교육을 받았음)이 개념적으로 모순되는 "민족주의적 제국주의"를 발전시켰다. 일본이 말하는 대동아공영권(大東亞共榮圈) 체제는 난민을 양산하는 결과를 초래했다. 예컨대 1937년 일본의 중국 침략으로 불과 1년 만에 1억 명에 가까운 중국인이 피난을 떠나야 했다.

이와 같은 억압과 통제의 시대에 군부와 정부의 관료들은 점령지에서 노동력을 강제로 징발했다. 주로 남성이, 때로는 여성들도 강제 노역에 동원되거나 이주에 내몰리곤 했다. 한편 특정 민족 집단을 징용 예비대로 간주하거나, "여성적"이라 폄하하기도 했다.(예컨대 일본은 조선 병합 이후 조선인을 징용 대상으로 간주했으며, 인도인에 대한 영국인의 묘사, 중국에 대한 서구인의 묘사, 유대인에 대한 독일인의 묘사에서 피지배자를, 비생산적이고 열등하다는 의미에서 여성적이라고 규정했다. － 옮긴이) 강제 노역에 동원하던 관습은 본국으로도 이어졌다. 나치 독일은 점령지 네덜란드에서 노동력 통제 정책을 실시했다. 일본은 조선인 노동자를 본국으로 데리고 갔다. 소련에서는 국내를 여행할 때도 여권을 소지해야 했으며, 노동수용소가 설치되었다. 파시스트 독일은 그들의 점령지에서 유대인 혹은 유대인으로 간주되는 사람들, 정치적 반대 세력, "집시(Gypsies)", 동성애자, 그리고 피억압 민족이 전부 강제 노동에 동원했다. "정화(cleansing)"는 애초에 맞지 않는 사람들을 추방하는 개념이었지만, 점점 더 극단적인 수준으로 치달아, 홀로코스트(Holocaust)에서는 말살에 의한 "정화"로 변질되었다. 전쟁이 끝난 후, 학살과 노동 수용소에서 살아남은 난민들(Displaced Persons, DPs)은 무국적 상태에 놓였다. 이 또한 제1차 세계대전 이후 많은 추방자들이 겪었던 일 그대로였다.

유럽은 세계에서 가장 많은 난민을 배출하는 지역이 되었다. 이는 민족국가 이데올로기가 강제 이주를 초래했기 때문이며, 이러한 민족주의적 이데올로기를 다른 지역으로 수출했기 때문이다. 민족주의 이데올로기는 먼저 오스만 제국으로, 그리고 1950년대부터는 탈식민지화 과정에 있는 세계로 전파되었다. 유럽의 세력이 약화되었던 제1차 세계대전(1914-18년)과 제2차 세계대전(1939-45년) 이후, 식민지의 민족들이 독립을 선언하거나 독립 투쟁을 지속했다. 토착 엘리트 계층은 단일민족국가 이데올로기를 채택하고 이를 실행했다. 때로는 서구의 정치학자나 정치가들의 조언을 받기도 했다. 1947년 영국령 인도가 독립하면서 종교적 경계에 따라 국가가 분리되었다. 그 과정에서 천수백만 명의 난민이 발생했다. 서아프리카에서도 국가를 수립하는 과정에서 전통적으로 여러 민족의 거주 지역을 하나의 국가로 통합하거나, 반대로 하나의 민족이 거주하던 지역을 여러 국가로 나누기도 했다. 인도네시아에서는 네덜란드의 통치 아래 있던 다민족 제국의 잔재로부터 하나의 민족국가가 탄생했다. 백인이 지배하던 남아프리카공화국에서는 인종적 위계를 구축하고, 그에 따라 거주지 분리와 강제 노동을 시행했다. 수많은 토착 흑인 인구가 강제 이주를 당했다.[14]

1950년대 이후, 난민은 주로 식민지 독립 국가, 이른바 "글로벌 사우스(Global South)"에서 발생했다. 또한 일자리를 찾아 산업화된 지역으로 이주하는 노동 이주가 전 세계적으로 다양하게 나타났다.

---

14 강제 노동에 대해서는 다음을 참조. Hoerder, *Cultures in Contact*, Chapters 17.2 and 18.4.

세 번째 시기: 1950년대부터 1990년대까지의 이주 시스템

20세기 중반에는 지역 간에 대규모 이주 시스템이 새롭게 등장했다. 특히 제2차 세계대전 시기였던 1942년, 전쟁으로 인한 노동력 부족을 해결하기 위해 미국은 멕시코와 정부 간 협정을 맺고 "브라세로(Bracero)" 프로그램을 시작했다. "브라세로"는 스페인어로 '팔'이라는 뜻이며, '손'이라는 의미로도 해석할 수 있다. 이 명칭에는 이주노동자들을 단순히 '신체의 일부', 즉 노동력으로만 보는 시각이 담겨 있었다. 노동자의 근육과 힘만 중요하게 생각할 뿐, 그들의 감정이나 정신적, 사회적 요구는 고려하지 않았던 것이다.[15] 이러한 노동력 모집 시스템은 주로 '순환식'으로 운영되었다. 노동자들은 일정 기간만 일하고 다시 본국으로 돌아가야 했고, 그 자리를 새로운 노동자들이 채웠다. 1900년 무렵 독일 제국도 비슷한 방식으로 폴란드 노동자들을 활용했다. 1910년경까지 연인원 약 130만 명의 폴란드 노동자가 프로이센 지역에 순환적으로 들어와 일했다. 2000년경에는 아랍의 산유국들도 비슷한 방식을 채택했다. 전체적으로 약 960만 명의 외국인 노동자들을 받아들였다.[16] 독일 제국은 폴란드 노동자들의 독립 운동을 우려했다. 산유국에서도 외국인 비율이 높아져 현지인을 압도할 우려가 있었다. 예컨대 카타르에

---

15 노동 이주의 신체적 측면은 식민지 지배자와 피지배자 간의 노동 및 성적 관계를 중심으로 분석 되었다. Margaret Strobel, *Gender, Sex, and Empire* (Washington, dc: AHA, 1993); Ann L. Stoler, *Race and the Education of Desire: Foucault's History of Sexuality and the Colonial Order of Things* (Durham, nc: Duke, 1995).

16 Martin Baldwin-Edwards, *Migration in the Middle East and Mediterranean*. Paper prepared for the . . . Global Commission on International Migration (Athens, Dept. 2005) http://iom.ch/jahia/webdav/site/myjahiasite/shared/shared/mainsite/policy_and_re search/gcim/rs/RS5.pdf (accessed Feb. 6, 2014).

서는 전체 인구의 70.4퍼센트, 사우디아라비아에서는 23.7퍼센트가 외국인 이주민이었다. 수입 노동자들은 국가 경제 유지에 꼭 필요한 존재였다. 그들은 노동력을 제공하고 세금도 냈지만, 민주주의 국가든 권위주의 국가든 모두 그들을 하층 계급으로 여겼다. 이 때문에 이주 노동자들의 권리와 사회적 자원에 대한 접근은 제한적이었다. 정치적 권리는 물론 법 앞에서 평등한 대우를 받지 못했고, 심지어 자녀 교육의 기회조차 제대로 보장받지 못했다. 이들은 '시민(citizens)'이 아니라 '체류자(denizens)'로 불리며 낮은 사회적 지위가 주어졌다. 결국 이런 현실은 민주주의 국가에서도 시민 간 근본적인 평등을 해치는 결과로 이어졌다. 사회복지 제도의 측면에서 외국인 노동자들이 사회 자원을 고갈시킨다고 주장하며 이들을 반대하는 여론이 형성되었다. 한편 노동력을 수출하는 국가들도 있었다. 20세기 말 필리핀과 방글라데시 같은 국가들은 조직적으로 노동력을 수출하는 국가로 변화했다. 이러한 시스템은 국내에서도 나타났다. 예를 들어 중국에서는 복지와 자원이 부족한 농촌 지역의 노동자들이 권리나 안정된 주거환경에 대한 보장 없이 도시 지역으로 몰려들었다. 2010년에는 이렇게 대도시에 살고 있는 농촌 출신 이주 노동자의 수가 약 2억 명에 이른 것으로 추정된다.

 1940년대에는 전쟁 때문에 경제활동에 종사하던 수백만 명의 사람들이 강제이주를 당했고, 가족이 단절되거나 난민 신세로 전락했다. 이와 같은 강제 이주는 아프리카에서 가장 오랫동안 지속되었다. 프랑스가 지배했던 알제리의 독립 전쟁(1962년까지)과 포르투갈이 지배했던 앙골라 독립 전쟁(1974년까지)의 여파 때문이었다. 1945년 독일로 돌아온 전쟁 난민은 1,100만 명에 달했다.(제2차 세계대전 이후 동유럽 등지에서 독일인이 추방되자 그들이 모두 본국으로 돌아갔다. – 옮긴이) 독일은 이들을 정착시키고 사회에 다시 통합하는 과정을 거쳐야 했다. 대부분의 사람들은 전쟁으로 끊어진 삶을 되찾기를 간절히 원했으나, 지금까지도 완전히 회복된 것은 아니다. 1945년 이후 많은 사람들은 전쟁으로 파괴된 집과 경제를 복구하려고 노력했다. 어떤 사람들은 과거의 권력자들이 정해준 지역에 머물렀지만, 더 나은 삶의 기회를 찾아 스스로 다른 나라로 떠난 사람들도 많았다. 억압적인 국가를 떠나 이동할 자유라는 인권 원칙과, 이민을 막으려는 국가 주권 원칙은 서로 모순 관계였다. 국가나 국제기구 모두 이 갈등을 해결하지 못했다. 엄격한 이민 규제는 개인과 가족의 삶에 큰 비용을 초래했고, 국경 경비에도 막대한 국가 예산이 들어갔다. 그러나 1950년대 중엽, 서유럽과 뒤이어 산유국을 중심으로 경제 호황이 일어났다. 대한민국이나 싱가포르 같은 신흥 공업국 사람들은 경제 호황 지역으로 이주할 기회를 얻었다. 1920년대 각국이 실시한 이민 통제 정책은 1930년대 대공황 기간에는 큰 효과가 없었다. 그 당시에는 이주하려는 사람이 거의 없었기 때문이다. 그러나 대공황이 끝난 뒤 이민자들이 다시 증가하면서 이민 통제가 강화되고 국경 관리가 엄격해졌다. 그럼에도 불구하고 항공 교통이 발달하면서 사람들의 이주는 더욱 활발해졌다.

대서양 이주 시스템(Atlantic Migration System)에서는 대부분의 국가가 파시즘을 피해 도망쳐 온 유대인들의 입국을 거부했다. 1950년대 초반 잠시 증가했던 유럽인의 이주 물결은 주로 미국과 같은 전통적인 이민국으로 향했다. 이들은 전쟁으로 황폐해진 유럽에서는 더 이상 미래를 기대하기 힘들다고 생각했다. 하지만 이 시기에 미국을 비롯한 아메

[그림 1-3] 미국에서 추방된 과테말라 불법 이민자들
귀국 후 과테말라 공항 활주로를 따라 걷고 있다.

리카 지역에서는 폐허가 된 일본에서 오는 이민자들은 전혀 받아들이지 않았다. 1950년대 중반 유럽의 경제가 회복될 무렵, 대서양 횡단 시스템은 사실상 끝나 있었다. 이후 두 개의 남북 이주 시스템이 새롭게 등장했다. 첫 번째는 유럽에서 만들어진 시스템이었다. '게스트 워커(guest workers)'라는 새로운 용어가 등장했는데, 지중해 지역에서 서유럽과 북유럽으로 이동하는 순환 노동자를 가리키는 말이었다. 초기에는 지중해 연안 지역을 중심으로 노동자들이 모집되었으나, 점차 사회주의 국가였던 유고슬라비아와 터키의 이스탄불 및 무슬림이 다수였던 아나톨리아 지역까지 그 범위가 확대되었다. 북아프리카 국가와 유럽 국가들 간에 맺어진 노동자 모집 협정은 1973년 석유파동 이후 제대로 진행되지 못했다. (선진국들의 경기 후퇴로 노동자 모집 인원이 대폭 줄었기 때문이다. - 옮긴이) 이후에는 북아프리카의 과거 프랑스 식민지였거나 보호령이었던 나라에서 많은 사람들이 개인적으로 프랑스로 이주했다. 이들은 주로 이미 프랑스에 살고 있던 가족과 합류하기 위해 프랑스로 향했다. 두 번째 시스템은 아메리카에서 형성되었다. 1964년에 미국과 멕시코 정부의 브라세로(Bracero) 프로그램은 종료되었다. 그러나 이후에도 멕시코 출신 노동자들과 중앙아메리카의 독재 정권을 피해 온 난민들이 일시적으로 미국으로 넘어오는 일은 흔히 계속되었다. 이미 1880년대부터 미국은 멕시코에 투자를 시작했고, 같은 시기에 카리브해 지역에도 투자하기 시작했다. 그러면서 카리브해에서 미국으로 이주하는 사람들이 늘어나기 시작했고, 1930년대부터는 이 흐름이 더욱 빨라졌다. 라틴아메리카 독재 정권(대개 미국의 지원을 받는 정권)이 들어서면서 지식인들은 주로 유럽으로 망명을 떠났다. 반면 쿠바에서는 많은 사람들이 미국으로 향했다. 독재 정권을 피해 도망치는 사람들, 고향에 송금해야 할 형편, 꾸준한 정보 교류, 마약 단속 캠페인과 내전 등 여러 가지 이유로 남쪽에서 북쪽으로 향하는 이주는 계속되었다. 그중 일부는 미국을 지나 캐나다까지 가기도 했지만, 미국이 남부 국경을 더욱 엄격히 통제하면서 많은 이주민들은 결국 멕시코에 머물게 되었다. 남아메리카 안에서도 경제 상황이나 분쟁의 변화에 따라 이주의 목적지는 계속 바뀌었고, 이와 관련된 정보는 계속해서 빠르게 퍼져나갔다. 목적지의 경제 상황이 나빠지거나 문제가 발생하면, 이주 흐름은 금방 멈추었다.

 제2차 세계대전 이후 국가의 인구 통제 시스템 중에 또 한 가지가 있었는데, 사회주의 및 공산주의 국가의 이주 시스템이었다. 그들은 이주를 금지했고, 세계의 다른 이주 시스템과 스스로를 단절시켰다. 그러나 국내적으로 지역 발전이 불균형했기 때문에 국내에서 지역 간 이주가 발생했다. 도시의 주변과 농촌 지역에서 도시로 대규모 이주가 일어났고 그 결과 도시가 확장되었다. 러시아에서는 시베리아 남부에 투자가 늘어나면서 젊은이들이 그곳으로 몰려들었다. 중국에서는 문화대혁명 기간에 "부르주아" 지식인들이 농촌 내륙 지역으로 추방되었으며, 이른바 대약진운동 기간 중에는 기근 때문에 많은 인구가 지정된 지역을 이탈했다. 그 뒤 산업 및 도시가 성장했고, 농촌에서는 복지가 부족했다. 양쪽이 맞물려 신흥 산업 지역으로 대규모 이주가 촉진되었다. 이러한 노동자를 '유민(流民)'이라 했다. 이들은 경제적으로 필수적인 인력이었지만, 기존의 도시민들과 동등한 권리를 누릴 수 없었고, 거주 허가나 자녀 교육을 위한 교육 기회를 얻지 못했다.

동남아시아에서는 네덜란드가 다시 식민 통치를 시도했다. 인도네시아에서는 1949년까지 이에 대한 저항 투쟁이 일어났다. 프랑스 또한 식민 통치를 재시도했다. 프랑스에 대한 베트남의 투쟁은 1954년까지 이어졌다. 이후 미국이 개입하면서 베트남의 저항은 1975년까지 지속되었다. 그 과정에서 대규모 인구 이동이 일어났다. 전쟁이 끝난 후에는 재정착과 도시화 과정에서 다시 이주가 이루어졌다. 여러 세대에 걸쳐 인도네시아에 거주하던 중국계 주민들은 1965년 공산주의 연계 혐의로 추방되거나 학살당했다. 싱가포르는 거의 전적으로 이주 노동력에 의존하는 경제였지만 시민권 획득은 사실상 불가능했다. 일본의 민족주의는 세계적으로도 유례가 없는 사례였다. 그들은 어떤 식으로든 이주민이나 난민을 수용하지 않았다. 일본 정부는 오래전부터 거주해 온 "외국인"에 대한 차별을 지금도 지속하고 있다. 특히 1910년부터 1945년까지 일본의 한반도 점령 시기에 일본으로 이주했거나 강제로 끌려온 한국인에 대한 차별이 두드러진다. 남아시아에서는 민족국가 형성 과정에서 대규모의 인구 이동이 발생했다. 대표적인 사례로는 동파키스탄이 서파키스탄으로부터 분리 독립해 방글라데시가 수립된 사건이 있다. 또한 스리랑카에서는 인구의 다수를 차지했던 싱할라인이 권리를 독점하면서, 수세대에 걸쳐 스리랑카에서 살고 있던 소수민족 타밀인과 내전이 벌어졌다. 그 여파로 많은 사람들이 고향을 떠나야 했다. 이외에 아시아 대부분의 지역에서 발생한 국내 이주는 경제 성장과 급속한 도시화의 영향으로 설명할 수 있다.

북아프리카와 사하라 이남 아프리카 역시 식민지에서 벗어난 지역이었다. 식민 지배의 영향으로 경제 성장이 더뎌졌고 불평등도 심화되었다. 독립 후 정부가 경제 관리를 제대로 하지 못하고, 일부 특권층만 이익을 보는 구조가 형성되면서 많은 사람들이 다른 지역으로 떠나게 되었다. 지중해 연안에 위치한 마그레브(Maghreb) 지역에서 출발한 이주민들은 프랑스어를 사용하는 경우가 많았기 때문에 주로 프랑스로 향했다. 이집트의 잉여 노동력은 주변의 산유국으로 이동했다. 당시 아프리카 지역은 젊은 인구가 많았다. 1970년대 초 유럽의 정책 입안자나 인구학자들은 아프리카를 유럽 노동력의 중요한 공급처로 기대하기도 했다. 하지만 1973년 경제 위기와 이후 유럽 내 인종 차별 및 이슬람 혐오가 심해지면서 이런 계획은 더 이상 논의되지 못했다. 사하라 이남의 아프리카는 단일한 문화 지역이 아니었다. 경제적으로 발전한 지역이 있는 반면, 군벌들이 지배하는 혼란스러운 지역도 많았다. 이러한 상황은 사람들을 끌어들이거나 내보내는 주요 원인이었다. 가나, 케냐, 그리고 인종차별 정책(아파르트헤이트)이 끝난 후의 남아프리카공화국과 같은 나라의 대도시들은 문화적 다양성을 지닌 이민자들이 모이는 중심지가 되었다. 내전, 부를 독점한 엘리트 계층, 그리고 군벌들(백인 용병 이민자 포함)은 종종 외부의 이해관계와 얽혀 있었다. 외국에서 자금과 정치적 지원이 이루어지면서 갈등이 더욱 커졌고, 이로 인해 수많은 난민이 발생했다. 난민 대부분은 보다 안전하고 풍요로운 나라로 이동해 정착했지만, 입국 허가를 받지 못한 난민들은 난민 캠프에 머물러야 했다. 경제 개발이 미약한 일부 국가들은 계속해서 노동력을 다른 국가에 공급하는 역할을 하게 되었다. 한편 도시로 이주한 사람들은 유럽에서 북아메리카로 이주한 사람들처럼 고향과 꾸준히 관계를 유지했다. 이들은 고향 지역의 개발 사업이나 지역 발전에 자금을 지원하여 지역 경제 활성화에 기여했다. 이런 투자로 새로운 시설과 일자리가 생겨났고, 이는 사람들의 추가 이주를 유도하기도 했지만, 때로는 이주를 감소시키기도 했다. 결국 개발이 이주와 정착에 미치는 영향은 각 지역의 상황에 따라 다르기 때문에 개별적인 분석이 필요하다.

제국주의 체제가 막을 내린 뒤 유럽의 국가들이 그랬던 것처럼, 식민지 독립 국가의 인구 구성 또한 민족문화적으로 단일민족이 아니었다. 실제로 1990년 무렵 단일민족이 전체 인구의 90퍼센트 이상을 차지하는 국가는 세계 모든 국가들 중 5분의 1에 불과했다. 공식 통계에 따르면, 3분의 1의 국가에서는 단일민족 집단의 비중이 75-89퍼센트로 나타났으며, 나머지 국가에서는 절반에도 미치지 못했다.[17] 지난 한 세기 동안 정치 이론이나 민족국가의 현실에서 다문화간 조정의 가치를 등한 시하는 경향도 있었지만, 일부 지역에서는 조정을 통해 갈등을 줄였고 이탈 압력 또한 완화되었다. 반면 단일민족문화를 강요하면서 사실상 민족문화적 또는 종교문화적 위계를 구축했던 지역에서는 그것이 이민 이탈의 중요한 원인으로 작용했다.

제국이 해체되고 탈식민지화가 진행되면서 많은 나라가 국가 구조를 다시 정비하게 되었다. 이 과정에서 행정 인력이 교체되었고, 지식인과 엘리트층의 이동이 활발하게 일어났다. 경제 상황이 좋아지거나 악화되는 것 역시 노동자와 중산층의 이주를 촉진했다. 예컨대 교사와 같은 전문직 엘리트들이 떠난 자리는 비슷한 자격을 가진 다른 이주자들로 채워졌다. 이들은 민족이나 종교, 문화적 배경이 이전과 다른 경우가 많았다. 개발도상국 출신의 젊은 이주자들은 일반적으로 가장 활발히 일할 수 있는 나이였기 때문에, 새로 정착한 나라에서 생산성이 높고, 의료 및 복지 서비스에 대한 수요도 낮았다. 게다가 이 젊은이들이 자란 고향 국가에서는 그들의 양육과 교육에 이미 비용을 지출했기 때문에, 선진국 입장에서는 비용을 들이지 않고 값진 인력을 얻은 셈이었다. 프랑스나 싱가포르와 같은 이민 수용 국가들은 이들이 나이가 들어 사회보장 비용이 많이 드는 시기가 오기 전에 고향으로 돌아가기를 기대하기도 했다. 이렇게 인생에서 가장 활동적인 시기의 인구가 주로 이동하게 되면, 글로벌 불평등은 더욱 심화될 수밖에 없다.

사회생태학적 지리 구분은 물리적 지리 구분과 다소 차이가 있다. 동부 지중해-서아시아-호르무즈만을 잇는 지역 단위와, 환태평양 지역

---

17 *The World Factbook, 1993-94* (Washington, DC: Brassey's, 1993).

단위는 모두 사회생태학적 지리 구분에 속한다. 서아시아의 북부 지역을 살펴보자면, 터키에서는 1960년대 이후로 대규모 노동 인구가 빠져나가 서유럽으로 들어갔다. 이외에 쿠르드인의 추방과 도피로 또한 많은 인구가 이주해 나갔다. 쿠르드인은 제1차 세계대전 종전(1918년) 이후 독립국가를 보장받지 못하고 아르메니아인들과 마찬가지로 여러 국가에 흩어져 살게 되었다. 1990년대에 터키의 경제가 성장하게 되자, 1989년 이후 침체에 빠져 있던 동유럽 출신 이주민들이 유입되었고, 서유럽으로 들어갔던 터키계 이주민 2세들이 실업 상태를 극복하고자 다시 터키로 들어왔다. 팔레스타인이 유럽의 난민(주로 유대인)이 이주하는 무대가 되자, 오히려 팔레스타인에서 난민이 발생하게 되었다. 1948년 이스라엘 건국 이전에도 홀로코스트 생존자들이 팔레스타인으로 이주해 왔는데, 이들은 유럽 문화에 익숙한 사람들이었다. 이후 아랍 문화권과 소련 사회의 경험을 가진 난민 및 유대인 이민자들도 팔레스타인으로 유입되었다. 같은 유대인 안에서도 문화적 경험의 차이에 따른 위계가 만들어졌다. 이주민들이 유입되는 과정에서 원래 그 땅에서 거주하고 있던 아랍 무슬림 팔레스타인 사람들은 추방되거나 도피해야 하는 차별을 당했다. 팔레스타인 난민들은 재정착을 하지 못했다. 많은 이들이 캠프에 머물렀다. 2000년까지 3세대를 거치는 동안, 다수는 석유 생산 경제권으로 건너가 이주 노동자가 되었으며, 일부는 대학 교육 기회를 얻어 다른 나라로 이주했다. 유대교 신자들이 19세기 후반과 양차 세계대전 사이 유럽에서 그랬던 것처럼, 팔레스타인 난민 유학생들도 국제적인 학문 엘리트로 자리 잡았다. 1970년대 후반부터 석유 가격 상승이 시작되었고, 산유국들은 국내 경제 투자를 늘렸다. 호르무즈만과 서

[그림 1-4] 이주 노동자들의 시위, 베이루트. 세계 여성의 날
레바논 이주 가사노동자의 권리를 지지하는 플랭카드를 들고 있다.

아시아 사이에 위치한 산유국들은 이중적 이주노동 시스템을 엄격하게 관리했다. 하나는 서구 기술 인력과 팔레스타인-이집트-아시아 출신 남성 노동자의 이주였고, 또 하나는 가사 노동을 담당할 여성 노동자의 이주였다. 2000년경부터는 산유국의 문화가 더욱 다원화되었다. 현지에서 양성된 기술 인력이 기존의 이주민 노동자들과 함께 일했으며, 중국의 이주민들도 유입되었다. 수많은 석유 소비국 출신의 이민자들은 본국과의 연계를 유지하고 있다.

대서양 횡단 이주가 감소하던 시기에 새로운 태평양 이주 시스템이 등장했다. 미국의 입장에서 1940년대 중국은 같은 편으로, 함께 일본과 맞서는 나라였다. 미국과 캐나다에서는 "동양인" 이민 배제 정책에 조심스럽게 의문이 제기되고 있었다. 법적으로는 동양인의 이민이 폐지되었음에도 불구하고, 극히 적은 할당량은 사실상 유지되고 있었다. 그러나 1950년대에도 사정은 달라지지 않았다. 냉전과 인종차별적 선입관 때문에 1920년대부터 이어져온 이민 제한 정책이 그대로 유지되었다. 1960년대에 이르러 이민 정책이 대대적으로 수정되었다. 탈식민지화, 새로운 시장의 형성, 심화되는 경제적 관계, 새로운 국제 정세 등이 반영되었다. 변화는 먼저 캐나다에서 시작되어 미국으로, 이후 오스트레일리아까지 이어졌다. 선진국들은 피부색을 전제로 했던 입국 장벽을 조정해서 표면적으로는 인종적 요소를 완화시키고 경제적 유불리에 초점을 맞춘 절차로 전환했다. 여기에는 능력 있는 사람을 우대하는 "포인트 시스템(points system)"을 적용하면 결국 민족 구성이 변함없이 유지될 것이라는 암묵적인 믿음이 전제되어 있었다. 이러한 전제는 현실화되지 않았다. 백인사회뿐만 아니라 아시아의 여러 사회에도 수준 높은 교육 시스템이 갖추어져 있었기 때문이다. 멕시코인과 다른 라틴계 이민자들은 비숙련 노동자들이었다. 이민 정책의 방향을 전환한 뒤 불과 10년 이내에 미국과 캐나다의 신규 이민자 중에는 태평양 횡단 이주자들이 대거 합류했다.

태평양 횡단 이주를 포함해서 모든 거대 지역 단위 이주도, 세부적으로 들여다보면 지역 내 이주와 비슷한 측면이 있다. 사람들은 특정 지역에서 출발하며, 가장 잘 알려진 합리적 경로를 선택하고, 친척, 친구, 지인, 유학생 안내 사무실, 사업 파트너 등 개인적 인연이 있는 곳을 목적지로 삼는다. 정책 입안자들은 거시적 패턴을 분석하고 학자들은 국제 이주를 연구하지만, 실제로 모든 이주민은 나름대로 출발지의 선택지(생계 문제나 이민을 떠날지 여부)를 검토하고, 도착 지역의 선택지를 개별적으로 평가한다. 다시 말해 지역 간 이주 시스템의 큰 틀 안에서 개별 이주민은 생계 문제와 출입국 규제를 종합적으로 검토하여 결정을 내리게 된다. 이주민이 개인적으로 여러 연결 지점(anchor-point) 중에서 선택 가능성을 고려한다는 점에서, 21세기 전환기의 이동은 "글로컬(glocal)"한 성격을 지니게 되었다. 이는 "중국에서 미국으로" 혹은 "방글라데시에서 사우디아라비아로"와 같은 일반화된 표현보다 훨씬 더 정밀한 개인의 경험적-분석적 개념화다. 이주민은 더 나은 기회와 생활 수준을 제공하는 사회를 목표로 이동한다. 전 세계 빈민가에서도 텔레비전을 보면 부에노스아이레스나 상해(상하이)의 생활 수준을 그대로 볼 수 있다. 텔레비전 이미지는 현실을 모두 보여주지 않는다. 시청자들은 화려한 대도시 주변에 빈민가가 확산되어 있다는 사실을 잘 알지 못할 수도 있다. 그러나 먼저 이주한 사람들로부터 노동 환경이나 입국 장벽에 관한 정보를 얻을 수는 있다.[18]

네 번째 시기: 21세기의 이주 시스템

1990년대 이후 생산 거점 지역이 큰 틀에서 변화가 있었다. 저임금 지역을 찾아 북반구에서 남반구로, 서양에서 동양으로 생산 기지가 이동했다. 동시에 북반구에는 서비스 수요가 증가했다. 이런 상황에서 이

---

18 Stephen Castles and Mark J. Miller, *The Age of Migration: International Population Movements in the Modern World* (New York: Guilford, 1993); Hoerder, *Cultures in Contact*, chapters 19, 20.

주의 방향과 이주민의 젠더 구성에도 변화가 있었다. 이른바 글로벌 아파르트헤이트라 일컬어지는 남반구와 북반구의 불평등 구조는, 환경 악화와 개발 프로젝트로 인한 강제 이주, 이주의 "여성화"와 세계화로 해석되는 현상 등은 모두 21세기 초엽 이주의 특징을 보여주는 측면들이며, 오늘날 학계의 이민 연구가 주목하는 주제들이다.

남아프리카의 인종 차별 정책은 공식적으로 끝이 났지만, "글로벌 아파르트헤이트", 즉 남반구와 북반구의 불평등 구조는 그 후로도 수십 년 동안 지속되었다. 북반구의 높은 생활 수준은 남반구의 낮은 임금에 기반을 두고 있었다. 구세계와 신세계의 통합 이후 "세계화"는 여러 단계를 거쳐 발전을 거듭했고, 자본과 상품의 흐름을 통해 세계가 연결되었다. 그러나 유럽은 "요새화"되었으며, 미국 남부 국경에는 새로운 철의 장막이 드리워졌다. 이와 같은 장벽들이 오늘날 사람들의 이동을 가로막고 있다. 탈식민지화는 정치사회적 프로젝트였지만, 동시에 자본(과 자본가들)의 경제적 전략과, 특히 강조해야 할 소비자의 가정 경제 전략은 탈식민지화를 가로막고 재식민지화를 추구하고 있다. 19세기 대서양 시대의 불평등과 마찬가지로 오늘날의 글로벌 불평등은 사람들을 경계선 너머로 이동하도록 떠밀고 있다. 배제와 수용의 경계선은 사람들의 삶 속에 깊은 영향을 미치고 있다. 삶의 기회와 열망이라는 관점에서, 탈식민지화 및 재식민지화 시대의 노동 분업은, 전 세계 저임금 지역에 급조된 생산 단지로 대규모 지역 간 이동을 촉발하고 있으며, 이러한 단지들은 빠르게 건설되었다가 또다시 빠르게 방치되고 있다. 자유무역지대로 울타리가 쳐진 이들 지역은 사실상 자유 착취 지대라 할 수 있다. 그 안에서는 근로 시간과 안전 조건을 규제하는 법이 적용되지 않기 때문이다.

　일자리를 찾아 자유무역지대로 이주한 사람들은 "고향"의 가혹한 환경에 떠밀려 나온 사람들이다. "고향"은 태어난 인연으로 자리 잡은 곳이지만, 그곳이 부당하거나, 생계유지가 어렵거나, 안전이 보장되지 못할 수도 있다. 한편 생산 시설의 해외 이전(이른바 "delocalization")으로 일자리를 잃은 노동자들이 어쩔 수 없이 이주를 하기도 한다. 16세기에 세계적으로 플랜테이션 벨트가 만들어졌다. 이후 투자 자본은 세계적 범위로 이동했다. 남녀노소 노동자들의 이주 또한 세계적 범위로 강요 혹은 유도되었다. 국경의 경비는 삼엄하지만, 영상의 전송은 국경을 넘어간다. 두바이 혹은 홍콩에서 모스크바 혹은 암스테르담에 이르기까지 국제적 중심 도시의 영상이 송출된다. 동시에 지중해를 건너다 익사한 아프리카의 이주민들, 중국의 공장이나 영국의 노동 착취 현장에서 벌어지는 비인간적인 현실, 서류를 제대로 갖추지 못한 이주민들이 국경에서 대거 추방되는 사건 등도 언론 보도를 통해 전해진다. 일부 연구자들은 후진국의 저임금 노동자를 "오늘날의 헬롯" 혹은 "신 불가촉천민"이라 일컫기도 하는데, 멕시코-미국 국경의 마킬라도라(maquiladora, 공장) 산업 지대나, 홍콩의 노동자 빈곤층 거주지에 사는 사람들이 바로 그들이다. 그들은 자신의 문 앞에서부터 임금 불평등을 목격한다. 미얀마의 여성들은 공식 입국 서류 없이 태국 국경을 넘어, 국경 근처의 섬유 공장에서 일자리를 구한다. 이동성이 높은 이 여성들은 자신이 제조하는 세련된 의류를 보며 부유한 나라의 소비자들이 무엇을 구매하는지 잘 알고 있다. 여행은 위험할 것이고, 사채업자의 자금도 빌려야 하겠지만, 그럼에도 불구하고 그들은 선진국행을 시도한다. 중개인-밀입국 알

선업자-기업가들은 높은 임금을 주는 일자리를 약속하지만, 실제로는 성매매를 강요하거나(이 또한 "신체 착취"의 한 형태다), 노예와 다름없는 노동 조건에 밀어 넣기도 한다. 이는 산유국이나 선진국 경제에서 모두 실제로 보고된 바 있는 일들이다. 이동 후의 잠재적 이익과 이동 비용을 대비해 보면, 이동 비용이 더 낮았다. 21세기 초엽에는 항공 운송비 감소로 저소득 이민자들도 항공 교통을 이용할 수 있게 되었다. 오늘날에는 가족들과도 실시간으로 연락을 주고받을 수 있지만(예전에는 이주민들이 고향으로 편지를 보내면 몇 주 혹은 몇 달이 걸렸다), 그럼에도 위험을 무릅쓰고 이주를 하려는 사람들은 그리 많지 않다. 국경 통제 강화로 국경을 넘어가는 일은 더욱 위험해졌기 때문이다. 유감스럽게도 이주민 연구에서 남아 있는 사람들에 관해서는, 심리학적인 몇 가지 일반 요인을 제외하고는 그다지 관심을 기울이지 않는 편이다.[19]

대규모 인프라 개발 프로젝트와 환경 악화도 이주를 야기하는 요인이었다. 세계은행의 보고에 따르면, 수력발전을 위한 댐 건설로 농경지가 침수되는 등 "개발로 인한 이주"는 수백만 명의 이주민을 양산했다. 이주에 보상을 해준다고 하지만, 이주민들의 낮은 사회적 지위 때문에 자금이 제대로 전달되지 않는 경우도 많았다. 화산 폭발이나 가뭄으로 인한 기근 등 자연재해를 피해 이주하는 사람들은 언제나 존재했지만, 인간 활동에 따른 자연 파괴로 이주하는 사람들이 점점 더 늘어나는 추세에 있다. 유독성 폐기물, 오염 배출물, 지구 온난화, 도시의 팽창, 해수

---

19 Robin Cohen, *The New Helots: Migrants in the International Division of Labour* (Aldershot: Gower, 1987); Bridget Anderson, *Doing the Dirty Work? The Global Politics of Domestic Labour* (London: Zed Books, 2000).

면의 상승이 모두 인간에 의한 자연재해에 속한다. 새롭게 황폐화된 지역, 폭풍이 잦은 지역, 또는 침수 위험이 있는 지역에서 대규모 이주가 발생하곤 했다. 예컨대 사헬 지대에서 10년 주기의 가뭄, 뉴올리언스의 열대 폭풍, 그리고 파키스탄, 미시시피, 태국 등지의 범람하는 강물 등이 그러한 사례였다. 일본 해안에서 발생한 쓰나미는 자연재해였지만, 지질학적 단층 지대에 위치한 원자력 발전소는 인공적으로 만들어진 것이다.

입국, 배제, 차별의 체제는 젠더와 관련이 있다. 환경 자체가 젠더에 영향을 미칠 수 있다. 남성은 여성보다 더 쉽게 떠날 수 있는 반면, 여성은 가정과 자녀에 대한 책임을 져야 한다는 사회적 기대 혹은 스스로의 인식이 있기 때문이다. 이미 여성들은 대규모로 임금 노동의 세계에 진입해 왔으며, 현재도 진입하고 있는 중이다. 그들은 중국이나 필리핀의 공장으로 이주하며, 떠돌이 자본이 잠시 머물다 떠나는 곳에 공장이 설립되면 또 그곳으로 이동을 한다. 섬유, 전자제품, 장난감 등 다양한 산업 분야에 속하는 공장들이다. 저임금 사회 출신 여성들은 고소득 국가에서 가사 노동자로 인기를 모았다. 고소득 국가의 여성들도 노동 시장에 진입하여 더 높은 임금을 받는 직종에 종사하지만, 대부분의 남성들은 가사 노동에 참여하지 않는다. 그래서 가사 노동, 육아, 노인 돌봄 등 재생산 과정의 노동이 모두 이주 여성 노동자들에게 위임되고 있다. 대중적 고정관념이나 경제 이론에서는 모두 가사 노동을 "비숙련 노동"으로 간주하지만, 실제로는 고급 수준의 식사를 준비하거나, 아이들의 학습을 돕거나, "감정 노동"을 제공하는 경우가 많다. 이러한 서비스 직종은 별다른 근거도 없이 여성의 일로 규정되는 강력한 이데올로기가 존재한다. 저임금 "유색인" 사회 출신 여성 인력이 이탈리아, 싱가포르, 영국, 일본 등 부유한 국가로 진출했다. 이들은 피부색을 근거로 하는 글로벌 아파르트헤이트의 배제선을 넘었다. 규제가 없는 사적 가정 영역에서 노동은 심각한 착취로 변질될 가능성이 있고, 경우에 따라서는 심각한 학대로 이어질 수도 있지만, 때로는 보람을 느낄 수도 있을 것이다.[20]

이러한 과정들은 '이주의 여성화'로 명명되었지만, 세계적인 이주의 과정에는 과거에도 언제나 여성들이 포함되어 있었다. 새로운 점은 여성이 드러났다는 사실이다. 공장 근처 민족별 거주지에 머물며 "보이지 않게" 지내는 대신, 여성 노동자는 중산층 주거 지역에서 일하며 그곳에서 거주하는 경우도 많다. 또 다른 새로운 점은 여성이 먼저 이주한다는 것, (기혼) 여성이 자녀를 여성 친척에게 맡긴다는 것, 그리고 여성이 가정의 주된 생계 부양자가 된다는 것이다. 남성 또는 여성의 단일 성별 이주는 시간이 지나면서 결혼 시장의 불균형을 초래하게 된다. 과거에는 주로 남성이 이주했고, 여성은 특정 경로를 통해서만 이주했다. 오늘날에는 저소득 사회의 여성들이 국제 에이전시를 통해 국제결혼을 하고 있다. 이들 중 일부는 고도로 도시화된 사회의 농업 부문에서 고소득자로 자리 잡았으며, 이외에 다른 일을 하는 사람들도 많다. 이러한 결혼은 종종 가사 및 농업 노동, 성적 노동, 감정 노동을 위한 착취로 묘사되지만, 여성들에게는 빈곤에서 벗어날 수 있는 유일한 방법으로 여겨지는 타당한 전략일 수 있다. 차별이 존재하는 사회 체제에서 여성은 결혼이

---

20 Elsa Chaney, Mary Garcia Castro, and Margo L. Smith, eds., *Muchachas no More: Household Workers in Latin America and the Caribbean* (Philadelphia: Temple, 1989); Rhacel Salazar Parreñas, *Servants of Globalization: Women, Migration, and Domestic Work* (Stanford University Press, 2001).

라는 제도를 이용하여 자신과 가족의 이익을 도모하며, 더 많은 선택지가 있는 사회로 진입하고, 노동시장에 발판을 마련하며, 더 나은 직업으로 나아가는 경로를 만든다. 이와 같은 전략에 대해 법적 판단이나 대중의 의견은 나라마다 다르다. 캐나다와 스웨덴에서는 일반적으로 받아들여지는 일이지만, 이슬람 국가에서는 그렇지 않다. 이러한 결혼에 관한 연구에서는 노동과 결혼이 결합된 시장 구조와 함께, 여성의 목표, 즉 가족 부양, 한계 농업 또는 수공업의 유지, 자녀 교육 지원 등에 관한 논의가 포함되어 있다.[21]

21세기 초엽에 이르러 이주의 패턴도 변화하고 있다. 이미 수 세기 동안 사람들은 언제나 특정 지역, 대륙 전체, 대양 횡단, 세계적 불평등과 선택지에 적응해 왔다. 노동력을 필요로 하는 기업가와 금융업자들은 가능한 지역을 찾아 노동자 개인 혹은 가족 전체를 모집했다. 불균형한 경제적, 사회적, 정치적 발전은 이주를 초래했다. 이주민은 단순 노동자와 숙련 노동자, 학생, 기업가, 엘리트 등 다양했다. 이주는 개인이나 가족의 선택지를 확대하고, 이주 목적지 사회에서의 노동력 부족을 해소하는 데 기여한다. 정착과 문화적 동화 과정은 목적지의 문화와 경제 구조에 따라 달라졌다. 이주를 감소시켜야 한다면, 세계적 기회의 불평등을 완화해야 할 것이다. 정보 전달 속도가 빨라지긴 했지만 그것은 본질적인 측면은 아니다. 19세기의 통신 수단인 편지만으로도 목적지

---

21 Christiane Harzig, "Women migrants as global and local agents: new research strategies on gender and migration," in Pamela Sharpe (ed.), *Women, Gender and Labour Migration: Historical and Global Perspectives* (London: Routledge, 2001), pp. 15-28.

를 선택하는 이주자의 결정을 좌우할 수 있었다. 이주자는 자기 자신의 삶을 경영하는 기업가라 할 수 있다. 그들은 이동에 따른 비용과 보상을 신중하게 계산하며, 인적자본을 가장 효과적으로 활용할 방안을 찾는다. 이들이 쉽게 정착할 수 있도록 지원하는 사회는, 과거에도 그랬듯이 오늘날에도 이주의 가장 큰 혜택을 얻을 것이다.

더 읽어보기

Anderson, Bridget. *Doing the Dirty Work? The Global Politics of Domestic Labour*. London: Zed Books, 2000.

Bilsborrow, Richard E. and Hania Zlotnik. "Preliminary report of the United Nations expert group on the feminization of internal migration," *International Migration Review* 26/1 (1992), 138-161.

Boyd, Monica and Elizabeth Grieco. "Women and migration: incorporating gender into international migration theory," *Migration Information Source* 1 March 2003, www.migra tioninfromationsourse.org/Feature/display/cfm?ID=106 (accessed January 14, 2007).

Bryder, Linda. "Sex, race, and colonialism: an historiographic review," *International History Review* 20 (1998), 806-822.

Chaney, Elsa, Mary Garcia Castro, and Margo L. Smith, eds. *Muchachas no More: Household Workers in Latin America and the Caribbean*. Philadelphia: Temple, 1989.

Castles, Stephen and Mark J. Miller. *The Age of Migration: International Population Movements in the Modern World*. New York: Guilford Press, 1993.

Cohen, Robin. *The New Helots: Migrants in the International Division of Labour*. Aldershot: Gower, 1987.

Curto, José C. and Renée Soulodre-La France, eds. *Africa and the Americas: Interconnections during the Slave Trade*. Trenton, nj, and Asmara: Africa World Press, 2005.

Gabaccia, Donna and Dirk Hoerder, eds. *Connecting Seas and Connected Ocean Rims: Indian, Atlantic, and Pacific Oceans and China Seas Migrations from the 1830s to the 1930s*. Leiden: Brill, 2011.

Harris, Nigel. *The New Untouchables: Immigration and the New World Worker*. London: Tauris, 1995.

Harzig, Christiane. "Women migrants as global and local agents: new research strategies on Gender and Migration," in Pamela Sharpe (ed.), *Women, Gender and Labour Migration: Historical and Global Perspectives*. London: Routledge, 2001, pp. 15-28.

Harzig, Christiane, Dirk Hoerder with Donna Gabaccia. *What is Migration History?* Cambridge: Polity, 2009.

Hoerder, Dirk. *Cultures in Contact: World Migrations in the Second Millennium*. Durham: Duke University Press, 2002.

Isajiw, Wsevolod W. *Understanding Diversity: Ethnicity and Race in the Canadian Context.* Toronto: Thompson, 1999.

Kaur, Amarjit. *Wage Labour in Southeast Asia since 1840: Globalisation, the International Division of Labour and Labour Transformations.* Basingstoke: Palgrave Macmillan, 2004.

Kuhn, Philip A. *Chinese among Others: Emigration in Modern Times.* Lanham, MD: Rowland and Littlefield, 2008.

Markovits, Claude, Jacques Pouchepadass, and Sanjay Subrahmanyam, eds. *Society and Circulation: Mobile People and Itinerant Cultures in South Asia 1750-1950.* Delhi: Permanent Black, 2003.

Marrus, Michael R. *The Unwanted: European Refugees in the Twentieth Century.* Oxford University Press, 1985.

McKeown, Adam M. "Global migration, 1846-1940," *Journal of World History* 15/2 (2005), 155-189.

 Melancholy Order: Asian Migration and the Globalization of Borders. New York: Columbia University Press, 2008.

 "Chinese emigration in global context, 1850-1940," *Journal of Global History* 5 (2010), 1-30.

Midgley, Clare, ed. *Gender and Imperialism.* Manchester University Press, 1998.

Morokvasic, Mirjana, ed. *Women in Migration,* topical issue of *International Migration Review* 18, no.68 (1984).

Moya, José C. "A continent of immigrants: postcolonial shifts in the western hemisphere," *Hispanic American Historical Review* 86/1 (2006), 1-28.

Moya, José and Adam McKeown. "World migration in the long twentieth century," in Michael Adas (ed.), *Essays on Twentieth-Century History.* Philadelphia: Temple University Press, 2010, pp. 9-52.

Nugent, Walter. *Crossings: The Great Transatlantic Migrations, 1870-1914.* Bloomington: Indiana University Press, 1992.

Parreñas, Rhacel Salazar. *Children of Global Migration: Transnational Families and Gendered Woes.* Stanford University Press, 2005.

 Servants of Globalization: Women, Migration, and Domestic Work. Stanford University Press, 2001.

Phizacklea, Annie. "Migration and globalization: a feminist perspective," in Khalid Koser and Helma Lutz (eds.), *The New Migration in Europe: Social Constructions and Social Realities.* London: Macmillan, 1998.

Queiros Mattoso, Katia M. de. *To Be A Slave in Brazil, 1550-1880.* Fourth edn. New

Brunswick: Rutgers, 1994.
Richmond, Anthony H. *Global Apartheid: Refugees, Racism, and the New World Order.* Oxford University Press, 1994.
Sassen, Saskia. *Guests and Aliens.* New York: New Press, 1999.
Simon, Rita James and Caroline Brettell. *International Migration: The Female Experience.* Totowa, NJ: Rowman & Allanheld, 1986.
Stoler, Ann L. *Race and the Education of Desire: Foucault's History of Sexuality and the Colonial Order of Things.* Durham, NC: Duke, 1995.
Strobel, Margaret. *Gender, Sex, and Empire.* Washington, DC: American Historical Association, 1993.
Torpey, John. *The Invention of the Passport: Surveillance, Citizenship and the State.* Cambridge University Press, 2000.
Treadgold, Donald W. *The Great Siberian Migration: Government and Peasant in Resettlement from Emancipation to the First World War.* Princeton University Press, 1957.

CHAPTER 2

도시화

린 홀런 리즈
Lynn Hollen Lees

오늘날 세계 인구의 절반 이상이 도시에 살고 있지만, 1750년만 하더라도 도시 인구는 전체 인구의 5퍼센트에 미치지 못했다. 당시 사람들은 주로 마을이나 농촌에 거주했고, 농경지와 숲이 풍경의 대부분을 차지했다. 하지만 이제는 동아시아의 강 유역부터 북아메리카의 평원, 북유럽의 스칸디나비아부터 사하라 이남 아프리카까지 전 세계적으로 도시 또는 도시화된 지역이 중심이 되었다. 예를 들어 뉴욕시는 지난 250년 동안 맨해튼 섬 남쪽의 작은 항구 도시에서 출발해 현재 인구가 1,600만 명이 넘는 거대한 도시로 성장했다. 이처럼 비교적 짧은 기간 동안 이루어진 도시화는 대부분의 사람들에게 일하는 방식과 생활 방식을 완전히 바꾸어 놓았다. 이제 우리는 도시인이 되었다. 이 글에서는 현대 도시가 어떻게 성장했는지 살펴보고, 세계 각 지역의 도시화 양상을 비교하면서 도시가 어떻게 경제와 사회, 문화생활까지 지배하게 되었는지 알아보려 한다. 또한 개별 도시들의 역사보다는 도시들이 서로 연결되어 하나의 시스템을 이루게 된 과정에 초점을 맞추고자 한다.

우리 논의의 두 번째 주제는 도시화가 가져온 결과를 살펴보는 것이다. 사람들이 도시로 몰려들면서, 인간 사이의 관계와 소통 방식은 크게 변했고 자연환경도 달라졌다. 초록빛 들판과 울창한 숲은 회색 콘크리트 건물과 갈색 돌담, 검은 아스팔트 도로로 바뀌었다. 끝없이 이어진

도로 주변의 주택과 상점들은 사람들이 더 자주 만나고 교류하도록 이끌었다. 도시라는 공간은 본질적으로 사회적 공간이다. 공간의 구조와 교통수단의 배치는 그곳에서 살아가는 사람들의 생활 방식을 결정하고 사회적 분위기에 큰 영향을 미친다. 도시 생활이 사람들에게 미치는 영향을 두고 벌어진 논쟁은 이미 19세기에도 격렬하게 진행되었으며, 오늘날까지도 지속되고 있다. 과거 《리버풀 타임스(Liverpool Times)》의 편집장이었던 토머스 베인스(Thomas Baines)는 1870년에 "티레, 아테네, 피렌체와 같은 고대의 거대 도시들은 지식과 예술의 중심지였을 뿐 아니라, 무역과 상업의 중심지였다"고 말한 적이 있다. 베인스는 영국 요크셔 지방의 여러 산업 도시에서도 그와 같은 긍정적인 모습을 발견했다. 그러나 베인스가 진보와 발전을 보았던 바로 그곳에서 오염과 타락, 도덕적·신체적 위험을 지적한 사람들도 있었다. 알렉시스 드 토크빌(Alexis de Tocqueville)은 영국의 맨체스터를 "새로운 지옥(this new Hades)"이라고 부를 정도였다.[1] 근대에 이르러 산업 도시는 많은 사람들에게 공포의 대상으로 인식되었으며, 도시 생활에 대한 도덕적 비판은 더욱 강해졌다.

도시 생활은 매년 도시로 이주해 오는 수백만 명의 사람들에게 과연 무엇을 줄 수 있을까? 이 질문의 답은 각 도시의 공공 정책과 지역 경제 상황에 따라 달라지지만, 도시 환경에서 흔히 마주하는 공통적인 조건과 제약도 중요한 영향을 미친다. 예를 들어 알제리의 도시와 오스트레

---

1 Thomas Baines, *Yorkshire Past and Present*, II pt. 1 (London: Mackenzie, 1871), p. 218; Alexander de Tocqueville, *Journeys to England and Ireland*, J. P Mayer, ed. (Garden City: Doubleday, 1968), pp. 93-96.

일리아의 도시는 분명 서로 다르지만, 많은 부분에서 비슷한 모습을 공유한다. 특히 현대의 세계화로 여러 도시의 기술 수준, 주거 형태, 제도, 소비재 등이 점점 더 비슷해지고 있다. 이러한 변화가 어디까지 계속될 수 있을지, 그리고 한계는 무엇인지가 앞으로 도시 생활의 모습을 결정하는 데 중요한 역할을 하게 될 것이다.

도시화의 정의 및 도시화의 비율

도시(소도시)는 마을(촌락)과 다르다. 우선 규모와 인구밀도가 다르고, 경제적·문화적 기능도 다르다. 때로는 정치적인 역할도 도시에 집중된다. 도시가 생겨난 가장 기본적인 이유는 경제적인 필요 때문이다. 도시는 자체적으로 식량을 충분히 생산하지 못하기 때문에 외부에서 식량이나 필요한 자원을 공급받아야 한다. 즉 다른 지역에서 남는 식량을 가져와 도시에서 만든 상품이나 서비스와 교환하는 것이다. 이런 교류는 도시와 농촌 양쪽 주민 모두에게 이익이 된다. 하지만 이런 개념적인 구분과 달리, 현실에서는 도시와 마을의 경계를 명확히 나누기 어려운 경우가 많다. 도시의 경계는 대부분 명확하지 않고, 고대에도 이미 도심 바깥에 변두리 지역이 있었다. 고대의 변두리는 주로 성벽 바깥에 형성된 주거지역이었으며, 이곳 주민들 역시 도시의 경제 및 사회 체계에 중요한 구성원이 되었다. 한편, 도시를 구분하는 인구 기준도 절대적이지 않다. 고대에는 수백 명 정도만 모여 살아도 도시로 불리곤 했다. 하지만 오늘날에는 이 기준이 훨씬 높아졌다. 미국이나 멕시코에서는 보통 2,500명 이상이 살면 도시로 분류된다. 반면 인도나 레바논에서는 최소 5,000명 이상이 되어야 도시라고 한다.[2] 중국, 브라질, 벨기에와 같은 다른 나라들도 나름의 법적·행정적 기준으로 도시를 정의한다. 따라서 '도시적(urban)'이라는 개념의 기준은 국가마다 다르다고 할 수 있다.

도시 인구의 성장은 크게 두 가지 방식으로 이루어진다. 하나는 사람들이 도시로 이주해 들어가는 것이고, 다른 하나는 도시 내에서 출생이 사망보다 많아 인구가 자연스럽게 늘어나는 것이다. 이 두 가지가 함께 작용해 도시의 성장 속도를 결정한다. 특히 젊은 성인층은 일자리를 찾아 도시로 들어가는 경우가 많다. 산업화와 농업 현대화가 진행될수록 농촌을 떠나 도시로 가려는 사람들이 많아지고, 실제로 그런 기회도 늘어난다. 이렇게 많은 인구가 한꺼번에 유입되면 도시 규모가 빠르게 커지고, 자녀를 낳을 수 있는 젊은 층의 비율이 높아진다. 그러나 도시로 이주한 사람들이 모두 도시에 정착하는 것은 아니다. 많은 사람이 얼마 지나지 않아 다시 떠나기도 하고, 젊은 나이에 사망하거나 결혼을 늦게 하거나 아예 하지 않는 경우도 많다. 또한 1850년 이전의 도시 환경은 비위생적이어서 농촌보다 유아 사망률이 높았고, 평균 수명도 짧았다. 그래서 유럽의 도시 성장은 자연 증가보다는 주로 이주에 따른 결과였다.

인구를 기준으로 보면 도시화를 규정하기가 쉽다. 어느 지역에서 도시화가 발달할수록 주변 지역 전체로 보아 도시 거주 인구 비율이 높아진다. [표 2-1]에 따르면, 1800년에는 세계 인구의 약 9퍼센트만이 인구 5,000명 이상의 도시에서 살았다. 이 비율은 1900년에는 약 16퍼센

---

2 Department of Economic and Social Affairs, Population Division, United Nations, *World Urbanization Prospects: The 1999 Revision* (New York: United Nations, 2001), pp. 112-127.

	1700년	1800년	1900년	1950년		2000년	
				a	b	a	b
아프리카	3.9%	4.0%	5.5%	12.0%	14.7%		37.9%
북아메리카	11.4%	12.3%	28.5%	47.9%	63.9%		77.2%
라틴 아메리카/카리브해					41.4%		75.3%
아시아	10.9%	9.1%	9.3%	14.9%	17.4%		36.7%
유럽(러시아 제외)	12.3%	12.1%	37.9%	50.7%	52.4%		74.5%
합계	9.8%	9.0%	16.1%	25.6%	47%		51%

a = 인구 5,000명 이상 정착지 기준.
출처: Bairoch, pp. 284, 587, 634.
b = 각국별 정의에 따른 모든 도시 지역.
출처: United Nations, *World Urbanization Prospects*, 1999, p. 32.

[표 2-1] 세계 도시화 비율, 1700년-2000년

트로, 1950년에는 약 26퍼센트로 증가했다. 그러나 도시화 수준은 지역별로 차이가 있었다. 오늘날 유럽과 아메리카의 도시화 비율은 다른 지역에 비해 훨씬 더 높았다. 1950년 기준 유럽과 아메리카의 전체 인구 중 약 절반이 도시에 살았다. 반면 같은 비율이 아시아는 약 15퍼센트, 아프리카는 약 12퍼센트에 그쳤다. 20세기 후반에 이르러 아시아와 아프리카에서도 도시화 속도가 빨라졌다. 두 지역의 많은 나라들이 식민 지배에서 벗어나 독립하고, 두 차례의 세계대전과 대공황의 혼란을 극복하면서 세계 경제가 회복된 결과였다.

오늘날 아시아의 도시 인구는 이미 유럽과 북아메리카를 훨씬 넘어섰으며, 도시화율도 꾸준히 높아지고 있다. 1950년 이후 전 세계 도시화의 흐름을 살펴보면, 도시화가 덜 된 지역일수록 도시로의 인구 이동

속도가 더 빠르다는 특징이 나타난다. 예컨대 아프리카, 폴리네시아, 동남아시아, 동아시아처럼 도시가 적었던 지역일수록 최근 들어 도시화가 빠르게 진행되고 있다. 반대로 유럽, 북아메리카, 호주, 뉴질랜드와 같이 이미 경제가 발달한 지역에서는 도시화 속도가 상대적으로 매우 느리다.[3] 특히 가난한 나라들에서는 높은 출산율과 낮아진 사망률, 농촌에서 도시로 향하는 꾸준한 인구 이동이 겹치면서 도시화가 더욱 빠르게 진행되고 있다.

하지만 도시화를 단순히 숫자만으로 이해할 수는 없다. 좀 더 넓은 시각에서 보면, 도시는 특정한 공간 안에서 일어나는 다양한 활동의 총합이라고 할 수 있다. 도시는 사람들에게 전문화된 서비스를 제공하는 중심지이며, 그런 서비스를 담당하는 사람들이 모여 사는 곳이기도 하다. 예를 들어 무역, 대규모 제조업, 행정 업무, 교육 같은 활동들은 시장이나 공장, 사무실이 밀집된 중심지에서 가장 효율적으로 이루어진다. 도시는 서로 다른 기능과 공동체를 모두 품고 있다. 19세기 중반의 파리를 예로 들어보자. 당시 인구조사를 보면 산업화 초기의 도시 경제를 지탱했던 다양한 직업들을 확인할 수 있다. 시민들은 행정 업무를 처리하거나 범죄자를 체포하고, 맥주를 양조하고, 청소하고, 짐을 나르고, 건물을 짓고, 요리하고, 병을 치료하고, 춤을 추고, 마차를 몰거나 땅을 파는 등 수백 가지의 일을 하며 살아갔다. 이처럼 다양한 활동은 상품을 만드는 일뿐만 아니라 도시적 생활 방식을 만들어내고 퍼뜨리는 데에도 기여했다. 이주민들은 선술집, 상점, 극장, 작업장 같은 도시의 공간에서

---

3 Ibid, p. 50.

도시 특유의 생활 습관을 익혔다. 한편 도시 공동체는 이주민들이 사용하는 언어나 종교가 다를 경우 이들을 공동체에 받아들이기도 하고 때로는 분리시키기도 했다. 경찰, 학교, 지역 단체 같은 공공기관들은 공동체가 원하는 기준을 전달하고, 사람들이 지켜야 할 행동의 한계를 설정했다. 오늘날에는 교통과 원격 통신이 매우 편리해지면서 도시의 생활 방식과 소비문화가 도시의 경계를 넘어 시골 지역까지 널리 퍼지고 있다. 그 결과 이제는 도시와 시골을 엄격히 구분된 공간으로 명확하게 나누는 것이 불가능해졌다.[4]

시스템으로서의 도시

도시는 주변 지역과 긴밀하게 연결되어 있으며 결코 혼자 떨어져 있지 않다. 도시는 주변에서 식량과 생필품을 공급받고, 그 대신 다양한 상품과 서비스를 제공한다. 도시화가 진행되면 정치적, 경제적, 문화적 기관들이 도시에 집중되면서 일정한 위계 구조를 이루고, 이러한 기관들은 도시 규모와 수요에 따라 지역 곳곳에 자리 잡는다. 이러한 도시 체계 속에서 도시의 규모와 제공하는 서비스의 다양성은 서로 밀접하게 연결된다. 예를 들어, 작은 시장이 있는 소도시는 도로망을 통해 더 크고 복잡한 도시와 연결되며, 큰 도시는 더 다양하고 전문적인 상품과 서비스를 제공한다. 그래서 사람들은 필요한 서비스를 얻기 위해 먼 거리를

---

4 A. E. Smailes, "The definition and measurement of urbanization," in Ronald Jones (ed.), *Essays on World Urbanization*, The Commission on the Processes and Patterns of Urbanization of The International Geographical Union (London: George Philip, 1975), pp. 3-13.

이동하기도 한다. 가장 작은 도시라도 보통 초등학교와 시장, 식료품점 정도는 있지만, 중고등학교나 병원, 극장 같은 시설은 드문 경우가 많다. 이런 시설들은 보통 조금 더 큰 중심 도시에 들어선다. 시골 주민들이 대학이나 정부 기관, 오페라 하우스 같은 시설을 이용하려면 더 먼 거리를 이동해야 하며, 보통은 그 나라 지역에서 가장 큰 도시로 가야 가능하다. 도시들 중에는 특정 기능을 중심으로 특화된 도시들도 있다. 항구 도시나 공업 도시, 대학 도시, 휴양 도시 등이 그 예다.

지역을 잇는 육로는 도시가 만들어내는 수많은 연결고리 중 하나일 뿐이다. 교통과 통신 기술이 전 세계로 확산되면서, 도시는 사람과 정보가 오가는 주요한 중계 지점이 되었다. 도시는 네트워크의 핵심 거점이자, 먼 곳으로 떠나는 여행자들이 출발하는 곳이다. 또한 이곳에서 텔레비전 방송이 송출되고, 문화적 표준이 만들어진다. 할리우드(Hollywood), 발리우드(Bollywood), 놀리우드(Nollywood)의 영화들은 각각 로스앤젤레스(Los Angeles), 뭄바이(Mumbai), 라고스(Lagos)라는 도시에서 제작되어 전 세계의 관객들에게 전달된다. 다카르(Dakar), 파리(Paris), 카리브해(Caribbean) 지역의 음악 산업과 팬들 역시 킹스턴(Kingston), 런던(London), 뉴욕(New York)의 음악 세계와 연결되어 있다. 도시는 공간과 네트워크의 중심이다. 도시 간의 교류가 활발해질수록 도시의 적응력과 다양성도 함께 커진다. 도시는 마치 흐르는 강물과 같은 공간이다. 다양한 흐름이 끊임없이 들어오고 나가는 곳이다.[5]

---

5 Paul M. Hohenberg and Lynn Hollen Lees, *The Making of Urban Europe, 1000-1994*, rev. edn. (Cambridge, MA: Harvard University Press, 1995), pp. 4-5; Manuel Castells, *The Informational City* (Oxford: Basil Blackwell, 1989), pp. 168-171.

도시 네트워크에 교통 기술이 결합하면서 오늘날과 같은 장거리 여행과 이주 형태가 나타났다. 특히 기차와 항공 여행에서 활용되는 허브 앤 스포크(hub-and-spoke) 방식은 여행객들을 주요 도시와 큰 마을로 모으는 역할을 한다. 20세기 초반에는 함부르크, 런던, 뉴욕, 요코하마에 본사를 둔 해운회사들이 아메리카, 아프리카, 동아시아는 물론 유럽 해안 도시를 정기적으로 연결하는 항로를 운영했다. [지도 2-1]에는 1914년 함부르크-아메리카 라인의 항로가 표시되어 있다. 도시화를 이해하려면 도시 간의 공간적, 기능적 관계를 살펴봐야 한다. 도시 간 관계의 일부는 생산과 교역 같은 경제적 활동에서 비롯된다. 이때 지리적 위치나 특성이 중요한 역할을 한다. 또한 도시들은 문화적으로도 서로 연결된다. 다양한 사상과 예술, 이념이 도시 사이를 오가며 문화적 관계가 형성된다. 정치권력 또한 도시 간의 네트워크를 통해 작동한다. 예컨대 프랑스는 1789년 혁명 이후 봉건제를 폐지하고 대도시와 중소도시의 위계 구조에 따라 행정 조직을 구축했다. 마을이나 코뮌(소도시)의 시장은 중심 도시의 도청(prefecture)에 보고하고, 도청의 책임자는 다시 파리(Paris)에 있는 중앙 정부에 편지나 전보, 전화를 통해 업무를 보고했다. 오늘날에도 인터넷을 통해 이와 비슷한 방식으로 보고 체계가 이루어지고 있다.

국가 체제상 주요 도시가 보통 정치적 수도 역할을 맡는다. 모스크바(Moscow), 자카르타(Jakarta), 카이로(Cairo), 부에노스아이레스(Buenos Aires) 같은 도시들은 정치뿐 아니라 상업과 문화의 중심지로서도 중요한 역할을 한다. 이처럼 한 도시의 매력이 다른 지역의 도시들을 압도하고, 도시의 규모가 상대적으로 매우 커질 때 이를 '주도(Primate City)'

라고 부른다. 예를 들어 레바논 전체 인구의 약 70퍼센트가 수도인 베이루트(Beirut)에 살고 있으며, 아이티에서는 인구의 약 60퍼센트가 수도 포르토프랭스(Port-au-Prince)에 집중되어 있다. 이처럼 국토가 좁고 도시화 비율이 높은 국가일수록 인구 집중 현상이 두드러진다. 런던(London)과 도쿄(Tokyo) 역시 주도의 특성을 가지고 있지만, 영국과 일본은 각각 다양한 지방 도시들이 고르게 발전해 있다. 두 나라 모두 지역 도시들이 독자적인 기능을 수행하며 균형 잡힌 도시 구조를 이루고 있어서, 수도에 인구가 지나치게 집중되지는 않는다. 일반적으로 경제 발전이 이루어질수록 도시 간 기능이 골고루 분산되어 국가 전체적으로 균형 잡힌 발전을 촉진하게 된다.

세계화 연구자들은 국가 경제 간의 상호작용 증가가 국제 도시의 계층 구조를 형성했다고 주장한다. 사스키아 사센(Saskia Sassen)에 따르면, 뉴욕, 런던, 도쿄는 전 세계에 금융 서비스를 제공하는 데 중요한 역할을 하기 때문에 "글로벌 도시(global cities)"가 되었다고 주장한다.[6] 제조업의 일부 유형은 더욱 분산되는 경향을 보였지만, 국제 금융 수준에서는 정반대의 현상이 나타났다. 국제 금융은 기업의 집적, 전문 서비스, 첨단 통신 기술에 대한 대규모 투자의 혜택을 누리고 있다. 자본의 수용, 처리, 배분의 역할을 통해 런던, 도쿄, 뉴욕, 그리고 최근에는 홍콩이 글로벌 경제에서 새로운 중심지로 부상했다.

---

6 Saskia Sassen, *The Global City: New York, London, and Tokyo* (Princeton University Press, 1991).

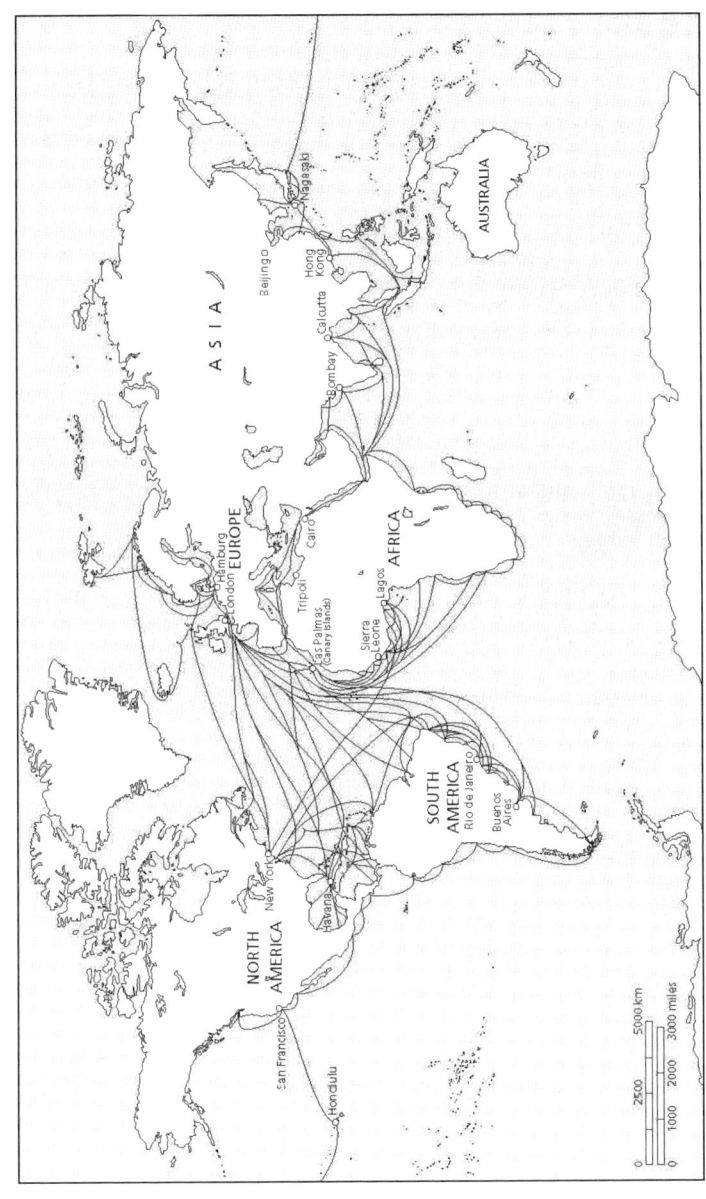

[지도 2-1] 함부르크-아메리카 라인의 해운 항로, 1914년

지역별 차이

도시화는 전 세계적으로 퍼져나갔지만, 모든 시대와 지역에서 고르게 나타난 것은 아니었다. 역사상 최초의 도시는 오늘날의 이라크, 이집트, 파키스탄, 북중국 지역과 같은 큰 강 유역에서 만들어졌다. 이후 기원후 1세기 무렵부터는 다른 여러 지역에서도 도시가 생겨나기 시작했다. 그러나 고대 도시들은 매우 불안정했다. 도시를 보호해주던 정치적 힘이 약해지면 도시도 함께 쇠퇴했다. 기원후 5세기에 로마 제국이 무너지자, 서유럽 전체에서 도시가 급격히 쇠락했다. 800년경부터 다시 인구가 늘어나고 농업 생산성도 향상되자, 유라시아와 북아프리카 대부분 지역에서 도시 개발이 다시 활발해졌다. 하지만 14세기와 15세기에는 전염병이 유행하고 주요 제국들이 무너지면서 사람과 물자의 이동이 줄어들었고, 이로 인해 도시화도 둔화되었다. 반면 효율적이고 안정적인 정부가 유지된 곳에서는 도시가 계속 성장했다. 예를 들어 멕시코 중부의 아즈텍 제국과 중국의 양자강 삼각주 지역(당시 원 제국 통치 지역)이 대표적인 사례였다.[7]

또 한 번 도시가 급증했던 시기는 1500년에서 1700년 사이였다. 농업 생산성 증가, 무역 활성화, 정치적 통합이 주요 요인이었다. 1580년에서 1700년 사이 일본은 세계에서 가장 도시화된 지역 중 하나였다. 도쿠가와 이에야스(德川家康)가 에도(江戶, 현재의 도쿄)의 기초를 세우

---

7 Richard von Glahn, "Towns and temples: urban growth and decline in the Yangzi Delta, 1100-1400," in P. J. Smith and R. von Glahn (eds.), *The Song-Yuan-Ming Transition in Chinese History* (Cambridge, MA: Harvard University Press, 2003), pp. 176-211.

고, 그의 사무라이 동맹들이 급성장하는 성곽 도시에서 영지를 관리했다. 중동에서는 오스만과 사파비 제국의 지배 아래 이스파한, 이스탄불, 다마스쿠스, 메카와 같은 여러 도시가 번영했다. 이들 도시는 지중해 연안에서 믈라카에 이르기까지 곳곳에 산재해 있던 이슬람 중심지들과 안정적으로 연결되었다. 아메리카 대륙에서도 도시화가 확장되어, 스페인이 새로운 도시를 세워 거대한 제국을 관리했다. 국가의 권력이 확대되면서, 대규모 행정 도시와 항구도 빠르게 성장했다. 초기 근대 시기 세계에서 가장 크고 역동적인 도시들은 대부분 아시아에 위치해 있었다. 그러나 18세기 후반부터는 무굴 제국과 중국에서 도시 성장이 둔화되었다.[8] 반면 북아메리카와 사하라 이남 아프리카 지역에서는 도시화가 제한적으로 이루어졌다.

1750년, 세계에서 가장 도시화된 지역(전체 인구 중 도시 거주 비율로 정의)은 네덜란드, 잉글랜드, 브라반트, 이탈리아 북부 및 중부, 일본에 집중되어 있었다. 이들 지역은 상업화가 활발히 진행된 지역으로, 다수의 시장 도시와 행정 중심지가 통합된 네트워크를 형성하고 있었다.[9] 이와 같은 고도 도시화 지역은 경제적으로 발전된 지역에 위치하며, 풍요로운 농업, 번영하는 상인 공동체, 활발한 항구와 시장이 특징이었다. 런던과 에도(도쿄)는 인구가 공식적인 경계를 넘어서까지 확장된 거대한 대도시 지역이었다. 비록 전체적인 도시화 수준은 상대적으로 낮았지

---

8 Peter Clark, ed., "Introduction," *The Oxford Handbook of Cities in World History* (Oxford University Press, 2013).
9 Jan de Vries, *European Urbanization, 1500-1800* (Cambridge, MA: Harvard University Press, 1984), p. 39.

만, 중국은 주요 강 유역을 중심으로 잘 발달된 도시 계층 구조를 갖추고 있었다. 상업의 성장은 시장 도시의 증가를 뒷받침했다. 18세기 동안 서유럽과 중국의 가장 발전된 지역은 농업 생산성, 인구 증가, 생활 수준, 상업 발전 수준에서 유사한 모습을 보였다.

유럽과 중국에서 가장 발전된 지역들을 비교해 보면, 1800년 이후로 경제 구조와 부의 격차가 발생했음을 알 수 있다. 케네스 포메란츠(Kenneth Pomeranz)는 이를 "대분기(The Great Divergence)"라 했다. 대분기는 도시화와 밀접한 관련이 있었다.[10] 영국에서는 "산업혁명(Industrial Revolution)"이라 불리는 과정이 일어났다. 섬유 제조업이 공장으로 이전되었고, 증기기관과 석탄을 활용해 저렴하고 지속적인 동력을 공급했다. 산업혁명의 영향으로 도시가 만들어졌다. 처음에는 영국부터 시작해서 이후 벨기에, 프랑스, 뉴잉글랜드(New England)에서도 도시가 형성되었다. 제조업 생산이 시작된 곳은 시골이었다. 생산이 발달하면서 많은 노동자를 끌어들였고, 마을은 도시로 변해갔다. 철도는 이주민과 자재를 더 빨리 더 먼 곳으로 이동시켜 주요 중심지 집중이 더욱 커졌다. 석탄을 사용하는 증기기관 덕분에 섬유 제조업은 수력 의존에서 해방되었다. 이제는 도시에서도 섬유 생산이 가능하게 되었다. 광업과 금속공학이 결합되자 1870년 이후 폴란드, 서부 독일, 펜실베이니아(Pennsylvania)의 석탄 매장지 인근에 대규모 도시가 들어섰다. 내연기관, 강철, 석유, 화학을 기반으로 한 두 번째 산업화 물결은 19세기 후반 서유럽 경제를 다시 활

---

10 Kenneth Pomeranz, *The Great Divergence: Europe, China, and the Making of the Modern World Economy* (Princeton University Press, 2000).

성화시켰고, 중부유럽, 북아메리카, 러시아에서 산업 및 도시의 성장을 촉진했다. 기술은 상대적으로 "입지가 자유롭고(footloose)" 어디에서나 설치가 가능했기 때문에 여러 대륙의 기업가들은 새로운 기계를 구입해 도시에 공장을, 항구에 정유소를 건설했다. 산업 생산뿐만 아니라 확대된 교통, 무역, 서비스업도 도시에서 새로운 일자리를 창출하며 이주민들을 끌어들였다. 19세기를 거치는 동안 유럽, 북미, 호주, 뉴질랜드, 남아프리카 전역에서 도시가 성장했으나, 그 속도는 지역별로 달랐다.

유럽과 북아메리카 산업화의 영향은, 초기에는 아시아, 동유럽, 라틴 아메리카에 걸쳐 고르게 나타나지 않았다. 원료를 개발도상국으로 수출하고 공산품을 수입하던 항구 도시는 지역에 상관없이 번성할 수 있었다. 예컨대 브라질의 항구 마나우스(Manaus)는 고무 붐 시기에, 러시아 제국의 항구 바쿠(Baku)는 내륙에서 석유가 발견된 후 급속히 성장했다. 멕시코, 브라질, 아르헨티나의 도시 인구는 수출 및 제조업 부문과 함께 증가했으나, 안데스 지역의 도시는 침체했다. 인도에서는 도시 장인들이 영국과의 경쟁으로 시장이 축소되면서 거의 한 세기 동안 도시가 오히려 쇠퇴했지만, 봄베이(현 뭄바이)나 캘커타(현 콜카타) 같은 항구는 번성했다. 중국에서는 단일한 지배적 패턴이 존재하지 않았다. 청나라 말기에는 소규모 시장 도시들이 계속 성장했고, 1850년 이후에는 조약항이 성장했다. 그러나 19세기 중엽부터 인구 성장률 감소와 정치적 혼란이 양자강 하류 지역의 도시 확장을 가로막았을 가능성이 높다.

1800년 이후에는 산업화된 선진국과 개발도상국을 막론하고 모든 지역에서 도시의 수가 놀라울 정도로 증가했다. 유럽에서는 인구 1만 명 이상 도시의 수가 1700년에서 1800년 사이에 두 배로 증가했으며, 1870년까지 다시 두 배 이상 증가했다.[11] 오스트레일리아 남부와 뉴질랜드에서는 유럽의 식민지 개척 초기 계획도시들이 다수 건설되었다. 1883년에는 지적 측량 전문가들이 캐나다 태평양 철도회사(Canadian Pacific Railway, CPR)의 노선을 따라 1,200개 이상의 신도시를 조성했다. 라틴 아메리카 독립 이후 인구 2만 명 이상의 도시는, 1800년의 41개에서 1920년에는 207개로 증가했다.[12] 식민지 정부와 상인들은 해안선을 따라 새로운 항구를 건설했다. 싱가포르(Singapore), 홍콩(Hong Kong), 양곤(Rangoon), 수라바야(Surabaya)는 곧이어 주요 수출 및 환적 중심지로 부상했다. 19세기 후반에는, 케이프 식민지(Cape Colony, 남아공) 상인들의 무역 거점이었던 더반(Durban)이 세계 최대의 설탕 무역 터미널 중 하나로 성장했다. 해양 제국이 팽창하면서 국제 무역이 촉진되었고, 그것이 새로운 도시와 마을의 탄생으로 이어졌다.

20세기 초중엽에도 도시화는 균등하게 진행되지 않았다. 세계대전과 대공황은 산업화된 세계의 대부분에서 성장을 가로막았다. 폭격과 퇴각하는 군대가 도시를 초토화시켰다. 뿐만 아니라 코번트리(Coventry)에서부터 드레스덴(Dresden), 바르샤바(Warsaw), 히로시마(Hiroshima)에 이르는 도시의 피해 목록은 암울할 정도로 길었다. 한편 전쟁에서 멀리 떨어져 있었던 라틴 아메리카에서는 도시가 급속히 확장되었다. 특

---

11 Paolo Malanima, "Urbanization," in Stephen Broadberry and Kevin H. O'Rourke (eds.), *The Cambridge Economic History of Modern Europe*, Volume 1, 1700-1800 (Cambridge University Press, 2010), p. 246.
12 Paul Bairoch, *Cities and Economic Development*, trans. Christopher Braider (University of Chicago Press, 1988), p. 414.

히 보호관세가 산업 개발을 촉진하는 지역에서 그 속도가 두드러졌다. 1945년 이후에는 재건과 전후 경제 호황이 결합되면서 유럽, 북아메리카, 아시아 대부분의 지역에서 도시 성장이 촉진되었다. 제3세계의 도시는 산업화된 지역의 도시보다 두 배 빠른 속도로 성장하며 폭발적인 규모로 팽창했다. 도시 내부 공간의 인구분포도 변화했다. 중심 도시 인구는 줄어드는 대신 교외 지역은 이주민을 끌어들이는 경우가 많았다.

도시화는 경제적 변화뿐 아니라 정치적 태도나 정부의 정책에도 영향을 받는다. 예를 들어 전쟁이 발생하면 도시가 파괴되고 주민들이 피난을 떠나면서 도시 인구가 일시적으로 감소하기도 한다. 시장 경제가 아닌 강력한 정부 주도 경제 체제가 자리 잡은 국가에서는, 정부가 도시 주민을 엄격하게 관리하며 도시의 설계와 성장을 직접 통제했다. 소련의 경우 국내 이동 여권과 거주 허가제를 통해 농촌 주민들이 도시로 자유롭게 이주하는 것을 막았다. 1958년 중국 정부는 '호구(戶口)'라는 거주지 중심의 가구 등록 제도를 도입하여 농촌 주민이 도시로 이동하지 못하도록 제한했다. 또한 중국에서는 1960-70년대 문화대혁명 당시 정치적 재교육을 목적으로 젊은 세대들을 도시에서 농촌으로 강제로 이주시켰다. 캄보디아에서도 1970년대 후반 크메르 루즈 정권이 농업 중심의 공산주의 사회를 만들기 위해 도시의 거의 모든 인구를 강제로 농촌으로 내몰아 도시를 비워버렸다. 반대로 정부가 도시화를 적극적으로 지원하고 촉진한 경우도 많았다. 일부 국가들은 당시 정부가 생각한 '이상적인 사회'를 실현하기 위해 새로운 도시를 건설하거나 기존 도시를 개조했다. 동유럽과 소련에서는 제2차 세계대전 이후 주택 부족을 완화하고 새로운 사회주의 경제를 촉진하기 위해 1,000개 이상의 신도시를 건설했다. 이러한 도시들은 산업 지역 주변에 지어졌으며, 대부분 대규모 콘크리트 아파트와 최소한의 편의시설을 갖춘 주거 단지 중심으로 설계되었다. 반면 브리튼섬, 네덜란드, 스칸디나비아에서는 전혀 다른 방식으로 도시화가 이루어졌다. 이 지역에서는 1945년 이후 '정원 도시'라는 개념으로 새로운 도시들이 만들어졌다. 여기서는 잘 설계된 녹지 공간과 현대적인 주택을 갖추고 주민들에게 쾌적하고 예술적인 생활환경을 제공했다.

20세기 후반에 들어 서양의 많은 지역에서 제조업과 도시 성장 간의 강력했던 연계가 약화되었고, 서유럽과 북아메리카에서 탈공업화 현상이 두드러졌다. 과거 번성했던 공업 도시들, 예컨대 벨파스트(Belfast), 리에주(Liège), 디트로이트(Detroit)는 인구와 경제의 활력을 잃어버렸다. 일부 도시는 문화나 서비스 산업으로 전환하면서 어느 정도 성공을 거두기도 했다. 오늘날 필라델피아(Philadelphia) 경제의 주요 동력은 교육과 의료 산업이다. 한때 고급 비단 생산의 선도 지역이었던 리옹(Lyon)은 이제는 생명공학, 연구, 관광, 교통의 결합으로 번창하고 있다. 이러한 변화가 일부 대도시에서는 유익했으나, 반대로 제조업 부문이나 인구를 수용할 대체 산업을 개발하지 못한 도시들도 많았다. 아프리카, 라틴 아메리카, 중동에서는 제조업 일자리로 수용할 수 있는 수준을 넘어서는 많은 이주민들이 도시로 이동하는 사례가 증가하고 있다. 그럼에도 불구하고 도시의 상대적 매력은 여전한데, 이는 신입 이주민들이 더 나은 학교, 의료 서비스, 오락 시설, 그리고 낮은 임금을 받는 직업이라도 찾을 가능성이 있기 때문이다. 나이로비(Nairobi), 자카르타(Jakarta), 라파스(La Paz)와 같은 도시에서는 매년 수천 명의 사람들이 도착하며,

그중 많은 이들이 판자촌이나 낡은 주택으로 이주한다. 일부는 기존 사업체나 정부 기관에서 일자리를 얻지만, 나머지는 길거리 판매나 폐기물 수거와 같은 비공식 경제에서만 일자리를 찾을 수 있다. 산업화가 결여된 상태에서 경제적 기반이 상대적으로 취약함에도 불구하고 인구 증가가 지속되고 있다. 이런 상황에서 신입 이주민과 지방 정부 간에는 토지와 도시 서비스 권리를 둘러싼 낮은 수준의 정치적 갈등이 발생하고 있다.

오늘날 세계 인구의 약 3분의 2 이상이 도시에서 거주하고 있다. 북아메리카와 남아메리카, 오스트레일리아, 일본, 서유럽, 북아프리카, 그리고 걸프 지역에서 도시화 수준이 가장 높은 편이다. [지도 2-2]는 1990년 대규모 지역의 도시화 수준을 쉽게 비교해 볼 수 있는 지도다. 그러나 이 지도는 도시 인구가 국가 전역에 균등하게 분포된 것처럼 오해를 불러일으킬 소지가 있다. 오늘날 도시 거주 인구가 전체 인구의 4분의 1 미만인 국가는 드물다. 르완다, 캄보디아, 네팔, 파푸아뉴기니처럼 상대적으로 고립된 소규모 국가들이 이에 해당한다.

도시 성장에 따른 문제의 극복

산업화 이후 새로 발달한 도시에는 적절한 주거 공간, 깨끗한 물, 효과적인 위생 시설이 부족했다. 당시의 관찰자들에게 도시의 모습은 충격을 안겨주었다. 도시에는 악취, 오물, 소음이 압도적이었으며, 기반 시설은 매우 열악했다. 지역 교통수단은 주로 도보에 의존했다. 시민들이 이용할 수 있는 도시 서비스는 거의 없었다. 짐을 운반하는 말들의 발굽 소리와 울음소리가 도시에 소음을 더했고, 거리 곳곳에 배설물을 남겼

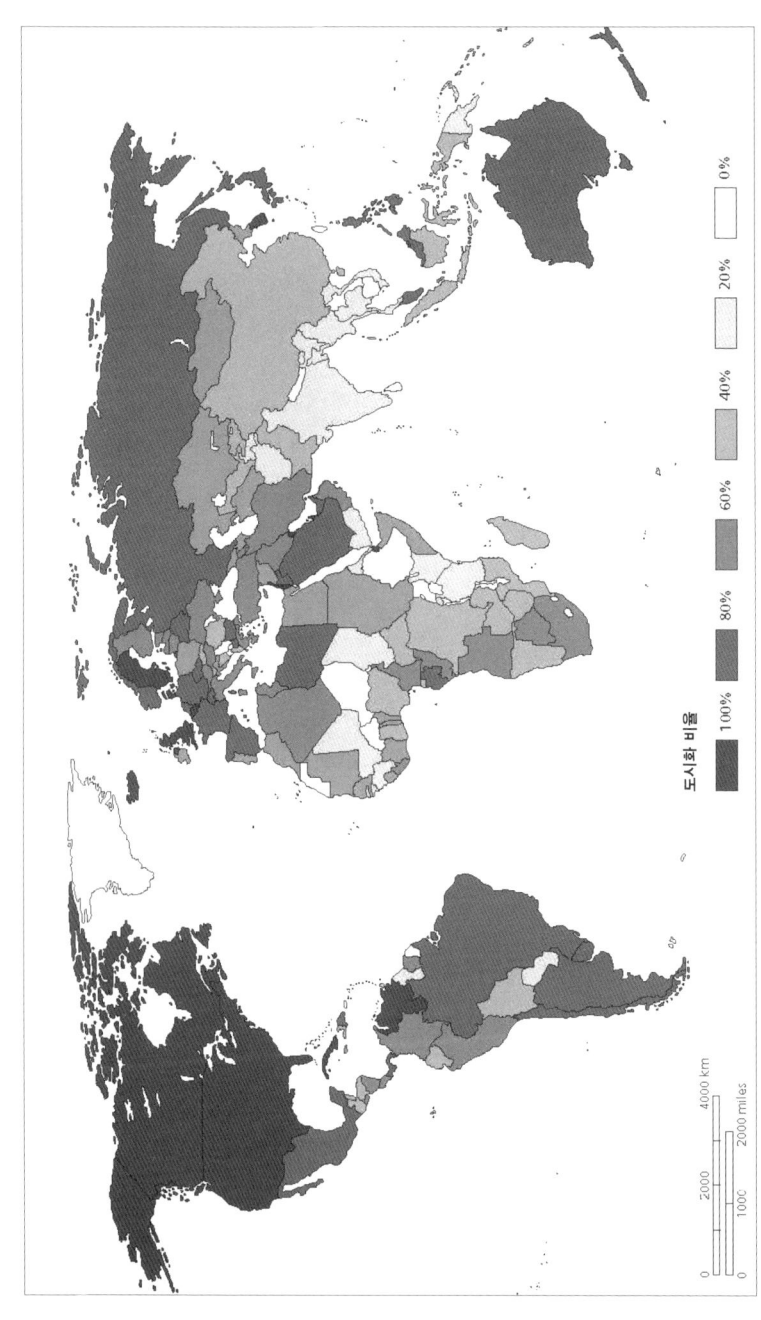

[지도 2-2] 세계의 도시화 비율, 2005년

다. 19세기 초반에 의사들과 급진적 정치인들은 도시를 하수구에 비유하며, "가난, 전염병, 질병"을 만들어내는 "더러운 구멍"이라고 불렀다.[13] 보수주의자와 진보주의자 모두 비판의 목소리를 높이며 도시 환경 개선을 요구했다. 그들이 보기에 산업도시의 물리적 환경은 죽음의 덫과 같았다. 이들의 비판은 결코 과장이 아니었다. 19세기 초중반 도시의 사망률은 농촌보다 높았다. 산업화와 도시화가 진행될수록 사망률은 더욱 증가했다.[14]

생태적 차원에서 도시가 만들어내는 오염은 환경 변화에 영향을 미친다. 존 맥닐(John McNeill)은 "도시 대사(urban metabolism)"라는 용어를 사용했는데, 이를 통해 도시가 매일 산소, 물, 음식, 연료, 건축 자재 등 막대한 양의 자원을 흡수하고, 동시에 이산화탄소와 일산화탄소, 황산화물과 질소산화물, 더러운 물, 하수, 먼지 등을 배출하는 과정을 설명했다.[15] 사람들이 밀집된 지역에서는 유해 폐기물 또한 집중적으로 배출되었다. 공장, 가정의 난로 또는 벽난로, 발전소의 석탄 연소는 매일 수백 톤의 그을음, 가스, 유독성 금속을 대기로 방출해 하늘을 어둡게 하고 호흡기에 해를 끼쳤다. 19세기와 20세기 급격한 도시화 과정에서 깨끗한 물을 충분히 공급하는 일은 점점 더 어려워졌다. 대부분의 도시는 지

---

13 Andrew Lees, *Cities Perceived: Urban Society in European and American Thought, 1820-1940* (New York: Columbia University Press, 1985), pp. 71-73.
14 Michael R. Haines, "The Urban Mortality Transition in the United States, 1800-1940," National Bureau of Economic Research Historical Working Paper, #134 (July 2001).
15 J. R. McNeill, *Something New Under the Sun: An Environmental History of the Twentieth-Century World* (New York: W.W. Norton & Co., 2000), pp. 289, 292.

역 하천에서 식수를 끌어왔으나, 동시에 정화되지 않은 하수를 같은 하천에 버렸다. 19세기 중엽에는 콜레라와 같은 수인성 질병으로 수많은 도시민이 목숨을 잃었다.

산업화 초기에는 도시가 환경을 악화시켰지만, 곧이어 기술 발전과 소득 증가로 사망률이 감소했다. 유럽의 대부분과 미국에서는 19세기 후반에 이르러 도시 사망률이 감소했다. 주민들이 더 깨끗한 물, 개선된 위생시설, 나아진 주거 환경을 이용할 수 있었기 때문이다. 1849년 영국 의사 존 스노우(John Snow)는 오염된 물이 콜레라를 전파한다고 주장했으며, 이후 콜레라 사망률과 오염수의 연관성을 역학적으로 입증했다. 그의 이론이 지지를 얻자, 서유럽의 크고 부유한 도시들은 지하 배관과 터널을 설치하여 하수도를 만들었고, 이를 통해 오염물을 수원지에서 멀리 내보냈다. 멀리 떨어진 샘이나 강에서 깨끗한 물을 끌어오는 수로도 도입했다. 가압 펌프 시설, 정수 시설, 배관 시스템을 설계하여 가정과 사업체에 물을 공급했다. 1900년까지 영국, 프랑스, 독일의 대도시에 상수도 및 하수 처리 시설이 갖추어졌으며, 다른 나라로도 기술이 확산되었다. 이 기술을 도입한 도시에서는 더 이상 콜레라 문제가 없어졌다. 도시의 정화는 도시 현대화의 중요한 요소가 되었다. 도시 행정가들은 프로젝트 정보를 공유하며 서로 개선안을 도입하기 위해 경쟁했다. 1900년경에는 서유럽과 북아메리카의 대도시에서 도시 사망률이 눈에 띄게 감소했다.

20세기 초엽에는 유럽뿐만 아니라 카이로, 캘커타(현 콜카타), 싱가포르와 같은 식민지 도시에서도 유아 사망률이 감소하기 시작했다. 당국은 최소한 도시의 일부 인구를 대상으로 수도 시설, 하수도 시스템, 공공 보건 서비스를 확충하기 위해 자금을 지원했다. 제2차 세계대전 이후 항생제, DDT, 개선된 도시 위생 관리가 널리 보급되면서 개발도상국 전역에서 유아와 성인의 사망률이 급격히 감소했다. 경제 발전이 뒤처진 지역에서도 인구의 자연 증가는 도시의 성장을 이끄는 주요 동력이 되었다. 그러나 이러한 패턴은 전쟁, 기근, 전염병과 같은 상황에서는 역전될 수 있었다. 특히 사하라 이남 아프리카에서는 후천성면역결핍증(HIV/AIDS)의 확산으로 많은 도시에서 사망률이 증가했으며, 저소득층 도시민에게 결핵과 말라리아가 여전히 큰 위험이었다.

도시의 위생 시설 개선과 현대화는 자동으로 이루어진 것도 아니고 비용이 저렴하지도 않았다. 유럽에서는 정부가 일반적으로 세금을 사용해 이러한 투자를 감당하거나, 민간 기업에 독점권을 매각하면서 합리적인 가격으로 양질의 서비스를 제공하도록 요구했다. 1900년경 독일 제국의 주요 도시는 모두 수도 시설과 가스 시설, 전차 노선, 전력 발전소를 갖추게 되었다.[16] 주민들은 공중목욕탕, 건강 클리닉, 병원을 이용할 수 있었고, 그 결과 더 오래, 더 건강하게 살 수 있었다. 반면 효과적인 통치와 강력한 경제 기반이 부족한 지역에서는 이러한 투자가 이루어지지 않았다.

도시의 서비스와 통신, 건설의 혁신을 위해 엔지니어, 발명가, 기업가들이 서로 협력했다. 증기기관 덕분에 물을 높은 저수조까지 끌어올려 도시 곳곳에 쉽게 공급할 수 있게 되었다. 가스 공장과 지하 배관을

---

16 Marjatta Hietalla, *Services and Urbanization at the Turn of the Century: The Diffusion of Innovations* (Helsinki: Finnish Historical Society, 1987), p. 195.

통해 도시의 거리와 각 가정에 조명이 들어왔다. 주철(cast iron)을 이용해 말이 끄는 전차의 레일과 철도 선로를 깔았고, 유리 패널을 사용하여 철도역이 더욱 밝고 쾌적해졌다. 1824년 특허를 받은 포틀랜드 시멘트(Portland cement)는 저렴한 보도블록과 하수관을 만드는 데 쓰였다. 19세기 후반에는 전기가 도입되어 전차와 엘리베이터가 움직이기 시작했다. 또한 값싼 강철과 철근 콘크리트를 이용해 높은 건물과 조립식 주택도 만들 수 있었다. 20세기 초 내연기관의 등장은 도시 교통에 커다란 변화를 가져왔다. 버스와 자동차가 도시 거리를 메웠지만, 배기가스는 공기 중에 폐기물과 납을 뿜어냈다. 자동차 수는 도로, 고속도로, 주차장이 늘어나는 속도보다 더 빠르게 증가했다. 결국 교통 정체가 심각해지고 전 세계 도시의 공기가 오염되었다. 도시에 새로운 기술이 도입되는 과정이 항상 순조롭게만 이루어진 것은 아니었다.[17] 개인에게 더 편리한 기술이 오히려 사회 전체에는 큰 부담이 되거나, 불평등을 심화시키는 문제를 낳기도 했다.

도시 안의 불평등

도시화의 결과는 과연 긍정적일까? 이 주제는 20세기 내내 논란이 되었다. 정치적 또는 학문적 관점에 따라 연구자들의 입장이 달랐다. 미국의 경제학자 에드워드 글레이저(Edward Glaeser)는 도시화의 긍정적 결과를 강조했다. 도시가 인간을 "더 부유하고, 똑똑하며, 환경친화적이

---

17 David Goodman and Colin Chant, eds., *European Cities and Technology: Industrial to Post- Industrial City* (London: Routledge, 1999).

고, 건강하며, 행복하게 만든다"는 주장이었다. 그러나 글레이저가 "인류의 진보"의 현장이라고 말하는 바로 그곳에서, 도시 연구자 마이크 데이비스(Mike Davis)가 보는 현실은 "증가하는 불평등"과 "빈곤의 재생산"이었다.[18] 그의 견해에 따르면, 오늘날 도시화의 부정적 결과는 소수에게 주어진 긍정적 의미를 압도하고 있다. 이 논쟁은 부분적으로는 가치관의 차이에서 비롯된다. 번영을 척도로 도시를 평가해야 할까, 아니면 평등을 척도로 도시를 평가해야 할까? 개인의 자유를 기준으로 삼아야 할까, 공동체의 안녕을 기준으로 보아야 할까? 양측의 주장이 모두 타당할 수 있다. 시장 중심의 경제는 불평등을 통해 작동하며, 이는 극단적일 수 있지만, 동시에 부와 기타 자원을 대도시에 집중시키고 투자 유치를 촉진한다.

　도시가 경제 발전과 혁신의 원동력이라는 점은 명백하다. 도시는 주민들에게 농촌 지역보다 더 높은 생활수준과 임금을 제공한다. 더욱이 주로 도시화된 국가에 거주하는 사람들은 인구의 50퍼센트 이상이 농촌 지역에 거주하는 국가에 비해 평균적으로 더 부유하고 건강하다. 오늘날 개발도상국이 아무리 가난하더라도, 도시 거주 인구 중 빈곤층의 비율은 해당 국가의 농촌 지역에 비해 상당히 낮은 편이다.[19]

18　Edward Glaeser, *The Triumph of the City: How Our Greatest Invention Makes Us Richer, Smarter, Greener, Healthier, and Happier* (New York: The Penguin Press, 2011), p.1; Mike Davis, *Planet of Slums* (London: Verso, 2006), pp. 7, 16.
19　United Nations Department for Economic and Social Affairs, *Rethinking Poverty: Report on the World Social Situation 2010* (New York: United Nations, 2010). See also Alan Gilbert, "Poverty, inequality, and social segregation in the city," in Clark, *Handbook*, pp. 683-699.

그럼에도 불구하고 도시의 사회적, 공간적 구조 안에는 불평등이 내재되어 있다. 오늘날 실업자와 사회적 약자들이 주요 도시로 이동하면서 도시 빈곤층의 절대적 숫자가 증가하고 있다. 이들은 도시 정부의 묵인 아래 도시 안에서 이용 가능한 공간 어디에든 정착한다. 마이크 데이비스(Mike Davis)는 유엔 조사 결과를 근거로, "최소개발국"(예: 나이지리아, 네팔, 방글라데시, 수단 등)의 도시 인구 중 78.2퍼센트가 슬럼에서 거주한다고 추정했다.[20] 인도에서 도시 인구의 55.5퍼센트가 슬럼 거주자라는 추정치도 제시했다. 현대 도시에서 발견되는 빈곤의 절대적 규모는 그 크기, 집중도, 그리고 인접한 부유함과의 극단적 대비가 이목을 끈다. 고층 빌딩과 쇼핑몰이 판자촌을 내려다보고 있다. 그곳의 주민들은 재산의 법적 소유권을 가지지 못한 경우가 많다. 이런 상황에서 그들은 기본 서비스 접근권과 거주 권리를 위해 당국과 투쟁해야 한다. 새로 온 이주자들이나 공무원들과 빈민들의 저강도 갈등은 슬럼 지역 사회에서 범죄와 폭력 문제를 악화시키는 요인이 되고 있다.

정보 경제(informational economy)가 발전하면서 도시의 일자리 구조가 바뀌었고, 사회적 불평등도 더 심해졌다. 선진국뿐 아니라 개발도상국 도시에서도 이와 같은 변화가 나타났다. 특히 노동 인구가 증가하면서 글로벌 경제의 중심인 '글로벌 도시'(global city)에서는 금융과 정보기술 분야에서 높은 임금을 받는 직업이 늘었다. 동시에 비공식 경제 부문에서, 주로 소수 민족과 외국인 이민자들이 종사하는 저임금 서비스 일자리도 함께 증가했다.[21] 한편 노동조합이 강했던 제조업 일자리는 감

---

20 Davis, *Planet*, p. 23.

소했다. 런던, 뉴욕, 도쿄와 같은 세계 주요 도시에서 경제적 불평등이 심화되었고, 소득 수준에 따라 생활공간이 뚜렷하게 나뉘는 현상도 강화되었다.

    도시 공간과 그 배치는 사회적 가치를 반영하고 있다. 평범한 시민들의 일상생활도 그에 따라 형성된다. 도시 내 공간 구조는 특정 기능과 주거 양식을 중심으로 조직되며, 이는 교환과 소통의 흐름에 영향을 미친다. 고대부터 도시 성벽은 경계를 표시하며 내부자와 외부자를 구분했다. 도시 안에서는 종교, 혈연, 사회 계급, 직업과 연결된 지위의 고하에 따라 공간이 나뉘었다. 중심부는 대개 정부와 종교 권력이 점유했다. 부유층은 권력의 중심지에 가까운 곳에 거주함으로써 사회적 지위를 과시했다. 반면 가장 가난한 시민들은 도시 외곽이나 뒷골목에 주거를 마련했다. 통치자들은 종종 외국인 상인들을 별도의 구역에 거주하도록 했다. 유럽의 일부 도시에서는 유대인 주민을 폐쇄된 게토(ghetto) 구역에 가두기도 했다. 분리가 수직적으로 이루어지는 경우도 있었다. 예컨대 19세기 초엽 파리 중심부에서는 하인과 노동자들이 상층에 거주했다. 또는 직업을 기준으로 나누어지기도 했다. 하노이에서는 특정 마을 출신의 상인들끼리 같은 길거리에 모여 살았다. 도시 안에서 대부분의 사람들이 도보로 이동하던 시기에는 부유층의 가까운 곳에 하인과 물자를 두어야 했다. 그때는 다양한 사회 계층이 비교적 가까운 거리에 섞여 살았다.

    산업화와 경제 발전은 도시 공간의 대대적인 재구성을 가능하게 했

---

21 Sassen, *The Global City*, pp. 317-319.

다. 점점 더 많은 사람들이 집과 분리된 직장에 다녔다. 새 주택과 대중교통 요금을 감당할 수 있는 중산층이 확장되면서 교외 지역의 성장이 활발해졌다. 곧이어 철도, 전차, 버스가 외곽 지역과 중심지를 연결하면서 통근이 비교적 쉬워졌다. 도시 외곽으로 이주한 사람들 덕분에 은행, 백화점, 사무용 건물로 조직된 중심 업무 지구(Central Business District)에 다른 사람들이 들어올 수 있게 되었다. 제조업은 대개 토지가 저렴하고 소음, 연기, 악취에 덜 민감한 외곽 지역으로 이전하거나 처음부터 그런 곳에 자리 잡았다. 20세기에 들어 많은 국가의 도시 계획가들은 주거 공간을 상업이나 생산 활동과 분리하는 기능적 구역제를 도입했다. 빠른 교통수단과 자가용의 보급 덕분에 새로운 주거지로 이주가 더 쉬워지면서 사회 계층 간의 분리가 심화되었다. 높은 부동산 가격과 임대료가 빈곤층의 유입을 막았기 때문이다. 20세기 초엽에는 맨체스터, 뮌헨, 시카고, 케이프타운, 시드니와 같은 여러 도시에서 외곽에 단독 주택으로 구성된 대규모 중산층 교외 지역이 나타났다. 제2차 세계대전 이후 소득이 증가하고 교통이 더욱 개선되면서, 부유층과 빈곤층을 분리하는 주택 단지가 세계 곳곳에 등장했다. 최근 수십 년 동안 상당수의 부유층이 다시 도시 중심부로 이주했다. 이는 통근의 불편함을 덜어주는 동시에 빈곤층과의 적절한 거리를 유지할 수 있는 고급 아파트와 타운하우스가 도심에서 제공되었기 때문이다.

피부색과 인종이라는 언어가 도시 공간 배치와 결합하면서, 인종과 문화에 기반한 사회적 분리는 근대 시기에 더욱 분명해졌다. 칼 나이팅게일(Carl Nightingale)은 18세기와 19세기에 도시 분리를 심화시킨 주요 과정이 제국의 건설, 토지 시장, 위생 개혁이라고 지적했다. 영국은 마드라스(Madras, 현 첸나이) 지역을 화이트 타운(White Town)과 블랙 타운(Black Town)이라는 두 개의 성곽 도시로 나누었다. 스탬퍼드 래플스(Stamford Raffles)가 1819년에 작성한 싱가포르 도시 계획에는 행정 구역과 유럽인 주거지를 중심으로, 중국인, 말레이인, 아랍인, 남아시아인, 부기스(Bugis)인을 위한 별도의 구역을 배치하는 내용이 포함되었다. 19세기 영국령 인도에서 도시 건설이 확장되자, 영국 민간인들은 군사 주둔지(cantonments)에서 거주하게 되었다. 그곳은 군대의 보호를 받으며 현지 주민들과는 문화적으로 단절된 자족적 준교외 지역이었다. 모로코를 지배하던 프랑스는 카사블랑카(Casablanca), 라바트(Rabat), 메크네스(Meknes), 마라케시(Marrakesh) 등의 도시에 현대식 구역을 추가하여, 식민지 통치자들과 그들이 근무하는 기관을 '전통적' 이웃과 분리했다. 1894년 아시아 대도시에서 흑사병이 발생한 뒤, 의사와 공중보건 관계자들은 유럽인을 '토착' 인구와 분리하려는 노력을 더욱 강화했다. 토착 인구가 질병 전파의 원인으로 지목되었기 때문이다. 상대적 토지가격, 구역 규제, 제한적 조항(restrictive covenants)과 같은 여러 기제가 인구 분리에 대한 인종적 고정관념을 강화하는 데 기여했다. 가장 극단적인 사례로는 1923년에 제정된 남아프리카공화국의 원주민 도시 지역법(Native Urban Areas Act)이다. 이 법령에는 도시 지역에서 '백인 전용' 지역을 제한하고, 타 인종을 별도의 지역으로 이주시킬 수 있도록 허용하는 내용이 포함되어 있었다.[22] 식민지 시대를 마감하고 민주 정부가 들

---

22 Carl H. Nightingale, *Segregation: A Global History of Divided Cities* (University of Chicago Press, 2012).

어선 뒤 20세기 후반에는 도시 내 인종 분리의 법적 근거가 철폐되었다. 그럼에도 불구하고 토지 및 주택 가격 차이와 소득 불평등 때문에 많은 도시에서 사실상 분리가 지속되고 있다.

민주주의라는 정치 이념은 시민 모두에게 평등한 권리를 약속하지만, 자유 시장 경제 체제에는 결과의 불평등이 내재되어 있다. 그리고 이런 불평등은 종종 종교나 민족의 차이를 이유로 정당화되기도 한다. 특히 경제·문화의 중심지인 도시는 법적으로 보장된 권리와 현실 사이의 갈등을 잘 보여준다. 도시는 복잡하다. 다양한 사람들이 함께 살며 여러 기능을 담당하기 때문이다. 그래서 흔히 이상적인 도시의 '공동체'가 약속하는 사회적 평등의 실현이 쉬운 일이 아니다.

거대 도시 메갈로폴리스

지난 250년 동안 도시화는 급속도로 달려왔다. 가장 두드러진 변화는 세계 주요 대도시의 폭발적 규모 확장, 그리고 다양성의 증가였다. 고대에도 인구 50만 이상의 도시는, 드물지만 존재했다. 대개 정치적 기반이 아주 강할 때였다. 오늘날의 대도시는 규모도 크고 정치적으로도 중심이지만, 자국의 인구 증가보다 더 빠르게 확장되는 경우도 많다. 1750년 당시 세계 10대 도시라 하면 대부분 중국, 일본, 오스만 제국에 있었다. 오래도록 아시아가 세계 경제를 지배해왔기 때문이다. 당시 세계 최대 도시라 하더라도 인구 90만을 넘지 않았다. 런던과 파리의 인구 증가는 북유럽과 서유럽 국가 및 대서양 경제의 성장을 예고했다.(표 2-2 참조) 1850년 런던은 세계 최대 도시로 인구 332만 명이었다. 뉴욕 인구도 50만을 넘었다. 1950년 기준으로 세계 10대 도시 중 4곳이 아메리

1750년		1850년		1950년	
북경(베이징)	900,000	런던	2,320,000	뉴욕	12,300,000
런던	676,000	북경(베이징)	1,648,000	런던	8,860,000
콘스탄티노폴리스	666,000	파리	1,314,000	도쿄	7,547,000
파리	560,000	광주(광저우)	800,000	파리	5,900,000
에도(도쿄)	509,000	콘스탄티노폴리스	785,000	상해(상하이)	5,406,000
광주(광저우)	500,000	항주(항저우)	700,000	모스크바	5,100,000
오사카	375,000	뉴욕	682,000	부에노스아이레스	5,000,000
교토	362,000	봄베이(뭄바이)	575,000	시카고	4,806,000
항주(항저우)	350,000	에도(도쿄)	567,000	콜카타(캘커타)	4,800,000
나폴리	324,000	소주(쑤저우)	550,000	로스앤젤레스	3,900,000

출처: Tertius Chandler and Gerald Fox, *3000 Years of Urban Growth* (New York: Academic Press, 1974), pp. 322, 323, 337.

[표 2-2] 세계 10대 도시

카 대륙에 있었다. 뉴욕, 부에노스아이레스, 시카고, 로스앤젤레스였다. 모스크바와 콜카타(구 캘커타)도 대도시로 성장했다. 인구는 각각 300만 이상이었다. 위에서 언급된 도시 중 국가의 수도는 절반에 불과했다. 나머지는 산업 성장과 무역을 통해 수만 명의 이민자를 끌어들인 도시들이었다.

이와 같은 넓고 혼잡한 도시들은 파악하기가 쉽지 않았으며, 흔히 두려움의 대상이 되었다. 프리츠 랑(Fritz Lang)의 1927년 영화 〈메트로폴리스(Metropolis)〉는 미래 도시를 높은 고층 건물, 억압적인 기술, 심각한 경제적 불평등, 계급 갈등으로 묘사했다. 20세기 도시 평론가 중 가장 영향력이 컸던 루이스 멈퍼드(Lewis Mumford)는 현대 도시가 사회적 결속과 자연환경을 위협한다고 보았다. 그는 현대 도시가 개인의 자유를 제한하면서 획일주의와 무분별한 애국주의를 퍼뜨린다고 비판했다. 도시의 규모와 유동성 때문에 공동체 의식이나 일관된 공간감을 유지하려는 시도는 곧잘 무산되곤 했다.[23]

이후 50년 동안 도시의 규모와 숫자는 계속 증가했다. 1950년 인구 1,000만 명을 넘어선 대도시는 뉴욕 하나뿐이었으나, 2000년에는 19개 도시가 이 기준을 초과했다(표 2-3 참조). 1750년 세계에서 가장 큰 도시 중에서 2000년에도 그 지위를 유지한 도시는 북경, 에도(江戶, 현 도쿄), 오사카 세 곳뿐이었으며, 모두 아시아에 위치하고 있다. 이외에 새로 등장한 거대 도시들도 대부분 아시아에 있다. '도시(city)'나 '대도시

---

[23] Lewis Mumford, *The Culture of Cities* (New York: Harcourt Brace, & Co., 1938), pp. 250-52, 273-74, 278.

City	1950	City	1975	City	2000
뉴욕	12.3	도쿄	26.6	도쿄	35.0
도쿄	11.3	뉴욕	15.9	멕시코시티	18.7
		상해(상하이)	11.4	뉴욕	18.3
		멕시코시티	11.4	상파울로	17.9
		상파울로	10.7	뭄바이	17.4
				델리	14.1
				콜카타	13.8
				부에노스아이레스	13.0
				상해(상하이)	12.8
				자카르타	12.3
				로스앤젤레스	12.0
				다카	11.6
				오사카-고베	11.2
				리우데자네이루	11.2
				카라치	11.1
				북경(베이징)	10.8
				카이로	10.8
				모스크바	10.5
				마닐라	10.4
				라고스	10.1

출처: United Nations, *World Urbanization Prospects: The 2003 Revision*, Table 1.7, p. 11.

[표 2-3] 인구 1,000만 명 이상의 도시, 1950년-2000년

(metropolis)'라는 단어는 이러한 초거대 도시들을 적절히 설명하지 못하는 듯하다. 1961년 장 고트만(Jean Gottmann)은 보스턴(Boston)에서 워싱턴(Washington, DC)에 이르는 지역이 교통과 통신으로 통합된 하나의 지역이 되었다고 주장하며, 이를 '메갈로폴리스(megalopolis)'라는 용어

로 표현했다.[24] 이러한 초거대 도시화 지역을 묘사하기에 어쩌면 '도시지역(city region)'이라는 표현이 더 적합할지도 모른다. 그리스의 도시계획 전문가 콘스탄티노스 독시아디스(Constantinos Doxiadis)는 에큐메노폴리스(ecumenopolis, 세계적인 도시)의 탄생을 예측했다. 세계의 주요 정착지들이 교통로를 통해 모두 연결되어 역동적으로 성장하는 도시라는 개념이다.[25] 그는 가능하면 건축가들이 에큐메노폴리스의 구조를 설계하기를 희망했다. 그래서 그 도시가 녹지와 자연환경이 보존되는 가운데 세부적으로 계획된 인간적 규모의 공동체로 유도되기를 기대했다. 독시아디스의 예측 중 일부는 통제할 수 없는 도시의 성장이라는 측면에서 현실이 되었다. 일본 통계청에 따르면 오늘날 1,300만 인구가 거주하는 도쿄 대도시권이 형성되어 있다. 치바(千葉), 가나가와(神奈川), 사이타마(埼玉)라는 도시화된 세 개의 인접 현(県)을 포함하는 수도권 지역에 인구 4,300만 명 이상이 거주하고 있다. 각 현은 자체 도시 경계를 가진 다수의 도시를 포함하고 있으며, 남쪽 해안을 따라 계속해서 도시권이 확장되어, 오사카를 중심으로 하는 일본 제2의 도시권(関西大都市圏)까지 이어지고 있다. 극단적인 경우, 도시권은 국가 경계를 넘어서기도 한다. 프랑스 지리학자들은 이미 1989년에 유럽의 핵심 도시권역을 확인했는데, 북서부 잉글랜드에서 벨기에, 네덜란드, 라인란트(Rheinland) 지역을 거쳐 북부 이탈리아에 이르는 지역이었다. '블루 바나나(Blue Banana)'라

---

[24] Jean Gottmann, *Megalopolis: The Urbanized Northeastern Seaboard of the United States* (New York: The Twentieth Century Fund, 1961).
[25] Constantinos A. Dioxiadis, "The coming world city: Ecumenopolis," in Arnold Toynbee (ed.), *Cities of Destiny* (New York: McGraw-Hill, 1967), pp. 336-358.

는 그 지역의 별명은 이를 표현한 지도에서 사용했던 색상에서 유래했다. 이곳은 유럽 중에서도 고속철도, 고속도로, 공항으로 긴밀하게 연결된 정착지를 포함하고 있다. 그중에서 런던은 금융 중심지이며, 브뤼셀(Brussels)은 유럽연합(EU)에서 위임받은 권한을 행사하는 행정 중심지 역할을 하고 있다.[26] 이 거대한 도시화 지역의 각 부분은 교통망으로 통합되어 있지만, 다른 많은 측면에서는 여전히 분리되어 있다.

이와 같은 거대 도시권을 어떻게 효과적으로 통치할 것인지, 아직은 어느 곳에서도 완벽한 해결책이 제시되지 않았다. 해결책은 미국의 많은 지역에서 볼 수 있는 극단적인 분권화에서부터 방콕, 도쿄, 상해(상하이)처럼 지역 단위의 중앙집권적 거버넌스 형태에 이르기까지 다양한 스펙트럼에 걸쳐 있다.[27] 그러나 단일 기관이 특정 대도시 지역에 대한 권한을 가지더라도, 보통 특정 서비스를 운영하는 경쟁 기관들이 존재하며, 공식 경계는 실제 정착 패턴과 거의 일치하지 않는다. 확장하는 도시는 정부가 변화에 적응하고 대처할 수 있는 속도보다 더 빠르게 외곽으로 뻗어나간다. 21세기에도 여전히 도시 스프롤(sprawl, 무계획적 도시 팽창)은 시 정부가 필요한 인프라와 서비스를 제공할 능력을 넘어서고 있다. 라틴 아메리카, 아시아, 아프리카의 일부 지역에서는 전기, 하수도, 깨끗한 물이 없는 교외 빈민가가 늘어나고 있으며, 유럽과 북아메

---

26 Andreas Faludi, "The megalopolis, the Blue Banana, and global economic integration zones in European planning thought," in Catherine L. Ross, *Mega-regions: Planning for Global Competitiveness* (Island Press, 2009).
27 Aprodicio A. Laquian, *Beyond Metropolis: The Planning and Governance of Asia's Mega- Urban Regions* (Washington, DC: Woodrow Wilson Center Press, 2005).

리카의 대도시 지역에서도 공식 관할권 밖의 지역이 방치되고 있다. 전 세계적으로 고속도로 출입구나 공항 근처에서 사무실 건물, 쇼핑몰, 아파트 등으로 구성된 도시구역이 나타난다. 이를 '엣지 시티(edge city)'라 부르기도 한다.[28] 이러한 지역들은 별도의 행정 구조나 명확한 정체성을 갖추지 못한 채, 오래된 마을 중심지와 중첩된 행정 관할 구역 사이에서 불편한 자리를 잡고 있다. 이웃 지역의 서비스와 인구를 기반으로 생존하는 이러한 지역들은 대중교통 시스템이 교차하거나 통근 패턴이 수렴하는 지점에서 불안정하게 유지되고 있다.

유엔의 추정치에 따르면, 2003년 기준 세계 도시 인구는 약 30억 4,000만 명에 이르렀으며, 이들 중 대다수는 개발도상국 도시 주민들이다. 오늘날 도시화는 예외적 상황이 아니라 하나의 규범으로 자리를 잡았다.[29] 앞으로 20년 동안 세계 인구 증가분의 대부분은 저개발 지역의 도시들로 유입될 것이다. 그곳에서는 자원 부족으로 신규 유입 인구에게 적절한 주거, 양질의 교육, 생계 수준을 보장할 수 있는 고용을 제공하기 어려울 것이다. 세계화의 영향으로 도시 간의 기술, 문화 양식, 소비재의 차이는 줄어들었지만, 사회경제적 불평등 심화 때문에 도시 현대화의 혜택에 접근성이 제한되고 있다. 과거와 마찬가지로 21세기의 도시들도, 도시에 축적되는 이익이 시민에게 돌아갈 수 있도록, 삶의 질 개선이나 기회의 확대 등에 투자해야 할 것이다.

---

28 Joel Garreau, *Edge City* (New York: Doubleday, 1991).
29 United Nations Department of Economic and Social Affairs, Population Division, *World Urbanization Prospects: The 2003 Revision* (New York: United Nations, 2004), p. 3.

더 읽어보기

Bairoch, Paul. *Cities and Economic Development*, trans. Christopher Braider. University of Chicago Press, 1988.
Castells, Manuel. *The Informational City*. Oxford: Basil Blackwell, 1989.
Clark, David. *Urban World/Global City*. London: Routledge, 2003.
Clark, Peter, ed. *The Oxford Handbook of Cities in World History*. Oxford University Press, 2013.
Davis, Mike. *Planet of Slums*. London: Verso, 2006.
de Vries, Jan. *European Urbanization, 1500-1800*. Cambridge, MA: Harvard University Press, 1984.
Driver, Felix. *Imperial Cities: Landscape, Display, and Identity*. Manchester University Press, 2003.
Freund, Bill. *The African City: A History*. Cambridge University Press, 2007.
Garreau, Joel. *Edge City: Life on the New Frontier*. New York: Doubleday, 1991.
Glaeser, Edward. *The Triumph of the City: How Our Greatest Invention Makes Us Richer, Smarter, Greener, Healthier, and Happier*. New York: The Penguin Press, 2011.
Goodman, David and Colin Chant, eds. *European Cities and Technology: Industrial to Post- Industrial City*. London: Routledge, 1999.
Hall, Peter. *Cities of Tomorrow: An Intellectual History of Urban Planning and Design Since 1880*. 4th edn. Oxford:Wiley-Blackwell, 2014.
Hietalla, Marjatta. *Services and Urbanization at the Turn of the Century: The Diffusion of Innovations*. Helsinki: Finnish Historical Society, 1987.
Hohenberg, Paul M. and Lynn Hollen Lees. *The Making of Urban Europe, 1000-1994*, rev. edn. Cambridge, MA: Harvard University Press, 1995.
Jacobs, Jane. *The Economy of Cities*. New York: Vintage, 1970.
Laquian, Aprodicio A. *Beyond Metropolis: The Planning and Governance of Asia's Mega-Urban Regions*. Washington, DC: Woodrow Wilson Center Press, 2005.
Lees, Andrew. *Cities Perceived: Urban Society in European and American Thought, 1820-1940*. New York: Columbia University Press, 1985.
Lees, Andrew and Lynn Hollen Lees. *Cities and the Making of Europe, 1750-1914*. Cambridge University Press, 2008.
Nightingale, Carl H. *Segregation: A Global History of Divided Cities*. University of Chicago Press, 2012.
Ren, Xuefei. *Urban China*. London: Polity Press, 2013. Sassen, Saskia. *The Global*

  City: New York, London, and Tokyo. Princeton University Press, 1991.
United Nations Department of Economic and Social Affairs, Population Division. *World Urbanization Prospects: The 1999 Revision* (New York: United Nations, 2001) and *World Urbanization Prospects: The 2003 Revision* (New York: United Nations, 2004).

CHAPTER 3

가족

피터 스턴스
Peter N. Stearns

최근 250년 사이 세계사의 중요한 주제로 떠오른 항목들 중에 가족이 포함되어 있다. 가족 내부의 성 역할, 자녀 출산과 양육의 목적은 시대에 따라 끊임없이 변했다. 특히 도시화를 비롯한 경제구조 변화는 가족의 변화에 중요한 원인이었다. 제국주의와 세계화 역시 변화를 가속화한 요인이었다. 동시에 가족은 여전히 개인의 삶과 밀접한 관계를 맺고 있으며, 전통적인 문화정체성의 일부로 유지되는 면도 강하다. 변화와 전통 사이에 긴장과 갈등이 존재하며, 지역마다 가족의 모습이 다르게 나타난다. 그러나 한편으로는 세계적으로 공통되는 몇 가지 흐름도 찾아볼 수 있다.

역사적으로 몇 가지 큰 흐름이 나타났는데, 그 시기는 사회마다 차이가 있었지만 결국 대부분의 사회가 그로부터 영향을 받았다. 1750년 무렵에는 농업이 경제의 중심이었고, 가족 경제에서 아이들의 노동이 매우 중요한 역할을 했다. 하지만 점차 아동의 역할이 노동보다는 교육과 연결되었고, 사람들의 관심도 아동 노동에서 아동 교육으로 옮겨갔다. 이에 따라 가족 경제에서 아동은 경제적 자산에서 경제적 부채로 바뀌었다. 이는 전 세계적으로 출생률 감소로 이어졌다. 또한 가족 내에서 성 역할에도 변화가 나타났다. 특히 어머니에게 요구되던 전통적인 역할이 줄어들기 시작했다. 더 넓게 보면 가족의 경제적 기능 자체가 약해졌다.

생산 활동의 대부분이 가정에서 공장과 같은 외부 생산 시설로 옮겨가면서, 더 이상 가족 단위로 생산을 관리하기가 어려워졌다. 이런 변화는 일부 사회에서 가족의 불안정을 초래했고, 이혼율이 증가한 곳도 많았다. 하지만 동시에 가족이 생산 외에 다른 기능, 예를 들어 정서적 지지나 자녀 양육과 같은 기능을 더 강조하면서 가족의 새로운 역할을 찾으려는 노력도 이어졌고, 상당 부분 성공적인 결과를 얻기도 했다.

또 하나의 주요 변화는 핵가족 구조가 확대가족 구조보다 우위를 점하는 경향이었다. 하지만 이와 같은 경향 역시 신중한 접근이 필요하다. 도시화와 이주는 확대가족에 큰 부담을 주었다. 특히 가족 중 젊은 구성원들이 고향을 떠나는 경우가 많았다. 물론 삼촌이나 사촌 등 친인척과의 네트워크가 재구성될 수 있었고, 확대가족은 여전히 정서적 지원뿐만 아니라 경제적 지원도 제공하는 등 친척들에게 직장을 찾는 데 도움을 주거나 힘든 시기를 극복하기 위한 금전을 빌려주는 역할을 했다. 20세기에 접어들어 전화와 같은 새로운 기술이 개발되어 먼 거리에서도 친척 간의 연락을 유지하는 데 기여했다. 그리고 많은 문화권에서, 예를 들어 중동 지역에서는 자녀를 사회화하는 과정에서 여전히 가족 간의 유대감을 중시했다. 하지만 일반적으로는 부모와 자녀 간의 연결에만 초점을 맞추는 경향이 나타났다. 또 다른 세계적 경향으로, 20세기에 들어 평균 수명이 증가하면서 고령의 가족 구성원을 어떻게 돌볼 것인가에 대한 어려운 결정이 필요하게 되었다. 서구에서는 복지국가 체제가 등장하여 노인 부양에 대한 가족의 부담이 어느 정도 줄어들었지만, 일본과 같은 다른 사례에서는 전통적인 가족 책임이 지속적으로 유지될 것이라는 전제가 오히려 실질적인 부담을 초래했다. 여기에서도 새로운

경향과 기존 가치가 복잡하게 혼재된 양상을 확인할 수 있다.[1]

지난 200년 사이 어느 시점에 가족은, 세계사적으로 오랜 농업의 시대에 표준으로 여겨졌던 몇 가지 특징으로부터 벗어나, 산업화 혹은 현대 가족 모델로 전환하게 되었다. 그러나 이러한 변화는 단순하지 않았으며, 여러 요인들이 복잡하게 진행되었다. 첫째, 궁극적으로 표준화된 변화조차도 발생 시점은 지역마다 매우 달랐다. 19세기 서유럽과 미국의 가족 구조에서 아동기의 의미가 노동에서 교육으로 전환되기 시작했다. 이는 출생률에도 영향을 미쳤다. 그러나 일본은 1872년 이후에야 교육에 중점을 두게 되었다. 아프리카 여러 사회에서는 오늘날에 이르러서야 평범한 가족 구조에서 교육의 영향을 경험하고 있다. 따라서 특정 시점을 기준으로 보면 지역 간에, 심지어 지역 내에서도, 가족 구조가 현대적 경향에 어느 정도로 참여하고 있는지는 큰 차이를 보였다.

변화의 특정 원천 또한 다양했다. 서구에서는 가족 전통에 대한 압박이 주로 경제적 변화, 특히 산업혁명에서 비롯되었다. 여기에 국가의 새로운 지침(예컨대 아동 노동이나 학교 출석에 관한 법률)이 더해졌다. 이러한 압박은 반감을 일으킬 수도 있었지만, 대체로 내부에서 발생한 것이었다. 반면 다른 많은 지역에서는 제국주의 정권이나 최근에는 국제기구와 같은 외부 요인에 의해 변화가 시작되었다. 이는 다른 유형의 반응

---

[1] 확대가족과 친족관계에 대해서는 Maurice Godelier, et al., *The Metamorphoses of Kinship* (London and New York: Verso, 2011); 수명 연장이 가족에 미친 영향에 대해서는 Katherine Lynch, *Individuals, Families and Communities in Europe, 1200-1800: The Urban Foundations of Western Society* (Cambridge University Press, 2003).

과 저항을 초래할 수 있었다.

결국 변화의 일반적인 패턴은 이전의 가족 구조와 문화적 차이로부터 강한 영향을 받아 왔다. 1750년을 기준으로 보더라도 세계적으로 단일한 유형의 농업 가족이 존재하지 않았다. 이는 변화 압력이 동일하게 작용하지 않았음을 의미한다. 그러므로 시기와 구체적인 원인에 따라 반응은 달라질 수밖에 없었다. 농업 경제에서 가족은 대체로 연장자를 존중하는 태도를 중시했지만, 이러한 강조는 서양 전통보다 유교 문화에서 훨씬 강하게 나타났다. 이와 같은 차이는 21세기에도 여전히 영향을 미치고 있다. 대부분의 농업 가족은 여아보다 남아를 선호하는 경향을 보였다. 이는 기본적으로 가부장제 가정이 널리 퍼져 있었기 때문이다. 그러나 이러한 선호는 중국이나 인도 등 유교 및 브라만 문화권에서 더 강하게 나타났고, 변화에 대한 저항도 더 컸다. 반면 서유럽이나 미국에서는 그 정도가 덜했다. 이러한 차이는 오늘날 가족 관습에서도 뚜렷이 드러난다. 이슬람권에서는 재정적으로 여유가 있는 가족의 경우, 그리고 사하라 이남 아프리카의 일부 지역에서 일부다처제 전통이 있었다. 이러한 관습은 오늘날 크게 변화했음에도 불구하고 여전히 영향을 미치고 있다. 이전의 차이는 변화 속에서도 단순히 지속될 뿐만 아니라, 통제하기 어려운 다른 압력 속에서 문화적 및 가족 정체성을 방어하기 위해 전통이 강조되거나 심지어 되살아날 수도 있다.

그러므로 근현대 가족의 세계사는 대단히 복잡하다. 각 지역별 분석과 비교는 여전히 필수적이다. 그러나 공통된 양상을 간과해서는 안 된다. 한 가지 사례로 "해피 버스데이(Happy Birthday)"라는 노래는 1930년대 미국에서 가족 생일 축하의 표준적인 요소로 자리 잡기 시작했다. 21

세기 초에는 이 노래가 세계의 거의 모든 언어로 번역되었다. 서구에서는 아동 생일 축하 문화가 점차 화려해지는 경향을 보였다. 서구뿐만 아니라 전통적으로 그러한 문화를 간과했던 중동, 중국, 그리고 다른 지역의 도시 문화에서도 점차 확산되었다. 중요한 다양성과 때로는 저항이 존재하는 가운데, 가족생활의 일부 측면은 점차 세계적 특성을 띠기 시작했다.

18세기

18세기 후반까지도 전 세계적으로 가족생활이 체계적으로 바뀌었다고 보기는 어렵다. 어느 역사학자의 연구에 따르면, 이 시기 세계 무역이 늘어나면서 경제적 부담이 커졌고, 이에 따라 다양한 사회 계층에서 노동의 필요성이 증가했다고 한다. 예를 들어 노예들은 이전보다 더 가혹한 조건에서 일해야 했고, 아동 노동은 더욱 큰 사회적 문제가 되었다. 심지어 노년층마저 신체적 능력이 떨어지기 시작한 이후에도 은퇴를 제대로 하지 못하고 계속 일해야 하는 상황에 놓였다.[2] 이러한 현상은 대서양 연안 지역뿐만 아니라 중국과 같은 다른 많은 사회에서도 일어났을 가능성이 있다. 이와 같은 노동 환경의 변화는 당연히 가족생활에도 영향을 주었겠지만, 이를 확실하게 증명할 수 있는 근거는 부족하다. 따라서 이 시기의 노동 변화가 전 세계적으로 나타난 현상이라고 결론짓는 것은 무리일 것이다.

---

2 Kenneth Pomeranz, *The World That Trade Created: Society, Culture and the World Economy, 1400 to the Present* (New York and London: M.E. Sharpe, 2006).

그러나 적어도 특정 지역에서는 분명히 중요한 변화가 있었고, 그 양상도 다양하게 나타났다. 에도 시대 일본에서는 유교가 널리 퍼지면서 18세기 후반, 특히 19세기 초에 교육열이 크게 높아지기 시작했다. 당시 대부분의 아이들은 여전히 노동을 중시하는 환경에서 자랐기 때문에 유교의 확산이 노동 중심의 가치관을 완전히 바꾸지는 못했지만, 어느 정도는 변화를 가져오는 계기가 되었다. 한편, 아라비아 남부 지역에서는 이븐 압둘 와하브(Muhammed ibn Abd al-Wahhab, 1703-92년)가 와하비 운동을 시작했다. 그는 이슬람 본연의 가르침으로 되돌아갈 것을 주장했으며, 이는 가족생활에도 큰 영향을 주었다. 압둘 와하브는 도덕적 타락, 특히 간음과 같은 문제들이 증가하는 현실을 매우 우려했다. 하지만 동시에 과부와 고아의 복지를 챙기고 여성의 상속권을 철저하게 보호하는 데에도 큰 관심을 보였다. 오늘날 와하비즘은 사우디아라비아 주류의 이슬람이 되었다. 사우디아라비아의 문화는 엄격한 성도덕과 여성의 낮은 사회적 지위로 알려져 있지만, 동시에 남편에게 아내를 제대로 보살필 책임을 강조하는 등, 가족 구성원을 보호하고 지원하는 다른 측면도 포함하고 있다.

대서양 노예무역과 유럽의 식민주의는 가족생활에 중요한 영향을 미쳤으며, 이는 1750년에 새롭게 나타난 것이 아니라 수십 년 동안 지속적으로 확대되었다. 서아프리카와 앙골라에서는 약탈적 노예무역으로 젊은 남성들이 납치되어 성비 불균형을 초래했다. 그래서 여성들을 통합하기 위한 수단으로 일부다처제 의존도가 크게 증가했다. 이외에도 젊은이들이 노예로 잡혀가는 것은 개별 가족들에게 깊은 고통을 안겨주었다.

라틴 아메리카에서 식민주의의 영향은 가족생활 변화 측면에서 더욱 심오했다. 이러한 변화 중 일부는 북아메리카에도 적용되었다. 우선 유럽인들은 아메리카 원주민들 사이에서 발견한 일부 가족 형태에 강하게 반대하는 경향을 보였다. 유럽인들이 보기에는 그곳의 여성들이 지나치게 많은 권력과 독립성을 가진 것처럼 보였다. 16세기와 17세기에 유럽인들이 법률과 기독교 선교를 통해 영향력을 행사할 기회를 얻으면서, 가족 내에서 남성 권위를 강화하려 했다. 때로는 아내와 딸들을 통제하기 위해 폭력을 묵인하는 수준에 이르기도 했다. 한편 이주 노예들은 아프리카의 가족 구조를 재건하려 했다. 예컨대 다른 친족의 이름을 자녀에게 물려주는 관습이나 노인을 포함한 대가족의 모든 구성원을 보호하는 전통을 유지하는 등이었다. 그러나 이후의 노예 매매 과정에서 일부 가족들이 분리되는 관행은 매우 파괴적인 요소로 작용했다.

라틴 아메리카에서는 식민지 경험이 비정상적으로 높은 사생아 출생률을 초래했다. 스페인과 포르투갈의 식민지 정착민들은 남성이 압도적으로 많았으며, 정치적 우월성을 이용하기 위해 원주민 여성들과 성적 관계를 맺는 경우가 많았다. 그러나 그 관계에서 태어난 자녀들을 인정하는 경우는 드물었다. 결과적으로 메스티소(mestizo, 혼혈) 인구가 증가했으며, 이들은 높은 사생아 출생률과 여성 가장이 이끄는 가구 등 비슷한 가족 구조를 이어받았다. 예를 들어 1740년대 브라질 상파울루 교구에서는 태어난 모든 아이들 중 23퍼센트가 사생아였으며, 다른 지역에서는 이 비율이 더 높았다.[3] 이러한 상황을 보완하기 위해 많은 라틴

---

3 Tobias Hecht, *Minor Omissions: Children in Latin American History and Society* (Madison, WI: University of Wisconsin Press, 2002); Ernest Bartell and Alejandro

아메리카 공동체들은 아이 돌봄 책임을 나누어 어머니들의 부담을 덜어주었으며, 노동 필요에 따라 가족 간에 아이들을 주고받기도 했다. 많은 아이들이 고아원으로 보내졌으며, 이들은 5-6세가 되면 노동력을 제공하기 위해 다른 가족들에게 분배되었다. 이러한 시스템은 때로 불안정하고 가혹한 결과를 초래하기도 했지만, 실질적으로 양자와 같은 형태의 돌봄 가족을 형성하기도 했다. 유럽 출신의 라틴 아메리카 상류층은 하류층의 가족 관행을 비판했고, 19세기 후반에 들어서는 더 "문명화된" 가족 구조를 강요하려는 다양한 개혁 운동이 전개되었다. 여기서도 식민주의의 유산은 지속적인 영향을 미쳤다.

18세기 후반 서유럽에서는 가족생활에 있어 아마도 가장 중요한 변화가 일어났다. 여기서 주의할 점은, 18세기 세계사에서 유럽은 여러 지역 중 하나에 불과했으며, 당시 유럽의 가족 형태는 처음에는 전 세계적으로 영향을 미치지 못했다는 점이다. 그러나 장기적으로 보면, 유럽에서 발생한 가족 제도 변화의 일부가 다른 사회로 확산되었다.

18세기를 거치는 동안 유럽에서 가족 구조의 변화가 시작된 원인은 두세 가지가 있었다. 이는 북아메리카의 영국 식민지에도 일부 영향을 미쳤다. 첫 번째는 문화적 변화였다. 개신교는 이미 가족의 중요성을 새로운 차원에서 강조하고 있었다. 가톨릭이 성직자의 독신을 중시했던 것과 대조적으로, 개신교는 가족의 중심성과 정당성을 더욱 강조하기 시작했다. 이어 18세기에는 적절한 가족생활의 기반으로서 사랑의 중요

O'Donnell, *The Child in Latin America: Health, Development and Rights* (Indiana: University of Notre Dame Press, 2001).

성에 대한 새로운 신념이 나타나기 시작했다. 문해율이 높아진 사회에서 많은 독자들이 로맨스 소설을 읽기 시작했으며, 개인은 가족생활에서 더 많은 애정을 기대하게 되었다. 특히 연애와 결혼의 기반을 경제적 조건보다는 낭만적 끌림에 두고자 하는 경향이 두드러졌다. 경우에 따라서는 법률이 변경되기도 했다. 스위스의 일부 지역도 그런 경우였다. 법정에서는 젊은이들이 부모가 정해준 상대를 사랑할 가능성이 없다는 이유로 거절할 수 있다고 판결하기 시작했다. 모성애의 정서적 가치를 중시하는 새로운 문화적 강조도 등장했다. 이러한 새로운 사상이 얼마나 널리 퍼졌는지, 혹은 가족 형성의 실용적인 측면에 얼마나 영향을 미쳤는지는 분명하지 않지만, 시대적 분위기 속에 존재했던 것은 확실하다. 역사학자들은 특히 여성에게 미친 영향을 두고 논쟁을 벌이기도 했다. 이러한 변화는 예를 들어 연애 과정에서 여성들에게 새로운 목소리를 제공할 수 있었지만, 동시에 여성을 주로 가정에 머무르게 하는 역할을 강화할 수도 있었다.[4] 한편 중국에서도 유럽과는 명백히 다른 문화적 틀 속에서 동반자적 가족 이상형이 나타나기도 했다.

낭만주의가 확산되면서 가족생활은 새로운 소비 형태와 연관되기 시작했다. 많은 유럽인이 여전히 극심한 가난에 시달리고 있었지만, 점차 여유 자금을 가진 사람들이 늘어나기 시작했다. 그에 따라 설탕이나 커피와 같은 제품의 소비 증가를 포함한 식단의 변화가 일어났다. 이외

---

4   Nancy Cott, *The Grounding of Modern Feminism* (New Haven, CT: Yale University Press, 1989). 문화적 틀이 전혀 달랐던 중국에서 보다 동반자적인 가족 이상이 등장한 현상에 대해서는 다음을 참조. William Rowe, *China's Last Empire: The Great Qing* (Cambridge, ma: Harvard University Press, 2009).

〔그림 3-1〕 목마를 타고 노는 아이들, 1840년대 미국 민화

에도 성장하는 소비주의는 가족과 관련된 두 가지 범주에 초점을 맞췄다. 첫째, 세련된 의복이 높은 평가를 받았다. 이는 사랑과 애정을 얻으려는 욕구와 직접적으로 연결되었다. 둘째, 가정용품의 인기가 높아졌다. 더 나은 가구, 고급스러운 식기, 커피나 차와 같은 제품을 서빙하기 위한 특정 용품 등이 이에 해당한다. 이들 제품은 가족생활의 풍요로움

을 반영함과 동시에 이를 촉진했다고 볼 수 있다. 특히 이러한 제품은 가족 식사와 같은 새로운 관습을 강조하는 데 기여했으며, 이 과정에서 가족 간의 유대감과 사회적 교류도 더욱 강화되었다. 결과적으로 많은 가족이 감정적, 사회적 관계에서 새로운 중요성을 가지게 되었으며, 넓은 공동체나 비가족적 우정의 중요성은 점차 약화되었다고 할 수 있다.

같은 시기 서구 사회에서는 특정한 불안정성을 반영하는 또 다른 패턴이 나타났다. 이것도 어느 정도 낭만주의와 연결되는 문제였다. 특히 하층 계급을 중심으로 서구 사회에서 사생아 출생률이 증가하기 시작했다. 점점 더 많은 사람들이 가족 경제를 벗어나 돈을 벌 수 있는 일을 찾았다. 예를 들면 시장에서 판매할 의류나 금속 제품을 생산하는 일 등이었다. 그런 일을 하는 젊은이들은 부모의 통제를 벗어난 수입을 얻게 되었으며, 더 넓은 사회적 접촉, 특히 도시와의 교류 관계를 만들어냈다. 그 결과로 이른바 "최초의 근대적 성 혁명"이라는 현상이 나타났다.[5] 많은 젊은이들이 예전에 비해 이른 나이에 성관계를 갖기 시작했으나, 그것이 반드시 결혼으로 이어지지 않았다. 이러한 변화가 성별에 따라 어떤 의미를 가지는가 하는 문제는 역사가들 사이에서 여전히 논쟁이 이어지고 있다. 즉 여성도 남성처럼 새로운 성적 쾌락을 추구할 기회를 누렸는가, 아니면 종종 부담과 낙인을 감내해야 하는 관계로 내몰리거나 속임을 당했는가 하는 문제이다.

---

5   젊은 싱인들의 소득이 불안정했던 것이 혼외 출산 증가 이유 중 하나였다. 즉 독립적 소득은 새로운 성행동을 촉진했을 뿐 아니라 새로운 불안정성도 야기했다. David Levine, *Is Behavioral Economics Doomed?: The Ordinary versus the Extraordinary* (Cambridge: Open Book Publishers, 2012)를 참고하라.

한 가지 분명한 점은, 19세기 초까지 완전히 드러나지는 않았지만, 서구 사회의 존경받는 자산 계층이 새로운 성적 행동과 그로 인해 발생할 수 있는 원치 않는 아이들에 깊은 불안을 느꼈다는 것이다. 이에 대한 대응으로, 이들은 '전통적' 성도덕을 정교하게 확장하여 이른바 빅토리아 문화(Victorian culture)를 구축했다. 여기서 성(性)은, 가족적 해악을 초래할 뿐만 아니라 건강을 해칠 수 있는 위험한 것이었다. 빅토리아 문화의 극단적인 입장에서는, 젊은 시절의 성행위나 과도한 성행위가 정신적 퇴화, 불임, 성장 장애 등을 초래할 수 있다고 믿었다. 우려 목록은 매우 길었다. '올바른 부모'에게는 자녀의 성적 습관을 감독해야 할 새로운 책임이 부여되었다. 특히 자위행위를 예방하기 위한 노력이 필요했다. 여성에게는 특별한 의무가 부여되었다. 빅토리아적 관점에서는 여성이 본래 성적으로 더 조심스러운 존재라 믿었다. 그래서 여성은 혼전 순결을 지키고 결혼 후에도 과도한 성행위를 억제해야 한다고 여겨졌다. 그럼에도 불구하고, 존경받는 많은 서구인들은 빅토리아 문화를 일정 부분 회의적으로 받아들였다. 부부는 결혼 생활에서 성적 즐거움을 찾기도 했으며, 많은 남성은 가정 내 기준을 지키는 한편, 매춘부나 다른 관계를 통해 외부에서 쾌락을 추구하기도 했다. 빅토리아주의는 분명 실제 성적 기준과 문화, 심지어 법률 규범에 영향을 미쳤다. 이는 유럽인들이 제국주의 시대에 다른 문화의 성 관념을 판단하는 관점을 형성하기도 했다. 빅토리아 문화는 근대적 성 혁명을 완전히 되돌리지는 못했지만, 이를 지연시키는 데는 충분한 역할을 했다.

전반적으로 18세기 후반의 가족사는 지역마다 뚜렷한 조정 과정을 겪었으며, 서로 간의 연계성은 거의 없었다. 라틴 아메리카나 서유럽과 같은 개별 사회 내에서도 이러한 변화의 흐름은 복잡했고, 어느 정도 상충되는 경향을 보였다. 아직은 변화의 결과가 완전히 나타나지 않았기 때문이다.

19세기-20세기 초: 산업혁명과 제국주의

19세기의 가정생활에는 두 가지 중요한 힘이 영향을 미쳤다. 그중 하나는 산업혁명이었다. 산업혁명은 가정에 일시적이면서도 지속적인 여러 변화를 가져왔다. 초기 산업화는 서구 지역에서 먼저 일어났으며, 이미 1800년 이전부터 진행된 여러 혁신과 연결되어 있었다. 산업화는 1900년 무렵에는 일본을 비롯한 서구 이외 지역으로도 퍼져나가 비슷한 변화를 일으켰다. 또 하나는 서구 세력의 확장이었다. 산업화와 함께 해양 제국의 세력이 급격히 확대되었고, 그 과정에서 서구의 생활방식과 기준이 다른 지역의 가정에 강요되었으며, 때로는 가정이 붕괴되는 결과로 이어지기도 했다. 하지만 전통적인 가족 형태가 쉽게 사라지지는 않았다. 세계 인구의 대부분은 여전히 농촌에 거주하면서 주요 변화로부터 멀리 떨어져 있었기 때문이다. 변화의 모습은 지역과 상황에 따라 매우 다양했다. 그러나 19세기가 가족 제도에 새로운 압력과 기회를 가져온 중요한 시대였다는 점은 분명하다.

가정생활의 관점에서 볼 때, 이 두 가지 영향이 모든 지역에 나타난 것은 아니었다. 예를 들어 오스만 제국에서는 민족주의의 대두, 증가하는 러시아와 서구의 압력, 그리고 탄지마트(Tanzimat) 개혁을 시도하는 가운데 여러 가지 중요한 개혁이 이루어졌다. 그러나 1870년 이후 개혁은 활발하게 진행되지 못했다. 개혁의 결과는 가정생활에 크게 영향을 미치지 않았다. 오스만 제국은 다민족 제국이었고, 그 안에 포함된 다양한 공동체, 특히 이슬람 공동체의 종교적 전통의 영향이 더 뚜렷했다. 초기 공장은 일부 여성 노동자를 받아들여 가정생활에 영향을 미칠 수 있었지만, 이는 여전히 예외적인 경우에 속했다. 당시 오스만 제국의 우선순위는 가정문제가 아니었다. 서구의 관찰자들은 오스만 제국을 성적 방종의 온상으로 지목하며, 많은 아내와 첩으로 구성된 술탄의 하렘(harem) 생활에 대해 과장된 소문을 퍼뜨렸다. 그러나 그들의 이야기는 일반 가정생활의 현실과는 거의 아무런 관련이 없었다.[6]

산업혁명

산업혁명은 18세기 후반 영국에서 시작되어 1820년대 이후 서유럽과 미국으로 퍼져 나갔다. 이 시기의 산업혁명은 증기기관을 활용한 공장의 등장과 도시의 급속한 성장이라는 특징을 가지고 있었다. 이러한 변화가 처음부터 모든 사람에게 큰 영향을 준 것은 아니었지만, 시간이 흐르면서 점차 그 영향력이 커졌다. 산업혁명은 특히 가족의 삶에도 여러 가지 변화를 가져왔다. 하지만 그 변화는 모든 사람에게 똑같이 나타나지는 않았다. 예컨대 성별에 따른 차이는 오히려 초기에는 더 벌어졌고, 중산층과 노동자 계층 간의 격차도 생겨났다. 그중에서도 노동 현장에서 여성이 배제되는 현상이 두드러지게 나타났다. 또한 산업혁명의

---

6 Asli Çirakman, *From the "Terror of the World" to the "SickMan of Europe,"* 2nd edn. (New York: Peter Lang Publishing, 2004). See also Beshara Doumani, ed., *Family History in the Middle East: Household, Property, and Gender* (Albany, NY: State University of New York Press, 2003).

영향을 단기적인 혼란과 장기적인 변화로 나누어 살펴보면, 가족이 겪은 변화는 더욱 복잡한 양상을 띠었다.

특히 산업화가 시작되고 수십 년 동안, 사회의 엄청난 혼란이 많은 가정에 큰 영향을 미쳤다. 낯선 환경에서 장시간 힘든 노동을 하며 도시로 이동하게 되자 가족을 버리고 떠나는 경우가 늘었고, 법적으로 이혼하는 사례도 증가했다. 술 소비가 늘어난 것도 일부 가정에 스트레스를 더했다. 초기 산업화 시기의 소비문화는 가족 밖에서도 여가를 즐길 수 있게 만들었는데, 술집은 그 대표적인 초기 사례였다. 시간이 흐를수록 이러한 변화의 영향은 점차 복잡해졌다.

장기적으로 더욱 중요한 변화는 일과 가정, 사업과 가족이 점점 더 분리된 것이었다. 이러한 현상은 중산층 가족뿐 아니라 노동계층 가족에게도 영향을 미쳤다. 이 과정에서 몇 가지 중요한 변화가 나타났다. 기혼 여성은 집안일과 자녀 양육에 집중하면서 노동 시장에서 점점 멀어지게 되었다. 여성들은 대부분 가정 내에서만 일을 하게 된 것이다. 반면 남성은 가족과 보내는 시간이 줄어들었고, 주로 가족의 생계를 책임지는 역할, 즉 '가장'으로서의 역할이 강조되었다. 이는 노동자 계층의 가정에서도 마찬가지였다. 실제로 노동자 가정은 아내나 청소년 자녀의 추가 수입에 크게 의존했지만, 이들에게도 점차 '이상적인 가장'의 개념이 퍼져나갔다. 결과적으로 성인 남성 노동자들은 가족 안에서 특별한 시위를 얻게 되었으나, 동시에 가족을 부양해야 한다는 부담과 압박도 더 커졌디.

아동 노동의 재검토는 상당히 이른 시기부터 논의되었다. 새로운 생산 시스템이 어린아이들에게 위험할 뿐만 아니라 부모의 통제력을 약화시키는 문제도 드러났기 때문이다. 중산층 가정은 교육열 추구에 선도적인 역할을 했다. 곧이어 정부는 다양한 개혁 압력을 받았다. 1830년대와 1840년대 대부분의 서구 국가에서 아동 노동을 제한하는 법률이 제정되었다. 뒤이어 폭넓은 범위의 의무교육이 제도화되었다. 그러나 일부 가정에서는 자녀와 노동에 대한 부모의 권한 축소에 불만을 가졌다. 가족생활의 여러 측면에 대한 정부의 관심이 증가했던 현실은, 그 자체로 중요한 혁신이었다.

아동 노동이 감소하고 학교 비용 부담이 증가하자, 전통적인 출산에 대한 관념에 변화가 나타났다. 공장에서 생산된 새로운 피임 기구도 출산율 변화 과정에 영향을 미쳤다. 중산층 가정이 먼저 이 변화를 이끌었고, 그다음으로 노동자 계층과 일부 농촌 가정이 뒤를 따랐다. 20세기 초반에 이르러 서구의 가구당 평균 출산율은 4명 이하로 떨어졌다. 출산율 감소가 가족 내부적으로 어떤 결과를 초래했는가 하는 문제를 두고 상당한 논쟁이 있었다. 논점은 자녀 수의 감소 이후 개별 자녀에 대한 부모의 관심과 애정이 심화되었는지, 혹은 형제자매의 수가 감소하면서 오히려 자녀와 부모의 긴장이 높아졌는지 등의 문제들이었다.

그 이후의 과정에 대해서는 비교적 논란이 적었다. 즉 산업사회의 출산율이 낮아지면서, 사회적으로나 부모 당사자들이 유아사망률을 낮추기 위한 방안을 더 적극적으로 강구하게 되었다.[7] 1880년에서 1920년

---

[7] 출생률과 사망률의 관계는 복합적이었다. 서구에서는 출생률 감소가 영아 사망률 감소보다 먼저 나타났지만, 출생률 변화가 시작될 무렵에 이미 영아 사망률의 완만한 변화가 어느 정도 있었을 가능성도 있다. 그러나 대부분의 다른 사회에서는 이 관계가 분명히 반대였다. 즉, 개인과 정부는 먼저 사망률을 낮추기 위한 노력을 기울였다.

사이, 서구 세계 전역에서 유아 사망률은 급격히 감소했다. 전체 출생아 대비 사망률은 20-30퍼센트에서 5퍼센트 이하로 줄어들었다. 이후로도 감소세는 지속되었다. 가족들이 최소 한 명 이상의 자녀 사망을 걱정하지 않아도 되는 시대는, 인류 역사상 20세기 초가 처음이었다. 출생률과 유아 사망률의 동시 감소를 수반한 인구 전환은, 가족생활의 핵심적 측면에서 일어난 조용한 혁명을 반영하는 것이었다.

산업혁명은 19세기 가족 안에서 노인의 위치에도 영향을 미쳤다. 서구의 산업 환경은 더 많은 노부모, 특히 과부들이 젊은 친족과 함께 살며 지원을 받는 동시에 손자·손녀를 돌보는 데 도움을 주도록 장려했다. 이러한 패턴은 1920년대 이후 변화하기 시작했다. 거주 분리가 증가되었고, 더불어 노인 돌봄 기관들이 설립되었다. 산업화로 노령 근로자의 대규모 실업이 발생하면서 가족들의 지원 부담이 증가했지만, 퇴직연금의 등장으로 이러한 부담도 점차 완화되었다. 노인을 돌보는 가족의 책임은 산업화 이후의 새로운 문제는 아니었지만 이후 보다 뚜렷한 문제로 부각되었으며, 20세기에는 성인의 수명이 증가하면서 이 문제는 더욱 복잡해졌다.

마지막으로 다룰 문제는 가족에 대한 인식과 그 핵심 기능의 변화다. 도시 환경의 변화와 외부 압력에 맞서게 된 중산층은 가족에 대한 새로운 이념을 만들어냈다. 이들은 가족 구성원 간의 사랑과 정서적 유대를 강조했고, 특히 자상한 아내와 어머니가 중심이 되어 가혹하고 경쟁적인 경제 환경 속에서도 가족이 안식처 역할을 할 수 있다는 생각을 제시했다.[8] 결혼할 때도 경제적 조건보다는 사랑을 중요하게 여기는 경향이 점점 더 강해졌고, 동시에 어린이는 순수하고 보호받아야 할 존재라는 생각도 널리 퍼졌다. 이러한 변화는 단지 형식적인 것만은 아니었다. 도시에서는 결혼할 때 지참금을 주고받는 관습이 점차 약화되었고, 대신 보다 간소하고 비공식적인 경제적 합의가 이루어졌다. 무엇보다도 결혼과 가족관계에서 감정과 애정이 더욱 중요해졌다. 물론 많은 가족이 이런 이상을 현실에서 이루지 못하기도 했지만, 이 가족 이념은 이미 사회적으로 널리 확산되어 사람들의 기대와 인식에 분명한 영향을 주었다. 일부 역사가들은 이러한 감정적 기준이 오히려 새로운 문제를 일으키기도 한다고 지적한다. 이상적인 가족생활에 대한 기대가 높아질수록, 현실에서 이를 충족하지 못했을 때 이혼이나 부모와 자녀 사이의 갈등이 더 쉽게 발생할 수 있다는 것이다.

그러나 새로운 가족의 이미지가 가족을 소비 단위로 활용하는 경향도 커졌다. 특히 소득이 생계 수준을 넘어설 때 이러한 현상이 두드러졌다. 예를 들어 중산층 가정에서 비교적 비싼 물건인 피아노가 가족 간 결속을 상징하는 중요한 요소가 되는 경우가 많았다. 가정용 지출, 특히 백화점이라 불리는 새로운 소비 매장에서 판매된 많은 상품들, 아이들을 위해 설계된 다양한 장난감과 책의 구매는 가족생활의 소비적 측면을 더욱 부각시켰다. 결혼 생활 안에서 성적 즐거움, 즉 주로 생식 목적이 아닌 여가적 성관계에 대한 관심도 점차 확산되었다. 한 연구에 따르면, 1870년 이후 태어난 미국 중산층 여성들은 이전 세대에 비해 유의미하게 높은 오르가슴 경험률을 보고했다.[9] 전반적으로 가족의 생산 기

---

8 Christopher Lasch, *Haven in a Heartless World* (New York and London: W.W. Norton Books, 1977).

능이 감소함에 따라 감정적, 소비적, 여가적 역할이 확대되었다.

산업화 시기에 서구의 가족생활에 영향을 미친 또 다른 요인이 있었다. 출산율 조절이 본격화되기 전 인구가 급증하자 대규모 이민이 일어났다. 영국과 함께 독일과 아일랜드가 많은 이민자를 배출했으며, 이후 다른 지역들도 이민 행렬에 합류했다. 19세기 중반의 이민은 젊은 남성 위주여서, 출발지 사회와 도착지 사회에서 모두 성별 균형에 영향을 미쳤으며, 이는 이민 과정에서 양측의 가족생활을 더욱 복잡하게 만들었다. 미국이나 라틴 아메리카와 같은 도착지 사회에서는 독신 남성 이민자들이 많아서, 가족주의를 옹호하는 사람들의 입장에서는 그것이 오래도록 걱정거리였다.[10]

19세기 서유럽과 북아메리카를 중심으로 산업화 가족(industrial family)이 등장했다. 19세기가 끝날 무렵 산업화가 다른 지역, 특히 러시아와 일본으로 확산되기 시작했다. 산업화의 확산은 가족의 측면에서 몇 가지 유사한 변화를 가져왔지만, 동시에 몇 가지 중요한 차이점도 나타났다. 일본에서는 아동 노동을 제한하고 교육을 의무화하는 법률을 신속히 제정했으며, 새로운 공중보건 조치가 시행되어 아동 사망률이 낮아졌다. 부모, 특히 어머니들은 자녀의 학업에 점점 더 많은 책임을 맡게 되었다. 어린 시기를 별도의 삶의 단계로 보는 새로운 인식이 일본에 자리 잡았다고 주장하는 역사학자도 있었다. 실제로 일본 정부는 교

---

9 Clelia Duel Mosher, *The Mosher Survey: Sexual Attitudes of Forty-Five Victorian Women* (New York: Arno Press, 1980).
10 Leslie Page Moch, *Moving Europeans, Second Edition: Migration in Western Europe since 1650* (Bloomington, in: Indiana University Press, 2003).

육뿐만 아니라 아동 돌봄의 다른 측면에도 점점 더 많은 관심을 보였다. 예컨대 서구와 마찬가지로 일본 정부는 부모들을 상대로 현대적인 위생 및 훈육 방법을 가르치는 교육 프로그램을 추진했다.[11] 출산율 저하는 일본에서 더 점진적으로 이루어졌다. 일본의 인구학적 전환은 제2차 세계대전 이후에야 완성될 수 있었다. 일본과, 더욱이 러시아에서도, 노동력 수요 때문에 많은 기혼 여성들이 바깥일을 하는 동시에 가사노동을 책임져야 했다. 이는 서구와는 다른 방식이었다. 일본에서 또 다른 차이점은 부모와 조부모 같은 연장자에 대한 존경과 가족 책임을 강조하는 문화적 전통이 지속되었다는 점이다.

러시아와 일본 모두 산업혁명이 가족생활에 미친 보다 일반적인 파괴적 영향을 충분히 보여주었다. 1900년경 일본에서는 이혼율이 급등했으나 이후 안정세를 보였다. 러시아에서는 혼전 성행위 비율이 증가했는데, 이는 한 세기 전 서구의 "성 혁명" 패턴을 연상시킨다.

산업혁명이 어느 곳에서도 가족을 완전히 파괴하지는 않았지만, 분명히 중요한 도전 과제를 만들어냈다. 그러나 많은 가족들 안에서 역할과 기능이 극적으로 재편되었으며, 이는 새로운 제약과 기회를 동시에 만들어냈다.

제국주의

전 세계 대부분은 20세기 중반 이후에야 본격적으로 산업혁명의 영

---

11 Brian Platt, "Japanese childhood, modern childhood: the nation-state, the school, and 19th century globalization," *Journal of Social History* 38/4 (2005), 965-985.

향을 받기 시작했다. 전통적인 가족의 특성, 즉 높은 출산율, 중매결혼, 생산 단위로서의 가족은 여전히 지속되고 있었다. 다만 일부 지역에서는 획기적 변화가 나타나고 있었다. 세계의 일부 지역에서 발생한 산업화가 다른 지역의 경제와 인구에 영향을 미치기 시작했다.

19세기 후반에는 새로운 형태의 이주가 시작되었다. 남유럽, 동유럽, 아시아에서 온 이민자들이 이 새로운 이주 시스템을 통해 미국뿐 아니라 브라질과 남아프리카 등으로 이동했다. 이들은 주로 산업 시장에서 수출용 상품을 생산하는 일에 종사했다. 과거의 이주와 마찬가지로, 이 과정에서 확대가족 체제가 흔들리는 경우도 많았다. 새로운 땅에서 성장한 자녀들은 부모 세대와 현지 문화 사이를 연결하는 중개자 역할을 했고, 이를 통해 더 많은 기회를 얻을 수 있었다. 이주민들은 대부분 가족의 결속을 지키려고 많은 노력을 기울였다. 예를 들어, 미국에 정착한 이탈리아인들은 아내나 딸이 다른 집에서 가정부로 일하는 것이 도덕적으로 문제가 될 수 있다고 믿었기 때문에 이를 적극적으로 막으려 했다.[12] 그러나 이러한 노력에도 불구하고 변화와 갈등은 피할 수 없었다. 결국 이민자 가정 내에서 세대 간의 관계를 연구하는 일은 가족생활의 변화와 연속성을 이해하는 중요한 방법이 되었다. 예를 들어, 일본계 미국인 가정에 대한 연구는 세대 간의 변화를 파악하는 데 큰 도움이 되었다. 또한 이민자 집단마다 새로운 가족 문화를 받아들이는 속도에도 차이가 있었다. 유대계 미국인들은 낮은 출생률 같은 새로운 관습을 비교

---

12 Donna R. Gabaccia, *Foreign Relations: American Immigration in Global Perspective* (Princeton University Press, 2012).

적 빠르게 수용한 반면, 다른 집단들은 점진적으로 새로운 문화를 받아들였다.

서구에서 비롯된 새로운 가족 이념은, 이주민이 없는 지역을 막론하고 전 세계적으로 상당한 영향을 미쳤다. 서구식 가족 관습은 다른 사회를 평가하는 기준이 되기도 했다. 예를 들어 아동 노동은 이전에는 세계 어디서나 흔히 볼 수 있는 풍경이었지만, 이제는 사회가 뒤떨어진 증거로 여겨졌다. 이런 변화는 서구 사회가 스스로 우월하다고 생각하는 데도 한몫을 했다. 일부 지역의 엘리트 계층은 새로운 가족 이념을 기준으로 사회를 평가했다. 19세기 말에서 20세기 초 아르헨티나를 비롯한 라틴 아메리카 도시의 중산층은 유럽에서 들어온 가족 기준에 따라 하층 계급의 생활 방식을 강하게 비판했다. 중산층의 관점에서는 하층 계급의 가족이 더 바람직한 형태로 변화하기 위해 급격한 개혁이 필요했다. 사생아 출산을 줄이고, 아동 노동 착취를 금지하며, 가정의 위생 상태를 개선하고, 자녀의 교육에 부모가 적극적으로 헌신해야 한다는 것이다. 이러한 변화를 통해 더 "문명화된" 가족생활의 기준을 확립하려는 노력이 이루어졌다.

19세기는 물론 그 이후까지도, 서구 산업국가들과 세계 다른 지역의 상호작용을 일으킨 가장 명확한 요인은 제국주의였다. 제국주의와 함께 서구의 가족 기준도 확산되었다. 다른 지역에서는 그것이 현지의 상황과 충돌할 수밖에 없었다. 제국주의는 광범위한 사회경제적 변화를 초래했다. 그것이 가족생활에 미친 영향은 지역에 따라 달랐다.

1860년대 이후 제국주의의 영향이 가장 뚜렷하게 나타난 지역은 아프리카였다. 여러 가지 요인이 복합적으로 작용했으며, 수많은 가족에게 영향을 미쳤다. 그러나 모든 지역 모든 사회에 똑같은 영향을 미친 것은 아니었다. 특히 종교적 변화가 대대적으로 확산되었다. 사하라 이남 아프리카에서는 기독교나 이슬람으로 개종하는 사람들이 빠르게 늘어났다. 토착 종교는 그만큼 빠르게 사라져 갔다. 그 과정에서 선교사들의 활동이 전통적인 가족의 권위와 충돌하는 경우가 많았다. 남성 장로들은 전통 신앙을 지키기 위해 아내나 자녀의 개종을 허락하지 않았다. 선교사들도 기존의 관습을 비판했다. 대표적인 것이 일부다처제를 명백히 반대했던 점이다. 전통과 새로운 종교가 융합된 형태로 나타나는 경우도 흔했다. 이슬람 개종 역시 가족 내 남녀의 역할이나 관계에 영향을 주었다. 경제적인 변화도 매우 중요했다. 유럽 제국들이 아프리카에서 광산을 개발하고 플랜테이션 농장을 건설했다. 여기에 시골 마을의 남성들이 동원되었다. 그 여파로 전통적인 가족 구조에 혼란이 빚어졌다. 농촌 마을에서 여성의 권위가 강화되었지만 경제적 어려움은 피할 길이 없었고, 남성과 가족의 접촉은 더욱 어려워졌다. 한편 일부 아동들은 식민지 당국이나 선교 기관에서 제공하는 공교육 기회를 얻었다. 새로운 교육을 받고 도시의 일자리를 얻은 개인에게, 개인적 목표와 가족의 전통 간에 새로운 긴장이 조성되었다. 예컨대 나이지리아 최대 도시 라고스(Lagos)를 배경으로 하는 1920년대의 어느 소설에서, 젊은 도시 거주자의 어머니가 고향 마을에서 사망하자, 전통 가족들은 그가 직장을 그만두고 고향으로 돌아와 성대한 장례식을 치르고 고향에 머무르면서 시골 친족들과의 관계를 회복하라고 요구했다. 그러나 도시 생활과 소비의 즐거움에 익숙해진 이 청년은 친척들의 실망에도 불구하고 고향으로 돌아가지 않았다.[13] 더 넓은 관점에서 보자면, 서구의 법률과 가치 기준이 아프리카에 침투하면서, 오히려 남편의 권위를 강화했고, 전통적으로 여성에게 보호와 발언권을 보장했던 관습은 활력이 약화되는 경향이 있었다. 예를 들어 식민지 법규는 여성들이 상인으로 활동하는 것을 제한하려 했다. 가족의 권위를 벗어난 행동이 적절하지 않다고 믿었기 때문이다. 결과적으로 남편에 대한 여성의 경제적 의존도가 더 높아질 수밖에 없었다. 그러나 아프리카의 가족적 특징 가운데 상당 부분이 변함없이 지속되었으며, 일부 지역에서는 일부다처제도 계속 유지되었다. 변화와 혼란의 양상은 지역마다 다양했다. 식민지 당국은 과도한 개혁으로 반발을 불러일으키기를 원하지 않았다. 가족 관습의 변화를 강력히 요구한 것은 주로 기독교 선교사들이었다. 결과적으로 일부 가족 구조와 패턴에 변화가 생기며 불안이 조성되었다.

인도에서 대영제국이 가족 제도에 미친 영향은 아프리카와 비교하면 크지 않았다. 인도의 경제 변화는 더욱 다양하고 복잡했으며, 힌두교와 같이 오랫동안 자리 잡은 종교들이 가족 구조를 단단히 지탱하고 있었기 때문이다. 1830년대부터 영국은 인도의 일부 개혁가들과 협력하여 여러 모로 가족 제도 개혁을 시도했다. 그 대표적인 예가 사티(sati)의 금지였다. 사티는 남편이 죽었을 때 과부가 남편의 시신과 함께 스스로 목숨을 끊는 관습이다. 하지만 이 관습은 인도의 모든 지역에서 보편적으로 이루어졌던 것은 아니었다. 인도의 개혁가들은 "과부를 어떻게 대우해야 하는가?" "과부의 재혼을 허용할 것인가?"라는 문제를 두고 수

---

13 Chinua Achebe, *No Longer at Ease* (New York: Random House Anchor Books, 1994).

십 년간 고민을 이어갔다. 19세기 후반이 되면서 서구 선교사들과 인도 개혁가들은 여성에게 교육의 기회를 제공하기 시작했다. 특히 소녀들을 위한 교육에 관심을 많이 기울였다. 여성 교육을 통해 가족과 사회에도 변화가 일어날 가능성이 높았기 때문이다. 대표적인 개혁가인 이쉬와르 찬드라 비디아사가르(Ishwar Chandra Vidyasagar)는 서구의 문화를 받아들이면서도 여성 보호라는 전통적인 힌두교 가치를 되살리려고 했다. 그는 과부의 재혼을 장려하고, 여아들이 교육받을 기회를 늘리는 데 앞장섰으며, 어린 나이에 소녀들을 결혼시키는 관습을 강력히 반대했다. 그러나 그의 이러한 주장은 큰 논란을 일으켰고, 특히 민족주의자들의 강한 반발을 불러왔다. 결국 장기적으로 보면 인도 여성들에게 제공된 교육 기회는 출산율 감소로 이어졌다. 여성들이 새로운 가치관과 지식을 얻으면서 삶에 대한 인식이 달라졌기 때문이다. 다만 이러한 변화는 매우 느린 속도로 진행되었다.

제국주의적 압박은 오히려 전통적 또는 민족적 정체성의 일환으로서 기존 관습을 옹호하려는 반대의 노력을 촉진하기도 했다. 이는 아이들의 역할이나 여성의 조건과 같은 주제와 관련이 있었다. 1900년경 이집트에서는 부모가 딸들이 베일을 벗은 것을 포함해서 서구식 복장을 채택하도록 허용해야 하는지를 두고 큰 논란이 있었다. 많은 이집트 여성들은 "외부"의 기준과 강요에 단호히 반대하며 전통적인 스타일을 선택했다. 그로부터 한 세대가 지난 후, 케냐의 조모 케냐타(Jomo Kenyatta)와 같은 민족주의 지도자들은 여성 할례와 같은 관습을 옹호하기도 했다. 그는 이를 고유한 전통의 필수적인 부분으로 간주했으며, 외부의 간섭을 받아서는 안 된다고 주장했다. 실제로 이러한 관습은 20세기 후반까지도 매우 점진적인 변화를 지속하고 있었다.

20세기: 전쟁과 혁명

20세기 중엽의 세계사적 주요 사건들, 특히 전쟁과 공산주의 혁명은 여러 지역에서 가족생활에 중대한 영향을 미쳤다. 제1차 세계대전은 가족생활에 막대한 영향을 끼쳤던 폭력의 세기를 열었다. 산업 기술의 발달로 전쟁은 점점 더 치명적으로 변해갔다. 제1차 세계대전 동안 많은 가족이 죽음이나 부상을 경험했다. 독일과 같은 참전국에서는 가족을 꾸릴 젊은 남성의 절대 숫자가 부족한 "공허한 세대(hollow generation)"가 생겨났다. 또한 이 전쟁의 결과로 오스만 제국의 그리스인과 터키인이 강제이주를 당했다. 이는 곧 가족의 해체로 이어졌다. 이후 스페인 내전(1936-39년)과 일본의 중국 침략, 제2차 세계대전 같은 갈등을 겪으며 추가적인 확산과 파괴가 일어났다. 특히 도시를 공중폭격하면서 민간인과 군인의 경계가 더욱 모호해졌다. 제2차 세계대전 이후에도 이러한 양상은 사라지지 않았다. 1945년 이후 주요 강대국 간의 직접적인 전쟁은 드물었지만, 20세기 말 마지막 30년 동안에만 1,500만 명의 어린이가 전쟁과 내전으로 사망한 것으로 추정되었다. 그 외에도 많은 어린이가 고아가 되거나 부상을 입었다.[14] 제2차 세계대전의 여파와 이후 다양한 지역의 민족 갈등은 가족의 이산을 더욱 심화시켰다. 난민 캠프에는 대개 여성과 어린이가 불균형적으로 많았으며, 일부는 몇 세대에

---

14 United Nations Children's Fund (UNICEF), "Children in war," State of the World's Children (1996).

걸쳐 임시 가족생활의 중심지가 되었다. 전반적으로 지난 세기 동안 전 세계 인구의 약 4퍼센트가 폭력 때문에 최소 한 번은 집을 떠나야 했다. 1990년대 르완다의 민족 갈등 기간에는 약 10만 명의 어린이가 가족과 헤어졌으며, 일부는 훗날 다시 만나기도 했다.

전쟁이 가족을 파괴하는 요인이 된 것은 20세기에 새롭게 등장한 현상이 아니었다. 그러나 새로운 기술과 극단적인 증오심이 결합되면서 갈등이 유례없이 파괴적인 양상으로 나타났다는 점에는 의문의 여지가 없다.

20세기에는 일시적인 혼란과 폭력을 넘어 가족생활에 의도적으로 영향을 미친 주요 혁명들이 잇달아 발생했다. 러시아와 중국 등지에서 일어난 공산주의 혁명은 국가 통제를 강화하고 새로운 유형의 인구를 형성하려 했다. 정책 노선의 일환으로 가족생활의 핵심 요소들이 의도적으로 재구성되었다. 그들의 목표는 가족 전통, 특히 종교나 (중국의 경우) 유교에 의해 형성된 요소들을 해체하는 동시에, 부르주아적이고 외래적이라고 여겨진 서구 모델의 일부 측면을 피하려는 것이었다.

공산주의 지도자들은 가족 안에서 여성에게 부과되었던 전통적 제약을 제거하려고 노력했다. 중국의 개혁가들은 이미 전족(纏足) 관행을 폐지하기 위한 진전을 이루었으며, 20세기 혁명가들(자유주의자와 공산주의자를 포함하여)이 그 과정을 완성했다. 개발도상국 경제에서는 대규모 노동력이 필요한 상황이었기 때문에, 여성의 노동력을 배제하는 서구적 방식은 비현실적일 뿐만 아니라 바람직하지도 않았다. 공산주의 이념은 가족을 더 큰 경제의 피난처로 간주하는 이미지를 전혀 미덕으로 인정하지 않았다. 러시아의 산업화가 진전되면서 대부분의 아내와 어머니는 가족의 의무와 고된 노동을 병행해야 했다.

공산주의 국가에서는 많은 젊은이들을 혁명의 대의에 동참시키고자 했다. 이를 위해 국영 학교뿐만 아니라 다양한 청소년 조직이 활용되었다. 젊은 세대에게 공산주의 사상을 주입할 신뢰할 만한 주체가 가족이 될 수는 없었다. 실제로 공산주의 정권은 일부 청소년을 활용하여 부모를 감시하고 부모의 정치적 일탈을 비밀리에 보고하는 데 활용하고자 했다. 국가와 혁명의 대의에 대한 충성이 가족에 대한 충성보다 우선해야 했다. 러시아와 특히 중국에서는 집단농장을 조직하는 과정에서, 공동체 전체가 식사와 기타 활동을 함께하도록 하는 프로그램을 도입하기도 했으며, 이를 통해 가족의 역할이 감소되었다. 또한 가족의 관습 중에 비판의 대상이 되는 행위도 있었다. 예를 들어 러시아 공산주의 정권은 한동안 낭비적이고 가족 중심적 관행이라는 이유로 크리스마스 트리를 금지했다. 마지막으로 공산주의 정권은 청소년을 찬양하면서도, 젊은이들이 세계적인 청소년 소비문화와 접촉하는 것을 막으려 했지만, 결과는 뜻대로 되지 않았다. 공산주의자들(또한 서구의 보수주의자들)에게 이러한 소비문화는 퇴폐적이고 방종한 것으로 간주되었다.

공산주의 정권은 보다 익숙한 방식으로도 가족생활을 변화시키기 위해 많은 노력을 기울였다. 특히 유아 사망률을 줄이기 위해 막대한 노력을 쏟았다. 경제적 제약에도 불구하고, 러시아 초기 혁명 정권은 임상 및 소아과 서비스를 확대했다. 1950년대 중국에서는 유아와 산모의 사망률을 줄이기 위해 '맨발의 의사'를 파견했다.(赤脚医生, 농업에 종사하면서 동시에 의료와 위생을 담당하는 초급 의료 전문가 – 옮긴이) 결과는 대단히 긍정적이었다. 1950년대 18퍼센트였던 중국의 유아 사망률은

2003년까지 3.7퍼센트로 감소했다. 의료 서비스는 정부 주도의 가족 대상 조언과 결합되어 새로운 위생 관행을 장려했다.

공산주의는 또한 아동의 노동을 교육으로 전환하는 과정을 적극적으로 추진했다. 일부 아동 노동은 여전히 남아 있었으며, 그것이 청소년 조직의 활동과 관련되기도 했다. 그러나 유치원부터 시작해 교육에 대한 우선적인 헌신이 뚜렷하게 나타났다. 러시아는 1929년에서 1939년 사이 초등학교 학생 수를 두 배로 늘렸고, 중등학교 재학률은 8배로 증가시켰다. 이에 따라 가족 내에서도 자녀와 부모 모두 학력 성취에 점점 더 많은 관심을 기울였으며, 이는 가족생활의 핵심 요소가 되었다.

교육의 확산과 더불어 도시화 및 산업화로 많은 가족이 출산율을 줄이기 시작했다. 러시아 정권은 공식적으로 인구 성장을 촉진하려 했으나, 그들의 정책은 점차 현실과 모순되기 시작했다. 도시 주택의 공간이 부족하고, 아동의 노동 자원이 교육 지원으로 전환되어야 하는 상황 속에서, 부모들은 소가족을 원했고, 현실에 빠르게 적응해 나갔다. 중국에서도 모택동 시기에는 높은 출산율을 공산주의의 강점으로 대대적으로 선전했지만, 1960년대 초엽부터 도시 가족들 사이에서는 조용히 출산율 감소가 시작되고 있었다. 그 후 1970년대에는 인구 성장이 경제적으로 감당할 수 없는 부담이라는 결론에 이르렀다. 중국 정부는 정책 방향을 바꿔 대부분의 가족이 공식적으로 자녀를 한 명으로 제한하도록 압박했다. 이 정책은 대단히 강력하게 집행되었으며, 경우에 따라 낙태나 불임 시술이 요구되기도 했다.

공산주의 혁명은 가족의 측면에서 흥미로운 결과를 만들어냈다. 현대적 변화의 기본적인 요소들(아동과 가족의 생활 등)에다 몇 가지 독특

〔그림 3-2〕 중국 문화혁명 선전 포스터
"레이펑(雷锋)처럼 열심히 공부하자."

한 요소를 덧붙인 결과였다. 20세기 말 동유럽에서 공산주의가 완화되거나 전면적으로 거부되면서, 도시 가정을 중심으로 가족의 기능에 가족 공동 소비를 추가할 수 있게 되었다. 20세기 후반 중국의 급속한 산업화는 주지하듯이 확대 가족의 해체라는 영향을 가져왔다. 수백만 명의 이주민이 도시로 몰려들었다. 이들은 1년에 한두 번 마을로 돌아가 가족적 연대를 회복하기도 했다. 소가족과 성인 건강의 향상으로 중국에서는 또 한 가지 익숙한 가족 문제가 부상했다. 고령 구성원을 돌보는 역할에 관한 문제였다. 독특한 정책들은 지속적으로 독특한 결과를 낳았다. 중국의 인구 정책은 전통적인 남아 선호와 결합되었다. 원치 않는 여아를 피하기 위해 낙태나 기타 방법을 선택하는 가족이 많았다. 21세기 초에는 가족을 꾸릴 연령대에 도달하는 남성이 여성보다 수백만 명 더 많아졌다. 이는 잠재적으로 사회를 불안정하게 만드는 결과로 이어졌다.

세계화 시대의 가족 문제

제2차 세계대전 이후 수십 년 동안 가족 구조에 다양한 변화가 나타났다. 몇 가지 표준적인 변화의 패턴이 점점 더 많은 지역으로 확산되었다. 예컨대 아동 노동이 전 세계적으로 감소하는 한편, 지역별로 흥미로운 차이를 보였으며, 학교 교육도 빠르게 확산되었다. 전쟁이나 심각한 경제적 어려움이 없는 한, 대부분의 지역에서 아동 사망률이 감소했다. 1960년대까지 라틴 아메리카의 대부분을 비롯한 많은 추가 지역에서도 본격적인 인구변천(demographic transition)이 나타났다. 점점 더 많은 가족들이 출산율을 낮추기 시작했다. 특히 여성들이 이러한 변화의 중심에 있었다. 여성들은 많은 아이들을 키우는 부담에서 벗어나고자 했고, 늘어난 교육 기회도 여성들의 선택에 큰 영향을 미쳤다. 하지만 모든 지역이 이런 흐름을 똑같이 따라가지는 않았다. 몇몇 지역과 집단은 전통적인 가족 형태를 유지하려는 강력한 의지를 나타냈다. 1970년대 여러 지역에서 나타난 종교적 근본주의의 확산도, 가족생활에서 전통과 변화를 절충하거나, 때로는 변화 자체를 막으려는 시도였다.

산업화는 1960년대에 태평양 연안 지역으로 확산되었고, 1990년대에는 인도, 중국, 브라질 등 더 넓은 지역으로 퍼져 나갔다. 여기서도 산업화는 가족생활에 큰 영향을 주었다. 특히 빠르게 성장한 도시에서는 가족 구조에 변화가 커졌다. 가족의 규모가 점점 작아졌을 뿐 아니라, 여전히 존재하는 대가족 내에서도 관계의 긴장감이 높아졌다. 산업화가 발달한 지역으로 국제적인 이주 양상이 나타났다. 이주의 행렬은 상당한 문화적 격차를 넘어섰다. 무슬림 이민자들이 유럽으로 대거 유입되면서 가족 규범을 둘러싼 상당한 긴장이 발생했다. 글로벌 통신 기기의 발전과 더불어 고향을 방문할 수 있는 새로운 기회들이 생기면서 복잡성이 더해졌다. 일부 이민자 집단은 본국에 있는 가족들과 밀접한 연락을 유지했다. 특히 남아시아 이민자들은 중매결혼과 같은 전통적 가족 문화를 새로운 나라에서도 계속 유지할 수 있었다. 하지만 동시에, 소비 중심적인 가족 문화와 같은 새로운 생활 방식이 이민자들을 통해 본국에 남아 있는 가족에게까지 영향을 미치는 경우도 있었다.

새로운 국제기구들도 변화에 기여했다. 예를 들어 세계보건기구(WHO)는 저개발 세계 전역에서 아동 및 산모 사망률 개선을 적극적으로 추진했다. 유례없는 세계 인권 선언은 특히 가족 내 여성과 아동의 지위에 중요한 영향을 미쳤다. 이는 유엔 산하 기구들뿐만 아니라 1961년 국제앰네스티(Amnesty International) 설립 이후 급격히 증가한 수많은 국제 비정부기구(NGO)의 지원을 받았다.

1948년의 세계인권선언(Universal Declaration of Human Rights)을 시작으로, 제2차 세계대전 이후의 인권 개념에는 여성의 평등 문제가 중요하게 자리 잡았다. 특히 고용과 임금에서의 동등한 대우, 그리고 교육 기회의 평등에 대한 주장이 강하게 제기되었다. 1965년 이후 유엔은 여성의 권리를 더욱 강조하기 위해 여러 차례 '여성의 해(Year of the Woman)' 회의를 개최했다. 이러한 회의를 계기로 라틴 아메리카나 아프리카 같은 지역에서도 여성 인권 운동이 활발해지기 시작했다. 많은 국가 정부들은 이 과정에서 유엔의 여성 인권 관련 선언에 동의했으며, 실제로 이를 진지하게 받아들인 국가에서는 전통적인 가족법이 크게 변화하기도 했다. 예를 들어 아프리카의 여러 법원에서는 국제 협약을 근거로 하여, 이전까지는 남성의 재산으로 여겨졌던 토지와 같은 재산에 대해 여성, 특히 아내와 과부에게도 소유권을 인정하는 판결을 내렸다. 앞서 살펴본 바와 같이, 여성에 대한 교육은 단순히 피임 방법에 대한 인식을 높이는 것뿐 아니라 가족 관계의 변화에도 큰 영향을 주었다. 1990년대 들어서는 일부 이슬람 국가와 가톨릭 교회의 반대에도 불구하고, 유엔이 주최한 국제회의에서 여성 교육을 강화하여 피임을 적극 지원하는 방안이 채택되었다.

아동의 권리에 대한 논의는 조금 더 복잡한 양상을 보였다. 그러나 점차 아동의 권리 또한 국제적인 인권 차원에서 다루어지기 시작했다. 특히 아이들이 교육받을 권리와 착취적인 노동으로부터 보호받을 권리가 핵심적인 주제가 되었다. 하지만 미국과 인도를 포함한 일부 국가들은 아동 노동을 완전히 금지하는 것에 신중한 입장을 보였다. 결국 1989년에는 모든 아동 노동을 금지하는 대신, 학대성 노동을 금지하는 방향으로 절충안이 마련되었다. 실제로는 전 세계적으로 아동 노동이 꾸준히 줄어들고 있었다. 이는 교육을 확대하려는 노력과 지속적인 경제 발전 덕분이었다. 전체 노동 인구에서 아동이 차지하는 비율은 1950년 6퍼센트에서 1990년 3퍼센트로 떨어졌고, 14세 미만 아동 중 노동하는 아동의 비율도 28퍼센트에서 15퍼센트로 크게 감소했다.[15] 하지만 이러한 흐름에 역행하는 움직임도 있었다. 세계적으로 경쟁이 심화되면

[그림 3-3] 버스를 개조한 이동식 학교
인도 남부의 도시 하이데라바드(Hyderabad)의 한 빈민가에 주차되어 있다. 비정부기구인 CLAP 재단이 운영하는 이 학교는 매일 소외된 아이들에게 교육을 제공하며, 도시 곳곳을 순회하며 몇 시간씩 머문다.

서 소규모 사업체들이 경쟁에서 살아남기 위해 오히려 아동 노동을 더 많이 활용하는 경향을 보였다. 남아시아에서도 비슷한 상황이 나타나 1990년대에는 오히려 아동 노동이 증가했다. 그러나 다행히도 21세기에 들어서는 감소세로 돌아섰다. 결국 국제적으로도 가정이 아동을 위해 어떤 역할을 해야 할지에 대한 합의가 이루어졌고, 아동 노동 감소라는 전체적인 방향성이 분명하게 자리 잡았다.

15 International Child Labour Programme, *Global Child Labour Developments* (London, 2010). See also Hugh Hindman, ed., *Child Labor: An American History* (Armonk, NY: M.E. Sharpe, 2002).

세계적 소비주의는 가족생활에도 영향을 미쳤다. 많은 젊은이들이 서구나 일본의 음악과 전자 게임을 즐겼으며, 서구 스타일의 레스토랑 체인점에서 식사를 하며 전통적인 가족 관습에서 어느 정도 거리를 둘 수 있었다. 가족들 역시 새로운 일상을 형성하는 경우가 많았다. 도시 지역의 중국 가족들은 아이들의 생일을 축하하기 위해 맥도날드(McDonald's)에 데려가는 경우가 많았다. 아랍에미리트(UAE)와 이집트에서는 특히 부유한 중산층을 대상으로 아동 생일 파티 관련 사업이 번창했다.

이러한 변화의 흐름이 세계적으로 일관된 양상을 만들어내지는 못했다. 세계적으로 산업화와 도시화가 확산되었음에도 불구하고 지역적으로 경제적 조건은 크게 달랐다. 브라질은 경제 성장에 적극적으로 참여했지만, 도시 하층 계급은 여전히 높은 사생아 비율과 아동 노동 의존으로 어려움을 겪었다. 일부 아프리카 사회에서는 지속적으로 분열 양상이 나타났다. 도시에서 일자리를 얻는 남성과 농촌에 남겨진 여성 및 아이들 사이의 분열이었다.

지역별 다양성에는 경제적 다양성 이상의 요소가 영향을 미쳤다. 사랑을 전제로 하는 외국의 결혼 기준에 맞서 인도에서는 중매 결혼과 같은 전통에 강하게 집착하는 가족들이 많았다. 인도에서 여성의 권리를 대변하는 일부 인사들은, 중매결혼이 서구적 방식보다 가족의 안정성을 더 높이고, 여성에게 가해지는 압박(예를 들어 항상 매력적으로 보여야 한다는 등)을 덜어준다고 주장했다. 중동에서는 아동을 개인의 권리 차원에서 보아야 한다는 요구를 알고 있지만, 그럼에도 많은 가족들이 가문에 대한 집단적, 전통적 충성심을 심어주기 위해 노력했다. 전통 종교의 부흥과 함께 이슬람뿐만 아니라 근본주의 기독교, 일부 가톨릭, 힌두교 및 유대교에서도 여성의 가족 내 역할을 더욱 전통적으로 유지하려는 경향을 보였다. 이들의 출산율은 오늘날의 평균 출산율보다 더 높았다. 일부 종교 공동체는 간통죄 처벌과 같은 가족법의 일부 요소를 강조했다. 그러나 여기에서도 변화가 아예 없지는 않았다. 혁명 이후 이란에서는 가족 내 여성의 종속성을 강조하는 전반적인 기조에도 불구하고 여성의 교육적 성과가 계속 이어졌으며, 21세기 초에는 대학생의 55퍼센트가 여성이었다.[16] 그러나 많은 변화의 측면에서 폭넓은 저항이 있었던 것은 분명한 사실이다.

저항은 때로 폭력적인 양상을 띠기도 했다. 경우에 따라서는 여성에 대한 신체적 학대가 증가했을 수도 있다. 젠더 역할이 새롭게 규정되는 과정에서 그에 대한 저항으로 일부 나타나는 현상이었다. 21세기 초 남아시아에서는 지참금이 불충분하다는 이유로 남편이 신부를 살해하는 사건이 여러 차례 발생했다. 이는 결혼에 수반되는 경제적 기대와 함께 여성에 대한 적대감이 새로운 수준으로 드러난 사례로 볼 수 있다.

변화를 시작하는 것 자체에 대한 단순한 저항은 훨씬 더 널리 퍼져 있었다. 인도의 어느 개혁 인사가, 아들을 학교에 보내지 않고 일을 시키는 구두 수선공을 만난 일화가 있다. 구두 수선공의 대답은 이랬다. "젊은이, 내 아버지도 구두 수선공이었고, 내 할아버지도 그랬소. 그런데 지

---

16 The Business Year, "Review: access & quality," retrieved February 1, 2013, from www.thebusinessyear.com/publication/article/7/637/iran-2011/access-and-quality. 그러나 2012년 이란 정부는 여성의 교육적 역할이 증가하는 것을 우려하여 77개 전공에서 여성을 배제하는 조치를 취했다.

금까지 당신처럼 그런 질문을 한 사람은 없었소. 우리는 일을 위해 태어났고, 내 아들도 마찬가지요."[17] 아프리카의 어머니들은 자녀를 위해 유모차를 사라는 판매 권유를 받으면 단호히 거부하는 경우가 많았다. 기존의 방식으로 아이를 안고 다니는 것이 모두에게 훨씬 더 즐겁기 때문이다. 일부 현대적인 가족 관습은 여전히 많은 사람들에게 아무런 의미가 없는 것이다.

이외에도 현대 사회에서 가족의 양상을 복잡하게 만드는 문제들은 많이 있다. 아프리카에서는 여전히 대가족의 관습과 도시의 핵가족 사이의 긴장에 놓여 있는 가족들이 많다. 대가족 구성원이 장기간 방문하며 환대를 당연하게 여기는 관행은, 소비 기준과 같은 도시 생활의 관심사와 충돌을 빚는다. 노인에 대한 처우는 점점 더 중요한 문제가 되었다. 특히 인구학적 전환을 겪은 사회에서 그랬다. 도시 환경은 노부모가 따로 사는 것을 장려했지만, 수명 연장과 노년기의 건강 문제는 젊은 세대에게 새로운 부담을 안겨주었고, 실제로 감당하기 어려운 경우가 많았다. 은퇴 커뮤니티와 지원 주택이 일부 도움을 제공했지만, 많은 가족은 노부모와 관련된 결정에 심각한 부담을 느꼈다. 이에 대응하여 많은 노인들은 젊은 세대가 자신들에게 충분히 관심을 기울이거나 존경하지 않는다고 느꼈다. 이는 일본과 같은 나라에서 자주 제기되는 문제였다. 이처럼 세계사의 가장 최근 단계인 현대에 들어와서는, 여러 가지 측면에서 가족생활의 양상이 복잡하면서도 다양하게 펼쳐지고 있다.

---

17 Kailash Satyarthi, *The Wallenberg Medal and Lecture* (University of Michigan, October 30, 2002); retrieved from www.wallenberg.umich.edu, June 1, 2012.

결론

근현대의 변화 속에서 많은 전통적 제도가 사실상 사라졌다. 1750년만 하더라도 안정적으로 보였던 길드, 군주제, 귀족제, 노예 플랜테이션은 쇠퇴하거나 사라져 오늘날에는 흔적만 남았다. 그에 비하면 가족은 제도로서 놀라울 정도로 굳건히 살아남았다. 대부분의 국제 여론조사에 따르면 가족은 여전히 만족감의 주요 원천이 되고 있다. 가족이 수행하는 핵심 기능은 여러 가지 새로운 역할과 구조 조정을 통해 확장되었으며, 이는 변화와 지속성이 결합된 흥미로운 양상을 보여준다. 동시에 많은 집단에게 가족은 문화적 정체성과 연관되어 지지를 받아 왔다. 지역에 따라 가족의 특성은 다양했지만, 이런 점은 공통된 기능으로 작용했다. 지속성, 유연성, 집단 정체성을 위한 기능 등 모든 측면에서, 오늘날 추상적인 글로벌 트렌드나 갈등은 가족을 통해 구체적으로, 가장 사적인 차원으로 드러나고 있다.

더 읽어보기

Chatterjee, Indrani. *Unfamiliar Relations: Family and History in South Asia.* New Brunswick, NJ: Rutgers University Press, 2004.

Cornell, V. J. *Voices of Islam: Voices of Life: Family, Home and Society.* Santa Barbara, CA: Praeger, 2007.

Dabhoiwala, Faramerz. *The Origins of Sex: A History of the First Sexual Revolution.* London: Pengion, 2012.

Doumani, Beshara, ed. *Family History in the Middle East: Household, Property, and Gender.* Albany, NY: State University of New York Press, 2003.

Ebrey, Patricia. *Women and the Family in Chinese History.* London: Routledge, 2003.

Fass, Paula S. *Children of a New World: Society, Culture, and Globalization.* New York University Press, 2006.

French, William E. and Katherine E. Bliss. *Gender, Sexuality and Power in Latin America since Independence.* Lanham, MD: Rowman and Littlefield, 2007.

Gillis, John R. *A World of Their Own Making: A History of Myth and Ritual in Family Life.* New York: HarperCollins, 1997.

Godelier, Maurice, et al. *The Metamorphoses of Kinship.* London and New York: Verso, 2011.

Goody, Jack. *The Oriental, the Ancient and the Primitive: Systems of Marriage and the Family in the Pre-Industrial Societies of Eurasia.* Cambridge University Press, 1990.

Hartman, Mary S. *The Household and the Making of History: A Subversive View of the Western Past.* Cambridge University Press, 2004.

Hecht, Tobias. *At Home in the Street: Street Children of Northeast Brazil.* Cambridge University Press, 1998.

Minor Omissions: Children in Latin American History and Society. Madison, WI: University of Wisconsin Press, 2002.

Jeppie, Shamil, Ebrahim Moosa, and Richard Roberts. *Muslim Family Law in Sub-Saharan Africa: Colonial Legacies and Post-colonial Challenges.* Amsterdam University Press, 2010.

Jolivet, Muriel. *Japan: The Childless Society? The Crisis of Motherhood.* London: Routledge, 1997.

Kirschenbawm, Lisa A. *Small Comrades: Revolutionizing Childhood in Soviet Russia, 1917-1932.* London: Routledge, 2000.

Lynch, Katherine. *Individuals, Families and Communities in Europe, 1200-1800: The Urban Foundations of Western Society*. Cambridge University Press, 2003.
Mintz, Steven and Susan Kellogg. *Domestic Revolutions: A Social History of American Family Life*. New York: The Free Press, 1989.
Stearns, Peter N. *Childhood in World History*. London: Routledge, 2006.
Therborn, Göran. *Between Sex and Power: Family in the World 1900-2000*. London: Routledge, 2004.

CHAPTER 4

성적 행동의 지속성과 변화

줄리 피크먼
Julie Peakman

세계 각지에서 성에 대한 생각과 행동의 차이는 종교, 산업화, 도시화, 인구 증가, 기술 발전과 같은 다양한 요소의 영향을 받는다. 개인적으로 보면, 교육 수준이나 사회적 계층, 인종, 성별, 연령에 따라 차이가 난다. 특히 지난 250년 동안 전 세계적으로 사회가 빠르게 변화하면서 사람들의 성적 행동에도 많은 영향을 주었다. 그러나 성생활과 출산이 실질적으로 분리될 수 있었던 것은 비교적 최근인 약 60년 전부터였다. 이 시기에 와서야 유럽, 아메리카, 아시아, 오세아니아 등 여러 지역에서 성적 평등을 위한 법적 변화가 가능해졌다. 또한 국가와 세계 차원 모두에서 그 이전과 비교할 수 없을 만큼 사람들의 사회적 이동이 활발해졌고, 경제적 기회가 늘었으며, 도시 시장이 확장되었다. 이런 변화는 남성과 여성의 관계에도 큰 영향을 미쳤고, 특히 20세기 이후 그 속도는 더욱 빨라졌다.

성의 역사를 본격적으로 연구하기 시작한 것은 1970년대와 1980년대 페미니즘과 여성사 연구가 활발해지면서부터였다. 이후 젠더 역사학이 발전하면서 남성의 성적 특성 연구까지 포함하는 방향으로 확장되었다. 그러나 초기의 연구는 대부분 이성애 중심이었고, 서구 문명에 편중되는 경향이 심했다. 일부 예외적인 연구들이 있었지만, 전체적으로는 이런 한계가 두드러졌다.[1] 최근 들어 역사학자들은 성을 더욱 구체적인 분야로 나누어 연구하기 시작했다. 신체의 역사, 가족, 동성애, 매춘, 포르노그래피, 특정 시대의 성적 일탈 등이 그 예다.[2] 성을 연구하는 학자들은 크게 두 가지 입장으로 나뉜다. 첫 번째는 본질주의자, 두 번째는 사회구성주의자다. 본질주의자들은 인간의 성에 어떤 변하지 않는 본질이 있다고 믿는다. 이들은 성적 특성이 시간과 장소에 따라 바뀌지 않으며, 생물학적으로 결정된 자연스러운 현상이라고 본다. 반면 사회구성주의자들은 성이 사회와 문화에 따라 만들어진다고 생각한다. 이들은 특히 언어나 담론이 역사적으로 성의 개념을 만드는 데 중요한 역할을 한다고 강조한다. 사회구성주의는 철학자 미셸 푸코(Michel Foucault)의 영향을 받았는데, 푸코는 성 개념이 19세기 부르주아 사회에서 규제와 권력, 개인의 정체성 문제와 관련해 형성되었다고 주장했다.[3] 푸코에 따르면, 그 이전 시대에도 성적 행위는 존재했지만, 자신을 정의하는 요소로서의 성적 정체성은 없었다. 푸코의 주장에 대해 다른 역사학자들은 비

---

1 Vern Bullough는 관련 연구의 위대한 선구자였다. 그의 저서로는 *Sexual Variance in Society and History* (New York: Wiley Interscience, 1976) 및 *Sex, Society and History* (New York: Neale Watson, 1976)가 있다. 또한 Reay Tannahill, *Sex in History* (London: H. Hamilton, 1980)를 참조하라.
2 신체에 관한 예시로는 Thomas Laqueur, *Making Sex: Body and Gender from the Greeks to Freud* (Harvard University Press, 1992)를 참조하라. 포르노그래피에 대해서는 Julie Peakman, *Mighty Lewd Books: The Development of Pornography in Eighteenth-Century England* (Basingstoke: Palgrave, 2003)를, 변태성욕에 관해서는 Julie Peakman, *The Pleasure's All Mine: A History of Perverse Sex* (London: Reaktion, 2013); James Penney, *The World of Perversion: Psychoanalysis and the Impossible Absolute of Desire* (Albany: State University of New York Press, 2006)를 참조하라.
3 Michel Foucault (trans. Robert Hurley), *The History of Sexuality, Vol. I, An Introduction* (Harmondsworth: Penguin, 1990); Domna C. Stanton, *Discourses of Sexuality: From Aristotle to AIDS* (University of Michigan Press, 1992).

판을 제기했다. 만약 성과 성적 정체성이 19세기에 사회적으로 만들어진 개념이라면, 중세 유럽이나 더 오래된 역사에서도 이를 발견할 수 있는 이유는 무엇인가? 따라서 성적 행위와 정체성의 관계는 푸코가 설명한 것보다 더 복잡할 가능성이 크다.[4]

과거의 세부적인 차이를 이해하는 것이 유용한 때도 있지만, 장기적인 흐름을 보려면 더 넓은 시각으로 접근하는 것이 중요하다.[5] 역사적으로 전 세계에서 오랫동안 공유한 기본 생각은 남성과 여성 간의 성관계, 즉 최근에 '이성애(heterosexuality)'라고 부르는 행위가 '정상적인 행동'으로 여겨졌다는 것이다. 기독교, 유대교, 힌두교, 이슬람교, 유교와 같은 주요 종교들은 이러한 관점으로 성을 바라보고, 이를 교리에 반영했다. 동성 간의 성관계나 동물과의 성행위, 근친상간 같은 행동들은 대체로 '비정상' 또는 '자연의 법칙을 어기는 것'으로 간주되어 사회적으로 허용되지 않았다. 다만 이 규칙에는 일부 예외도 있었다. 결혼과 출산은 개인의 삶에서 자연스러운 과정으로 여겨졌다. 여성은 보통 결혼 전까지 순결을 지켜야 한다고 요구받았고, 젊은 남성들도 성적 충동을 자제하도록 충고받았다. 그러나 실제로 젊은 남성의 성적 행동은 어느 정도 관대하게 받아들여졌다. 여성의 순결은 사회적으로 매우 중요해서, 정조를

---

4 See, for example, Lois McNay, *Foucault: A Critical Introduction* (Cambridge: Polity Press, 1994); Lin Foxall, 'Pandora unbound: a feminist critique of Foucault's *History of Sexuality*', in David H. Larmour, Paul Allen Miller and Charles Platter (eds.), *Rethinking Sexuality* (Princeton University Press, 1998), pp. 132-133.
5 See, for example, Julie Peakman (general ed.), *A Cultural History of Sexuality* (Oxford: Berg, 2011); Phillip Ariès and George Duby, *A History of Private Life* (Cambridge, MA: Harvard University Press, 1990); Peter N. Stearns, *Sexuality in World History* (London: Routledge, 2009).

잃은 여성은 좋은 결혼 상대를 찾기가 힘들었다. 여성의 순결은 본인뿐 아니라 가족의 명예와도 연결되어 있었기 때문에, 사회적 지위가 높은 집안일수록 그 중요성은 더 컸다. 과거 여성들은 법적 보호도 제대로 받지 못했고, 취업이나 독립적인 생활을 할 기회도 매우 적었다. 이런 사회적 환경은 여성을 결혼이나 그 외의 성적 관계에서도 불리한 처지로 몰아넣었다.

성의 역사를 연구하는 학자들은 서구 사회에서 성에 대한 규제의 주도권이 시대에 따라 이동했다고 본다. 17세기에는 교회가 성을 규제했고, 18세기에는 의학이, 19세기에는 국가가 그 역할을 담당했다는 데 대체로 동의하고 있다. 종교적 관점에서 바라보던 젠더와 성에 대한 인식은 시간이 지나면서 과학, 정치, 법률에 의해 강화되었다. 그 결과 여성은 정신적으로나 신체적으로 남성보다 열등한 존재로 여겨졌으며, 동성애자는 이성애자 남성보다 낮은 존재로 간주되었다.[6] 그러나 전 세계적으로 보면 종교는 여전히 많은 지역, 특히 서구 일부를 포함한 세계 여러 곳에서 성에 대한 인식과 태도에 상당한 영향을 미치고 있다. 이러한 종교적 영향은 여성과 동성애자에 대한 지속적인 차별로 나타나기도 한

---

6 Ludmilla Jordanova, *Sexual Visions: Images of Gender in Science and Medicine between the Eighteenth and Twentieth Centuries* (London: Harvester Wheatsheaf, 1989); Londa Schiebinger, *Nature's Body: Sexual Politics and the Making of Modern Science* (London: Pandora, 1993); Roy Porter and Mikuláš Teich, eds., *Sexual Knowledge, Sexual Science: The History of Attitudes to Sexuality* (Cambridge University Press, 1994); Margaret Somerville, *Sex and Subjection: Attitudes to Women in Early-Modern Society* (London: Arnold, 1995); Susan Mendus and Jane Rendal, eds., *Sexuality & Subordination* (London: Routledge, 1989); Vern Bullough, Brenda Shelton, Sarah Slavin, *The Subordinated Sex: A History of Attitudes towards Women* (Athens, ga: University of Georgia Press, 1998).

다. 하지만 지난 50년 동안 이러한 차별은 점차 줄어드는 추세를 보였고, 이 변화는 성의 역사에서 가장 혁명적인 변화 가운데 하나라고 평가할 수 있다.

이 극적인 변화를 살펴보기 전에, 이 장에서는 이에 영향을 미친 세 가지 주제를 논의하고자 한다. 먼저 18세기와 19세기를 거치는 동안, 유럽, 유럽 식민지, 동아시아 세 지역에서의 성과 결혼에 대해 살펴본 후, 매춘과 동성애라는 두 가지 주제를 더 깊이 다룰 것이다.

성과 결혼, 유럽의 경우

종교개혁 이후 유럽에서 가톨릭과 프로테스탄트는 결혼, 독신, 이혼과 관련하여 서로 다른 견해를 가지고 있었다. 하지만 두 종파 모두 성관계는 반드시 결혼 안에서만 이루어져야 하고, 주된 목적도 자녀를 갖기 위한 것이지 단순히 즐거움을 위한 것은 아니라는 점에 동의했다. 결혼 밖에서 이루어지는 성관계는 '간음'으로 불리며 죄악으로 간주되었다. 유럽에서는 교회의 가르침과 여성의 정절이 대단히 강조되었지만, 현실적으로 젊은 남녀는 쉽게 만날 기회를 얻었다. 특히 하층민 사이에서는 더욱 그랬다. 혼전 성관계는 프로테스탄트 국가와 가톨릭 국가 모두에서 흔히 볼 수 있었고, 일정 부분 피할 수 없는 현실로 받아들여졌다. 젊은 연인들은 시장이나 교회, 축제 등에서 자연스럽게 만났다.[7] 일

---

[7] G. R. Quaife, *Wanton Wenches and Wayward Wives: Peasants and Illicit Sex in Early Seventeenth Century England* (London: Croom Helm, 1979); Julie Peakman, *Lascivious Bodies: A Sexual History of the Eighteenth Century* (London: Atlantic, 2004), pp. 32-35.

부 프로테스탄트 국가에서는 부모의 집에서 젊은 연인들이 한 침대에서 함께 자는 것이 허용되기도 했다. 이를 '번들링(bundling)'이라 불렀는데, 이때 두 사람은 옷을 완전히 또는 일부 입은 상태로 침대 가운데에 이불이나 판자를 놓아 서로 분리했다. 스위스와 독일 일부 지역에서는 젊은 남성이 밤에 독신 여성의 방 창문을 통해 찾아가 구애하는 관습이 있었다. 이를 '킬트강(kiltgang)'이라고 했다. 원칙적으로 이 만남에서는 성관계가 허용되지 않았지만, 때때로 이를 어기고 여성이 임신하는 경우도 있었다. 그러나 이 경우에도 반드시 여성이 큰 어려움에 처하는 것은 아니었다. 특히 남성이 여성에게 결혼을 약속했고, 그 약속을 증인들 앞에서 했다면 더욱 그랬다.

심지어 가톨릭 개혁 이후 가톨릭 정통성의 모범으로 여겨졌던 스페인에서도, 지역 주민들은 교회의 규정과 교리를 필요에 맞게 조정하는 경우가 많았다. 대부분의 사람들은 교회의 가르침을 따랐지만, 지역 공동체에 의해 때로는 혼전 성관계가 용인되기도 했다.[8] 약혼을 약속한 몇몇 커플은 성관계를 맺고 동거했지만, 반드시 결혼으로 이어지지는 않았다. 심지어 아이가 있는 경우에도 결혼하지 않는 일이 있었다. 가톨릭 교회가 이혼을 금지했음에도 불구하고, 결혼이 실패할 경우 일부는 다른 상대와 새로운 관계를 시작하기도 했다. 이탈리아에서는 혼전 성관계가 스페인만큼 흔하지 않았던 것으로 보이며, 교회의 지침을 따르는 사람들도 더 많았다.[9] 유럽 전역에서 상류층 여성에게는 혼전 성관계가

---

8 Allyson M. Poska, *Regulating the People: The Catholic Reformation in the Seventeenth-Century* (Leiden: Brill, 1998), pp. 1-2, 101-110.

드물었다. 상류층의 딸들은 젊은 나이에 결혼하는 경향이 있었는데, 이는 정조를 보호하고 출산 가능 기간을 늘리려는 의도에서 비롯되었다.

1970년대 이후 역사학자들은 유럽에서 가족의 형태가 언제, 어떻게 바뀌었는지에 대해 논쟁을 벌여왔다. 특히 오늘날과 같은 '현대적' 가족, 즉 사랑과 성적 끌림을 바탕으로 한 동반자적 결혼이 언제 정착되었는지가 논의의 중심이었다. 역사가 로렌스 스톤(Lawrence Stone)은 1600년 이전 유럽에서의 결혼이 주로 두 집안 간의 계약이었지만, 18세기에 들어 사랑을 바탕으로 한 동반자적 결혼이 점차 흔해졌다고 주장했다. 에드워드 쇼터(Edward Shorter) 역시 비슷한 견해를 제시하면서, 특히 18세기 말 중산층에서 자녀에 대한 어머니의 애정이 깊어졌고, 하층민 사이에서는 연애 감정과 성적인 열정이 더욱 두드러졌다고 지적했다. 이후 역사학자들은 이 논의를 좀 더 구체적으로 살펴보았다.[10] 연구에 따르면, 당시 유럽에서는 대부분 부모가 결혼을 중개했으며 자녀들은 대개 이에 동의했다. 강제로 원치 않는 상대와 결혼하는 경우는 매우 드물었다. 그러나 귀족 사회에서는 결혼 상대를 정할 때 부모의 영향력이 더욱 강했다. 귀족들의 결혼이 주로 두 부유한 가문의 결합이라는 목적을 가졌기 때문이다.

---

9 Bruno P. F. Wanrooij, 'Italy: sexuality, morality and public authority', in Franz X. Eder, Lesley Hall and Gert Hekma (eds.), *Sexual Cultures in Europe, Vol. I: National Histories* (Manchester University Press, 1999), pp. 114-137.
10 Lawrence Stone, The Family, *Sex and Marriage in England, 1500-1800* (London: Peregrine Books, 1977); Edward Shorter, *The Making of the Modern Family* (New York: Basic Books, 1975); Helen Berry and Elizabeth Foster, *The Family in Early Modern England* (Cambridge University Press, 2007).

유럽에서 도시가 발달하면서 가족 간의 유대가 약해지고, 특히 가난한 가정에서 성행동에 대한 통제가 느슨해졌다. 그러나 이러한 변화는 지역에 따라 달랐고, 이유도 다양했다. 대체로 서유럽에서는 18세기에 상업화가 확대되고 임금 노동의 기회가 증가하면서 젊은이들이 더 큰 성적 자유를 누리게 되었다. 한편 러시아에서는 1861년 농노제 폐지로 자유로운 이동이 가능했으며, 이는 전통적인 사회적 제약을 약화시키는 계기가 되었다.[11]

빅토리아 시대에는 일부 국가의 특정 계층에서 성별 분리 현상이 더욱 강화되었다. 서유럽 대부분에서 중산층 여성은 점점 더 '집 안의 천사(angels in the house)'로 여겨졌으며, 이는 가정을 지키는 역할로 간주되었다. 여성은 남성에 비해서는 사회적, 경제적, 정치적으로 부차적인 위치에 머물렀다. 남성은 여전히 가정의 확고한 중심으로 자리 잡고 있었다. 그러나 성행동에는 극적인 변화가 일어났으며, 유럽 전역에서 출산율이 감소했다. 잉글랜드와 웨일스에서는 1871년에서 1911년 사이 혼인 출산율이 32퍼센트 감소했고, 혼외 출산율은 54퍼센트 줄어들었다. 프랑스에서도 혼인 출산율이 1831년부터 꾸준히 감소했으며, 결혼 연령이 상승하는 경향이 나타났다. 이러한 변화의 원인에 대해서는 여러 측면에서 논쟁이 벌어지고 있다. 사이먼 스레터(Simon Szreter)에 따르면, 프랑스에서 출산율 감소는 혼인 관계 및 비혼 관계에서 모두 긍정적이고 쾌락적인 문화가 널리 퍼진 결과라고 한다. 그들의 문화에서는

---

11 Alexandre Avdeev, Alain Blum and Irina Troitskia, 'Peasant marriage in nineteenthcentury Russia', *Population-E 2004* 59/6, 721-764.

젊은이들과 기혼 남성 모두 매춘부를 이용하도록 권장하고, 질외 사정(coitus interruptus)과 비삽입 성행위 같은 다양한 방식이 포함되었다. 스코틀랜드와 잉글랜드에서는 성적 절제가 출산율 감소의 더 가능성 높은 이유로 여겨진다. 1860년대 이후 복음주의 기독교인들이 성적 충동에 대한 자기 통제를 촉구했기 때문이다. 조세핀 버틀러(Josephine Butler)와 같은 많은 여성들이 복음주의 운동에 참여했으며, 성교육 확대와 도덕적 절제(주로 남성 측의 절제)를 요구했다. 또한 전반적인 교육 수준의 향상도 사람들이 대가족을 피하기 위한 방법을 찾게 만든 요인이 되었을 가능성이 있다.[12] 이탈리아, 스페인, 포르투갈, 그리스에서도 출산율 감소 현상이 나타났지만, 그 원인은 달랐다. 이들 지역에서는 전통적인 농업 공동체에서 연상 남성과 연하 여성 간의 결혼이 점차 줄어들었다. 젊은 층의 상당수가 일자리를 찾아 산업 도시로 이주했기 때문이다. 도시로 이주한 젊은이들은 더 늦게 결혼하고 스스로 배우자를 선택하며 가족 규모를 제한하려는 경향을 보였다.[13]

성적 관계, 유럽 식민지와 해외 제국의 경우

제국의 건설은 성적 태도와 관행의 변화에 중요한 역할을 했으며, 성과 젠더는 유럽 식민지와 제국의 역사를 형성하는 데에도 영향을 미쳤

---

12 빅토리아 시대의 성에 관한 전반적인 내용에 대해서는 다음을 참조. Michael Mason, *The Making of the Victorian Sexuality: Sexual Behaviour and Its Understanding; The Making of the Victorian Sexual Attitudes* (Oxford University Press, 1994).
13 Simon Szreter, 'Falling fertilities and changing sexualities since c. 1850: a comparative survey of national democratic patterns', in Eder, Hall and Hekma, *Sexual Cultures in Europe, Vol. II*, pp. 159-194; p. 163.

다.[14] 탐험, 무역, 여행의 증가로 다양한 집단 간의 성적 상호작용이 발생했다. 그 양상은 폭력적인 강간에서부터 애정 어린 결혼에 이르기까지 다양했다.[15] 기독교 선교사들은 절제와 일부일처제를 설교했으며, 이는 지역의 관행과 태도에 영향을 미쳤다. 유럽 정착민들은 종종 원주민들의 성적 도덕성이 문란하다고 비판했다. 예를 들어 아메리카 원주민들은 '순결하지 못하고 부도덕하며, 심지어 극도로 관능적이고 비정상적인 악행'을 저지른다는 이유로 공격받았다.[16] 그러나 유럽의 확장에는 성적 절제에 대한 새로운 관념뿐만 아니라, 문란함의 증가와 성병의 확산이 동반되었다.

유럽인들은 해외에서도 '고향'의 생활 방식을 고집하여 이를 식민지로 그대로 옮겨갔다. 예컨대, 호주와 뉴질랜드는 모두 영국 빅토리아 시대의 성 관념을 공유했다. 그러나 결혼하는 평균 연령은 유럽보다 더 낮았다. 역사가 존 디에밀리오(John D'Emilio)는 북아메리카의 성 문화가 식민지 시절 가족 중심의 출산 위주 성 관념에서 19세기의 낭만적이고 감정적 친밀감을 중요하게 생각하는 결혼 제도로 바뀌었다고 주장했

---

14 For examples, see Ronald Hyam, *Empire and Sexuality* (Manchester University Press, 1990); Anne McClintock, *Imperial Leather: Race, Gender, and Sexuality in the Colonial Contest* (London: Routledge, 1995); Philippa Levine (ed.), *Gender and Empire* (Oxford University Press, 2004); Ann Laura Stoler, *Carnal Knowledge and Imperial Power: Race and the Intimate in Colonial Rule* (Berkeley, CA: University of California Press, 2nd edn, 2010).
15 Richard C. Trexler, *Sex and Conquest: Gendered Violence, Political Order, and the European Conquest of the Americas* (Ithaca, NY: Cornell University Press, 1995); Carl J. Ekberg, *Stealing Indian Women: Native Slavery in the Illinois Country* (Urbana: University of Illinois Press, 2007).
16 John D'Emilio and Estelle Freedman, *Intimate Matters: A History of Sexuality in America* (University of Chicago Press, 1997), p. 7.

다. 이는 역사학자 스톤(Stone)이 영국에 대해 설명한 것과 비슷한 흐름이다.[17] 영국과 마찬가지로 북아메리카에서도 백인 중산층의 권위자들이 성적 도덕을 규제했으며, 감정적 친밀함과 신체적 쾌락을 더 많이 추구하기 시작했다. 하지만 여성의 성에 대해서는 여전히 위험하고 조심해야 할 것으로 여겼다.[18] 그러나 영국과의 이러한 유사점만으로 모든 것을 설명할 수는 없다. 당시 북아메리카에는 전 세계 여러 지역에서 온 다양한 사람들이 함께 살았기 때문에 성에 대한 관점도 매우 다양했다. 역사학자 헬렌 호로위츠(Helen Horowitz)의 지적처럼, 19세기 미국에서는 성적 욕망과 노골적인 표현이 어느 정도 허용되었지만, 이는 복음주의 개신교가 설교하는 엄격한 금지 규범과 충돌을 일으켰다.[19]

노예제도는 식민지화 과정에서 중요한 부분을 차지했으며, 아프리카와 유럽 식민지의 성적 역사에도 극적인 영향을 미쳤다. 피터 스턴스(Peter Stearns)는 아프리카의 성적 행동 패턴이 크게 변하지 않았다고 주장했지만, 서아프리카에서 성비의 변화가 발생한 사실을 확인했다. 남성이 여성보다 노예로 잡혀가는 비율이 높아(노예의 65퍼센트 이상이 남성이었다), 일부다처제가 증가하고 여성 통제가 더 어려워졌다는 남성들의 불만이 이어졌다. 아메리카 지역에서는 수천 명의 노예가 유입되면서, 남성 농장주와 여성 노예 사이의 성적 상호작용이 종종 강제적인 성

---

17 D'Emilio and Freedman, pp. xi-xii; Stone, p. 22.
18 Caroll Smith-Rosenburg, *Disorderly Conduct: Constructs of Gender in Victorian America* (New York: Alfred A. Knopf, 1985).
19 Helen Lefkowitz Horowitz, *Rereading Sex: Battles over Sexual Knowledge and Suppression in Nineteenth-Century America* (New York: Alfred A. Knopf, 2002).

적 복종과 학대를 의미했다. 농장주들은 여성 노예를 강간하거나 첩으로 삼아도 되는 것으로 여겼다. 유럽인들은 비백인 인구를 '짐승과 같은' 존재로 보고, 아프리카인 남성에 대해서는 성적으로 과장된 상상을 하는 경향이 있었다. 백인 권위자들은 이들을 통제하기 위해 새로운 법률을 제정했다. 그 결과 18세기 초 미국에서는 별도의 공공 법정이 설립되어, 수백 명의 흑인 남성이 강간 혐의로 재판을 받았으며, 무죄 판결을 받을 가능성은 거의 없었다.[20]

제국주의로 인한 광범위한 변화는 남아시아에도 영향을 미쳤다. 18세기 초, 부유한 힌두교와 이슬람 가정의 여성들은 일반적으로 집의 안채인 안다르마할(andarmahal)에서 격리된 채 생활했다.[21] 이러한 관습이 지속되는 가운데 영국 동인도회사(British East India Company)의 도래는 성 관련 법률과 관행에 깊은 영향을 미쳤다. 초기에는 군인의 수가 압도적으로 많았던 반면 백인 여성은 극히 적었다. 동인도회사 당국은 직원들이 인도 여성을 첩(bibis)으로 두는 것을 묵인했다. 로널드 하이엄(Ronald Hyam)은 '영국령 인도에서 첩을 두는 것은 확고한 관행이 되었다'고 언급했다.[22] 동인도회사의 남성들은 종종 이러한 여성들과 자녀

---

20 Sharon Block, *Rape and Sexual Power in Early America* (Chapel Hill: University of North Carolina, 2006), pp. 243-244; also see Peter W. Bardaglio, 'Rape and law in the Old South: "Calculated to excite indignation in every heart"', *Journal of Southern History* 60 (November, 1994), 753-755; and Bardaglio, *Reconstructing the Household: Families, Sex and the Law in the Nineteenth-Century South* (Chapel Hill: University of North Carolina Press, 1995).
21 Sonia Nishat Amin, *World of Muslim Women in Colonial Bengal 1876-1939* (Leiden: E.J. Brill, 1996).
22 Hyam, *Empire and Sexuality*, p. 115.

를 낳았으며, 영국으로 돌아갈 때 아이들을 경제적으로 지원하거나, 영국 기숙학교로 보내기도 했다. 그러나 18세기 후반부터 (다른 식민지에서는 더 이른 시기에) 인도 내에서 점점 더 많은 권위자들이 혼혈 관계에 반대하는 목소리를 내기 시작했다. 동인도회사의 남성들이 '현지화'되는 것을 우려했다. 이는 뿌리 깊은 백인 우월주의적 태도를 강화시켰다. 동인도회사는 영국 남성이 인도 여성과 교제하는 것을 막기 위해 영국 여성들을 인도로 보냈다. 이를 '낚시 함대(fishing fleet)'라 했다.(결혼 상대를 낚는다는 의미 - 옮긴이) 곧이어 더 많은 여성이 인도로 건너갔다. 1779년 어느 여성이 비판적으로 표현했듯 그중에는 '시들고 메마른' 나이 든 미혼 여성들과 미혼 가정교사들, 그리고 '옷을 갈아입은' 매춘부들이 포함되었다.[23] 장교들은 흔히 영국에서 결혼한 후 아내를 데려왔으며, 부부는 인도에서 집을 마련하고 작은 영국을 만들어 생활했다.

남아시아에서 확인되는 패턴은, 초기에는 혼혈이나 타문화 간 성적 관계를 용인하다가, 나중에는 이를 제한하는 식이었다. 이런 패턴은 식민지 세계 여러 지역에서 확인된다. 인종 간 혼합을 금지하는 법률은 북아메리카와 남아메리카, 인도, 동남아시아, 아프리카에서 제정되었으며, 이는 인종 간의 경계를 분명히 그으려는 시도였다. 하지만 이러한 법은 선택적으로만 시행되었다. 제국주의 세계 일부 지역에서는 남성과 여성 외에 제3의 성에 속한다고 여겨지는 사람들이 존재했다. 이들을 만난 유럽인들은 주로 이들의 성적 활동에 초점을 맞췄으나, 이들은 성적 활동

---

23 Anne de Courcy, *The Fishing-Fleet: Husband-hunting in the Raj* (London: Weidenfeld & Nicolson, 2012); Margaret MacMillan, *Women of the Raj* (London: Thames and Hudson, 1988), p. 16.

뿐만 아니라 종종 직업이나 종교적 역할에서 다른 이들과 구별되었다. 남아시아에서는 히즈라(hijra)로 알려진 사람들이 결혼식에서 축복을 행하거나 축하 행사에서 춤을 추는 역할을 했으며, 생계를 위해 매춘에 종사하기도 했다. 20세기에 들어 히즈라는 투표권과 지방 정치 출마 권리 등 일부 시민권을 얻었으나, 이를 위해 남성 또는 여성 중 어느 하나의 성을 선택해야 했다. 아메리카 원주민들 사이에서는 제3의 성이 존재했는데, 그들은 두 번째 아내로서 요리와 청소 등 가사를 담당했다. 오늘날 그들을 일컬어 '투 스피릿(two-spirit)'이라 한다. 이들이 사회적으로 어느 정도까지 받아들여졌는지에 대해서는 여전히 논쟁의 여지가 있다.[24]

성과 결혼, 동아시아의 경우

기독교가 유럽의 성(性) 및 결혼 관계에 영향을 미쳤던 것처럼, 청나라(1644년-1912년) 시기 동아시아의 성적 관계는 도교, 불교, 유교 등 다소 다양한 영향을 받았는데, 특히 유교의 영향이 중요했다. 결혼은 주로 가족 간의 협의로 이루어졌으며, 심지어 가난한 농촌 마을에서도 중매인을 통해 소개가 이루어졌다.[25] 여성이 결혼하면 '시집을 가서'

---

24 Trexler, *Sex and Conquest*, p. 136; Gayatri Reddy, *With Respect to Sex: Negotiating Hijra Identity in South India* (University of Chicago Press, 2005); Sue-Ellen Jacobs, Wesley Thomas and Sabine Lang, eds., *Two Spirit People: Native American Gender Identity, Sexuality, and Spirituality* (Chicago: University of Illinois, 1997).

25 On betrothal and marriage customs, see Henry Doré, *Chinese Customs* (Singapore: Graham Brash, 1987), pp. 47-59; Dabing Ye (trans. Mark Bender and Shi Kun), *The Bridal Boat: Marriage Customs of China's Fifty-Five Ethnic Minorities* (Beijing: New World Press, 1993).

시댁에서 역할을 맡게 되었고, 연령과 성별을 기준으로 한 계층적 체계에서 시어머니에게 순종하는 위치에 놓였다. 이 체계에서 효와 조상 숭배가 중심적 가치로 여겨졌다. 결혼한 부부는 감정적으로 친밀할 필요는 없었지만 자녀를 낳을 것으로 기대되었다. 남성은 집 밖에서 매춘부나 첩을 통해 성적 만족을 추구하는 것이 용인되었으나, 여성의 정조는 도덕성의 핵심으로 간주되었다.[26] 비비안 응(Vivien Ng)에 따르면, 1646년에 제정된 청나라의 법전과 강간법의 도입에 따라 정조 숭배(cult of chastity)가 더욱 장려되었으며, 특히 농민 여성과 과부들에게 정조를 지키도록 독려하였다. 강간에 저항하며 목숨을 잃은 여성, 강제적 매춘부 역할을 거부한 아내들은 순교자로 추앙받았다. 심지어 덕망 있는 전직 매춘부(從良)들도 정조 숭배의 일환으로 존경을 받을 수 있었다.[27] 그러나 매튜 소머(Matthew Sommer)는 이러한 정조 숭배가 이미 명나라 시기부터 번성하고 있었다고 주장했다. 1820년대 경제 변화와 함께 이러한 숭배는 쇠퇴하였고, 정조를 지킨 과부들은 더 이상 영웅적 인물로 여겨지기보다는 자선의 대상으로 간주되었다.[28]

18세기 상업의 확장과 급속한 도시화 속에서, 광주(廣州, Canton)와 유럽 간의 무역량은 18년마다 두 배로 증가한 것으로 추정된다.[29] 그러

---

26 Alison Sau-Chu Yeung, 'Fornication in the late Qing legal reforms: moral teachings and legal principles', *Modern China* 29/3 (July 2003), 297-328.
27 Vivien W. Ng, 'Ideology and sexuality: rape laws in Qing China', *Journal of Asian Studies* 46 (1987), 57-70.
28 Matthew H. Sommer, *Sex, Law and Society in Late Imperial China* (Stanford University Press, 2000); Susan Mann, 'Widows in the kinship, class and community structures of Qing Dynasty China', *Journal of Asian Studies* 46/1 (1987), 37-56.

나 외국인 남성은 별도의 공간에 격리되어 있었다. 인구 증가와 함께 사람들은 신체적, 경제적으로 이동하며, 노동을 위해 이주하거나 사회적 계층을 오르내렸다. 평민 여성들은 계층이 하락해 노예로 팔려가거나, 더 높은 지위의 남성의 첩이 되어 신분 상승을 경험할 수도 있었다.[30] 사회적 및 인구학적 변화에 대한 우려가 커지면서 새로운 성적 규제가 등장했으며, 이는 유럽의 빅토리아 시대와 유사한 방식으로 보다 통일된 성도덕 기준을 확립했다. 이제 남성과 여성, 고위층과 하위층 모두 이상적인 결혼에 부합해야 했다. 엘리트 남성들도 이론적으로는 더 이상 예외가 아니었으며, 혼외 성관계가 일반적으로 금지되었고, 매춘부나 하녀와의 성관계도 금지되었다. 한편 영국에서는 방직 공장에서 일하는 여성들이 방탕하다는 인식이 있었지만, 중국에서는 오히려 방직 일이 "여성의 방탕함을 억제"한다고 여겨졌다. 그것이 가족을 위한 일이었기 때문이다. 당국은 특히 사회경제적 하위 계층 젊은 남성들의 과잉을 우려했으며, 이들은 가정의 질서를 해칠 위험이 있었다. 젊은 남성들이 새로운 법률의 주안점이 되었으며, 동의하에 이루어진 남색, 강간, 포주 행위, 아내 판매, 과부와의 간통 등이 처벌되었다.

19세기 중엽까지 일본은 세계 무역으로부터 비교적 고립된 상태를 유지했다. 중국에서 유입된 유교 사상에 기반한 사회적 관계는 상호 연관된 여러 계층적 체계를 이론적으로 규정했다. 그것이 오륜(五倫)과 삼

---

29 Harry G. Gleber, *The Dragon and the Foreign Devils* (London: Bloomsbury, 2007), pp. 54-56.
30 Susan Mann, *Precious Records: Women in China in the Long Eighteenth-Century* (Stanford University Press, 1997), pp. 11, 35, 43.

종지도(三從之道)였다.(五倫: 군신유의, 부자유친, 부부유별, 장유유서, 붕우유친. 三從之道: 여성이 생애 주기에서 순차적으로 아버지, 남편, 아들에게 순종해야 한다는 원칙) 이 체계의 핵심은 충성과 복종이다. 강력한 가부장적 체제는 그 자체로 공중도덕의 표현으로 간주되었다. 이러한 구조 안에서 여성은 특히 엘리트 가정에서 집안에 머무르며 격리되었다. 중산층에도 이 모델이 영향을 미쳤다. 그러나 하층 계급은 여성에게 예법과 격리에 대한 엄격한 규칙을 강요할 기회가 적었다. 하층 계급의 여성들은 들판이나 집 밖에서 장시간 일을 해야 했기 때문이다. 세계의 다른 지역과 마찬가지로, 여성의 지위는 주로 아내와 딸로서의 역할에서 나왔으며, 노동에서 비롯된 것은 아니었다.[31] 일부다처제는 불법이었으나, 두 번째 아내나 첩을 두는 경우가 있었고, 이들의 자녀는 법적으로 인정받았다.

매춘

성매매는 역사상 가장 이른 시기의 도시에서부터 도시 생활의 한 측면으로 존재해 왔으며 그 형태도 다양했다. 장기적인 파트너와 관계를 가진 미혼 여성, 낯선 이들과 가벼운 성관계를 가진 여성, 부유한 남성들로부터 선물이나 집세 형태로 보상을 받은 '정부(情婦)', 그리고 돈을 받고 성을 판매한 전문 성매매 여성들 모두가 '매춘부'로 분류되었다. 초기 근대 유럽의 도시에서 성매매에 종사한 사람들의 분류는 종종 장소에

---

31 Gail Lee Bernstein, *Recreating Japanese Women*, 1600-1945 (Berkeley, CA: University of California Press, 1991).

따라 이루어졌다. 가장 낮은 계층에 속하는 길거리 매춘 여성부터 도시의 사창가에서 일한 여성들, 고급 아파트에서 남성들을 만나는 약속을 잡은 여성들까지 다양했다. 여성들은 때로 취업 기회를 잃어 성매매로 유입되었다. 과거 가족 지원 네트워크의 보호를 받던 것과 달리, 도시에서는 안전망이 충분하지 못한 상황에서 저임금을 보충하기 위해 성매매를 선택하는 경우가 있었다.[32] 성매매 종사자의 대부분은 여성이었지만, 랜돌프 트럼박(Randolph Trumbach)의 주장에 따르면, 1700년경 이전에는 유럽에서 남성들이 여성이나 소년을 성매매 대상으로 이용했다고 한다. 이때는 삽입하는 자와 삽입당하는 자의 구분이 중요했으나 나중에는 파트너의 성별이 주요 기준이 되었다. 이후 남성들은 스스로의 성적 정체성을 동성애자로 자처한 경우에만 남성 성매매자를 이용하게 되었다고 한다.[33]

18세기부터는 세계적으로 성매매가 점점 더 심각해지는 문제로 여겨져 규제와 통제가 필요하다는 인식이 확산되었다.[34] 성매매에 대한 반응은 다양했으며, 일부 당국은 이를 방지하기 위한 새로운 법을 제정한 반면, 관용을 확대하는 방향을 선택한 나라도 있었다. 영국에서는 성을 판매하는 여성들에 대한 태도가 크게 변화했는데, 사악한 매춘부의 이

---

32 Judith R. Walkowitz and Daniel J. Walkowitz, '"We are not beasts of the field": prostitution and the poor in Plymouth and Southampton under the Contagious Diseases Acts', *Feminist Studies* 1 (Winter-Spring 1973), 73-106.
33 Randolph Trumbach, 'Prostitution', in Peakman (ed.), *A Cultural History of Sexuality in the Enlightenment*, pp. 183-202.
34 1999년까지 매춘 관련 포괄적 서지 목록은 Timothy J. Gilfoyle, 'Prostitutes in history: from parables of pornography to metaphors of modernity', *American Historical Review* 104/1 (Feb., 1999), 117-141을 참조하라.

미지는 점차 대중의 상상 속에서 회개한 마리아 막달레나로 대체되었다.[35] 이전에는 매춘부들이 본래부터 욕정이 많고, 다른 실질적인 선택지가 없어서가 아니라 의도적으로 성을 판매하는 삶을 선택한다고 여겼다. 그러나 여성들이 스스로의 잘못이 아닌 이유로 성매매에 '빠진' 것이라는 인식이 점차 확대되었다. 고용주에게 유혹당하거나 결혼 약속으로 연인에게 속았기 때문이라는 설명이 주를 이루었다. 이와 같은 구원 가능한 매춘부의 이미지는 문학과 예술에서도 드러났으며,[36] 이를 실제 행동으로 옮기려는 시도가 이어졌다. 자선가와 종교 단체는 런던, 빈, 파리 등 유럽의 여러 도시에서 마리아 막달레나 하우스(Magdalene houses)를 설립해 여성들을 성매매의 삶에서 '구출'하려 했다. 이론적으로 막달레나 하우스는 보호 시설이었지만, 실제로는 사회가 규정한 성도덕을 위반한 여성들을 위한 처벌 시스템에 가까웠다. 비행 혐의로 잡혀간 여성과 소녀들은 이런 시설에서는 엄격한 규율 아래 생활하며 벌금 등의 처벌을 받았다. 프랑스와 이탈리아에서는 딸이 성적으로 부도덕하게 행동했다고 판단되면 아버지가 법원에 신청해 딸을 수용소에 감금시킬 수 있었다. 이러한 처벌적 관행은 18세기부터 20세기까지 이어졌으며, 특히 미국, 캐나다, 유럽 여러 나라에서 성적 위반을 저지른 여성, 특히 미성년 여성들을 시설에 수용하는 경우가 많았다. 어느 역사학자의 지적

---

35 Tony Henderson, *Disorderly Women in Eighteenth-Century London: Prostitution and Control in the Metropolis, 1730-1830* (London: Longman, 1999), p. 2.
36 Julie Peakman, 'Introduction', *Whore Biographies* (London: Pickering and Chatto, 2007-8); Sophie Carter, *Purchasing Power: Representing Prostitution in Eighteenth-century English Popular Print* (Hants: Ashgate, 2004).

에 따르면, "수녀원, 보호소, 빈민구호소, 인내의 집(houses of patience), 정신병원, 감옥 등의 장소는, 평범한 운명과 비교하여 일탈한 여성들의 운명을 관리하기 위해 사용되었다."고 한다.37

서구 제국주의는 세계적으로 성매매를 대폭 증가시켰으며, 식민지와 본국 모두에서 성병의 확산을 동반했다. 영국에서는 1860년대에 제정된 〈전염병법(Contagious Diseases Acts)〉에 따라 군사 및 해군 도시의 여성들이 강제 의료 검사를 받게 되었다. 이 법에 따르면 당국은 여성을 일반 매춘부로 분류하고, 2주마다 검진을 받게 할 수 있었다. 만약 그 여성이 임질이나 매독에 걸린 것으로 확인되면, 성병 여성 치료를 목적으로 설립된 감금 병원(Lock Hospital)에 강제로 수용되었다. 1860년대에는 사회 순결 운동(Social Purity Movements)이 등장했으며, 중산층 여성들로 구성된 단체들이 거리에서 매춘부를 '구출'하려는 캠페인을 벌였다. 그들은 전염병법의 폐지를 요구했으며, 남성과 여성 모두에게 순결과 정절을 강조하며 성적 이중 잣대를 없앨 것을 촉구했다. 〈전염병법〉 폐지 운동 단체들은 페미니스트와 순결운동 지지자에게 호소했으며, 수백만 명의 서명을 받아낸 청원 캠페인을 통해 결국 법 폐지에 성공했다.38

---

37 Sherrill Cohen, *Evolution of Women's Asylums Since 1500: From Refuges for Ex-Prostitutes to Shelters for Battered Women* (Oxford University Press, 1992), pp. 165-176, 168.
38 Lucy Bland, *Banishing the Beast: English Feminism and Sexual Morality, 1885-1914* (London: Penguin, 1995); Lesley Hall, 'Hauling down the double standard: feminism, social purity and sexual science in late nineteenth-century Britain', *Gender & History* 16/1 (2004), 36-56; Judith R. Walkowitz, *Prostitution and Victorian Society: Women, Class, and the State* (Cambridge University Press, 1980) and *City of Dreadful Delight: Narratives of Sexual Danger in Late-Victorian London* (University of Chicago Press, 1992).

유사한 법들이 유럽의 다른 지역에서도 제정되었다. 주요 도시에서는 영국과 유사한 규제 정책을 발전시켰다. 그들의 정책에는 모두 매춘부에 대한 정기적인 검진이 포함되었다. 1861년에야 이탈리아가 통일되었기 때문에, 이전에는 지역마다 법이 달랐다. 이를 바로잡기 위해 1860년에 〈카부르 규정(Cavour Regulation)〉이라는 새로운 법이 제정되었다. 합법적으로 일하기를 원하는 매춘부는 등록을 해야 했고, 2주마다 의료 검진을 받아야 했다. 1881년을 기준으로, 거리에서 호객 행위를 하는 매춘부의 모습을 방지하기 위해 10,422명의 매춘부에게 면허를 발급했으며, 이들은 밀폐된 장소에서만 일할 수 있었다. 심지어 등록된 매춘부라 하더라도 밤에 혼자 거리를 배회하면 체포될 수 있었다.[39]

유럽 전역의 당국은 성매매를 가정생활과 분리하려고 했지만, 일부 지역에서는 금지 대신 공간적 제한을 도입했다. 프랑스에서는 상업 성장 지역 안에 '메종 드 톨레랑스(maisons de tolérance)'라고 불리는 국가 규제 사창가가 개설되었다. 이외에도 매춘부들이 일할 수 있는 지정된 구역이 존재했다. 여기서 일하는 여성들도 정기적으로 성병 검사를 받아야 했다.[40] 다른 많은 국가들과 마찬가지로, 주요 도시에는 매춘부들이 가장 많이 집중되어 있었다. 파리에서는 1880년에서 1886년 사이에 약 5,440명의 매춘부가 등록되었으며, 이들 중 73퍼센트가 21세 이상이

---

39 Mary Gibson, *Prostitution and the State in Italy 1860-1915* (Columbus: Ohio State University Press, 1999).
40 Alain Corbin, *Women for Hire: Prostitution and Sexuality in France after 1850* (Cambridge, MA: Harvard University Press, 1990); Jill Harsin, *Policing Prostitution in Nineteenth-Century Paris* (Princeton University Press, 1985).

었다. 알랭 코르뱅(Alain Corbin)은 사창가가 여러 방식으로 산업화와 관련이 있다고 지적한다. 사창가는 도시 고객층, 특히 공장에서 일하는 사람들에게 서비스를 제공했으며, 공장처럼 조직적이고 수익성 있는 상품과 서비스 판매를 위한 기관으로 기능했다. 19세기 후반에서 20세기 초반에 걸쳐 도시 소비 패턴의 변화와 급증하는 도시 인구는 비규제 성매매의 확산을 촉진했다. 하지만 메종 드 톨레랑스는 여전히 더 구체적인 에로틱 서비스를 원하는 사람들을 대상으로 운영되었다. 1880년대에 이르러, 파리의 미등록 유랑 매춘부들은 보드빌 극장, 댄스홀, 공원, 철도역 등 거의 모든 곳에서 발견되었다. 그러나 성매매의 증가가 반드시 산업화만의 결과는 아니었다. 로리 번스타인(Laurie Bernstein)은 러시아의 성매매가 다른 독특한 패턴을 따랐다고 주장한다. 러시아의 성매매 규제는 19세기 중반에 시작되었으며, 대규모 경제 변혁은 이는 19세기 후반에 이루어진 것이어서, 성매매 규제와 산업화가 직접적으로 연결되지 않았다.[41]

한편 미국의 일부 지역에서는 1840년대와 1890년대의 골드 러시와 목축 산업의 호황으로 신흥 도시가 생겨났다. 여기서 성매매가 특히 번성했다. 여성들은 노동자와 카우보이의 유입에 발맞춰 서비스 제공을 위해 몰려들었다. 신흥 광산 지역이면 세계 어디서나 그랬듯이 새롭게

---

41 Laurie Bernstein, *Sonia's Daughters: Prostitutes and Their Regulation in Imperial Russia* (Berkeley, CA: University of California Press, 1995); Elizabeth Waters, 'Victim or villain: prostitution in post-revolutionary Russia', in Linda Edmondson (ed.), *Women and Society in Russia and the Soviet Union* (Cambridge University Press, 1992), pp. 160-177.

번성하는 도시는 성매매를 위한 자석 역할을 했다. 새로운 정착지에는 남성 인구가 과도하게 많았고, 품위 있는 미혼 여성들이 이주해 오는 경우가 드물었다. 그래서 매춘부들의 사회적 지위는 기존의 오래된 도시에 비해 주변화의 정도가 약했다.[42]

중국에서는 1839년부터 1842년까지의 제1차 아편전쟁 이후 외국인들에게 문호가 개방되면서 상해(상하이)가 주요 상업 중심지로 변모했다. 19세기 중엽의 상해에는 다양한 형태의 성매매가 넘쳐났다.[43] 1860년경부터 남경로(南京路)의 고급 사창가와 함께 하층 계급의 사창가도 발전했으며, 성매매는 도시의 오래된 성벽 안쪽에서 교외로 확산되었다. 아편전쟁 이후 상해에 조계지(租界地)가 설립되었다. 영국과 미국을 포함한 여러 국가들이 자신의 조계지를 스스로 관리했다. 이곳에서는 외국인들이 치외법권의 혜택을 누렸다. 이 지역 안에서 영업하기 위한 다층적 성매매 시스템이 형성되었다. 상해를 비롯한 여러 도시에서 여성이 가사노동에 팔려 가는 것처럼 때로 성매매로 팔려 가기도 했다.[44]

중국과 마찬가지로 18세기와 19세기 일본에서도 게이샤부터 길거리의 매춘부까지 성적 서비스를 제공하는 다양한 여성들이 있었다. 게

---

42 Anne M Butler, *Daughters of Joy, Sisters of Misery: Prostitutes in the American West 1865-90* (Urbana: University of Illinois Press, 1985); Marion S. Goldman, *Gold Diggers and Silver Miners: Prostitution and Social Life on the Comstock Lode* (Ann Arbor: University of Michigan Press, 1981).
43 Gail Hershatter, *Dangerous Pleasures: Prostitution and Modernity in Twentieth-Century Shanghai* (Berkeley, CA: University of California Press, 1999); Christian Henriot, *Prostitution and Sexuality in Shanghai: A Social History 1849-1949* (Cambridge University Press, 2000).
44 See Sue Gronewold, *Beautiful Merchandise: Prostitution in China, 1860-1936* (London: Routledge, 1982).

이샤는 부유한 남성들에게 오락을 제공하며 중요한 문화적 인물로 여겨진 반면, 길거리의 매춘부는 지위가 낮았다.[45] 일본에서도 성매매를 별도의 구역으로 제한하려는 움직임이 있었다.[46] 예를 들어 1870년에 새로 즉위한 일본의 왕은 교토의 폰토초(先斗町) 지역을 '하나마치(花街, 꽃의 거리)'로 선언했으며, 1906년까지 일본에서 40,000명이 넘는 매춘부들이 면허를 발급받아 사창가에서 일했다. 그러나 20세기로 넘어갈 무렵, 새로운 형태의 장소와 성매매 종사자들이 등장하면서 매춘부들 사이에 경쟁이 생겨났다. 오늘날의 바 호스티스(bar hostesses)와 유사한 카페 걸(café girl)은 부유한 고객을 놓고 게이샤와 경쟁하기 시작했다. 이 시기에는 반발도 나타났는데, 19세기 말 일본과 일본 이민자 공동체에서 성매매를 제한하려는 시도가 이루어졌다. 이는 유럽에서 수십 년 전에 일어났던 것과 유사한 움직임이었다. 이러한 조치는 일본이 더욱 '문명화된' 국가임을 나타내는 지표로 간주되었다. 그러나 1920년까지 태평양 연안 도시에서 일본의 성매매가 눈에 띄게 감소했음에도, 일본 내에서는 여전히 공공 생활의 한 부분으로 성매매가 지속되고 있었다.[47]

19세기에 대륙 간 여행, 사업, 노동을 위한 이주가 증가하면서 성매매 구조에도 변화가 생겼다. 유럽 식민 열강의 노동력 수요에 따라 수백

---

45 See Lesley Downer, *Geisha: The Secret History of the Vanishing World* (London: Headline, 2000).
46 최초의 매춘 구역 공식화 사례는 *The Great Mirror of the Way of Love* (1678)에 기록되어 있다. 또한 다음을 참조. Teruoka Yasutaka, 'The pleasure quarters and Tokugawa culture', in C. Andrew Gerstle, *Eighteenth-Century Japan: Culture and Society* (Sydney: Allen and Unwin, 1989), pp. 3-29.
47 Kazuhiro Oharazeki, 'Anti-prostitution campaigns in Japan and the American West, 1890-1920', *Pacific Historical Review* 82/2 (May 2013), 175-214.

만 명의 인도인, 아프리카인, 중국인, 태평양 섬 주민 및 기타 사람들의 이주가 이어졌다. 이주 공동체에는 대개 남성이 압도적으로 많았고, 그 결과 여성의 성적 서비스 수요가 증가했다.[48]

동성애

이 글의 서두에서 언급했던 것처럼, 사회구성주의자와 본질주의자 간의 논쟁은 특히 동성애의 역사(homosexuality history)를 연구하는 역사학자들 사이에서 광범위하게 이루어져 왔다. 메리 맥킨토시(Mary McIntosh)의 중요한 에세이《동성애의 역할(The Homosexual Role)》(1968년 출간)은 동성애를 사회학적 관점에서 사회적으로 구성된 개념으로 규정한 최초의 연구 중 하나였다. 이 연구가 대개 주목받지 못했던 이유는, 제프리 윅스(Jeffrey Weeks)가 지적한 것처럼, '성(sexuality)에 대한 사회구성주의적 접근의 이론적 기원을 지우고, 미셸 푸코(Michel Foucault)와 그 추종자들의 공헌을 지나치게 강조하는 경향' 때문이었을 것이다.[49] 사회구성주의자들은 19세기 후반에 중요한 변화가 일어났다고 보는데, 이 시점에서 영구적인 성적 지향(permanent sexual orientations)이라는 개념이 발전했다고 주장한다. 반면 본질주의자들은 동성 간 끌림

---

48 Philippa Levine, *Prostitution, Race and Politics: Policing Venereal Disease in the British Empire* (London: Routledge, 2003); Raelene Frances, 'Prostitution: the age of empires', in Chiara Beccalossi and Ivan Crozier, *A Cultural History of Sexuality in the Age of Empire* (Oxford: Berg, 2011), pp. 145-170.
49 Jeffrey Weeks, 'The "homosexual role" after 30 years: an appreciation of the work of Mary McIntosh', *Sexualities* 1/2 (May 1998), 131-52; Mary McIntosh, 'The homosexual role', *Social Problems* 16 (1968), 182-92.

(same-sex attraction)을 타고난 것이거나 개인의 성격 또는 생물학적 특성으로 간주하여, '동성애자(homosexual)'라는 단어가 발명되기 이전에도 동성애 관계를 가진 사람이나 동성애적 욕망을 가진 사람들을 동성애자로 규정하려는 경향이 있었다. 헝가리의 언론인이자 인권운동가였던 카를 마리아 케르트베니(Karl-Maria Kertbeny)는 1869년에 처음으로 '동성애(homosexual)'라는 용어를 동성 간 욕망에 적용한 것으로 알려져 있다. 그러나 역사가들은 19세기 이전에도 동성애 하위문화와 동성애 정체성을 확인했으며, 동성애 정체성이 실제로 언제 구성되었는지에 관한 논쟁이 이어졌다.[50] 동성애 하위문화에 대한 연구에서는 런던의 선술집에 모이는 '몰리(molly)', 포르투갈의 트랜스베스타이트(transvestite, 다른 성별의 옷을 입은 사람 – 옮긴이)가 함께 춤을 추는 모습, 파리 퐁뇌프(Pont-Neuf)에서 여성처럼 행동하며 여성 이름을 사용하는 남성 픽업(male pickup), 독일의 소년 매음굴에 모이는 '따뜻한 형제들(warm brothers)'이 드러났다. 이들 중 많은 이들은 결혼한 상태였고, 일부는 남성 매춘부였다.[51] 이러한 사실은 주로 재판 기록을 탐구하는 과정을 통

50 다양한 논쟁과 관련해서 훌륭한 입문서로는 다음을 참조. D. Altman et al., *Which Homosexuality?* (London: GMP Publishers, 1989); Edward Stein, ed., *Forms of Desire: Sexual Orientation and the Social Constructionist Controversy* (London: Routledge, 1990); Jeffrey Weeks, *Sex, Politics & Society: The Regulation of Sexuality Since 1800* (London: Longmans, 3rd edn, 2012); Randolph Trumbach, *Sex and the Gender Revolution, Vol. 1: Heterosexuality and the Third Gender in Enlightenment London* (University of Chicago Press, 1998).
51 Norton, Mother Clap's Molly House; David Higgs, ed., *Queer Sites: Gay Urban Histories Since 1600* (London: Routledge, 1999); Michael Rey, 'Police and sodomy in eighteenthcentury Paris: from sin to disorder', in K. Gerard and G. Hekma, *The Pursuit of Sodomy: Male Homosexuality in Renaissance and Enlightenment* (New York: Harrington Park Press, 1989), pp. 129-146; R. D. Tobin, *Warm*

해 밝혀졌다.

　레즈비언에 대해서도 유사한 논쟁이 있었다. 레즈비언의 '구성(construction)', 특정 시기에 적합한 용어 사용, 그리고 18세기 이전에 레즈비언의 존재를 확인할 수 있는지에 관한 논의가 이어졌다. 이에 관해서도 역사학자들은 다양한 시기에 레즈비언과 레즈비언 정체성에 관한 풍부한 증거를 발견했다. 예를 들면 '여성 남편(female husbands)', '여성 간 우정(female friendships)', 그리고 '레즈비언 유사 관계(lesbian-like relationships)' 등이었다.[52] 동성 관계를 맺은 여성들은 종종 사기죄로 기소되었다. 이는 다른 여성과 결혼하면서 자신의 실제 성별을 숨기거나 딜도(dildo)를 사용해 남성의 성적 역할을 취했기 때문이지, 성행위 자체만으로 기소된 경우는 드물었다. 많은 사회는 여성 간의 성행위에 대해 침묵했다. 이는 아마도 여성이 드러내놓고 성적 행동을 추구하는 경우가 드물었고, 여성의 존재가 덜 중요하게 여겨져 상대적으로 주목받지 못했기 때문일 것이다. 여성들끼리의 성행위는 특히 동성애 남성과 비교했을 때 사회에 큰 위협을 주지 않는 것으로 여겨졌다.

　시공간을 막론하고 '동성애자(homosexual)'라는 용어를 사용할 수 있

　Brothers: Queer Theory and the Age of Goethe (Philadelphia: University of Pennsylvania Press, 2000); Robert Aldrich, ed., *Gay Life and Culture: A World History* (London: Thames & Hudson, 2006).

52 Lillian Faderman, *Surpassing the Love of Men: Romantic Friendships and Love Between Women from the Renaissance to the Present* (London: Junction Books, 1981); Alison Oram and Ann Marie Turnbull, *The Lesbian History Sourcebook: Love & Sex Between Women in Britain 1780-1970* (London: Routledge, 2002); Judith M. Bennett, '"Lesbian-like" and the social history of lesbianisms', *Journal of the History of Sexuality* 9/1-2 (January/April 2000), 1-24.

는지에 대한 논쟁과 함께, 최근에는 퀴어 이론가와 트랜스젠더 활동가들이 이성애(heterosexual)와 동성애(homosexual) 간의 이분법을 문제 삼으며, 규범적 성과 비규범적 성에 대한 중요한 질문을 제기했다. 또한 세계 다른 지역의 역사가들은 서구에서 도출된 개념과 연대기적 접근법이 다른 지역에 적용되는 것에 대해 비판했다.

서구 외 지역의 동성애 관계에 대한 연구는 비교적 적었지만, 점차 늘어나고 있다. 예를 들어 중국에 관한 연구에서 합의에 의한 남성 간 동성애를 금지하는 법률이 이미 존재했음에도 불구하고, 1740년에 동성 강간에 대한 새로운 규정이 도입된 것이 확인되었다. 이 법은 만연한 동성애를 억제하기 위한 수단으로 정당화되었지만,[53] 동시에 유민(游民)의 증가와, 그에 따른 남녀 성비 불균형(남성 인구 과다)의 문제를 반영한 것으로 해석된다. 이 법은 강제뿐만 아니라 동의 하에 수동적으로 성관계를 맺은 남성을 처벌하는 데에도 초점을 맞추었지만, 소년을 성적으로 욕망하는 것은 여전히 이해해주는 분위기였다. 법이 존재했음에도 불구하고 상류층 남성들은 남성 매춘부와 여장을 한 배우에 대한 후원을 계속했다.[54]

한편 이슬람의 샤리아법 아래에서 동성 관계는 비난을 받았다. 그러나 유럽인들은 프랑스령 북아프리카 식민지나 다른 이슬람 국가를 이

---

53 Vivien W. Ng, 'Homosexuality and the state in late imperial China', in Martin Duberman, Martha Vicinus, and George Chauncey (eds.), *Hidden from History: Reclaiming the Gay and Lesbian Past* (New York: Penguin, 1989), pp. 76-89.
54 Sommer, *Sex, Law and Society*, pp. 305, 310-11; Matthew H. Sommer, 'The penetrated male in Late Imperial China: judicial constructions and social stigma', *Modern China* 23/2 (1997), 140-180.

국적으로 생각하여, 그곳의 사람들이 동성애를 쉽게 생각한다는 인식이 있었다. 조셉 피츠(Joseph Pitts)는 '알제(Algiers)에서는 남성들이 소년과 사랑에 빠지는 것이 영국에서 남성이 여성과 사랑에 빠지는 것만큼 흔하다'고 언급했다.[55] 19세기 말과 20세기 초의 오스트레일리아 북부를 비롯하여 다른 제국의 식민지에서도 이러한 동성애적 욕망과 이국적 남성의 '원시성'에 대한 긴장이 표출되었다.[56]

동성애에 대한 종교적 제약은 유럽의 식민지화 과정을 통해 대서양 너머까지 전파되었다. 북아메리카에서는 혼전 성관계, 간통, 동성애를 제한했다. 하지만 19세기 도시화는 이러한 감시를 완화시키는 결과를 가져왔다. 뉴욕에서는 단기 체류 일자리를 찾아온 남성들이 한두 달 정도 머무는 하숙집이 설립되었다. 그곳에서 남성들이 눈에 띄지 않게 함께 밤을 보낼 수 있는 기회를 제공했다. 시인 월트 휘트먼(Walt Whitman)은 1860년대에 이러한 환경 속에서 노동 계급 남성들에 대한 열정을 즐겼고, 도시에서 만난 몇몇 노동 계급 남성을 집으로 데려오기도 했다. 이러한 관계는 단순히 성적인 것에 국한되지 않고, 종종 우정과 애정으로 발전하기도 했다.[57]

유럽 대륙에서는 1804년 나폴레옹 법전(Code Napoléon)에 따라 남

---

55 Quoted in Khaled El-Rouayheb, *Before Homosexuality in the Arab-Islamic world, 1500-1800* (University of Chicago Press, 2005), p.1.
56 Stephen O. Murray and Will Roscoe, *Islamic Homosexualities: Culture, History and Literature* (New York University Press, 1997); Anne O'Brien, 'Missionary masculinities: the homosexual gaze and the politics of race: Gilbert White in northern Australia, 1885-1915', *Gender and History* 20/7 (2008), 68-86.
57 Jonathan Ned Katz, *Love Stories: Sex Between Men Before Homosexuality* (University of Chicago Press, 2001).

성 간의 성행위가 용인되었지만, 공공 외설을 다룬 지역 법령과 규정으로 1848년 이후 남성 간의 성행위는 실질적으로 범죄화되었다. 19세기 영국에서는 남색(男色, sodomite)으로 간주되는 행위가 더 심각한 의미로 평가되었고, 이후 새로운 법률로 동성애적 행위 금지가 점점 더 강화되었다. 1861년 〈신체에 대한 범죄 법령(Offences Against the Person Act)〉이 도입되면서 남색에 대한 사형은 폐지되었다. 마지막 처형은 이미 1835년에 이루어졌다.[58] 대신 남성 간의 성적 활동과 관련된 새로운 범죄들이 도입되었다. 여기에는 키스, 애무, 상호 자위, 구강성교 등이 포함되었다. 1885년 〈개정 형법(Criminal Amendment Act)〉의 11조는 두 남성 간의 모든 성행위를 공적이든 사적이든 범죄로 규정하도록 내용을 확대했다.

변화의 시대, 20세기

20세기는 성적 행동에 영향을 미치는 급격한 변화를 가져왔으며, 특히 성 평등을 향한 움직임이 두드러졌다. 피임법이 개선되고 더 널리 보급되었으며, 일부 지역에서 낙태가 합법화되었다. 동성애 비범죄화는 여성과 소외된 남성의 지위를 긍정적으로 변화시키는 데 기여했다. 비록 이성애가 20세기에 여전히 '규범'으로 남아 있었지만, 대안적인 생활 방식과 성적 관행이 더욱 두드러지게 나타났다.

19세기 후반에는 성에 대한 연구를 다루는 새로운 '과학', 즉 성학

---

58 A. D. Harvey, 'Prosecutions for sodomy in England at the beginning of the nineteenth century', *Historical Journal* 21 (1978), 939-948; Netta Murray Goldsmith, *The Worst of Crimes: Homosexuality and the Law in Eighteenth-Century London* (Aldershot: Ashgate, 1998).

(sexology)이 등장하여 성적 행동에 대한 이해를 증진시켰다. 이 학문 체계는 사회학자, 심리학자, 정신과 의사들이 다양한 성적 정체성을 이해하는 방식에 영향을 미치며 20세기를 거치는 동안 더 넓은 세계로 영향력을 확대했다. 법률 고문으로 활동했던 칼 하인리히 울리히스(Karl Heinrich Ulrichs)는 1864년에서 1879년 사이에 발표한 에세이 모음 《남성 간 사랑의 수수께끼(The Riddle of Male-Male Love)》에서 동성애자를 위한 관용을 촉구한 최초의 활동가 중 한 명이었다. 그는 동성애를 선택이 아닌 선천적인 것으로 보았다. 그러나 성학(sexology)의 창시자는 리하르트 폰 크라프트에빙(Richard von Krafft-Ebing)이었다. 그는 1886년에 발표한 자신의 저서 《성적 정신병리학(Psychopathia Sexualis)》에서 성적 활동을 분류하고 설명했으며, 페티시즘, 트랜스베스티즘(이성 복장 취향), 가학(피학) 성애, 동성애, 레즈비어니즘 같은 '일탈'을 정의한 바 있다.

20세기에 유럽에서 시작된 성적 행동 연구는 전 세계로 확산되었다. 연구의 일부는 성적 행동에 대한 설문조사를 포함했으며, 조사 결과는 대중 신문을 통해 널리 보도되어 미국과 영국에서 성적 행동을 이해하는 데 큰 영향을 미쳤다. 1948년부터 1953년까지 킨제이(Kinsey)가 미국 남성과 여성의 성적 행동을 연구한 사례는 역사상 가장 규모가 큰 조사였다. 1949년 영국에서는 '작은 킨제이'(Little Kinsey)로 불리는 더 작은 규모의 영국 대중관찰소(Mass Observation) '미니' 성 조사에서도 자원자 수천 명의 태도와 행동이 기록되었다. 중국에서는 유달임(刘达临, Liu Dalin) 교수가 1989-90년에 킨제이 보고서와 유사한 중국의 성적 행동 조사를 전국적으로 실시하여 그 결과를 발표했다.(《中国当代性文化》, 1992) 중국 전역에서 2만 건의 설문조사를 바탕으로 조사한 결과,

일부 영역에서 중국 사람들이 더 개방적으로 변화하는 중이라는 사실이 드러났다. 젊은 세대의 초기 연애가 증가했으며, 조사에 참여한 대학생의 94.8퍼센트, 기혼 부부의 66.55퍼센트가 여성도 성관계에서 주도권을 가질 수 있어야 한다고 믿었다. 그러나 조사 대상 대학생의 절반 이상이 자위행위를 해본 적이 없다고 답했는데, 이는 전통 중국 의학에서 자위가 건강에 해롭다는 인식과 관련이 있을 가능성이 있다. 이러한 인식은 서구에서도 20세기에 들어서야 바뀌었다.[59]

트랜스섹슈얼리티(transsexuality)에 대한 연구도 이루어졌다. 성전환 수술이 개선되면서 더 많은 사람들에게 트랜스섹슈얼리티가 실현 가능한 선택지가 되었다. 1930년대에는 부분적인 트랜스섹슈얼 수술이 실험적으로 시도되었으나 사례는 매우 드물었다. 1960년대 이전까지 트랜스섹슈얼리티라는 현상을 이해하는 사람은, 의사를 포함하더라도 거의 없었다. 성학자 해리 벤저민(Harry Benjamin) 박사는 1966년에 《트랜스섹슈얼 현상(The Transsexual Phenomenon)》을 출판하며 이 분야의 선구적인 연구를 시작했다. 그는 1972년에 젠더 아이덴티티 재단(Gender Identity Foundation)을 설립하여 성과 젠더 갈등을 겪는 사람들을 돕고자 했으며, 트랜스베스타이트와 트랜스섹슈얼들로부터 도움을 요청하는 수많은 편지를 받았다. 그 이후로 트랜스섹슈얼들은 전 세계적으로 더 나은 대우와 법적 인정을 요구하기 시작했다.

대다수의 사람들에게 여전히 이성애가 일반적이었으며 결혼이 보편

---

59 Lui Dalin, Man Lun Ng, Li Ping Zhou and Erwin J. Haeberle, *Sexual Behaviour in Modern China* (New York: Continuum, 1997).

적인 패턴으로 자리 잡았지만, 제1차 세계대전은 빅토리아 시대의 억압적인 규범을 어느 정도 해체하는 계기가 되었다. 영국에서는 제1차 세계대전 첫해에 결혼율이 급등했고, 전쟁이 끝난 후 이혼율도 상승했다. 사생아 비율 또한 증가했다. 양차 세계대전은 전통적인 관계를 혼란에 빠뜨렸다. 누가 전쟁에서 돌아올지, 누가 생존할지 알 수 없는 상황에서, 성관계는 삶을 확인하는 방법이었다. 젊은 연인들은 전선으로 떠나기 전에 급히 성관계를 맺거나 결혼을 서두르는 일이 많았으며, 전쟁으로 인해 미혼모와 전쟁 미망인들은 임신과 신생아를 홀로 책임져야 하는 상황에 처했다.

전쟁은 많은 혼인 관계를 만들기도 하고 붕괴를 초래하기도 했으며, 새로운 성적 기회를 제공하기도 했다. 그 결과로 성병이 확산되었다. 이를 근절하기 위한 공중보건 관계자들의 홍보에도 불구하고 확산을 완전히 막지는 못했다. 영국과 미국에서는 전국적인 시스템을 갖추고 익명 무료 상담과 무상 치료를 받을 수 있도록 했다. 살바르산(Salvarsan)은 효과적인 치료제였지만, 1940년대부터 페니실린의 사용으로 성병은 쉽게 완치할 수 있게 되었다. 중국에서는 1923년까지 성병에 걸린 사람이 미국의 3배에 달했다.[60] 이는 대부분의 국가에서 피해를 피할 수 없는 문제였다. 제2차 세계대전에서는 대규모 병력 동원이 이루어지면서 다양한 국적 간 성적 접촉이 늘어났다. 영국에 주둔한 미국 군인들과 프랑스에 주둔한 영국 군인들은 현지 여성들과 성관계를 가졌으며, 이로 인해

---

60 Frank Dikotter, 'Sexually transmitted diseases in modern China: a historical survey', *Genitourinary Medicine* 69 (October 1993), 341-345.

사생아 출생률이 급증했다. 또 다른 부정적인 영향은 전쟁으로 많은 남성이 사망하면서 성비가 변한 것이다. 소련과 바이에른 지역 연구에 따르면, 제2차 세계대전 기간의 남성 인구 손실은 결혼과 출산율 감소로 이어졌으며, 사생아 출산, 낙태, 낙태로 인한 사망률은 전쟁 사망자가 적은 지역보다 높았다.

출산 통제 능력의 증가는 이성애적 행동의 재구성을 위해 매우 중요했으며, 여성들의 삶에 큰 영향을 미쳤다.[61] 제1차 세계대전 이전, 독일은 학교에서 성교육을 도입한 최초의 국가 중 하나였다. 대가족과 빈곤 간의 연관성이 점점 더 명확해지면서 전 세계적으로 가족 규모를 제한하는 것이 중요한 문제가 되었다. 새로운 단체들이 등장하여 산아제한을 옹호하기 시작했다. 1914년 미국에서 마거릿 생거(Margaret Sanger)는 《가족계획(Family Limitation)》이라는 책을 통해 노동계급을 대상으로 페서리, 콘돔, 세정제, 다양한 형태의 산아제한 방법을 홍보했다. 두 해 뒤인 1916년, 그녀는 산아제한 클리닉을 개업하려 했지만, 경찰의 급습으로 폐쇄되었다. 이후 1921년에 생거는 미국 산아제한 연맹(American Birth Control League)을 설립하고, 효과적인 산아제한 권리를 위한 캠페인을 계속했다. 1922년에 발표한 저서 《문명의 중심축(The Pivot of Civilisation)》에서 그녀는 성관계가 여성을 더 자유롭게 만들고 남편과 더 영적이고 깊은 유대를 형성할 수 있게 한다고 주장했다. 그러나 음란물 우편 발송을 금지한 미국의 〈컴스톡법(Comstock Laws)〉은 산아제한

---

61 Hera Cook, *The Long Sexual Revolution: English Women, Sex and Contraception 1800-1975* (Oxford University Press, 2004).

기구와 가족계획 방법에 관한 정보의 우편 판매와 배포를 실질적으로 금지했다. 영국에서는 19세기 가족계획 운동가 찰스 브래들로(Charles Bradlaugh)와 애니 비쌍트(Annie Besant)의 뒤를 이어 마리 스토프스(Marie Stopes)가 활동을 시작했다. 1918년에 두 권의 저서 《결혼의 사랑(Married Love)》과 《현명한 부모(Wise Parenthood)》를 출판했으며, 이후 주로 기혼 여성들을 위한 산아제한 클리닉을 설립했다.

라틴 아메리카에서는 1920년대부터 산아제한과 관련 정보에 대한 요구가 더욱 강화되었다. 그 결과 지난 40년의 세월을 거치는 동안 여성 1인당 출산율이 6명 이상에서 약 2명으로 감소했다. 예상대로 교육 수준이 높고 부유한 계층이 자녀를 적게 낳았으며, 빈곤한 계층은 여전히 여성 1인당 4-6명의 출산율을 기록하고 있다. 또한 이들 빈곤 계층의 출산율 중 50퍼센트 이상이 매우 어린 연령대에서 집중적으로 발생하고 있다. 칠레와 과테말라와 같은 일부 가톨릭 국가들은 새로운 피임법 사용에서 뒤처졌으며, 낙태는 여전히 불법이었다. 또한 라틴 아메리카 남성들 사이에서 '마초이즘(machismo)'은 콘돔 사용에 대한 저항의 한 요인이 되었고, 이로 인해 질병이 더 쉽게 확산되었다.

1940년대 후반부터 1960년대 초반까지 미국에서는 베이비 붐이 이어졌다. 전후 부부들에게 출산은 여전히 중요했다. 그러나 산아제한은 점차 부부들에게 가족 규모를 선택할 권리를 부여했다. 미국과 영국에서는 부부 스스로 선택하여 가족 규모를 제한하거나 원치 않는 임신을 막기 위해 산아제한을 이용했지만, 중국과 인도에서는 국가 정책 기획자들이 인구 증가를 억제하기 위한 방법으로 이를 활용했다. 여기서 가족 규모는 법으로 제한되었거나, 대가족에 벌금을 부과하는 방식으로 조정되었다. 한때 중국은 인구 증가를 국가의 자산으로 장려했지만, 1970년대에 들어 한 자녀 정책(농촌 지역에서는 두 자녀)을 도입하면서 정책이 전환되었다. 피임 방법으로 낙태와 콘돔이 주로 사용되었지만, 원치 않는 아이를 없애기 위한 영아살해가 여전히 존재했다. 인도에서는 1970년대에 불임 캠페인이 도입되었고, 세 자녀를 초과하는 가족에게 벌칙이 부과되었다.

서구에서 콘돔과 다이어프램이 피임 도구로 사용되었지만, 여성들의 삶에 가장 극적인 변화를 가져온 것은 피임약이었다. 1960년대부터 영국과 미국에서 피임약이 손쉽게 접근 가능해지면서 성관계와 임신을 분리하는 것이 가능해졌다. 가족계획협회(Planned Parenthood)의 통계에 따르면, 1965년까지 미국의 45세 이하 기혼 여성 4명 중 1명이 피임약을 사용한 적이 있었다. 1967년에는 전 세계적으로 약 1,300만 명의 여성이 피임약을 사용했으며, 1984년에는 그 수가 5,000-8,000만 명에 이르렀다. 오늘날에는 약 1억 명의 여성이 피임약을 사용하고 있다.[62] 모든 국가에서 피임약을 쉽게 도입한 것은 아니었다. 일본에서는 30년 동안 캠페인을 벌인 끝에 1999년에야 피임약이 도입되었다. 그 이전까지는 중국과 마찬가지로 일본과 러시아 모두 낙태를 주요 피임 방법으로 사용했다.[63]

---

62 Planned Parenthood Federation, issue brief, 'The birth control pill: a history', March 2013: www.plannedparenthood.org/files/PPFA/pillhistory.pdf (accessed 23 July 2013).
63 On Russia, see Igor S. Kon, *The Sexual Revolution in Russia from the Age of the Czars to Today* (New York: The Free Press, 1995); Tiana Norgren, *Abortion Before Birth Control: The Political of Reproduction in Post-war Japan* (Princeton

전반적인 사회적·경제적 역할의 변화, 예를 들어 대규모 대도시 이주와 임금 노동 의존도의 증가는 남성과 여성 간 관계의 변화를 초래했다. 서유럽과 북아메리카에서는 이른바 '성 혁명(sexual revolution)'이 진행되었다. 1970년대 이후 결혼 전에 함께 동거하는 커플이 증가했지만, 전체적으로 그 수는 그리 많지 않았다. 또한 성관계를 처음 경험하는 시기가 점차 앞당겨졌다. 인도의 도시에는 무슬림 여성들 중에 고학력에 직업을 가진 사람들이 있었다. 이들은 일부다처제, 축첩, 조혼 등 여성의 복종에 기반한 사회 구조에 점차 의문을 제기하기 시작했다. 그러나 모든 인도 여성들은 출산 조절 문제를 겪어야 했다. 인구의 다수를 차지하는 힌두교도도 마찬가지였다. 중산층은 엘리트 계층의 출산 조절 유행을 따라가는 면이 있었다.[64]

법의 변화는 성적 행동의 변화에 기여했다. 여러 국가에서 낙태가 합법화되면서 여성들은 원치 않는 임신으로부터 처음으로 자유를 얻게 되었다. 초기에는 강간이나 산모의 건강 위협과 같은 특별한 경우에만 낙태가 허용되었다. 1930년대 폴란드, 터키, 덴마크, 스웨덴, 아이슬란드, 멕시코에서 낙태가 허용되었다. 이후로는 개인의 판단에 따른 낙태도 허용되었다. 그러나 가족 규모에 제한이 있었던 중국과 인도 등지에서는 여성 태아의 낙태로 성비 불균형이 초래되었다. 이는 미래에 더 큰

University Press, 2001); Warren C. Robinson and John A. Ross, eds., *The Global Family Planning Revolution: Three Decades of Population Policies and Programs* (Washington, DC: World Bank, 2007).
64 Sanjam Ahluwalia, 'Rethinking boundaries: feminism and (inter)nationalism in earlytwentieth century India', *Journal of Women's History* 14/4 (Winter 2003), 188-195.

문제를 야기할 가능성이 있었다.[65]

동성애에 관한 법도 변화를 거쳤다. 이후 사람들이 성적 파트너를 선택할 수 있는 자유가 법적으로 보장되었다. 최초의 동성애 권리 운동(Wissenschaftlich-humanitäres Komittee)이 1897년 독일에서 마그누스 히르슈펠트(Magnus Hirschfeld)에 의해 결성되었다. 이후 수십 년 동안 다른 국가에서도 동성애자와 레즈비언 단체들이 평등권을 요구하기 위해 비슷한 조직이 결성되었다. 1969년 뉴욕에서 경찰이 어느 게이 바를 급습한 후 스톤월 폭동(Stonewall riots)이 일어나자, 수백 명의 동성애자들이 거리로 나와 박해에 반대하는 시위를 벌였다. 1978년에는 국제 레즈비언 및 게이 협회(International Lesbian and Gay Association)가 설립되었으며, 다양한 국가의 여러 단체들이 이 협회에 참여했다. 20세기에 들어 서구 국가들에서 동성애가 비범죄화되는 움직임이 나타났다. 노르웨이는 1933년, 스웨덴은 1944년, 영국은 1967년, 미국은 일리노이주에서 1962년 처음으로 비범죄화가 확정되었으며, 이후 주별로 진행되다가 2003년에 전국적으로 확산되었다.(저자가 말하는 노르웨이 관련 연도는 사실에 부합하지 않는다. 노르웨이의 비범죄화는 1972년이었다. 참고로 덴마크의 비범죄화가 1930년이었다. ㅡ 옮긴이)

1980년대 초 에이즈(HIV/AIDS)의 등장 이후 동성애의 자유는 갑자기 제한되는 쪽으로 방향이 바뀌었다. 에이즈는 체액 교환을 통해 전염되며, 서구에서 초기 피해자는 주로 동성애자와 정맥 주사를 사용하는

---

65 Tulsi Patel, ed., *Sex-Selective Abortion in India: Gender, Society and New Reproductive Technologies* (London: SAGE, 2006).

약물 사용자들이었다. 목욕탕, 바, 그리고 사람들이 모이는 다른 장소들이 폐쇄되었고, 동성애에 대한 폭력의 물결이 일어났다. 폭넓은 의학적 연구 끝에 1990년대 항레트로바이러스 약물이 개발되었다. 이 약물을 구입할 여력이 있는 사람들에게는 에이즈가 사형 선고가 아닌 만성 질환으로 바뀌었다. 그러나 가난한 지역에서는 에이즈가 먼저 성매매 여성과 그 고객들 사이에서 확산되었으며, 약물 가격이 지나치게 비쌌다. 콘돔을 사용하면 에이즈의 확산을 늦출 수 있었지만, 많은 남성들이 콘돔 사용을 거부했다. 결국 엄청난 수의 사람들이 에이즈에 감염되었으며, 특히 사하라 이남 아프리카에서는 에이즈가 오늘날에도 주요 사망 원인으로 남아 있다.[66] 에이즈가 가장 빠른 속도로 확산되는 국가에서는 정작 정부 차원에서 존재를 부인하고 있다. 세계보건기구(WHO)에 따르면 해당국에서 현재 에이즈는 15-44세 여성의 주요 사망 원인이 되었다.[67]

서구에서 동성애 관용이 다시 확대되기 시작한 때는 21세기 초반이었다. 유럽과 미국의 여러 주에서 동성 결혼이 점차 합법화되었다. 전문 스포츠 등 전통적으로 동성애 혐오가 강한 직업에 종사하는 사람들도 자신의 성적 정체성을 공개적으로 밝히기 시작했다. 라틴 아메리카에서도 대부분의 국가에서 동성애 관계가 합법화되었다. 그러나 동성 결혼과 평등권 문제는 전 세계적으로 투쟁이 여전히 진행 중이다.

한편 일부 지역에서는 21세기에도 동성애 금지가 계속되고 있으며, 형사 처벌, 단속, 반동성애 폭력이 증가하고 있다. 많은 무슬림 국가들

---

66 Jonathan Engel, *The Epidemic: A Global History of AIDS* (New York: Harper Collins, 2006).
67 www.who.int/mediacentre/factsheets/fs334/en (accessed 10/4/14).

은 여전히 동성애 관계에 억압적인 법률을 유지하고 있으며, 동성애를 사형으로 규정하는 나라도 존재한다. 아프리카 대부분의 국가에서는 동성애 관계가 불법이며, 우간다와 나이지리아를 포함한 일부 국가에서는 2013년에 더 엄격한 법이 제정되었다. 이는 부분적으로 미국 기독교 근본주의자들의 영향 때문이다. 2009년 인도의 델리 고등법원은 동성애를 금지한 법(영국 식민지법의 유산으로 폐지되지 않았던 법)이 위헌이라고 판결하여, 사실상 인도에서 동성애가 비범죄화되었다. 그러나 2013년 인도 대법원은 비범죄화는 법원의 결정이 아닌 입법을 통해 이루어져야 한다며 이를 뒤집었다.[68] 2000년대 초반 수십 년 동안, 러시아는 잇달아 법률을 개정하여 게이 프라이드 행진(Gay Pride marches)이나 정부가 '비전통적 성행동 선전'이라고 명명한 기타 행사를 금지했다.

한편 일부 다른 국가에서는 동성애가 비난받기보다는 존재 자체가 부정되었다. 1980년대 중국에서는 동성애가 은폐되었으며, 당국에 적발될 경우 '무질서 행위'로 간주되어 가해자들이 투옥되었다. 1997년 중국에서 동성애 관계가 합법화되었으나, 차별을 방지하는 법은 존재하지 않는다. 1872년부터 1880년까지의 짧은 기간을 제외하고 일본에서는 동성애가 불법이었던 적은 없었다. 시민권이 명시적으로 보호되지는 않았지만 차별 사례는 비교적 드물었다.

동성애의 비범죄화와 함께 서유럽의 일부 국가들, 특히 네덜란드를 시작으로 성매매를 합법화하며 여성이 보다 안전하게 성매매에 종사할

---

68 Manoj Mitta, 'Will Delhi HC gay order apply across India?', *The Times of India*, 3 July 2009.

수 있는 환경을 조성했다. 반면 무슬림이 주류를 이루는 일부 국가에서는 성매매를 가혹하게 처벌하고 있다. 예컨대 수단에서는 이를 '범죄'로 간주해 사형을 유지하고 있다.

경제의 다른 측면들과 마찬가지로 20세기에는 성 노동도 점점 더 세계화되었다. 가난한 사람들, 특히 여성들은 성매매를 위해 도시나 다른 국가로 이주하거나 성 관광에 연루되었다. 예를 들어 20세기 초에는 약 20만 명의 네팔 여성들이 인도에서 성매매에 종사하고 있는 것으로 추정되었다.[69] 공산주의가 몰락하면서 러시아와 동유럽은 새로운 성매매 공급원이 되었으며, 독일에서 체코 공화국으로 이어지는 고속도로는 성매매 여성들로 가득 찼다. 2008년까지 유럽 연합에서는 동유럽과 아시아 출신 여성 약 50만 명이 성매매에 종사하고 있는 것으로 추산되었다. 각국 정부에서는 성매매와 성 관광을 제한하려는 노력을 기울였지만, 대개는 고객보다 제공자를 단속했다. 이는 19세기의 성매매 반대 운동과 비슷한 방식이었다. 그러나 스웨덴, 노르웨이, 아이슬란드, 프랑스와 같은 국가에서는 새로운 법률을 제정하여 제공자가 아닌 고객을 단속하고 있다. 성 서비스 구매가 불법화되자 오히려 그 때문에 성매매가 지하로 숨어들어 여성이 더 취약한 환경에 놓인다는 비판도 제기되고 있다.

남성 성매매는 새로운 것은 아니지만, 그와 관련하여 오늘날 온라인, 길거리, 목욕탕, 그리고 '스테이블(stables)'이라 불리는 장소들이 부각되었다. 서구(그리고 일본은 상대적으로 적은 비율로)의 남성과 아시아, 동유럽, 라틴 아메리카 여성들이 주로 성 관광에 관여하고 있다. 이는 대체

---

69 Stearns, *Sexuality in World History*, p. 149.

로 불평등한 세계화 경제와 성별 및 문화·인종적 차이에 대한 고정관념에서 비롯된 것이다. 성 관광은 새로운 양상을 보이고 있는데, 부유한 국가의 남성이 가난한 국가로 성매매 여행을 떠나는 것뿐 아니라, 나이 든 여성들이 브라질, 도미니카 공화국, 카리브해 및 아프리카 일부 지역에서 젊고 기꺼이 동의하는 남성을 찾아 해외로 떠나기도 한다.[70] 대부분의 사회에서는 여전히 성매매에 대해 이중적인 태도를 가지고 있다. 당국은 이를 방지하거나 통제하려고 노력하는 반면, 대중의 수요는 계속 증가하고 있다.

20세기는 거의 모든 사회에서 성적으로 더욱 자유로운 대중문화를 발전시키는 시대로 자리 잡았다. 가족계획, 소비주의, 라디오, 텔레비전, 영화, 비디오 및 성인 잡지와 같은 새로운 미디어는 성문화에 영향을 미쳤다. 많은 국가에서 검열이 완화되면서 포르노그래피는 그 어느 때보다 쉽게 접근할 수 있는 콘텐츠가 되었으며, 새로운 포르노 산업의 중심지가 나타났다. 예를 들어 1990년대 일본은 세계 최대의 포르노 수출국이 되었다. 동시에 인터넷은 포르노와 성적 파트너에 대한 접근 방식을 혁신적으로 변화시켰으나, 이에 대한 정부의 감시도 점점 더 강화되고 있다.[71]

결론

18세기와 19세기에는 여성, 식민지의 원주민, 노예, 동성애자와 같

---

70 Stephen Cliff and Simon Carter, eds., *Tourism and Sex: Culture, Commerce and Coercion* (London: Continuum, 2000).
71 See Katrien Jacobs, *People's Pornography: Sex and Surveillance on the Chinese Internet* (University of Chicago Press, 2013).

은 소외된 사람들이 자신의 성적 권리를 어느 정도 통제하거나, 적어도 더 권력 있는 사람들로부터 어느 정도 보호를 받을 수 있는 위치로 나아가려는 노력을 했다. 일부는 세계 여러 곳의 신흥 도시에서 어느 정도의 독립을 이루는 데 성공했지만, 이는 극히 드문 일이었다. 이 시기에는 경제 성장, 이주, 산업화, 도시화와 같은 큰 변화가 있었지만, 성별이나 성적 평등의 측면에서는 거의 진전이 없었다. 오히려 이러한 변화는 도시로 이주한 많은 젊은 여성과 남성의 위험이 더욱 증가했다. 가족 및 지역사회와 연결을 잃으면서 성적 착취에 더욱 취약해졌기 때문이다. 동성애 남성들은 여전히 박해를 받았고, 대부분의 여성은 여전히 경제적, 사회적으로 이차적인 위치에 머물러 있었다.

20세기와 21세기에 들어 젠더와 성적 평등은 증가했으며, 현재 서구의 많은 지역에서는 평등이 존재한다고 여겨진다. 그러나 평등을 규정하는 법률이 있는 곳에서도 이성애 여성, 게이 남성, 레즈비언에 대한 차별은 여전히 지속되고 있다. 중동, 아프리카, 러시아와 같은 지역에서는 동성애에 대한 박해가 여전히 지속되거나 오히려 증가하기도 했다. 성적 문제에 대해서는 후퇴와 진전이 혼재되어 있다. 경제적 격차는 여전하고, 낙태 및 피임에 대한 접근은 종교 지도자들의 반대에 직면해 있으며, 성폭력은 지속되고 있다. 그러나 더 나은 피임 방법, 보다 광범위한 성교육, 법률의 변화는 적어도 성별 및 성적 평등으로 나아가는 데 기여하고 있다. 2008년에 유엔은 전쟁 무기로서의 성폭력이 국가 및 국제 안보 문제라고 발표했다. 세계 법원(국제사법재판소)은 전시 강간과 성적 노예화를 반인도주의 범죄로 선언했다.

더 읽어보기

Aldrich, Robert, ed. *Gay Life and Culture: A World History*. London: Thames & Hudson, 2006.

Bamber, Scott, Milton Lewis and Michael Waugh, eds. *Sex, Disease, and Society: A Comparative History of Sexually Transmitted Diseases and HIV/AIDS in Asia and the Pacific*. Westport, CT: Greenwood Press, 1997.

Beccalossi, Chiara and Ivan Crozier, eds. *A Cultural History of Sexuality in the Age of Empire*. Oxford: Berg, 2011.

Cliff, Stephen and Simon Carter, eds. *Tourism and Sex: Culture, Commerce and Coercion*. London: Continuum, 2000.

Cook, Hera. *The Long Sexual Revolution: English Women, Sex and Contraception 1800-1975*. Oxford University Press, 2004.

Corbin, Alain. *Women for Hire: Prostitution and Sexuality in France after 1850*. Cambridge, MA: Harvard University Press, 1990.

D'Emilio, John and Estelle Freedman. *Intimate Matters: A History of Sexuality in America*. University of Chicago Press, 1997.

Dikotter, Frank. *Sex, Culture and Modernity in China: Medical Science and the Construction of Sexual Identities in the Early Republican Period*. Honolulu: University of Hawaii Press, 1995.

Eder, Franz X., Lesley Hall and Gert Hekma, eds. *Sexual Cultures in Europe*. 2 vols. Manchester University Press, 1999.

Hyam, Ronald. *Empire and Sexuality*. Manchester University Press, 1990.

Jacobs, Katrien. *People's Pornography: Sex and Surveillance on the Chinese Internet*. University of Chicago Press, 2013.

Jordanova, Ludmilla. *Sexual Visions: Images of Gender in Science and Medicine between the Eighteenth and Twentieth Centuries*. London: Harvester Wheatsheaf, 1989.

Kon, Igor. *The Sexual Revolution in Russia from the Age of the Czars to Today*. New York: The Free Press, 1995.

Laqueur, Thomas. *Making Sex: Body and Gender from the Greeks to Freud*. Harvard University Press, 1992.

Levine, Philippa. *Prostitution, Race and Politics: Policing Venereal Disease in the British Empire*. London: Routledge, 2003.

Mann, Susan L. *Gender and Sexuality in Modern China*. Cambridge University Press, 2011.

Mason, Michael. *The Making of the Victorian Sexuality: Sexual Behaviour and Its Understanding*. Oxford University Press, 1994.
McClintock, Anne. *Imperial Leather: Race, Gender, and Sexuality in the Colonial Contest*. London: Routledge, 1995.
Murray, Stephen O. and Will Roscoe, eds. *Islamic Homosexualities: Culture, History and Literature*. New York University Press, 1997.
Boy Wives and Female Husbands: Studies of African Homosexualities. London: St. Martin's Press, 2001.
Norgren, Tiana. *Abortion Before Birth Control: The Political of Reproduction in Post-war Japan*. Princeton University Press, 2001.
Peakman, Julie. *The Pleasure's All Mine: A History of Perverse Sex*. London: Reaktion, 2013.
Peakman, Julie. ed. *A Cultural History of Sexuality*. 6 vols. Oxford: Berg, 2011.
Porter, Roy and Mikuláš Teich, eds. *Sexual Knowledge, Sexual Science: The History of Attitudes to Sexuality*. Cambridge University Press, 1994.
Robinson, Warren C. and John A. Ross, eds. *The Global Family Planning Revolution: Three Decades of Population Policies and Programs*. Washington, DC: World Bank, 2007.
Schiebinger, Londa. *Nature's Body: Sexual Politics and the Making of Modern Science*. London: Pandora, 1993.
Sommer, Matthew H. *Sex, Law and Society in Late Imperial China*. Stanford University Press, 2000.
Stearns, Peter N. *Sexuality in World History*. London, Routledge, 2009.
Stoler, Ann Laura. *Carnal Knowledge and Imperial Power: Race and the Intimate in Colonial Rule*. Berkeley, CA: University of California Press, 2nd edn, 2010.
Weeks, Jeffrey. *Sex, Politics & Society: The Regulation of Sexuality Since 1800*. London: Longmans, 3rd edn, 2012.

CHAPTER 5

노예제 폐지

알레산드로 스탄지아니
Alessandro Stanziani

노예제 폐지에 관한 논쟁은 기본적으로 서로 연결된 두 가지 질문을 중심으로 이루어졌다. 첫째, 19세기와 20세기 초 이루어진 노예제 폐지는 수백 년, 심지어 수천 년간 지속된 노동과 인간 삶의 조건에서 과연 인류 역사상 중요한 전환점이었는가? 둘째, 이러한 폐지 운동은 서구 부르주아 계층과 자유주의 문명 특유의 사고방식을 반영한 것이었는가?

1780년에서 1914년 사이에 전 세계적으로 시행된 노예제 폐지 법령과 그로 인해 영향을 받은 인구의 규모는 역사상 그 유례를 찾기 어려울 만큼 컸다. 이 시기에 러시아에서만 3,000만 명의 농노가 해방되었으며, 1790년대 생도맹그(현재의 아이티)에서 50만 명, 1860년대 미국에서 400만 명, 1832년부터 1840년 사이 카리브해 지역에서 100만 명, 1885년 이후 브라질에서 또다시 100만 명, 스페인 식민지 지역에서 25만 명의 노예가 자유를 얻었다. 19세기 말 아프리카에서도 약 700만 명의 사람들이 노예제 폐지의 영향을 받은 것으로 추정된다.[1]

그러나 이러한 통계는 아프리카, 동남아시아, 그리고 오스만 제국과 같은 이슬람 지역에서 이루어진 자발적인 노예 해방(해방증서 발급)이나

---

1 Seymour Drescher, *Abolitions: A History of Slavery and Antislavery* (Cambridge University Press, 2009).

노예 본인이 자유를 구매한 사례는 포함하지 않은 것이다.[2] 또한 러시아와 브라질에서는 공식적인 노예제 폐지 이전에도 상당수 노예가 이미 해방된 상태였으며, 이렇게 해방된 사람들과 농노들이 노예제 폐지 이후에도 겪었던 법적, 사회적 어려움 역시 고려되지 않았다는 지적이 있었다.

이 글은 노예제 폐지에 관한 기존의 이분법적 관점, 즉 '폐지 이전과 이후'라는 시간적 구분이나 '서구와 비서구'라는 지역적 대립을 넘어서는 시각을 제시하고자 한다. 이를 위해 유럽, 러시아, 아프리카, 인도양, 아메리카와 같은 여러 지역들 사이에서 이루어진 사상적 교류와 경제적·사회적 관계에 주목할 것이다. 이러한 관점에서 우리는 노예제가 폐지되기까지 오랜 시간 동안 지속된 해방의 과정에서 나타난 연속성과 변화, 그리고 '자유'라는 개념이 실제로 어떻게 실천되었는지를 분석할 것이다. 먼저 러시아의 농노제와 그 폐지 과정을 살펴본 후, 대서양을 건너 이루어진 노예무역과 유럽의 식민지에서 노예제가 폐지된 일이 아프리카, 인도, 유럽, 라틴 아메리카 지역의 경제와 사회에 어떤 영향을 주었는지 분석할 것이다. 다음으로는 미국에서의 노예제 폐지가 브라질,

---

[2] 통계의 내용과 관련된 논의는 다음을 참조. Joseph Calder Miller, *Slavery and Slaving in World History: A Bibliography, 1900-1996* (Armonk, NY: M.E. Sharpe, 1999); Claude Meillassoux, *Anthropologie de l'esclavage* (Paris: PUF, 1986); Moses Finley, *Ancient Slavery and Modern Ideology* (New York: Viking Press, 1980); Orlando Patterson, *Slavery and Social Death: A Comparative Study* (Cambridge University Press, 1982); James Watson, ed., *Asian and African Systems of Slavery* (Berkeley and Los Angeles: University of California Press, 1980); William Gervase Clarence-Smith, ed., *The Economics of the Indian Ocean Slave Trade* (London: Frank Cass, 1989); Gwyn Campbell, ed., *The Structure of Slavery in the Indian Ocean, Africa and Asia* (London: Frank Cass, 2004).

이집트, 러시아의 투르키스탄, 인도, 그리고 물론 유럽을 포함한 다양한 지역에 미친 영향을 살펴볼 것이다. 마지막으로 제1차 세계대전 이전의 아프리카와 오스만 제국에서 이루어진 노예제 폐지를 다루고, 현재까지 계속되는 강제노동과 여러 형태의 구속 문제를 폭넓게 논의하며 글을 마무리할 것이다.

농노제 폐지

서유럽과 영국에서는 농노제와 노예제가 공식적으로 폐지된 적은 없었지만, 11세기에서 14세기 사이에 점차 사라졌다. 하지만 러시아와 동유럽은 상황이 달랐다. 이 지역에서는 오히려 14세기부터 새로운 형태의 농노제가 생겨나기 시작했다. 일부 학자들은 동유럽의 이른바 '제2의 농노제'가 아메리카의 노예제와 유사하다고 주장하지만, 이는 여러 오해를 낳을 수 있다.[3] 첫째, 러시아의 농노제는 인종이나 민족을 구별해 외국인을 대상으로 한 제도가 아니라, 같은 러시아 민족을 대상으로 이루어진 제도였다. 둘째, 아메리카의 노예들과 달리 러시아의 농노들은 원래 살던 공동체에서 분리되지 않고, 농촌 마을과 지주의 영지에 온전히 속해 있었다. 또한 러시아의 농노제는 아메리카 노예제와는 형성, 발전, 폐지의 과정도 전혀 달랐다. 한편, 러시아에서 농노제가 본격적으로 등장하기 전에는 '홀로프(kholop)'라고 하는 노예와 유사한 제도가 있었다. 홀로프는 계약노동, 빚을 갚기 위한 노예 생활부터 집안일을 하는 하

---

3 Peter Kolchin, *Unfree Labor: American Slavery and Russian Serfdom* (Cambridge, MA: Belknap, 1987).

인, 심지어 개인 재산으로 취급되는 노예까지 다양한 형태로 존재했다. 16세기에서 17세기 초에는 러시아 인구의 약 10퍼센트가 이런 홀로프였다. 그러나 1725년 표트르 대제가 개인에게 부과하는 보편적 인두세를 도입하면서 홀로프라는 신분은 폐지되었다. 이 시점부터 홀로프들은 농노 또는 도시의 하층민이라는 새로운 법적 신분으로 편입되었다.[4] 여기서 농노제의 정의가 중요해진다. 계몽주의 시대부터 현대에 이르기까지 많은 사람들이 농노제를 러시아에서 공식적인 제도로 보았지만, 사실 농노제 자체가 러시아에서 공식적으로 제도화된 적은 없었다.[5] 농민의 이동을 제한하는 정책은 러시아 엘리트들 사이의 갈등과 전략 속에서 등장했다. 이런 정책은 새롭게 형성된 러시아 국가의 세금 징수와 군사적 필요, 영토 확장과 깊은 관련이 있었다.[6] 또한 이는 사회 집단과 국가의 관계를 새롭게 정리하는 과정과도 밀접하게 연관된 문제였다.[7] 러시아 제국의 중앙 엘리트들은 지방 귀족들이 재산 소유를 합법적으로 인정해 달라는 요청을 적극적으로 받아들였다. 이는 중앙 엘리트들이 강력한 대지주 계급인 보야르(boyar)와 경쟁할 때 지방 귀족들을 중요한 동맹 세력으로 삼을 수 있었기 때문이다. 따라서 농민의 이동 제한은 본

---

4 Richard Hellie, *Slavery in Russia* (University of Chicago Press, 1982).
5 Tracy Dennison, *The Institutions of Russian Serfdom* (Cambridge University Press, 2011); Alessandro Stanziani, 'Serfs, slaves, or wage earners? The legal status of labour in Russia from a comparative perspective, from the 16th to the 19th century', *Journal of Global History* 3/2 (2008), 183-202.
6 David Moon, *The Russian Peasantry, 1600-1930: The World the Peasants Made* (London: Longman, 1996); Richard Hellie, *Enserfment and Military Change in Muscovy* (University of Chicago Press, 1971).
7 Pavel A. Zaionchkovskii, *Otmena krepostnogo prava v Rossii* [The Abolition of Serfdom in Russia] (3rd edn, Moscow, 1968).

질적으로 지주들이 농민들을 쉽게 착취할 수 있도록 만든 조치였다. 지주들은 농민의 결혼, 부업 활동, 이주를 금지하거나 노동을 강제할 수도 있었다.[8] 하지만 현실에서는 이 규칙들이 엄격하게 지켜지지 않았고 협상의 여지가 많았다. 대부분의 지주들은 농민에게 이동이나 활동 허가를 내주는 대신 수수료를 요구하는 수준이었다. 이런 이유로 농노제 하에서도 농민들의 이동은 실제로 활발하게 이루어졌다. 심지어 러시아 정부는 농민들을 보호하는 정책을 내놓기도 했으며, 특히 새롭게 병합한 남부와 동부 지역으로 농민들이 이주할 때는 더 적극적으로 지원하기도 했다. 그 결과 16세기 중반부터 17세기 초 사이에 러시아 남부와 동부 초원 지역의 식민화는 러시아 역사상 가장 중요한 사건 중 하나로 꼽히게 되었다. 이 시기에 정부의 지원을 받아 약 50만 명의 사람들이 새로운 땅으로 이주했는데, 이 과정에서 기존 지역의 지주들이 불만을 표시하기도 했다.[9]

18세기 말부터 농민과 노동자들은 엘리트 계층 간의 갈등을 이용해 자신의 권리를 주장하기 시작했다. 1801년부터 농노제가 공식적으로 폐지된 1861년까지, 농민의 절반 정도는 소송이나 행정 명령 등을 통해 지주의 개인적 지배를 받는 '사유 농민(private peasant)' 신분을 벗어나 국가 소속 농민이나 도시 거주민이 되었다. 나머지 절반(폐지 당시 여전히 사유 농민이었던 약 1,000만 명의 남성과 그 가족) 중 실제로 영지에 직접 노동력을 제공한 사람은 절반뿐이었다. 나머지 절반은 노동 대신 지

---

8 Steven Hoch, *Serfdom and Social Control in Russia: Petrovskoe, a Village in Tambov* (University of Chicago Press, 1986).
9 Stanziani, 'Serfs, slaves, or wage earners?'.

주에게 사용료나 임대료를 납부하고 있었다. 한편, 노동력 제공 방식은 당시의 농업 및 상업 활동이 점점 초기 산업 형태로 발전하면서 지역 및 국가 시장과 밀접히 연결되는 과정과 관련이 깊었다. 이는 세계체제론(world-capitalism theory)에서 제시한 주장과는 조금 다른 양상이었다.[10] 당시 노동력 문제는 단순히 농업 문제만이 아니라, 농업과 초기 산업이 국가적 시장체제에 편입되는 더 큰 흐름의 일부였으며,[11] 지주와 농민 모두 이 변화에 참여했다.[12] 18-19세기를 거치는 동안 농산물과 초기 산업 제품의 생산량이 증가하면서, 제조 상품에 대한 수요도 지속해서 늘어났다. 이 수요는 주로 노동력을 많이 필요로 하는 지역의 소규모 산업을 통해 충족되었다.[13] 사망률이 낮아지고 군대에 입대한 젊은이들의 키가 커지는 등 여러 지표로 볼 때, 당시 농민들의 생활 수준 역시 점진적으로 향상된 것으로 보인다.[14]

이러한 관점에서 보면, 1861년의 '농노제 폐지'는 흔히 알려진 것처

---

10 Immanuel Wallerstein, *The Modern World-System: Capitalist Agriculture and the Origins of the European World-Economy in the Sixteenth Century* (New York: Atheneum, 1976); Witold Kula, *An Economic Theory of the Feudal System* (London: New Left Book, 1976); Douglass North, *Structure and Change in Economic History* (New York: Norton, 1981).
11 Russian State Archives of Ancien Acts: fonds 1252, opis' 1, Abamelek-Lazarevy's estate, province of Tula ; fonds 1282, Tolstye-Kristi's estate, province of Riazan; fonds 1262, opis' 1, Prince Gagarin's estates in Saratov and Tambov provinces; fond 1287, Sheremetev's estate.
12 Russian Imperial State archives, fond 1088, opis' 10.
13 Alessandro Stanziani, 'Revisiting Russian serfdom: bonded peasants and market dynamics, 1600-1800', *International Labor and Working Class History* 78/1 (2010), 12-27.
14 Steven Hoch, 'Serfs in imperial Russia: demographic insights', *Journal of Interdisciplinary History* 13/2 (1982), 221-246.

럼 갑자기 큰 변화를 가져온 사건은 아니었다. 오히려 18세기 말부터 시작해 제1차 세계대전 직전까지 이어진 긴 역사적 흐름 속에서 하나의 중요한 단계였다고 볼 수 있다. 이 시기의 가장 큰 변화는 단순히 '자유'를 얻었다거나, '봉건제'가 '자본주의'로 바뀌었다는 데 있지 않았다. 더 중요한 것은, 이전까지 귀족이나 특정 계층에 한정되었던 토지 소유권이 도시의 주민들과 상인 등 다양한 사회 계층에게까지 확대되었다는 점이다. 농민들은 직접 토지를 사서 농사를 지었고, 이렇게 생산한 농산물이나 간단한 공업 제품들을 시장에 내다 팔았다. 이를 통해 농민들의 생활 수준도 눈에 띄게 높아졌다. 최근의 연구에 따르면, 1861년부터 1914년 사이 러시아의 농업과 무역, 산업 발전 속도는 서구의 주요 국가들과 비슷한 수준으로 성장했다고 한다.[15]

이러한 결과는 최근 연구에서 나타난 동유럽 농노제의 특징과도 일치한다.[16] 러시아, 프로이센, 리투아니아, 폴란드 일부 지역에서 나타난 공통된 현상을 종합하면, 이른바 '제2의 농노제'는 노예제의 한 형태라기보다는 노동자의 이동을 제한하는 법적 제약의 집합이었다는 결론을 내릴 수 있다. 이러한 제약들은 주로 농산물과 초기 산업 제품에 대한 수요가 증가하면서 경제 성장을 촉진할 필요성 때문에 만들어졌다. 이는 부재지주(토지에서 멀리 떨어져 거주하는 지주)나 낙후된 지주 계층의

---

15 Paul Gregory, *Russian National Income 1885-1913* (Cambridge University Press, 1982).
16 Hartmut Harnisch, 'Bäuerliche Ökonomie und Mentalität unter den Bedingungen der ostelbischen Gutsherrschaft in den letzen Jahrzehnten vor Beginn der Agrarreformen', *Jahrbuch für Wirtschaftsgeschichte* 24/3 (1989), 87-108.

존재, 혹은 인구 부족 때문이라는 기존의 설명과는 다르다. 또한 월러스틴(Wallerstein)의 주장과 달리, 러시아와 동유럽은 산업화된 유럽 주변의 단순한 부속 지역(준주변부)이 아니었다. 동유럽의 곡물 생산은 서유럽 자본주의가 봉건제를 유지하는 수단이 아니라, 오히려 서유럽의 자본주의가 발전하고 변혁하는 데 중요한 역할을 담당한 핵심 요소였다.

그러나 이 문제는 결론을 내리기보다는 오히려 새로운 질문을 던지게 만든다. 만약 러시아의 농노제가 흔히 생각하는 것보다 더 유연했고 시장 경제와 밀접하게 연결되어 있었으며, 농노제의 폐지도 장기적인 변화 과정의 일부였다고 본다면, 유럽 식민지의 노예제와 어떤 점이 같고 또 어떤 점이 다른지에 대해서도 다시 살펴볼 필요가 있다.

대서양 횡단 노예무역의 폐지

러시아에서 농노제의 폐지는 도시 공동체의 압력보다는 크림 전쟁이라는 구체적 사건과 더 깊은 관련이 있었다. 여기에 몇몇 차르 정부 엘리트들의 태도 변화와 대지주 집단의 영향력, 수십 년에 걸친 농민들의 지속적인 저항 운동 등도 중요한 요인으로 작용했다. 한편 영국의 초기 노예제 폐지 운동은 러시아의 상황과는 크게 달랐다. 영국에서는 도덕적, 정치적, 종교적, 경제적 이유가 서로 결합되어 노예제 폐지 운동을 이끌었다. 그중 경제적 이유는 사실 가장 약한 편이었다. 왜냐하면 실제로 노예제는 영국 경제에 수익을 가져다주는 제도였기 때문이다. 노예제가 경제적으로 비효율적이라는 애덤 스미스의 주장이 널리 퍼진 것은 19세기 중반에 이른 뒤였다. 실제로 당시 영국의 반(反)노예제 종교 단체들은 물질주의와 공리주의를 모두 비판하며, 주로 도덕적이고 종교적

인 이유를 들어 노예제를 반대했다.[17]

노예무역이 폐지되면서 영국은 그동안 노예무역에서 얻었던 이익을 잃게 되었다. 그 여파로 폐지 이후 몇 년간 서인도제도에서 사탕수수 생산이 감소했다. 영국으로서는 추가적인 손실이 불가피했다. 시간이 지나면서 서서히 생산이 회복되었음에도 불구하고 유럽의 설탕과 커피 시장에서 영국의 점유율이 지속적으로 감소했고, 스페인과 브라질이 그 몫을 가져갔다.[18]

노예무역은 세계 곳곳에서 일어난 역사적 사건이었다. 특히 대서양 노예무역의 경우, 1500년부터 1850년 사이 아프리카에서 아메리카로 이송된 노예들 중 31퍼센트가 브라질로 향했다. 그 다음으로 영국령 카리브 지역이 23퍼센트, 프랑스령 카리브 지역이 22퍼센트, 스페인 식민지가 9.6퍼센트, 그리고 북아메리카가 6퍼센트를 차지했다. 카리브해 지역에서는 주로 사탕수수 플랜테이션 농장에서 노예 노동력을 이용했다. 브라질의 농장과 달리 카리브해의 농장은 규모가 매우 컸지만 관리가 제대로 이루어지지 않아 강압적인 방식으로 운영됐다. 카리브해 지역에서 노예를 이용한 설탕 생산의 역사는 극단적인 이익 추구와 이에 맞선 격렬한 저항으로 점철된 역사였다. 대규모 플랜테이션과 전체 인구 대비 높은 노예 비율은 자연스럽게 저항을 촉진하는 환경을 만들었다. 예를 들어 1860년 당시 미국 남부 지역의 노예 비율은 전체 인구의 44.8

---

17 Robert Fogel, *Without Consent or Contract: the Rise and Fall of American Slavery* (New York: Norton, 1994), Vol. 1, pp. 203-204.
18 David Eltis, *Economic Growth and the Ending of the Transatlantic Slave Trade* (Oxford University Press, 1989).

퍼센트였던 데 비해, 카리브해 지역에서는 전체 인구의 약 75퍼센트가 노예였다. 여기에 더해 카리브해 지역의 노예들은 현지 출생률이 매우 낮아, 지속적으로 아프리카에서 새로운 노예들이 유입되어야 했다. 이 과정에서 저항과 반발은 더욱 심화되었다.

사실 노예무역이 폐지되었다고 해서 대서양을 건너는 노예의 숫자가 줄어든 것은 아니었다. 오히려 일정 기간 동안은 그 수가 더 늘어나기까지 했다. 북아메리카와 유럽에서 설탕과 커피 소비가 늘어나자 더 많은 아프리카인들이 노예로 브라질과 쿠바로 보내졌다.[19] 더 심각한 문제는, 브라질과 쿠바가 아프리카에서 노예를 데려오는 대가로 제공한 상품의 최소 90퍼센트가 영국산이었다는 점이다. 또한 브라질과 쿠바의 노예무역 자금 중 절반이 영국에서 빌린 돈으로 운영되었다.[20]

아프리카 내에서는 북부 아프리카의 이슬람 국가들을 대상으로 하는 노예무역이 여전히 중요한 비중을 차지했다. 이 무역은 17세기에 아프리카 전체 노예 수출의 약 30퍼센트를 차지했고, 18세기에는 약 20퍼센트였다. 17세기부터 19세기 초반까지 전체 평균으로 보면 약 30퍼센트에 달했다. 1500년부터 1800년까지의 기간을 종합하면, 무슬림 국가를 대상으로 한 노예무역은 아프리카 전체 노예 수출의 약 40퍼센트에 이르렀던 것으로 추정된다. 19세기 전반기에는 아프리카에서 약 50만 명의 노예가 인도양으로 보내졌고, 홍해를 통해서는 약 42만 명이 수출

---

19 David Eltis and David Richardson, eds., *Extending the Frontiers: Essays on the New Transatlantic Slave Trade Database* (New Haven: Yale University Press, 2008).
20 Eltis, *Economic Growth*, p. 59.

되었다.[21] 영국에서 노예제를 폐지하려는 움직임이 일어나자, 초반에는 노예 가격이 하락했다. 이로 인해 오히려 아프리카 내부에서 노예 수요가 늘어나게 되었다. 그 결과 노예를 포획하려는 움직임이 점점 더 내륙 깊숙이까지 확장되었다. 또한 노예무역을 대신하는 이른바 '합법적 무역'(야자유, 코코넛 등)의 도입은 오히려 아프리카와 인도양 지역에서 노예제를 다시 활성화시키는 결과를 낳았다. 한편 이슬람 지역에서는 개인적인 차원에서 노예를 풀어주는 '마누미션(manumission)'이라는 관행이 매우 중요했다. 하지만 19세기 영국에서 제도적으로 나타난 노예제 폐지 운동과 비슷한 움직임은 이슬람 세계에서는 전혀 나타나지 않았다.

노예제 폐지의 현실: 노예에서 견습생으로

영국에서는 노예무역이 폐지되면 점차 노예 제도까지 사라질 것이라 믿는 사람들이 많았다. 그러나 현실은 기대와 달랐다. 프랑스, 스페인, 포르투갈 같은 국가들은 여전히 노예 수입을 계속했다. 서인도 제도의 농장주들 역시 노예의 생활 조건을 개선하려는 모든 움직임에 강하게 저항했다. 영국에서는 기존의 점진적 폐지 운동으로는 부족하다고 판단하고, 보다 강력한 노예제 폐지 단체가 새롭게 만들어졌다. 이들은 점진적인 폐지보다는 즉각적인 폐지를 요구했다. 하지만 현실적으로는 6-7년의 과도기가 설정되었다. 이 기간은 노예 개인이 해방된 후 사회에 적응하는 데 필요한 기간이나 도제(견습생) 계약 기간을 고려해 설

---

21 Paul Lovejoy, *Transformations in Slavery* (Cambridge University Press, 2002), p. 137.

정된 것이었다. 그러나 이 기간 동안 전직 노예들은 공식적으로는 '견습생(apprenticeship)'이었지만 실질적으로는 여전히 노예나 다름없는 처지였다.[22] 당시 사회는 노예들이 아직 '문명화되지 않았다'는 이유로 이들에게 완전한 법적 권리를 인정하지 않았다.[23] 견습생들은 기존의 주인을 위해 일주일에 45시간을 일해야 했고, 그 대가로 식량과 옷, 숙소, 의료 서비스를 제공받았다. 만약 결근하거나 주인이 정한 노동 기준을 충족하지 못하면 매우 가혹한 처벌을 받았고, 견습생 기간이나 노동 시간이 더 길어지기도 했다. 심지어 노예제에서는 자제하던 신체적 체벌까지 견습생 제도에서 다시 허용되었다. 이로 인해 학대가 자주 일어나는 일이 되었다.[24]

영국 정부는 노예제가 폐지되자 서인도 제도의 노예 소유주들에게 총 2,000만 파운드를 보상금으로 지급했다. 하지만 많은 농장주들은 여기에 더해 견습생 제도를 이용하여 추가적인 보상을 얻으려 했다. 이 제도를 통해 가능한 한 많은 노동력을 무상으로 착취하려고 했던 것이다. 노예제 폐지가 가져온 사회경제적 변화는 지역마다 달랐다. 각 식민지의 상황이 서로 달랐기 때문이다. 예를 들어 사용 가능한 토지의 양, 기존의 노예 노동 방식, 재배하는 작물의 종류, 새로운 노동 제도의 규칙

---

22 Seymour Drescher, *Capitalism and Antislavery* (London: Palgrave, 1987); Robin Blackburn, *The Overthrow of Colonial Slavery, 1776-1848* (London: Verso, 1988).
23 House of Commons, 'Papers in explanation of the condition of the slave population, 5 Nov. 1831', *British Parliamentary Papers*, 1830-1 (230), 16.1, pp. 59-88.
24 J. R Ward, *British West India Slavery, 1750-1834: The Process of Amelioration* (Oxford University Press, 1988).

(각 식민지가 스스로 정한 고용주와 노동자 간의 법률), 신용 체계 등 여러 요인이 각기 달랐다.[25] 바베이도스에서는 농장주들이 거의 모든 토지를 소유하고 있었기 때문에, 해방된 노예들은 대부분 농장주로부터 땅을 임대할 수밖에 없었다. 따라서 자신의 농장을 벗어나 독립적으로 생활할 수 있는 사람들은 극소수에 불과했다. 반면 자메이카, 트리니다드, 영국령 가이아나에서는 많은 해방 노예들이 어떤 방식으로든 토지를 확보할 수 있었다. 그러나 이들 역시 많은 경우 이전 주인들에게 빚을 지게 되어 결국 농장으로 다시 돌아갔다.[26] 그러나 농장으로 돌아간 해방 노예들의 불성실한 자세(주인이 보기에)까지는 어찌할 수 없었다. 자메이카에서 사탕수수 생산량이 크게 줄어든 것도 농장주들에 대한 노예들의 저항의 한 방식이었다.

노예제 폐지라는 관점에서 보면, 인도는 대영제국 내에서도 특별한 사례였다. 당시 영국에서는 노예 제도를 단순히 사람을 소유하는 '동산 노예(chattel slavery)'뿐 아니라 부채로 묶인 '부채 노예(debt bondage)', 집안일과 농사일에 종사하는 노예, 신분이나 계층에 따른 종속 관계, 아동의 예속 등 훨씬 더 넓은 개념으로 이해했다. 이렇게 노예 제도의 개념이 넓어지면서 개혁의 대상과 관련된 지역도 더 많아졌다. 그러나 실제

---

25 Mary Turner, 'The British Caribbean, 1823-1838: the transition from slave to free legal status', in Douglas Hay and Paul Craven (eds.), *Masters, Servants and Magistrates in Britain and the Empire, 1562-1955* (Chapel Hill and London: The University of North Carolina Press, 2004), p. 322.
26 Thomas, Holt, *The Problem of Freedom: Race, Labour and Politics in Jamaica and Britain, 1832-1938* (Baltimore and London: The Johns Hopkins University Press, 1992).

로 인도의 식민지 관리들은 노예 제도를 좁게 이해하고 있었다. 관리들은 다양한 형태의 종속(의존) 관계가 노예제보다는 훨씬 가벼운 것이며, 현지의 오랜 관습일 뿐이라고 주장했다. 오히려 이러한 관습이 대영제국의 사회적, 정치적 안정성을 유지하는 데 필요하다고 보았다. 이러한 이유로 역사학자들 사이에서는 인도의 여러 종속 관계를 진정한 의미의 '노예제'로 볼 수 있는지를 두고 논쟁이 벌어졌다. 그 결과에 따라 인도에서 역사적으로 노예제가 늘었는지 줄었는지 판단이 달라질 수 있었기 때문이다. 실제로 영국 정부는 1843년에도 주인의 권리를 공개적으로 인정하는 태도를 보였다. 이후 오랜 기간 동안 중립적인 입장을 취하다가 19세기 말에 들어서야 본격적으로 노예제를 반대하는 정책을 펼치기 시작했다.[27]

프랑스는 1848년에 노예제를 폐지했다. 영국과 달리 프랑스는 '견습생'과 같은 중간 단계를 두지 않았지만, 실제로는 노예제가 은밀하게 지속되었다. 인도, 마다가스카르, 모잠비크, 동부 아프리카 해안에서는 이미 18세기부터 만들어진 네트워크를 이용하여 노동자들을 모집했는데, 이는 사실상 노예무역과 같은 방식이었다. 모집 과정에서 종종 폭력이 사용되기도 했으며, 때로는 현지 부족 지도자들의 도움을 받기도 했다. 가봉, 자이르, 서아프리카 지역에서는 이슬람이 확산되면서 이미 지역적으로 노예무역이 발달해 있었다. 프랑스 상인들은 현지 술탄들과 협력하여 기존의 무역망을 활용했고, 이를 통해 '리브르 앙가제(libres

---

27 Dharma Kumar, *Land and Caste in South India* (New Delhi: Manohar, 1992); Gyan Prakash, *Bonded Histories: Genealogies of Labour Servitude in Colonial India* (Cambridge University Press, 1990).

engagés)'라 부르는 자유계약노동자들을 수입하기 시작했다. 이 명칭은 자유로운 노동자라는 뜻이었지만, 실제 노동 환경은 노예와 거의 다를 바 없었다.[28] 또한 마다가스카르, 잔지바르, 모잠비크에서는 '선금 매입 (prior redemptions)'이라는 명목으로 노동력을 구매했는데, 이로 인해 이 지역 식민지를 관리하던 포르투갈, 영국과 충돌하기도 했다. 결국 이러한 은밀한 형태의 노예제 역시 당시 전 세계적으로 진행되던 대규모 인구 이동의 일부였다고 할 수 있다.

견습생에서 계약노동 이민으로

계약노동(indentured contract)을 결국 강제 노동이나 노예제와 다를 바 없다고 보는 연구자들도 있었다. 그들은 계약노동에서 말하는 '계약'이 실제로는 형식상 존재할 뿐, 현실과는 거리가 먼 '법적 허구(legal fiction)'에 불과하다고 생각했다. 이러한 해석은 그 자체로도 흥미로운 역사를 가지고 있다. 이 개념은 19세기 당시 식민지 엘리트들이 처음 제기했던 것이고, 이후 '서발턴 연구(Subaltern Studies)'라는 연구 흐름에서 다시 주목받았다.[29] 이 연구자들은 노예제 폐지라는 역사적 의미 자체는 전혀 인정하지 않는다.[30]

---

28 Edmund Maestri, ed., *Esclavage et abolition dans l'Océan Indien, 1723-1869* (Paris: L'Harmattan, 2002).
29 Hugh Tinker, *A New System of Slavery: The Export of Indian Labour Overseas, 1830-1920* (London: Hansib, 1974).
30 David Northrup, *Indentured Labour in the Age of Imperialism, 1834-1922* (Cambridge University Press, 1995); Marina Carter, *Servants, Sirdars and Settlers: Indians in Mauritius, 1834-1874* (Oxford University Press, 1995).

이에 대해 반대 의견을 제기하는 학자들도 있다. 이들에 따르면 19세기 후반까지도 계약노동은 강제 노동으로 간주되지 않았다는 사실이 여러 증거로 확인된다. 그 이전 시기에는 계약노동의 '계약'이 자유로운 의사에 따라 이루어진 것으로 여겨졌다.[31] 다시 말해, 계약노동은 노예제를 감추기 위한 수단이 아니라 당시에는 자유 노동의 한 형태로 인식되었던 것이다. 그러나 실제로는 주인과 노동자 사이에 불평등한 권리 관계가 존재했다. 예를 들어 주인이 계약 위반으로 노동자를 고발하면, 노동자는 형사 처벌을 받을 수 있었다. 식민지에서는 계약노동자를 고용한 주인의 권한이 점점 더 강력해져서, 영국 본토의 주인들보다 더 많은 권력을 갖게 되었다. 1860년대 모리셔스(Mauritius)에서는 매년 약 1만 4,000명의 계약노동자와 가사 노동자가 계약 위반으로 기소되었다. 같은 시기 영국 본토에서는 연간 약 9,700명의 계약노동자가 기소되었다. 이런 재판은 거의 언제나 계약노동자가 유죄 판결을 받았다. 반면 주인이 노동자를 학대하는 등의 이유로 기소되는 일은 드물었으며, 기소가 되더라도 유죄 판결을 받는 경우는 거의 없었다. 또한 주인은 계약노동자를 체벌하거나 노동자의 결혼을 승인하는 권한까지 가지고 있었다.[32]

---

31 Robert Steinfeld, *The Invention of Free Labour: The Employment Relation in English and American Law and Culture, 1350-1870* (Chapel Hill: University of North Carolina Press, 1991); Stanley Engerman, ed., *Terms of labor: Slavery, Serfdom and Free Labor* (Stanford University Press, 1999); Tom Brass and Marcel van der Linden, eds., *Free and Unfree Labour: The Debate Continues* (Bern: Peter Lang, 1997).

32 David Galenson, *White Servitude in Colonial America: An Economic Analysis* (Cambridge University Press, 1981).

경제적 관점에서 보면, 계약노동을 단지 노예제가 폐지된 이후의 임시적인 대체 수단으로 보는 것은 적절하지 않다. 계약노동의 역사는 노예제보다 훨씬 앞서서 시작되었으며, 노예제가 존재하던 시기와 그 이후에도 꾸준히 이어졌다. 첫 번째 단계는 17세기부터 1830년대까지인데, 이 시기 약 30만 명의 유럽인이 담배 플랜테이션 농장과 일부 제조업에서 계약노동자로 일했다. 그러나 플랜테이션 농장이 급속히 성장하면서 아프리카 노예들이 점차 이들의 자리를 대신하게 되었다. 그럼에도 북아메리카와 캐나다에서는 최소한 1830년대까지 백인 계약노동 이민자들이 여전히 중요한 역할을 했다. 이는 유럽의 밀어내는 요인(산업화, 농촌의 변화)과 북아메리카의 끌어들이는 요인이 함께 작용한 결과였다.

노예제의 폐지는 계약노동 이민에 새로운 활력을 불어넣었다. 특히 19세기와 20세기에 걸친 두 번째 시기에는 약 250만 명의 계약노동자가 다른 나라로 이주했다. 이들은 주로 중국과 인도 출신이었지만, 아프리카인, 일본인, 태평양 제도 출신 이민자들도 있었다. 이들은 대부분 사탕수수 농장과 제조업 분야에서 일했다. 초기(첫 번째 시기)의 계약노동 이민은 백인 이민자들이 주를 이루었지만, 1850년대와 1860년대의 두 번째 시기에는 인도인을 중심으로 아시아 출신 이민자들이 많았고, 이들 중 다수는 일정 기간 일한 뒤 고향으로 돌아갔다. 특히 모리셔스, 카리브해 지역, 수리남, 자메이카 등에서는 약 3분의 1 정도가 귀국했으며, 태국, 말라야, 멜라네시아에서는 약 70퍼센트가 본국으로 돌아가는 등 지역에 따라 큰 차이를 보였다. 이들이 귀국할지 여부는 고향과의 거리와 귀국 비용 외에도 정치적 상황, 현지 사회로의 동화 정도, 질병으로 인한 사망률 같은 여러 요인의 영향을 받았다.

노동자들이 처했던 현실적인 조건은 그들의 민족적 배경과 도착 시기의 역사적 상황뿐만 아니라, 그들이 일했던 농장의 성격에 따라 달라졌다. 소규모 농장을 운영하는 농장주들은 계약노동자들이 도망가거나, 지시에 따르지 않거나, 이곳저곳 떠돌아다니는 문제를 가장 크게 걱정했다.[33] 반면 대규모 농장주들은 노예들을 관리하고 감시하는 데 드는 막대한 비용 때문에 불만을 느꼈다. 그들은 식민지 사회에서 흔히 자유주의적 가치를 내세우며 노예제에 반대했고, 계약노동과 같은 자유로운 이민 노동이 더 낫다고 주장했다. 이러한 입장은 인도주의 단체와 노예제 폐지를 주장하는 협회들의 지지를 얻는 데 효과적이었다.[34]

시간이 흐르면서 계약노동 이민자들의 근로 조건도 점차 나아졌다. 여기에는 여러 가지 이유가 있었지만, 무엇보다 중요한 것은 이민자들 스스로의 꾸준한 노력과 끈기였다. 그들은 힘든 상황에서도 학대를 계속해서 알렸고, 소극적인 저항을 하거나 도망치는가 하면, 서로 단결하거나 법적 조치를 취하는 방식으로 적극적으로 대응했다. 이 같은 지속적인 노력은 결국 식민지 지배층이 태도를 바꾸어 조금 더 '자비롭게' 대응하게 만들었다. 식민지 지배층 가운데 일부는 자유와 자유 시장의 가치에 진심으로 공감했기 때문에 노동 환경을 개선하려 했고, 또 다른 일부는 파리와 런던에서 오는 정치적 압박에 마지못해 움직인 결과였다. 런던의 인디아 오피스(India Office, 영국령 인도의 행정을 감독하던 기

---

33 MNA (Mauritius National Archives), HA 66 (planters' petitions).
34 Alessandro Stanziani, 'Local bondage in global economies: servants, wage-earners, and indentured migrants in nineteenth-century France, Great Britain and the Mascarene Islands', *Modern Asian Studies* 1 (2013), 1-34.

관 – 옮긴이)와 인도의 현지 관리들도 레위니옹 섬(마다가스카르 섬 동쪽에 있는 섬 – 옮긴이)에 있는 인도인 노동자들을 보호하고자 했다. 하지만 이런 보호 조치는 단지 인도주의적 배려 때문만은 아니었다. 오히려 인도 현지에서 활동하는 영국인 고용주들이 계속해서 안정적인 노동력을 확보할 수 있도록 돕기 위한 목적도 컸다.

시장 상황은 이민자들의 노동 환경에 큰 영향을 주었다. 국제 시장에서 설탕 가격은 계속 떨어졌다(1840년대 초 톤당 39파운드에서 1870년대 초 22파운드로 하락했고, 1896년에는 9.60파운드까지 내려갔다).[35] 소규모 농장의 노동 환경은 더욱 열악해졌고, 많은 노동자들이 농장을 벗어나 도망치거나 저항 운동에 참여했다. 레위니옹 섬과 모리셔스 섬에서는 이런 상황을 견디지 못한 백인 소규모 농장주들이 농장을 팔고 고지대로 이동하는 일이 많아졌다.[36] 계약노동자로 이주해 온 사람들과 해방된 노예들은 백인들이 떠난 땅을 사들이거나 새로운 형태의 임대 방식으로 경작하는 경우가 더 흔해졌다.

설탕 가격 하락과 함께 노동 시장에 영향을 준 또 다른 요인이 있었다. 바로 노동력 공급의 증가였다. 1840년부터 1940년까지, 유럽인 5,500만-5,800만 명, 아프리카인과 아시아인 250만 명이 아메리카 대륙으로 이주했으며, 같은 기간 동안 인도인 2,900만 명, 중국인 1,900만 명, 아프리카인과 유럽인 400만 명이 동남아시아, 태평양 제도, 인

---

35 Richard Allen, *Slaves, Freedmen and Indentured Laborers in Colonial Mauritius* (Cambridge University Press, 1999), p. 23.
36 CAOM (*Centre des archives d'outre-mer*, Aix-en-Provence) FM SG/Reu c 400 d 3688 and c 515 d 6005.

도양 연안 지역으로 이동했다. 또한 북동아시아와 러시아에서도 4,600만-5,100만 명의 노동자들이 시베리아, 만주, 중앙아시아로 옮겨가거나 강제로 보내졌다.[37] 이 중에는 유럽 기업에 의해 강제로 일하게 된 사람들도 많았지만, 스스로의 선택으로 이동한 사람들 역시 적지 않았다.[38] 사람들이 자발적으로 이주하는 경우가 많아진 데에는 몇 가지 이유가 있었다. 계약노동의 감소, 제국주의 국가들의 쇠퇴와 변화, 세계 경제의 전환, 그리고 미국에서 노예제의 폐지 등이 주요 원인이었다.

미국의 노예제 폐지

영국의 퀘이커 교도들(Quakers)처럼 미국의 퀘이커 교도들 역시 노예제 반대 운동에 적극 참여했다. 주된 이유는 노예제의 억압적 노동 통제 때문이었다.(퀘이커교는 기독교에서 나온 신앙 운동의 하나로, 노동을 신성하게 여기며 자유로운 노동을 강조했다. - 옮긴이) 그러나 영국이나 프랑스와는 달리, 미국에서는 노예제를 폐지하기까지 내전(남북전쟁)을 치러야만 했다. 남북전쟁의 원인은 경제적인 문제보다는 정치적인 요인이 더 중요했다. 물론 국제 무역 정책(보호무역과 자유무역), 경제 구조(농업 중심의 남부와 제조업 중심의 북부), 통화 및 재정 정책(화폐 안정성과 인플레이션 문제), 노동력 공급 문제(남북 공통의 관심사) 등이 갈등의 배경으

---

37 Adam Mckeown, *Melancholy Order: Asian Migration and the Globalization of Borders* (New York: Columbia University Press, 2008).
38 Frederick Cooper, *From Slaves to Squatters: Plantation Labor and Agriculture in Zanzibar and Coastal Kenya, 1890-1925* (New Haven and London: Yale University Press, 1980).

로 작용했지만, 결국 남북 전쟁은 의회에서 노예제를 찬성하는 세력과 이를 반대하는 자유주의 세력 사이에 세력 균형이 무너졌기 때문에 발생한 것이었다.[39]

그러나 이런 측면에서만 보면, 거의 아무런 권리가 주어지지 않았던 해방 노예들의 현실을 설명하기 어렵다. 흔히 역사학에서는 해방 이후에도 미국 사회에서 노예제의 잔재가 강하게 남아 있었다고 설명하지만, 이는 어디까지나 부분적인 사실을 반영할 따름이었다. 당시 해방된 노예들에게 주어진 자유는 결코 '거짓 자유'가 아니었다. 계약노동자나 견습생, 아동 노동자들에게 부여되었던 자유와, 해방 노예에게 주어진 자유는 다른 종류의 자유가 아니었다. 미국에서는 일반적인 임금 노동과 계약노동이 근본적으로 달랐다. 1800년 무렵, 적어도 미국 태생 백인 남성 노동자들은 노동 계약을 어기더라도 영국처럼 형사처벌을 받지는 않았다. 계약 이행을 강제하기 위한 가장 일반적인 수단은 임금 몰수였다. 그러나 계약노동이나 선원 계약의 경우 형사처벌은 매우 중요한 요소였다. 노예제 폐지 이후 모든 해방 노예들은 일반적으로 형사처벌이 가능한 대상이었다. 노예 해방 이후 자유노동자들은 한 농장에서 오래 머무르려 하지 않았다. 특히 목화 플랜테이션 농장의 고용주들은 자유노동자를 일 년 내내 안정적으로 고용하기가 점점 더 어려워졌다.[40] 그래서 연간 계약에 기반한 고정 임금 제도를 도입했다. 그렇게 하면 계

---

39 David Brion Davis, *Challenging the Boundaries: Migration in African History* (Markham Press Fund, Baylor University Press, n.d.).
40 Ralph Shlomovitz, 'Bound or free? Black labor in cotton and sugar cane farming, 1865-1880', *Journal of Southern History* 50 (1984), 569-96.

약 기간 중 실업 노동자 발생을 방지하고, 근무 태만에 따른 해고를 줄일 수 있었다. 반면 농장주의 입장에서 계약노동은 계절별 노동력 수급 변동에 탄력적으로 대응하기 어려운 제도였다. 이에 대한 최적의 해결책으로 소작농 제도가 채택되었다. 소작농 체제에서는 감독 비용을 줄일 수 있을 뿐만 아니라 연중 노동력을 안정적으로 확보할 수 있었다.

사탕수수 재배 지역에서는 상황이 달랐다. 루이지애나에서 농장주들은 노동자 집단과 장기 계약을 체결했지만, 재정이 부족했다. 이후 1870년대에 설탕 가격이 폭락하자 노동자들의 조건은 점점 더 악화되었다. 이에 대응하여 처음에는 노동자들의 이동성이 높아졌다. 그러자 형사 처벌을 더욱 엄격하게 시행하려는 시도가 이어졌다. 또 하나의 대안은 "중앙처리시설(central stations)"이었다. 소규모 플랜테이션 농장주들은 사탕수수의 자체 가공 처리를 중단하고, 여러 농장에서 생산된 사탕수수를 모아 하나의 중앙처리시설에서 설탕을 제조하였다. 노동자들에 대한 압박은 갈수록 강화되었다. 결국 노동자들은 집단행동과 파업으로 대응했다. 이에 대한 탄압은 가혹했다. 이는 또한 농업의 집중화와 기계화가 가속화되는 원인이 되기도 했다.[41]

미국 노예제 폐지의 세계적 영향

최근 연구를 통해 미국 노예제 폐지가 세계에 미친 영향이 더욱 분

---

41 Rebecca Scott, 'Defining the boundaries of freedom in the world of cane: Cuba, Brazil, and Louisiana after emancipation', *American Historical Review* 99/1 (1994), 70-102.

명해졌다.[42] 미국에서 노예제가 사라지자 세계 시장에서 면화 공급이 부족해졌고, 이에 따라 이집트, 러시아, 투르키스탄, 인도, 브라질 등 다른 여러 지역에서 면화 생산량을 늘렸다. 장기적으로 보면, 미국의 생산력 회복 속도나 각 지역의 경제 상황에 따라 세계 시장에서 노동의 형태와 경제 성장이 크게 영향을 받았다. 미국에서 남북전쟁 이후 재건 시대(Reconstruction)가 끝나갈 무렵인 1877년경, 면화 생산량은 전쟁 전인 1860년보다 약 25퍼센트 증가했다. 또한 이 시기의 수출량은 1860년 당시의 전체 생산량과 거의 비슷한 수준까지 회복되었다. 이어서 1877년에서 1900년 사이에는 수출량이 다시 두 배 넘게 증가했다. 한편 러시아는 같은 시기에 중앙아시아와 페르가나 계곡 지역에 목화 농장을 개발했다. 하지만 이는 단지 미국 남북전쟁의 영향만은 아니었다. 러시아는 이미 17세기부터 남동쪽 국경 지역을 안정시키고 영국이 지배하던 인도를 견제하려는 장기적인 전략을 갖고 있었기 때문이다.[43] 1860년대 러시아에서 면화에 대한 관심이 증가한 것은 사실이지만, 실제로 본격적인 면화 산업이 발전한 것은 러시아 정부의 관세 정책과 철도 건설 효과가 맞물린 20년 후의 일이었다.[44]

---

42 Sven Beckert, 'Emancipation and empire: reconstructing the worldwide web of cotton production in the age of the American Civil War', *American Historical Review* 109/5 (2004), 1405-1438; Sven Beckert, *Empire of Cotton: A Global History* (New York: Knopf, 2014).
43 Seymour Becker, *Russia's Protectorate in Central Asia, Bukhara and Khiva, 1865-1924* (London: Routledge, 2004).
44 Maria Rozhkova, *Ekonomicheskie sviazi Rossii so Srednei Aziei: 40-60gg XIX veka* [The economic links between Russia and Central Asia in the 40s-60s of the 19th century], (Moscow: Nauka, 1963).

노예제 폐지로 미국의 면화 생산이 무너지자, 이에 큰 영향을 받은 또 다른 지역은 이집트였다. 당시 이집트의 면화 생산량이 늘어난 주요 이유는 노예 수입이 증가했기 때문이다. 이 시기 이집트로 유입된 노예들은 주로 러시아와 중앙아시아 출신의 체르케스인(Circassians)과 아프리카 출신이었다. 특히 아프리카에서 온 노예는 1840-50년대에 매년 약 5,000명 정도였으나, 1870년대에는 연간 약 3만 명으로 크게 늘어났다. 그러나 이후 미국의 면화 생산이 다시 회복되면서 이집트로 들어오는 노예의 수는 다시 줄어들게 되었다.[45]

세 번째로 큰 영향을 받은 지역은 인도였다. 미국 남북전쟁이 발발하자 영국의 면화 생산자들은 인도의 면화 생산 지역에 더 큰 압력을 가했다. 고용주와 노동자 간의 규율은 전보다 훨씬 더 엄격해졌다. 면화 가격이 오르자 인도 현지의 생산자들 역시 생산량을 크게 늘렸다. 영국은 프랑스와 경쟁하며 더 많은 면화를 확보하려 애썼다. 동시에 영국은 인도에서 생산된 면화를 대부분 가져가면서, 면화가 인도 국내 시장에 유통되는 것을 막으려 했다. 이로 인해 인도의 면화 수출량은 크게 늘었다. 1860년에 약 3억 4,600만 파운드였던 수출량은 1866년에 8억 파운드로 증가했다. 이는 단순히 일시적인 호황이 아니었다. 과거 역사학자들은 영국의 식민 통치 기간 동안 인도의 산업이 지속적으로 쇠퇴했다고 설명하기도 했지만, 최근 연구 결과에 따르면, 19세기 전체, 특히 1870년 이후에는 인도의 내수 시장 수요가 증가하면서 현지의 산업 생산을 꾸준히 뒷받침했다는 점이 밝혀졌다.[46]

---

45 Lovejoy, *Transformations*, p. 149.

19세기 브라질에서도 노예 수입이 증가했다. 특히 영국과 미국이 자국의 노예무역을 폐지한 이후 브라질로 들어오는 노예 수가 급격히 늘었다. 1830년대에는 브라질의 노예 인구가 최고조에 이르렀는데, 당시 노예의 수는 약 250만 명에 달했다. 이후 1850년대부터 브라질에서도 본격적으로 노예무역을 금지하면서 노예 수입은 크게 줄어들었다. 브라질의 노예 사회는 독특한 점이 많았다. 아프리카 출신이면서도 노예 신분에서 벗어난 사람들이 많았기 때문이다. 19세기 초 브라질에서는 자유로운 아프리카계 사람들이 전체 흑인 인구의 12.5퍼센트에 이르렀다. 이는 같은 시기 스페인령 아메리카와 비슷한 수준이었지만, 미국 남부의 4.5퍼센트와는 큰 차이가 있었다. 브라질의 노예는 플랜테이션 농장에 국한되지 않았다. 브라질의 설탕 산업은 카리브해 지역처럼 거대 농장 시스템이 아니었다. 미국의 노예는 대부분 농장에서 일했지만, 브라질의 노예는 광산이나 도시 등 다양한 분야에 투입되었다. 브라질에서는 많은 사람들이 다양한 방식으로 노예를 소유하고 있었기 때문에, 노예무역이 폐지된다고 해서 곧바로 국내 노예 시장이 중단되지는 않았다. 실제로 1850년에서 1880년 사이에도 브라질 내에서의 노예 거래는 여전히 활발했다.[47] 1860년대가 되자 미국의 정치적 영향으로 브라질에서도 노예 폐지 운동이 점점 주목받기 시작했다. 그러나 법으로 노예제를 폐지하는 것만큼이나, 현실적으로 지속되는 사회적 환경도 중요했

46　Thirtankar Roy, *Traditional Industry in the Economy of Colonial India* (Cambridge University Press, 1999).
47　Robert Conrad, *The Destruction of Brazilian Slavery, 1850-1888* (Berkeley, CA: University of California Press, 1972).

다. 부분적으로 노예제 폐지 법안이 통과되었던 1870년대에도 많은 노예들은 여전히 노동 계약이나 매매 계약에 묶여 있었다. 마침내 1888년 노예제가 완전히 폐지된 후에도 자유를 얻은 흑인들에 대한 형사 처벌과 가혹한 대우는 흔한 일이었다.[48]

요약하면, 19세기 후반의 역사를 단순히 '자유를 향한 세계인의 행진'으로만 이해해서는 안 된다. 이 시기에 브라질과 이집트, 인도는 물론 러시아에서도 제국이 영토를 넓히는 과정에서 노동자들에 대한 다양한 형태의 법적 억압이 이루어졌다. 좀 더 넓게 보면 이러한 제국주의적 팽창과 노동자 탄압 문제는 오스만 제국의 몰락이나 유럽 국가들이 아프리카를 나누어 식민지로 만드는 과정과도 깊은 관련이 있다.

마지막 단계? 아프리카와 오스만 제국의 노예제 폐지

오스만 제국에서는 농장이나 도시에서 일하는 노예 외에도 군사용 노예, 집안일을 하는 노예, 성적인 목적으로 활용되는 노예들이 있었다. 이들의 노동은 농노나 죄수들의 강제 노동과 명확하게 구분되지 않았다. 오스만 제국에서는 단순히 '노예'와 '자유인'으로만 구분하지 않고, 여러 가지 형태의 종속과 예속이 복잡하게 얽혀 있었다. 노예는 국가 소유의 공공 자산이 될 수도 있었고 개인의 사유 재산이 될 수도 있었다. 노예들은 주로 아프리카, 중앙아시아, 남아시아, 근동 지역에서 끌려왔고, 지중해에서 붙잡힌 기독교 포로들도 포함되었다. 오스만 제국에서

---

48 Katia de Queirós Mattoso, *To be a Slave in Brazil, 1550-1888* (New Brunswick, NJ: Rutgers University Press, 1987).

이렇게 노예를 계속 수입한 중요한 이유는, 노예들의 사망률이 높아서가 아니라 노예를 풀어주는(manumission) 비율이 높았기 때문이다.

 1840년대에 들어 오스만 제국에서도 노예 폐지 운동이 시작되었다. 계기는 영국 정부와 영국 언론의 관심이었다. 영국이 오스만의 노예제 폐지를 압박했던 배경에는, 오스만 제국의 쇠퇴와 분열을 이용하려는 지정학적 의도와 더불어 인도주의적 관점이 함께 작용했다. 첫 번째 구체적 조치는 1857년 페르시아만과 아프리카 지역에서 노예무역을 금지한 것이었다. 이후 크림전쟁의 영향으로 체르케스인들의 이주가 늘어났다. 그들은 러시아를 벗어나 당시 오스만 제국의 영토, 특히 이집트와 터키로 이주했다. 이에 영국의 압력은 더욱 강화되었다. 영국은 오스만 정부에 노예무역 완전 중단을 요구했다. 크림전쟁은 당시의 외교적 균형뿐만 아니라 노동 시장에도 큰 변화를 일으켰다. 러시아가 농노제를 폐지하는 계기가 되었고, 동시에 유럽 열강들이 오스만 제국에 노예 폐지 압력을 강화하는 환경을 조성했다. 결국 영국은 1877년 이집트와, 그리고 1880년 오스만 제국과 노예무역 금지 협약을 체결했다. 영국의 지속적인 압박으로 오스만 제국 내의 노예무역은 크게 감소했지만 사회적 관습 자체는 크게 바뀌지 않았다.[49] 오스만 제국 내부에서도 노예제 폐지 움직임이 있었다. '근대화'에 적극적이었던 그들도 서구 열강의 외부 간섭은 강하게 거부했다. 이에 따라 영국은 터키 지역의 노예제 문제에 대해서는 신중한 태도를 유지했다. 반면 이집트 지역에서는 영국의 압력이 훨씬 효과적이었다. 이슬람 내부적으로 전개되던 반(反)노예 운동

---

49 Toledano, *Slavery and Abolition*.

과, 아프리카 대륙 전반적으로 펼쳐지던 노예무역 폐지 캠페인이 이집트에서 결합되었기 때문이다.

1890년대부터 시작해서 제1차 세계대전이 일어나기 전까지, 유럽 열강들은 아프리카에서 노예제를 폐지하겠다는 입장을 선포했다. 아프리카에 현존하는 노예제를 폐지해야 한다는 논리는 한편으로는 유럽의 아프리카 정복을 정당화하는 수단이었다. 유럽의 지도자들은 같은 아프리카인을 노예로 부리는 아프리카의 엘리트 계층의 태도가 '야만적'이고 후진적이라고 비판하며 서구의 '문명화 사명(civilizing mission)'을 촉구했다.[50] 유럽인들의 요구는 두 가지였다. 첫째, '노예'를 해방하고 노예무역을 중단할 것, 둘째, 적절한 노동 시장을 구축할 것이었다. 그러나 실제 현장에서는 이상과 현실이 충돌했다. 영국인 관리들은 이슬람의 종교적 권위자들과 대립을 피하려 했다. 예컨대 첩을 두는 관행은 전혀 문제 삼지 않았는데, 이슬람 관습법이 이를 정당화하는 근거였다. 본국에서 내려온 식민지 정책도 즉각 시행하지 않고 보류했다. 지역 사회의 급속한 붕괴와 나아가 유럽의 통제 약화를 우려했기 때문이다.[51] 오히려 식민지 당국의 역할은 자유노동으로의 전환이 너무 급격하게 이루어지지 않도록 개입하며, 질서를 유지하는 것이었다. 식민지 관리들은 아프리카의 발전을 위해 아프리카인들이 언제, 어디서, 어떻게 일할 지를 스스로 결정해서는 안 된다고 믿었다. 노동 통제를 위해 프랑

---

50 Frederick Cooper, 'From free labour to family allowances: labour and African society in colonial discourse', *American Ethnologist* 16/4 (1989), 745-765.
51 Paul Lovejoy and Jan Hogendown, *Slow Death of Slavery: The Course of Abolition in Northern Nigeria, 1897-1936* (Cambridge University Press, 1993).

스령과 영국령 아프리카 식민지에서는 모두 유랑, 도둑질, 음주, 개인적 폭력을 비난하는 캠페인이 전개되었다. 그러나 식민지 당국의 의도가 곧바로 성과로 연결된 것은 아니었다. 아프리카의 노예 소유자나 노예들이 실현했던 노예 해방은 영국이나 프랑스 당국이 원하는 방향이 아니었다. 영국은 케냐와 탄자니아에서 '자본가'나 '지주' 또는 '프롤레타리아'가 등장할 것으로 기대했고, 프랑스는 그들이 '농민'이 될 것으로 예상했다. 그러나 대부분의 아프리카인은 자신의 소규모 농지를 경작하면서 플랜테이션 농장이나 도시를 오가는 '농민 겸 노동자(peasant-workers)'로 일했다.[52]

이러한 정책들은 아프리카의 지역마다 다양한 형태로 나타났다. 케냐와 잔지바르 같은 영국령 식민지에서도 정책은 지역마다 차이가 있었으며, 또한 광산 노동에 주로 영향을 받은 케이프 지역의 법률과도 달랐다. 한편 골드코스트(Gold Coast)의 법률은 영국의 노동법 발전을 충실히 따르려 했으며, 따라서 계약 위반을 형사범죄가 아닌 민사 문제로 다루려 했다. 나이지리아와 시에라리온에서는 이러한 정책 중 그 어느 것도 시행되지 않았다. 법률에 따른 기소가 이루어지긴 했지만, 영국령 아프리카 전역에서 일관성이 부족했다. 예를 들어 나이지리아와 시에라리온에서는 고용주와 노동자가 이러한 법률을 거의 활용하지 않은 것으로 보인다.[53] 반면 광산 노동의 기소율은 훨씬 높았다. 남아프리카와 로디지아뿐만 아니라 골드코스트도 마찬가지였다.[54]

---

52 Cooper, *From Slaves*.
53 *Blue Book of Sierra Leone: Years 1905-1914* (London: Government Printing Office, 1915).

프랑스령 아프리카에서도 유사한 차이점이 존재했다.[55] 1887년 '원주민 법(Code de l'indigénat)'에서 형사 처벌 규정과 유랑 행위 억제가 명시되었다. 의무 노동은 사기업, 공기업, 플랜테이션 농장에서 공통적으로 시행되던 규칙이었다.[56] 동시에 '의무 노동'은 노예제와 엄밀하게 구분되었으며, 어느 정도는 노예제를 벗어나는 방법으로 제시되기도 했다. 자유의 이름으로 자유를 제한하는 끊임없는 순환논리가 당시에는 모순으로 여겨지지 않았다. 이른바 프레스타시옹(prestation)은 1912년에 법제화되었지만 실제로는 19세기 말부터 이미 시행되고 있었다. 식민지 주민들은 세금, 벌금, 징병 등의 이유로 강제노동에 동원되었다. 총독은 아프리카인에게 특정 수출 작물 생산이나, 특히 중앙아프리카의 경우 특별면허 회사(concessionary companies)에서 일하도록 명령을 내릴 수 있었다. 동시에 특별면허 회사나 플랜테이션 농장 경영주들은 식민지 당국으로부터 노동 인력 배당을 받을 수 있었다. 프랑스의 태도는 서아프리카(AOF)보다 중앙아프리카(AEF)에서 훨씬 더 가혹했다. 그 원인은 복잡했다. 식민지 당국의 통제력이 부족하거나, 인구가 희박하거나, 식민지 당국이 특별면허 회사에 의존하는 정도 등 다양한 요인이 있었

---

54 Giles Hunt to Colonial Secretary, 30 May 1909, Enc. 5 in Governor Rodger to Lord Crewe, 30 Oct. 1909, TNA (The National Archives, Kew), CO 96/486.
55 Alice Conklin, *A Mission to Civilize: the Republican Idea of Empire in France and West Africa, 1895-1930* (Stanford University Press, 1997); Ann Laura and Frederick Cooper, eds., *Tensions of Empire: Colonial Cultures in a Bourgeois World* (Berkeley, CA: University of California Press, 1997).
56 Babacar Fall, *Le travail forcé en Afrique Occidentale Française 1900-1946* (Paris: Karthala, 1993); Suzanne Miers and Richard Roberts, eds., *The End of Slavery in Africa* (Madison, WI: University of Wisconsin Press, 1988).

다. 같은 지역 안에서도 편차가 컸다. 세네갈에서는 많은 노예가 발견되었으며, 모두 친족 집단으로 돌려보냈다. 먼 지역에서 끌려 온 사람들도 흔히 있었다.

해방된 노예들에게는 세 가지 선택지가 열려 있었다. 이주를 하거나, 그 지역의 공동체와 유대를 형성하며 근처에 머무를 수도 있었고, 아니면 예전의 주인과 함께 계속 살아갈 수도 있었다. 선택의 비율과 형태는 지역마다 다양했다. 유럽이나 아프리카 할 것 없이, 정치적 안정을 위해 장거리 이동은 식민지 당국의 입장에서는 권장하는 바가 아니었다. 그럼에도 영국령 나이지리아나 프랑스령 수단(오늘날의 말리)에서는 해방된 노예들의 장거리 이주 현상이 많이 나타났고, 남아프리카의 광산으로 이주하는 사람들도 많았다. 이와 달리 세네갈(코코넛 농부들)과 기니에서는 해방된 노예들이 광범위한 지역에서 새로운 정착지를 형성했다.

20세기 노예제의 부활과 지속

"자유를 향한 여정"은 돌이킬 수 없는 흐름으로 보였다. 그러나 20세기에 접어든 이후에도 완전한 성과는 확인되지 못했다. 오히려 1차 세계대전을 거치는 동안 유럽은 물론 식민지에서도 대규모 인력이 징발되었고, 노동의 군사화와 의무 노동이 실시되었다.[57] 제1차 세계대전의 유산은 대단히 중요한 영향을 미쳤다. 유럽에서 독일과 소련의 지도자들은 제1차 세계대전(그리고 러시아 내전) 중의 경험에서 영감을 받아

---

57 Peter Gatrell, *Russia's First World War: A Social and Economic History* (London: Pearson Education, 2005); Christopher Fischer, *Civilians in a World at War* (New York University Press, 2010).

새로운 형태의 강제력을 개발했다. 제2차 세계대전이 끝날 무렵, 두 강대국은 약 3,000만 명의 강제 노동자를 동원했다. 소련이 동원한 인력은 약 2,350만 명, 나치 독일이 동원한 인력은 약 770만 명이었다. 그중 200만 명 이상은 강제수용소에 수감되어 있었다. 3,000만 명 중 러시아인이 500만 명 이상이었으며, 그중 280만 명이 나치에 의해 전쟁 포로나 징집 노동자로 동원된 러시아인이었다.[58] 소련의 강제수용소 굴라크(Gulag)의 주요 목적은 정치적이었다. 소련 체제에 반대하는 자, 혹은 반대하는 것으로 간주되는 자들은 모두 여기에 감금되었다. 집단농장에 반대하는 농민, 소상공인, 무역업자, 전문직 종사자, 정치 활동가 등이 대상자였고, 나아가 집시와 유대인 및 '소수 민족'도 포함되었다.[59] 굴라크의 경제적 수익성을 평가하기는 쉽지 않다. 소련의 일부 지도자들은, 반(半)사막 지역에서는 인건비가 많이 들기 때문에 강제 노동이 유용하다는 이유로 소련의 굴라크를 정당화했고, 서구에서도 많은 학자들도 여기에 동의했다. 그러나 최근 연구에서 확인되었듯이 강제수용소는 극도로 비효율적이었다. 막대한 자원과 인적 자본이 그곳에서 파괴되었다. 민간에 외주를 주고 노동자를 임대하는 방식이 경제적으로는 가장 효율적인 방식이었다.[60]

---

58 Ulrich Herbert, *Hitler's Foreign Workers* (Cambridge University Press, 1997); Edwin Bacon, *The Gulag at War: Stalin's Forced Labor System in the Light of the Archives* (New York University Press, 1994); Paul Gregory and Valery Lazarev, eds., *The Economics of Forced Labor: The Soviet Gulag* (Stanford: Hoover Institution Press, 2003).
59 Oleg Khlevniuk, *History of the Gulag: From Collectivization to the Great Terror* (New Haven: Yale University Press, 2004).

유럽 이외에 다른 지역에서 노예제 철폐를 위해 국제기구의 노력이 처음 시도되었던 것도 이 무렵이었다. 1926년 국제연맹에서 노예제 및 노예 거래를 금지하는 협약이 체결되었고, 1930년 국제노동기구에서는 보다 일반적으로 강제 노동에 대응하는 협약이 체결되었다. 1926년의 협약은 노예제의 정의를 확장하며 다양한 형태의 착취 관행에 대응하기 시작했다. 그러나 일부 표현이 모호했고, 프랑스를 비롯하여 이를 주권 침해로 간주하는 국가들이 많았다. 그들은 국제기구의 감시 활동에 찬성하지 않았다.[61]

유럽에서는 강제 노동이 금지되어 있었지만, 프랑스는 제2차 세계대전 이후인 1946년에 이를 받아들였다. 당시 프랑스는 해외 식민지에서 세력을 잃어가는 중이었고, 제4공화국 제헌의회(Assemblee Nationale Constituante)에는 아프리카 출신 의원들이 참여하고 있었다. 국제사회는 강제 노동을 명확한 문제로 인식하고 있으며, 어떤 경우에도 용납될 수 없다는 강력한 합의에 도달했다. 국제노동기구(ILO)는 유럽의 입법이 식민지에도 적용되어야 한다고 주장했다. 즉 노동이 보편적인 사회 문제라는 주장이었다. 그러나 영국과 프랑스는 이를 강력하게 거부했다. 주권이라는 명분은 하나의 가림막을 제공했다. 그 뒤에서, 국제사회가 이미 용납할 수 없다고 합의했던 관행들이, 유럽과 미국 기업의 묵인 아래 다시 등장할 여지가 마련되었다.

노예제를 둘러싼 논쟁은 냉전의 광범위한 긴장과 구조 속에도 뿌리

---

60 Anne Applebaum, *Gulag: A History* (New York: Random House, 2003).
61 Suzanne Miers, *Slavery in the Twentieth Century* (Walnut Creek and Oxford: Altamira Press, 2003).

깊게 자리 잡고 있었다. 예컨대 미국은 석유 문제로 사우디아라비아에 깊이 관여하고 있었고, 영국은 그 때문에 사우디아라비아에서 노예제가 유지되고 있다고 불만을 제기했다. 프랑스는 사하라 관통 무역이 사우디아라비아의 노예제에서 중요한 역할을 하고 있다는 사실을 확인했다. 1962년에도 노예제는 사우디아라비아 내부적으로 정치 문제가 되었다. 쿠데타에 실패한 사우디아라비아의 왕족 20명이 이집트로 망명하여, 사우디아라비아의 노예제를 비난했다. 이는 당시 사우디아라비아와 대립하던 이집트 나세르 대통령에게 힘을 실어 주었다. 1963년 사우디아라비아에서 다시 한 번 쿠데타가 일어났다. 이후 새로운 사우디아라비아 정권은 공식적으로 노예제를 폐지했다. 그러나 1980년대까지도 사우디아라비아에서 노예제가 여전히 존재한다는 비판이 계속되었다.

식민지 아프리카에서도 노동 관련 복지 제도가 도입되었다. 그러나 유럽의 법적, 경제적 범주와 아프리카의 노동 사이에는 괴리가 존재했다. 그러므로 유럽의 제도가 아프리카에서 제대로 뿌리내리기란 쉽지 않았다.[62] 나아가 탈식민지 이후에도 노동 관련 법제의 대부분은 아프리카에서 그대로 유지되었다. 이는 오히려 학대를 정당화하는 데 기여하기도 했다. 아프리카에 진출해 있는 다국적 기업이나 코트디부아르 같은 신생 국가 정부는 노예제를 실시하고 있다는 비판을 전면 부인했다. 그러면서 노동 관련 법제를 준수한다는 명분을 내세웠다.(현실적으로 단속을 게을리하는 등으로 비난을 피해갔다고 한다. - 옮긴이) 아이러니하게

---

62 Frederick Cooper, *Decolonization and African Society* (Cambridge University Press, 1996).

도 이들과 정치적·지적 스펙트럼의 반대편에 있는 사람들도 노동 관련 법제를 중심으로 이야기한다. 즉 그들은 서구에서 온 개념과 규칙을 신식민주의의 한 형태라고 비판하지만, 기준은 서구식 노동 법제일 뿐 현실은 아니다. 그들은 모두 유럽 식민 열강이 이미 19세기 초부터 현실과 동떨어진 법제 타령을 해왔다는 사실을 간과하고 있다.

더 읽어보기

Allen, Richard. *Slaves, Freedmen and Indentured Laborers in Colonial Mauritius*. Cambridge University Press, 1999.

Bacon, Edwin. *The Gulag at War: Stalin's Forced Labor System in the Light of the Archives*. New York: New York University Press, 1994.

Beckert, Sven. *Empire of Cotton: A Global History*. New York: Knopf, 2014.

Blackburn, Robin. *The Overthrow of Colonial Slavery, 1776-1848*. London: Verso, 1988.

Brass, Tom and Marcel van der Linden, eds. *Free and Unfree Labour: The Debate Continues*. Bern: Peter Lang, 1997.

Campbell Gwyn, ed. *The Structure of Slavery in the Indian Ocean, Africa and Asia*. London: Frank Cass, 2004.

Campbell, Cameron and James Lee. 'Free and unfree labour in Qing China: emigration and escape among the bannermen of northeast China, 1789-1909', *History of the Family* 6 (2001), 455-476.

Carter, Marina. *Servants, Sirdars and Settlers: Indians in Mauritius, 1834-1874*. Oxford University Press, 1995.

Clarence-Smith, William Gervase, ed. *The Economics of the Indian Ocean Slave Trade*. London: Frank Cass, 1989.

Conrad, Robert. *The Destruction of Brazilian Slavery, 1850-1888*. Berkeley, CA: University of California Press, 1972.

Cooper, Frederick. *From Slaves to Squatters: Plantation Labor and Agriculture in Zanzibar and Coastal Kenya, 1890-1925*. New Haven and London: Yale University Press, 1980.

Davis, David Brion. *Challenging the Boundaries of Slavery*. Cambridge, MA: Harvard University Press, 2003.

The Problem of Slavery in the Age of Revolution. Oxford University Press, 1999.

de Queirós Mattoso, Kátia. *To Be a Slave in Brazil, 1550-1888*. New Brunswick, NJ: Rutgers University Press, 1987.

Dennison, Tracy. *The Institutions of Russian Serfdom*. Cambridge University Press, 2011.

Drescher, Seymour. *Abolitions: A History of Slavery and Antislavery*. Cambridge University Press, 2009.

Drescher, Seymour and Stanley Engerman, eds. *A Historical Guide to World Slavery*. Oxford University Press, 1998.

Eltis, David. *Economic Growth and the Ending of Transatlantic Slave Trade*. Oxford University Press, 1989.
―――. *Coerced and Free Migration: Global Perspectives*. Stanford University Press, 2002.
Engerman, Stanley, ed. *Terms of Labour: Slavery, Serfdom and Free Labour*. Stanford University Press, 1999.
Espada Lima, Enrique. 'Freedom, precariousness, and the law: freed persons contracting out their labour in nineteenth-century Brazil', *International Review of Social History* 54/3 (2009), 391-416.
Fall, Babacar. *Le travail forcé en Afrique Occidentale Française 1900-1946*. Paris: Karthala, 1993.
Fogel, Robert. *Without Consent or Contract: the Rise and Fall of American Slavery*. New York: Norton, 1994.
Gregory, Paul and Valery Lazarev, eds. *The Economics of Forced Labor: The Soviet Gulag*. Stanford: Hoover Institution Press, 2003.
Hansson, Anders. *Chinese Outcast: Discrimination and Emancipation in Late Imperial China*. Leiden: Brill, 1996.
Herbert, Ulrich. *Hitler's Foreign Workers*. Cambridge University Press, 1997.
Hoch, Steven. *Serfdom and Social Control in Russia: Petrovskoe, a Village in Tambov*. University of Chicago Press, 1986.
Holt, Thomas. *The Problem of Freedom: Race, Labour and Politics in Jamaica and Britain, 1832-1938*. Baltimore and London: The Johns Hopkins University Press, 1992.
Kolchin, Peter. *Unfree Labor: American Slavery and Russian Serfdom*. Cambridge, MA: Belknap, 1987.
Kumar, Dharma. *Land and Caste in South India*. New Delhi: Manohar, 1992.
Lovejoy, Paul. *Transformations in Slavery*. Cambridge University Press, 2002.
Lovejoy, Paul and Jan Hogendown. *Slow Death of Slavery: The Course of Abolition in Northern Nigeria, 1897-1936*. Cambridge University Press, 1993.
Maestri, Edmund, ed. *Esclavage et abolition dans l'Océan Indien, 1723-1869*. Paris: L'Harmattan, 2002.
Meillassoux, Claude. *Anthropologie de l'esclavage*. Paris: PUF, 1986.
Miers, Suzanne. *Slavery in the Twentieth Century*. Walnut Creek and Oxford: Altamira Press, 2003.
Miers, Suzanne and Richard Roberts, eds. *The End of Slavery in Africa* Madison: University of Wisconsin Press, 1988.
Miller, Joseph Calder. *Slavery and Slaving in World History: A Bibliography, 1900-*

1996. Armonk, New York: M.E. Sharpe, 1999.

Northrup, David. *Indentured Labour in the Age of Imperialism, 1834-1922*. Cambridge University Press, 1995.

Patterson, Orlando. *Slavery and Social Death: A Comparative Study*. Cambridge University Press, 1982.

Prakash, Gyan. *Bonded Histories: Genealogies of Labour Servitude in Colonial India*. Cambridge University Press, 1990.

Reid, Anthony. *Slavery, Bondage, and Dependency in South-East Asia*. London: MacMillan, 1984.

Renault, François. *Libération d'esclaves et nouvelle servitude: les rachats de captifs africains pour le compte des colonies françaises après l'abolition de l'esclavage*. Abidjan, 1976.

Roy, Thirtankar. *Traditional Industry in the Economy of Colonial India*. Cambridge University Press, 1999.

Scarr, Derrick. *Slaving and Slavery in the Indian Ocean*. London and New York: Macmillan, 1998.

Scott, Rebecca. 'Defining the boundaries of freedom in the world of cane: Cuba, Brazil, and Louisiana after emancipation', *American Historical Review* 99/1 (Feb., 1994), 70-102.

Scott, Rebecca, Thomas Holt, Frederick Cooper and Aims McGuinness. *Societies After Slavery: A Selected Annotated Bibliography of Printed Sources on Cuba, Brazil, British Colonial Africa, South Africa and the British West India*. University of Pittsburgh Press, 2004.

Shlomovitz, Ralph. 'Bound or free? Black labor in cotton and sugar cane farming, 1865-1880', *Journal of Southern History* 50 (1984), 569-96.

Stanziani, Alessandro. 'Free labour-forced labour: an uncertain boundary? The circulation of economic ideas between Russia and Europe from the 18th to the mid-19th century', *Kritikaa: Explorations in Russian and Eurasian History* 9/1 (2008), 1-27.

'Local bondage in global economies: servants, wage-earners, and indentured migrants in nineteenth-century France, Great Britain and the Mascarene Islands', *Modern Asian Studies* 1 (2013), 1-34.

'Serfs, slaves, or wage earners? The legal status of labour in Russia from a comparative perspective, from the 16th to the 19th century,' *Journal of Global History* 3/2 (2008), 183-202.

'The traveling panopticon: labor institutions and labor practices in Russia and

Britain in eighteenth and nineteenth centuries', *Comparative Studies in Society and History* 51/4 (2009), 715-741.

ed. *Labour, Coercion and Growth in Eurasia, 17th-20th Centuries*. Leiden: Brill, 2012.

Steinfeld, Robert. *The Invention of Free Labour: The Employment Relation in English and American Law and Culture, 1350-1870*. Chapel Hill: University of North Carolina Press, 1991.

Tinker, Hugh. *A New System of Slavery: The Export of Indian Labour Overseas, 1830-1920*. London: Hansib, 1974.

Toledano, Ehud. *Slavery and Abolition in the Ottoman Middle East*. University of Washington Press, 1997.

Turner, Mary. 'The British Caribbean, 1823-1838: the transition from slave to free legal status', in Douglas Hay and Paul Craven (eds.), *Masters, Servants and Magistrates in Britain and the Empire, 1562-1955*. Chapel Hill and London: The University of North Carolina Press, 2004, pp. 303-322.

Ward, J. R. *British West India Slavery, 1750-1834: The Process of Amelioration*. Oxford University Press, 1988.

PART 2

문화와 연결

CHAPTER 6

백화점과 문화의 상품화

안토니아 피넌
Antonia Finnane

18세기 중엽, 아직은 중국 사회 전반에 보수적인 분위기가 짙게 깔려 있었다. 학자이자 화가였던 정판교(鄭板橋, 鄭燮, 1693년 - 1765년)는 양자강 하류의 도시 양주(揚州, 양저우)에서 자신의 거처 문 앞에 그림의 가격표를 붙여놓아 큰 논란을 일으켰다. 정판교는 은퇴한 관리였다. 당시 그가 속한 사회적 계층에서는 그림이 상업적 행위가 아닌 고상한 취미로 여겨졌다. 학자가 동료에게 두루마리 그림을 건넬 때는 마치 선물처럼 주어야 했다. 만약 대가를 받는다면, 마치 영국 사회에서 의사가 환자로부터 보수를 받을 때 앤서니 트롤로프(Anthony Trollope)가 그랬던 것처럼, "오른손이 하는 일을 왼손이 모르게" 해야 했다. 명망 있는 의뢰인은 대나무 그림 한 폭이 은(銀) 2냥에 거래되었다는 사실이 너무 적나라하게 알려지기를 원치 않았다.[1]

이런 상황은 이름만 다를 뿐 서양의 미술사 연구자들에게도 익숙한 이야기일 것이다. 17세기 판화가 아브라함 보스(Abraham Bosse, 1604 - 76년)는, 프랑스 궁정에서 고귀한 화가로 인정받는 인물과 생계를 위해 그림을 그리는 '천한 예술가'의 대조적인 모습을 묘사하면서, 중국의 문

---

1 Ginger Cheng-chi Hsü, *A Bushel of Pearls: Painting for Sale in Eighteenth-Century Yangchow* (Stanford University Press, 2001), pp. 146-147.

인화가와 장인화가 간의 대비를 거의 완벽하게 포착해냈다.[2] 두 경우 모두에서 사회적 지위가 중요한 문제였지만, 동시에 예술 자체의 위상도 논의의 대상이었다. 그때는 이미 예술의 상업화가 상당히 진행된 뒤였다. 네덜란드 공화국에서는 구두 수선공조차도 집에 그림을 걸어둘 정도였다.[3] 그러나 이러한 현실조차도 예술과 상업이 결합하는 데 따른 충격을 완전히 희석시키지는 못했다.

동서양에서 동시에 진행되고 있던 이와 같은 변화는, 오늘날 '문화의 상품화(commodification of culture)'로 알려진 과정의 일부였다. 이 용어는 문화적 산물이 의례와 인간관계의 영역에서 벗어나 시장으로 이동하는 현상을 설명하는 데 사용되지만, 때로는 비판적인 의미를 담기도 한다. 이 과정은 초기 근대 도시에서 예술가, 상인, 소비자들이 벌인 소규모 상업 활동 속에서도 감지될 수 있었으나, 19세기에 이르러서야 본격적인 현상으로 자리 잡았다.

이 과정의 중심에는 백화점이 있었다. 이는 아브라함 보스나 정판교의 살아 생전에는 아직 등장하지 않았던 것이다. 해외 제국이 급속히 확장되던 이 시기, 백화점은 제국의 축소판과도 같았다. 독립적이면서도 서로 연결된 다양한 부서들로 이루어진 이 거대 상점에서는 중산층의 일상에 필요한 의류와 가구뿐만 아니라, 회화와 음악 같은 문화적 상품도 제공했다. 미국에서 닐 해리스(Neil Harris)는 백화점이 "예술품과 값

---

[2] Svetlana Alpers, *Rembrandt's Enterprise* (University of Chicago Press, 1988), p. 91.
[3] Jan De Vries, *The Industrious Revolution: Consumer Behavior and the Household Economy, 1650 to the Present* (Cambridge University Press, 2008), p. 54.

비싼 공예품을 전시하는 미술관의 독점적인 역할에 도전했다"고 평가했다.[4] 이처럼 1850년부터 1950년까지의 '과도기(in-between century)'에, 백화점은 세계 여러 지역에서 등장하여 상품 집적의 대표적인 장소로 자리 잡았다. 그러므로 백화점은 시장과 문화가 융합되는 과정을 살펴보기에 아주 좋은 지점이다. 그렇다면 그 과정은 얼마나 일반적이었을까? 얼마나 균일하게 진행되었으며, 어떻게 완성되었는가?

백화점

최근 몇 년간 역사학자들은 상점, 특히 백화점에 대해 많은 연구를 진행해 왔다. 주로는 국가별 맥락에서 연구가 이루어졌고 개별 백화점에 초점을 맞춘 경우가 많았다. 시간이 흐르면서 백화점은 비교 경제학, 젠더 연구, 건축학 등 다양한 역사학 분야에서 논쟁의 기초를 제공해 왔다. 양차 세계대전 사이 프랑스 파리에서 발터 벤야민(Walter Benjamin)은 수백 시간을 들여 백화점에 대한 노트를 작성했다. "상점(boutique)에서 매장(magasin)이 생겨났고, 아케이드(arcade)에서 백화점이 탄생했으며, 19세기를 거치는 동안 예술과 문학이 '상품으로서 시장에 진입'했다"는 것이 그의 관찰이었다.[5]

오늘날 소비문화의 여러 측면들이 그러하듯이, 백화점의 선례도 초기 근대에서 찾을 수 있다. 네덜란드, 영국, 프랑스에서는 1750년 이전

---

4 Neil Harris, *Cultural Excursions: Marketing Appetites and Cultural Tastes in Modern America* (The University of Chicago Press, 1990), p. 65.
5 Walter Benjamin, *The Arcades Project* (Cambridge, MA: Harvard University Press, 1999), Exposé of 1935, p. 13.

한 세기 동안 수공예품을 판매하는 소매점이 급증했다.[6] 성장하던 소매 상거래의 주요 품목은 실, 직물, 잡화, 기성복 등이었지만, 서점과 예술품을 취급하는 상점들도 함께 번성했다. 앤 버밍엄(Ann Bermingham)은 당시의 분위기를 생생하게 묘사하며, 젊은 시절의 앙투안 와토(Antoine Watteau)가 지방 상인들을 위해 종교화를 대량 생산하던 모습을 그렸다.[7]

근세 유럽의 소비사회에 대한 방대한 연구들을 살펴보면, 산업혁명을 촉발한 물질적·상업적 문화가 세계적으로 유례없는 것이었다고 생각하기 쉽다. 물론 유럽의 소비문화는 고유한 특징을 가지고 있었지만, 세계 다른 지역에서도 유사한 발전이 있었다. 같은 시기 동아시아로 눈을 돌려보면, 유럽의 상점에 못지않은 상점들이 그곳에도 존재했음을 알 수 있다. 초기 근대 유럽과 중국의 상점을 비교한 흔치 않은 연구에서, 로버트 배철러(Robert Batchelor)는 중국의 상점 건물이 17세기 런던에서 등장한 상점에 비해 비교적 일시적인 구조물이었다고 주장했다.[8] 그러나 이는 중국 소매업의 하위층에만 해당할 가능성이 크다. 17-18세기 번성하던 중국의 도시에서는 상점이 도시의 물질적 구조와 잘 융합되어 있었으며, 적어도 벨기에 안트베르펜의 상점들과 유사한 형태를 갖추고 있었을 것이다.[9] 19세기 초, 헨리 엘리스(Henry Ellis)는 강소성

---

6 De Vries, *The Industrious Revolution*, p. 69.
7 Ann Bermingham, "Introduction – the consumption of culture: image, object, text," in Ann Bermingham and John Brewer (eds.), *The Consumption of Culture, 1600-1800: Image, Object, Text* (London: Routledge, 1997), p. 2.
8 Robert Batchelor, "On the birth of consumer society as interactions of exchange networks, 1600-1750," in John Brewer and Frank Trentmann (eds.), *Consuming Cultures, Global Perspectives, Historical Trajectories* (London: Berg, 2006), pp. 95-122.

(江蘇省) 무호(蕪湖, 우후)의 상점들을 보고 감탄하며 "스트랜드(Strand)나 옥스퍼드(Oxford) 거리에 두어도 손색이 없을 것"이라고 평가했다.[10]

몇몇 다른 분야에서도 그렇지만 쇼핑 문화에서도, 19세기에 접어들면서 중국과 유럽 간의 '대분기(Great Divergence)'가 나타났다.[11] 19세기 런던과 파리에서는 상점의 형태가 빠르게 변화하고 있었다. 존 톰슨(John Thomson, 1837년-1921년)이 1870년경 중국의 상점을 묘사한 글에서도 그와 같은 변화를 유추할 수 있다. 그는 "화강암 받침대 위에 … 세로로 간판이 세워져 있다. 한때 우리나라에서도 그랬듯이, 이것이 중국 상점의 필수적인 특징"이라는 기록을 남겼다.[12] 톰슨이 중국에 머물던 당시, 유럽에서는 소매업이 새로운 방향으로 발전하고 있었으며, 이러한 변화는 머지않아 중국에서도 나타나게 될 것이었다. 19세기 후반과 20세기 전반에 걸쳐, 세계 주요 도시에서 대형 백화점이 속속 건설되었다. 뉴욕의 메이시스(Macy's), 런던의 화이트리스(Whiteley's), 파리의 봉마르셰(Bon Marché)는 초기 백화점의 대표적인 사례지만, 당시 세계 곳곳에 들어섰던 백화점들 중 가장 유명한 예일 뿐이다. 1840년대부

---

9 徐敏, "晚明城鎮商業的空間發展—以店舖業為指示", 中国经济史论坛 (2006年5月) http://economy.guoxue.com/article.php/8569 (accessed 11 February 2008); Wallace Chang Ping Hung, "The city so prosperous: episodes of urban life in Suzhou," *Journal of Architecture* 5 (Autumn 2000), 267-291.
10 Henry Ellis, *Journal of the Proceedings of the Late Embassy to China* (London: Edward Moxon, 1840), pp. 44, 78.
11 Phrase adapted from Kenneth Pomeranz, *The Great Divergence: China, Europe, and the Making of the Modern World Economy* (Princeton University Press, 2001).
12 John Thomson, *Through China with A Camera* (London: Harper & Bros, 1899), p. 68.

터 대서양 양안에서 부문별로 구획된 상점이 발달했으며, 이후 1880년 대에는 영국 식민지에서도 본격적으로 백화점이 등장했고, 곳곳에서 수많은 대형 상업시설(emporia)이 건설되었다. 다만 이와 같은 발전 과정에서 전형적으로 거쳐 왔던 단계가 정확히 어느 날짜에 시작되었는지는 특정할 수 없으며, 따라서 백화점의 역사적 장면을 명확히 밝히는 것은 불가능에 가깝다.[13]

백화점은 역사적으로 소비문화의 아이콘으로서 강한 매력을 지녀왔다. 산업사회에서 백화점은 사람들의 소비 욕구를 자극하고 충족시켰으며, 특히 산업혁명의 변화로 이익을 얻은 계층에게는 더욱 그러했다. 19세기에는 전형적인 부르주아 기관이었던 백화점이 20세기에는 포스트(post)-부르주아 도시 대중을 수용하는 공간으로 확장되었다. 이렇게 하여 백화점은 이후 등장하는 "소비의 성당(cathedrals of consumption)", 즉 쇼핑몰의 전신(前身)이 되었다.

백화점의 기원은 주로 포목점과 잡화점이었다. 미국에서는 창고와의 관계도 깊었다.[14] 이러한 기원은 백화점의 건축적 요소뿐만 아니라, 이후에도 백화점 안에서 중요한 역할을 차지했던 의류 매장에서 명확

---

13 Michael B. Miller, *The Bon Marché: Bourgeois Culture and the Department Store, 1869-1920* (Princeton University Press, 1981); Harry E. Resseguie, "Alexander Turney Stewart and the development of the department store, 1823-1876," *Business History Review* 39/3 (Autumn, 1965), 30; For a table of early stores and dates of founding, see Douglas J. Goodman and Mirelle Cohen, *Consumer Culture: A Reference Handbook* (Santa Barbara: ABC-CLIO, 2004), p. 14, Table 1.3.
14 Sigfried Giedion, *Time, Space, and Architecture* (Cambridge, MA: Harvard University Press, 1967), p. 238.

히 드러났다. 예를 들어 카이로(Cairo)나 상해(上海, 상하이) 같은 곳에서는 기성복 재고가 비교적 적었지만, 원단 코너는 대규모로 운영되었던 것 같다.[15] 대부분의 백화점은 여성 고객을 주요 대상으로 삼았으며(여성 전용은 아니었지만), 여성의 구매력을 인식하고 상대적으로 안전한 쇼핑 환경을 제공했다. 품위를 유지하는 것은 상류층 여성 고객을 지속적으로 유치하는 데 중요한 요소였다. 파리 봉마르셰의 경우, "미덕(virtue)은 상표"라고 할 정도였다.[16]

"백화점(department store)"이라는 용어는 일반적으로 영어권에서 사용되었으며, 일부 언어에서는 음성 차용 형태로 나타났다. 이는 미국에서 유래된 용어이며, 백화점의 여러 일반적인 특징들도 미국식 모델을 따랐다. 독일에서는 20세기 초 타이츠(Teitz) 형제가 미국 모델을 의식적으로 모방하여 백화점을 세웠으며,[17] 일본에서도 1920-30년대 철도역 주변에 '데파토(デパート)'가 등장했다.[18] 바르셀로나의 알마세네스 엘 시글로(Almacenes El Siglo, 세기 상점)의 창립자들은 쿠바에서 미국식 소매 방식을 접한 후, 뉴욕과 시카고를 방문해 더 많은 것을 배웠다.[19] 제2차 세계대전 이전까지 영국과 호주 모델이 주된 영향을 미쳤던 뉴질랜

---

15 Nancy Reynolds, *A City Consumed: Urban Commerce, the Cairo Fire, and the Politics of Decolonization in Egypt* (Stanford University Press, 2012), p. 59.
16 Miller, *Bon Marché*, p. 220.
17 Donal L. Niewyk, *The Jews in Weimar Germany* (New Brunswick: Transaction Publishers, 2001), p.13.
18 Brian Moeran, "The birth of the Japanese department store," in Kerrie McPherson (ed.), *Asian Department Stores* (Richmond: Curzon Press, 1998), p. 163.
19 Jesus Cruz, *The Rise of Middle-Class Culture in Nineteenth-Century Spain* (Baton Rouge: Louisiana State University Press, 2011), p. 127.

드에서도, 전쟁 이후 미국 모델로의 뚜렷한 전환이 이루어졌다.[20]

뉴질랜드의 사례가 시사하듯이, 19세기 백화점의 초기 역사에서 북아메리카의 모델이 항상 가장 두드러진 것은 아니었다. 사실 "백화점(department store)"이라는 용어는 19세기에는 일반적으로 사용되지 않았다. 영국에서 이 용어가 도입된 것은 1909년으로, 미국의 해리 고든 셀프리지(Harry Gordon Selfridge)가 시카고의 마셜 필드 앤 컴퍼니(Marshall Field and Co.)에서 25년간 근무한 후 런던에 셀프리지 백화점을 설립하면서였다.[21] (그림 6-1) 영국에서 더 익숙했던 표현은 "유니버설 프로바이더스(universal providers, 모든 것을 제공하는 자)"였는데, 이는 종교적 의미를 내포한 용어였다. 처음이자 가장 유명하게는 1863년 윌리엄 화이트리(William Whiteley)가 웨스트 런던에서 개점한 잡화점(haberdashery)에서 유래했다.[22] 이후 이 용어는 런던을 넘어 영국의 식민지 세계로 확산되었다. 케이프타운에서는 갈릭(J. Garlick)의 대형 상업시설에 적용되었으며,[23] 시드니에서는 앤서니 호든(Anthony Hordern)의 백화점이 "남반구에서 가장 크고 인기 있는 유니버설 프로바이더스"라고 자칭했다.[24] 1885년 스코틀랜드의 무이어 앤 미릴리스(Muir and Mirrielees) 회사는

20 Evian Roberts, "'Don't sell things: sell effects': overseas influences in New Zealand department stores, 1909-1956," *Business History Review* 77/2 (Summer 2003), 266-267.
21 Lindy Woodhead, *Shopping, Seduction, and Mr Selfridge* (London: Profile Books, 2007), p. 2.
22 Erika Rappaport, *Shopping for Pleasure: Women in the Making of London's West End* (Princeton University Press, 2001), p. 27.
23 James Salter-Whiter, *A Trip to South Africa* (London: W. Pile, 1892), p. 63.
24 *Sydney Morning Herald*, March 7, 1885, p. 17.

[그림 6-1] 셀프리지 백화점의 제과 섹션, 20세기 초

모스크바에 "유니베르살니 마가진(Universal'nyi magazin, 보편적 공급자 상점)"을 개점했다.[25] 이외에도 이 용어는 주로 대영제국의 영향권을 따라 확산되었다. 시드니에서 홍콩, 광주(廣州, 광저우), 상해(상하이)로 전파되었고, 1901년부터 중국계 호주 기업가들이 잇달아 "유니버설 프로바이더스"를 설립했다. 대표적인 예로는 앤서니 호든의 영향을 받은 선시(先施, Sincere), 영안(永安, Wing On), 신신(新新, Sun Sun), 대신(大新, Dah Sun, 또는 The Sun) 등이 있었다.[26] 이러한 백화점들은 영국이 지배하는

---

25 Marjorie L. Hilton, *Selling to the Masses: Retailing in Russia, 1880-1930* (University of Pittsburgh Press, 2012), p. 22.
26 Wellington K. Chan, "Personal styles, cultural values, and management: the Sincere and Wing On Companies in Shanghai and Hong Kong, 1900-1941,"

지역, 즉 홍콩, 광주의 조계지 사면(沙面, 샤미엔), 그리고 상해의 국제 조계(프랑스 및 일본 조계 제외) 등지에서 운영되었다.

프랑스 또한 강경책과 유화책을 병행하며 제국의 길을 개척했다. 중동에서는 영국과 프랑스의 영향력이 겹쳐서 알렉산드리아와 카이로에서는 데이비스 브라이언 앤 로버츠(Davies Bryan and Roberts), 휴즈 & 컴퍼니(Hughes & Co.) 같은 영국식 백화점이 프랑스식 '그랑 마가쟁(grands magasins)'인 시퀴렐(Cicurel)과 오로스디-백(Orosdi-Back)과 나란히 자리했다. 그러나 문화적 영향력은 프랑스가 절대적이었다. 프랑스어를 사용하는 가문들이 다수의 지역 백화점을 소유했을 뿐만 아니라, 봉 마르셰(Bon Marché), 프랭탕(Printemps), 갤러리 라파예트(Galeries Lafayette), 루브르(Louvre)와 같은 프랑스 백화점의 지점들도 이곳에 설립되었다.[27] 터키에서도 상류층 문화는 사실상 프랑스 문화였고, 이스탄불에서 가장 호화로운 서구식 백화점은 에타블리스망 오로스디-백(EOB, Etablissements Orosdi-Back)이었다.[28] 한편 지구 반대편의 브라질에서는 1820년대부터 프랑스 상인들이 고급 상업을 지배했고, 리우데자네이루의 유행은 "파리의 일정"을 따랐다. 1870년대에 급성장한 백화점들은 노트르담 드 파리(Notre Dame de Paris) 등 프랑스어 이름을 지니

---

in McPherson (ed.), *Asian Department Stores*, pp. 66-89; John Fitzgerald, *Big White Lie: Chinese Australians in White Australia* (Sydney: UNSW Press, 2007), pp. 190-199.

27 Reynolds, *City Consumed*, p. 56.

28 Yavuz Köse, "Vertical bazaars of modernity: western department stores and their staff in Istanbul (1889-1921)," in Touraj Atabaki and Gavin Brockett (eds.), *Ottoman and Republican Turkish Labour History. International Review of Social History*, Vol. 17, Supplement. (Cambridge University Press, 2009), p. 97.

고 있었으며, 취급하는 상품은 모두 수입품이었다.[29] 아르헨티나에서는 영국의 영향력이 커서 1910년 영국의 해러즈(Harrods)가 부에노스아이레스에 지점을 열었지만, 문화적으로는 이탈리아와 프랑스의 영향력이 우세했다.[30]

소규모 제국들도 국제적인 무역 경로를 따라 백화점을 세웠다. 이들 백화점은 국제 무역로의 이정표 역할을 했다. 베를린에서는 1903년 브루노 안텔만(Bruno Antelmann)이 오리엔탈풍의 "독일 식민지 하우스(German Colonial House)"를 건설했다. 제프 바워속스(Jeff Bowersox)에 따르면 이곳은 독일 식민지에서 가져온 다양한 상품을 판매하는 일종의 백화점이었다.[31] 최초의 독일계 백화점은 이보다 18년 앞선 1885년 러시아 블라디보스토크에 세워졌다. 이는 함부르크 출신 상인들이 극동 지역에서 운영한 쿤스트 앤 알버스(Kunst and Albers)라는 체인의 일부였다. 이 회사는 1903년 중국으로도 사업을 확장하여, 당시 독일 식민지였던 청도(青島, 칭다오)와 바다로 쉽게 연결되는 대련(大連, 다롄, Port Arthur)에서 백화점 설립에 힘썼다. 그러나 이들의 사업 확장은 일본 제국의 팽창으로 중단되고 말았다. 일본은 1905년 짧지만 격렬했던 전쟁에서 러시아를 물리친 뒤, 본격적으로 북중국 지역에 진출하기 시

---

29 Jeffrey D. Needell, *A Tropical Belle Epoque: Elite Culture and Society in Turn-of-the-century Rio de Janeiro* (Cambridge University Press, 1987), p. 288, n.20.
30 Matthew Brown, "Introduction," in Mathew Brown (ed.), *Informal Empire in Latin America: Culture, Commerce and Capital* (New York: John Wiley and Sons, 2009), p.12.
31 Jeff Bowersox, *Raising Germans in the Age of Empire: Youth and Colonial Culture, 1871-1914* (Oxford University Press, 2013), p. 90.

〔그림 6-2〕 일본 도쿄의 근대 백화점 내부, 1895년-1900년경

작했다.[32] 일본군이 진출한 지역마다 백화점이 따라 들어섰고, 일본 제국 전역으로 백화점이 퍼져 나갔다. 일본 국내뿐 아니라 식민지였던 조선, 대만, 만주 등에도 백화점들이 잇달아 설립되었다.(그림 6-2) 일본을 대표하는 백화점 미쓰코시(三越) 또한 식민지 여러 지역에 지점을 운영했다.[33]

32 Lothar Deeg, *Kunst and Albers Vladivostok: The History of a German Trading Company in the Russian Far East, 1864-1924*, Sarah Bohnet trans. (Berlin: epubli, 2013).
33 Sang Chul Choi, "Moves into the Korean market by global retailers and the response of local retailers: lessons for the Japanese retail sector?" in Sang Chul Choi, John Dawson, Roy Larke and Masao Mukoyama (eds.), *The*

제국의 맥락에서 백화점의 역사를 조명한다고 해서 미국을 배제할 수는 없다. 미국의 역량과 영향력 역시 제국의 틀 안에서 움직였다.[34] 그러나 미국이 백화점 산업에서 명확한 모델이 된 것은 유럽 해양 제국의 정점 이후였다. 나중에는 미국의 백화점을 비롯한 여러 상업 기관들이 운영 방식에서 가장 분명한 모델로 부상했다. 그런 측면에서 시간이 흐른 뒤에 "유니버설 프로바이더스"라는 용어는 점차 사라지고, 내부 조직뿐만 아니라 명칭까지도 "백화점(department store)"으로 통일된 것은 자연스러운 변화였다. 양차 세계대전을 거치는 사이 제국의 지배 구조는 점점 느슨해졌다. 세계의 여러 제국들은 결국은 해체될 운명이었다. 민족국가로 구성된 세계가 도래한 뒤, 어떤 경로를 통해 헤게모니를 획득했든 간에, "백화점(department store)"이라는 개념은 "유니버설 프로바이더스"보다 더 적절하고 의미 있는 이름이 되었다.

19세기와 20세기 초의 백화점은 제국주의 시대의 산물이자, 역사가 낸시 레이놀즈(Nancy Reynolds)의 말처럼 "세계적 근대성을 보여주는 문화적 교과서"였다.[35] 레이놀즈는 이 표현을 이집트 카이로의 사례에서 사용했지만, 다른 지역에도 그대로 적용할 수 있다. 당시 백화점은 고객들이 세계를 만나는 장소였다. 예를 들어 화이트어웨이 레이드로(Whiteaway Laidlaw)와 같은 백화점은 영국 상품을 식민지에 판매하는 것

    Internationalisation of Retailing in Asia (London: Routledge Curzon, 2003), pp. 49-66, here p 51.
34 Mona Domosh, *American Commodities in an Age of Empire* (New York: Taylor and Francis, 2006), pp. 11-12.
35 Reynolds, *A City Consumed*, p. 76.

을 목적으로 했다. 반면 런던의 리버티(Liberty) 백화점은 인도와 중국의 공예품을 판매해 큰 성공을 거두었다.[36] 이처럼 백화점에서는 단순히 지역 상품을 보여주는 데 그치지 않고, 세계 각국의 다양한 제품을 전시하고 판매하는 것이 더 중요했다. 당시 일제 식민지였던 조선에서도 사람들은 전통적이고 지역적인 한국 상점보다는 더 현대적이고 세련된 분위기를 갖춘 일본 백화점을 더 선호했다.[37]

제국과 세계주의의 이면에는 식민지와 민족주의가 존재했다. 전반적으로 식민지 세계의 상점에 대한 연구는 부족한 편이지만, 인도나 사하라 이남 아프리카의 백화점은 대부분 향토적이지 않았다. 당시 골드코스트(Gold Coast, 현재의 가나)의 킹스웨이(Kingsway) 백화점은 1920년에 설립되어 유럽인들이 본국에서 누리던 생활양식을 유지할 수 있도록 도왔다.[38] 동아프리카에서 가장 큰 상점이었던 나이로비의 S. 제이콥스 컴퍼니(S. Jacobs Co.)도 마찬가지였다. 1906년 새미와 거티 제이콥스(Sammy and Gertie Jacobs)가 설립한 백화점이었다.[39] 북로디지아(현재의 잠비아) 키트웨(Kitwe)에서는 시드 다이아몬드(Sid Diamond)가 운영하던 스탠더드 트레이딩(Standard Trading)이 "중앙아프리카에서 가장

---

36 Saloni Mathur, *India by Design: Colonial India and Cultural Display* (Berkeley, CA: University of California Press, 2007), p. 42.
37 Kataryna J. Cwiertka, "Dining out in the land of desire: colonial Seoul and the Korean culture of consumption," in Laura Kendall (ed.), *Consuming Korean Tradition in Early and Late Modernity: Commodification, Tourism, Performance* (Honolulu: University of Hawai'i Press, 2011), pp. 29-31.
38 Bianca Murillo, "'The modern shopping experience': Kingsway Department Stores and consumer politics in Ghana," *Africa* 82/3 (August 2012), 372.
39 John Spencer, *KAU* (London: Taylor and Francis, 1985), p. 296.

훌륭한 백화점"으로 일컬어졌다.[40] 인도에서는 화이트어웨이 레이드로 (Whiteaway Laidlaw, 동아프리카 및 중국에도 지점이 있었음), 에반스 프레이저(Evans Fraser), 홀 & 앤더슨(Hall & Anderson)과 같은 백화점이 유명했다.[41] 이러한 백화점들이 주로 식민 지배층에 의해 이용되었을 가능성이 있지만, 이는 개별 사례별로 검증이 필요하다. 1910년대 상해(상하이)에서 화이트어웨이 레이드로 백화점은 주요 중국어 신문인 《신보(申報)》에 정기적으로 광고를 게재했으며, 이는 중국 고객이 수익의 중요한 부분을 차지했음을 시사한다. 독립 직전 가나의 수도 아크라(Accra)에서 킹스웨이 백화점의 고객층도, 적어도 절반 이상이 현지인이었다.[42]

20세기 초반, 식민지 국가들 사이에서 상품이 가진 문화적 의미가 점점 더 주목받기 시작하면서 세계 각지에서 국산품 장려 운동이 빠르게 확산되었다. 1905년 인도 캘커타(현 콜카타)의 그레이 스트리트(Grey Street)에 문을 연 "스와데시 상품 대백화점(Grand Emporium of Swadeshi Goods)"은 애국심 강한 인도인들을 위한 다양한 국산 제품을 선보이며, 가장 대표적인 국산품 애용 운동의 출발점이 되었다. 이는 곧 인도 독립 운동의 중요한 상징이 되었다.[43] 당시 영국계 대형 백화점들은 "퀫 인디아(Quit India, 인도에서 꺼져라)" 운동이 일어나면서 외국 상품 반대 운동

---

40 Hugh Macmillan, *An African Trading Empire: The Story of the Susman Brothers and Wultsuhn, 1901-2005* (London: I.B.Tauris, 2005), p. 304.
41 Ranjani Mazumdar, *Bombay Cinema: An Archive of the City* (University of Minnesota Press, 2007), p. 223.
42 Murillo, "'The modern shopping experience,'" p. 372.
43 Arun Chaudhuri, *Indian Advertising, 1780-1950 A.D.* (New Delhi: Tata McGraw Hill Publishing Company, 2007), p. 157.

의 주요 목표물이 되었고, 결국 인도의 독립과 함께 모두 문을 닫게 되었다.[44] 1930년대 이집트의 카이로에서도 비슷한 움직임이 일어나 프랑스계 백화점들이 차례로 문을 닫게 되었다.[45] 중국에서도 이미 1905년부터 외국 제품을 거부하는 운동이 간헐적으로 나타났으며, 특히 1920-30년대 일본의 침략이 심해지고 태평양 전쟁이 다가오자 불매운동은 더욱 격렬해졌다.[46] 이러한 일련의 운동은 근대적 세계 시장에서 단순히 상품 자체의 목록보다도 각 상품이 지닌 문화적, 상징적 의미를 더욱 분명하게 드러냈다.

예술의 상품화

상품의 민족적 의미, 즉 상품의 원산지를 민족적 감수성으로 바라보던 태도는, 백화점에서 상품을 매매하는 문화가 어떻게 개입되는지를 보여주는 중요한 사례였다. 그렇다면 여기서 말하는 "문화(culture)"란 무엇을 의미하는가? 20세기 중반, 문화의 의미에 대해 고민한 학자 레이먼드 윌리엄스(Raymond Williams)는 문화가 산업혁명이라는 큰 변화에 대한 반응 속에서 끊임없이 발전해 온 개념이라고 설명했다. 그는 문화의 어원을 추적하며, 처음에는 "자연의 성장을 돌보다"라는 뜻에서 출발해 점차 "예술 전반"을 가리키는 의미로 확장되었다고 밝혔다(오늘날 우

---

44 Ranjani Mazumdar, *Bombay Cinema: An Archive of the City* (University of Minnesota Press, 2007), p. 223.
45 Reynolds, *A City Consumed*, pp. 92-93.
46 Karl Gerth, *China Made: Consumer Culture and the Creation of the Nation* (Cambridge, MA: Harvard University Asia Centre, 2003).

리에게 익숙한 의미다). 그의 연구는 결국 문화가 "물질적, 지적, 정신적 요소를 포함하는 삶의 총체적인 방식"이라는 포괄적인 의미에 도달하게 되었음을 보여준다.[47] 만약 윌리엄스가 문화의 의미를 시간적 측면뿐 아니라 공간적으로도 탐구했다면, "문화"라는 개념이 유럽을 넘어 아시아로까지 어떻게 퍼져 나갔는지 알게 되었을 것이다. "문화"라는 단어는 독일어(Kultur), 이탈리아어(cultura), 터키어(kültür) 등 다양한 언어를 거쳐 아시아로 전파되었다. 특히 동아시아에서는 19세기 후반 일본에서 만들어진 신조어 "분카(文化, bunka)"가 중국의 "원화(文化, wenhua)", 한국의 "문화(文化, munhwa)", 베트남의 "반호아(文化, văn hóa)"로 퍼져나갔다. 이처럼 다양한 나라로 이어진 문화 개념의 네트워크는 19-20세기의 민족주의 운동과 국가 형성 과정과 밀접한 관계가 있다. 실제로 민족주의는 윌리엄스가 생각한 것보다 문화라는 개념에 훨씬 더 깊고 넓은 영향을 미쳤던 것이다.

하지만 문화의 상품화를 비판했던 사람들에게 문화는 창의적인 예술, 즉 '고급문화'를 뜻했다. 문학, 회화, 음악과 같은 예술은 사람들의 생활 방식과 분리하기가 쉽지 않으며, 특히 그 예술이 생활 방식을 표현하고 지키는 역할을 한다면 더욱 그렇다. 그럼에도 19세기부터 20세기 중반까지는 예술이 곧 문화라고 여겨지는 시각이 널리 퍼져 있었다. 예술은 교육받은 엘리트층의 가치관에서 중심적인 자리를 차지했고, 점점 종교를 대신해 세상을 이해하는 새로운 방식으로 자리 잡았다. 이런 상

---

47 Raymond Williams, *Culture and Society, 1780-1950* (Harmondsworth: Penguin Books, 1958), p. 16.

황에서 예술이 단순한 상품으로 전락하는 것은 마치 성스러운 신전에서 환전상이 돈을 바꾸는 모습을 보는 것만큼이나 충격적인 일이었다.

이 장의 앞부분에서 살펴보았듯이, 예술이 상품으로 거래된 역사는 오래되었다. 철학자 아도르노(Theodor Adorno)에 따르면, 이러한 '문화의 상업화 시스템'은 이미 1700년경 영국에서 시작되었다. 당시 영국에서는 작가들이 문학작품을 시장의 요구에 맞추어 창작하고, 스스로 시장을 형성하고 유지하며 통제하기 시작했다는 것이다.[48] 아도르노는 이를 '문화산업'(culture industry)이라고 불렀는데, 문화산업이란 똑같은 내용을 반복적으로 찍어내고, 개성이 사라진 획일적인 상품을 널리 퍼뜨리는 부정적 현상이었다. 당대의 문화를 비판적으로 바라본 사람은 아도르노뿐만이 아니었다. 제2차 세계대전 직전 비평가 클레멘트 그린버그(Clement Greenberg)는 대중문화를 "전통문화를 없애고 각 지역 고유의 문화를 훼손하는 전염병 같은 존재"라고 묘사하면서, 결국 이것이 "인류 역사상 최초의 전 세계적 공통 문화가 될 것"이라고 예측했다.[49]

백화점은 이러한 문화의 상품화 과정에 직접적으로 관여했다. 아도르노가 "문화의 무덤"이라 부른 백화점은[50] 생활용품뿐 아니라 예술 작품까지 전시하고 판매하는 공간이 되었다. 대표적으로 봉 마르셰(Bon

---

48 Theodor Adorno, "How to look at television," in Adorno, *The Culture Industry* (London: Routledge, 2001), p. 160.
49 Clement Greenberg, "Avant-garde and kitsch (1939)," in Sally Everett (ed.), *Art Theory and Criticism: An Anthology of Formalist, Avant-Garde, Contextualist and Post-Modernist Thought* (Jefferson: McFarland, 1995), p. 33.
50 Andreas Huyssen, "Adorno in reverse: from Hollywood to Richard Wagner," in J. M. Bernstein (ed.), *The Frankfurt School: Critical Assessments* (London: Routledge, 1994), p. 94.

Marché)는 2층에 독서실과 그림 갤러리를 만들어 고객들이 쇼핑의 피로를 풀고 휴식을 취할 수 있게 했다. 나중에는 이 두 공간이 하나로 합쳐졌는데, 마이클 밀러(Michael Miller)에 따르면 이 공간은 마치 "루브르 박물관의 갤러리 스타일로 꾸며진 살롱"과 같았다.[51] 사람들은 이런 공간에서 자연스럽게 교양을 쌓을 수 있었다. 경제학자 M. N. 소볼레프(M. N. Sobolev)는 "모스크바의 중산층이 뮈르 & 미릴리즈(Muir & Mirrielees) 백화점을 찾는 주요 혜택"으로 미술 전시와 콘서트, 그리고 독서 공간을 꼽기도 했다.[52] 일본의 백화점들도 예술 부서를 마련해 회화나 일본 전통 공예품을 전시하고 판매했다.[53] 이는 오늘날의 '기업의 사회적 책임(Corporate Social Responsibility, CSR)'과 비슷한 개념으로, 백화점들이 공공 교육과 문화적 역할을 수행해야 한다는 의무감을 가지고 있었음을 보여준다.[54] 미국에서도 유사한 사례가 있었다. 예컨대 시카고의 마셜 필드(Marshall Field's) 백화점은 1925년부터 매년 인디애나주 출신 예술가들의 '후지어 회화(Hoosier paintings)'를 전시하면서 지역 예술을 지원했다.[55] ('Hoosier'는 인디애나 출신 사람들을 친근하게 부르는 말로, '시골뜨

---

51 Miller, Bon Marché, p. 168.
52 Marjorie L. Hilton, *Selling to the Masses: Retailing in Russia, 1880-1930* (University of Pittsburgh Press, 2012), p. 123.
53 Ellen P. Conant, *Challenging the Past and the Present: The Metamorphosis of Nineteenth- Century Japanese Art* (Honolulu: University of Hawai'i Press, 2006), p. 13.
54 Millie Creighton, "Something more: Japanese department stores' marketing of a meaningful life," in McPherson (ed.), *Asian Department Stores* (Richmond: Curzon Press, 1998), p. 210.
55 Jan Whitaker, *Service and Style: How the American Department Store Fashioned the Middle Class* (New York: St. Martin's Press, 2006), p. 147.

기'와 비슷한 뉘앙스다. — 옮긴이)

예술 작품을 전시하고 판매하는 이런 새로운 공간들은 예술 시장 전체가 변하면서 나타난 현상이었다. 19세기 후반 프랑스에서는 한때 절대적 권위를 지녔던 살롱(Salon)이 점점 사설 갤러리와 미술상들에게 밀려나기 시작했다. 독일에서는 미술 관련 협회들이 늘어나면서 미술 시장이 전문적인 직업 시장으로 변화했다. 중국(특히 상해)에서는 그림이 상업적으로 활발히 거래되고 최초의 공개 전시회가 열리는 등 미술 시장의 변화를 잘 보여 주었다. 미국에서는 회화 작품이 경매에 부쳐지며 순수미술의 상업화에 새로운 기준이 형성되었다.[56] 이러한 변화 속에서 백화점은, 완전히 개방된 것은 아니지만 소기의 목적을 달성하기에는 충분히 개방적이었던 시장에 발을 들여놓게 된 것이었다.

백화점이 예술 작품을 상품으로 판매하는 데 중요한 역할을 했던 배경에는 당시의 민족주의적인 분위기가 크게 작용했다. 예를 들어, 봉 마르셰 백화점의 카이로 지점은 민족주의 성향의 직업학교 여학생들이 만든 도자기를 전시함으로써 지역 사회에 대한 애국심과 충성심을 강조했다.[57] 호주 시드니의 호든스(Hordern's) 백화점과 파머스(Farmers) 백화점에서도 호주 화가들의 작품을 적극 홍보했는데, 이는 호주만의 독특한 회화 전통이 점차 인정받던 시대적 흐름과 연결되어 있었다.[58] 특히

---

56 Walter Adamson, *Embattled Avant-Gardes: Modernism's Resistance to Commodity Culture in Europe* (Berkeley, CA: University of California Press, 2007), p. 55; Kirsten Swinth, *Painting Professionals: Women Artists and the Development of Modern American Art, 1870-1930* (Durham: University of North Carolina Press, 2001), p. 99.
57 Reynolds, *A City Consumed*, p. 56.

1890년대 이후 전 세계적으로 민족주의가 확산되는 상황에서(1920년대에 잠깐 주춤했지만), 예술 작품이 애국적인 성격을 띠는 것은 자연스러운 일이었다.[59] 결과적으로 백화점들은 지역 예술을 대중에게 알리고 판매하면서, 자신들의 정체성에 국가적 이미지를 더할 수 있었다.

백화점은 학술적으로 박물관과 비교되기도 하지만, 실제로 백화점에서 미술 부서의 위상은 그리 높지 않았다. 역사학자 잰 휘태커(Jan Whitaker)는 미국에서 나타난 몇 가지 진보적인 사례를 소개했는데, 대표적으로 1913년 김벨스(Gimbel's) 백화점이 진행한 입체파 작품의 순회전과 1930년대 헌스(Hearn's) 백화점에서 개최된 '여성 미술(Art Created by Women)' 전시가 있다.[60] 시카고의 마셜 필드 백화점 역시 1925년부터 매년 '후지어 회화(Hoosier paintings)' 전시를 열어 지역 예술을 후원했다.[61] 하지만 이런 사례는 예외적인 것이었다. 맨해튼의 유명 백화점이었던 마블 팰리스(Marble Palace)와 그레이트 아이언 스토어(Great Iron Store)의 소유주 알렉산더 터니 스튜어트(Alexander Turney Stewart)의 미술 컬렉션에는 중산층이 선호할 만한 감상적인 작품들이 포함되어 있었다. 예를 들면 〈동방의 공주(An Eastern Princess)〉, 〈작은 양(The Little Lamb)〉, 〈첫 담배(The First Smoke)〉와 같은 작품들이었다.[62]

---

58 Heather Johnson, *The Sydney Art Patronage System 1890-1940* (Marrickville: Bungoona Technologies, 1997), pp. 86-95.
59 Mathur, *India by Design*, p. 42.
60 Jan Whitaker, *Service and Style: How the American Department Store Fashioned the Middle Class* (New York: St. Martins Press, 2006), p. 147.
61 Whitaker, *Service and Style*, p. 147.
62 *Catalogue of the A. T. Stewart Collection Of Paintings, Sculptures, and Other*

그러나 이 컬렉션은 스튜어트가 세상을 떠난 후 경매에 나왔을 때 기대에 훨씬 못 미치는 결과를 냈다. 프랑스의 작가 에밀 졸라(Émile Zola)가 언급한 봉 마르셰 백화점의 그림들도 비슷한 수준이었을 것으로 보인다.[63] 호주 시드니에서는 데이비드 존스 백화점의 후계자였던 찰스 로이드 존스(Charles Lloyd Jones)가 런던에서 미술을 공부했던 경험을 살려, 〈아트 인 오스트레일리아(Art in Australia)〉라는 미술 잡지를 후원했다. 다만 그의 예술적 취향은 보수적이었고, 그 잡지 역시 보수적인 성향을 띠었다.[64]

사실 백화점이 예술과 관계를 맺게 된 것은 단순히 갤러리 역할을 했기 때문만은 아니었다. 오히려 아도르노가 강조했듯이, 20세기 들어 상업과 예술은 서로 밀접하게 영향을 주고받으며 뒤섞였고, 그 과정에서 백화점도 구조적으로 예술 세계와 통합되었을 뿐이다. 백화점의 건축 양식, 쇼윈도 장식, 경영진과 직원을 비롯한 조직 구성, 진열된 상품, 그리고 고객의 역할까지, 모두가 예술과 연결되었다. 물론 개별적으로 보았을 때 이런 현상이 특정 시대에만 국한된 것은 아니었다. 광고, 상품 진열, 예술 후원을 통한 상인의 사회적 야망, 화려한 상점 외관, 생활용품에서 미학과 기능의 결합 – 이러한 특징들은 과거의 번영한 도시에서도 찾아볼 수 있는 것들이었다. 그러나 이러한 요소들이 세계 각지의 대규모 건축물에서 일관되게 결합되어 나타난 것은, 경제 성장과 기술적

Objects of Art to be Sold by Auction (New York: American Art Association, 1887), pp. vii-ix.
63 Miller, *Bon Marché*, p.168.
64 Johnson, *The Sydney Art Patronage System*, pp. 97-9, 117.

변화가 만들어낸 이른바 "과도기적(in-between)" 세기의 특정한 역사적 현상으로 볼 수 있다.

19세기 후반의 기술 발전, 특히 전기의 활용은 백화점의 물질적 측면을 뒷받침했을 뿐만 아니라 예술 형식에도 영향을 미쳤다. 특히 사진 기술의 발전은 액자에 담긴 기존의 평면적 이미지의 영역을 크게 확장시켰다. 발터 벤야민(Walter Benjamin)은 그의 유명한 에세이에서, 예술 작품의 재현 가능성이 그 작품의 "아우라(aura)"에 미치는 영향을 논한 바 있다. 그는 대중이 복제를 통해 작품을 소유하고자 하는 욕망이 아우라의 쇠퇴를 초래하지만, 동시에 예술품 소장의 민주화를 이끌 것이라고 보았다.[65] 그의 예측이 완전히 실현된 것은 아니었으나, 인쇄 및 이미지 제작 기술의 변화는 다른 방식으로 사회에 영향을 미쳤다. 특히 이러한 기술은 산업화된 사회에서 노동과 생산의 방식을 변화시켰으며, 그에 대한 저항도 존재했다.[66] 예컨대 윌리엄 모리스(William Morris)는 자신의 디자인과 작품이 시카고의 마셜 필드 백화점에서 판매되고 있었음에도 불구하고, 당대의 "놀라운 기계들"이 예술을 짓밟고 상업을 "신성한 체계"로 변모시킨다고 비난했다.[67] 그러나 아이러니하게도, 그가 주장했던 '대중을 위한, 그리고 대중에 의해 창조된 예술'이라는 이상에 따

---

65 Walter Benjamin, "The work of art in the age of its technological reproducibility," in Walter Benjamin, *The Work of Art in The Age of Its Technological Reproducibility, and Other Writings on the Media*, Edmund Jephcott, trans. (Cambridge, MA: Belknap Press, 2008), pp. 19-55.
66 Angela Davis, *Art and Work: A Social History of Labour in the Canadian Graphic Arts* (Montreal: McGill-Queen's University Press, 1995), p. 21.
67 William Morris, *Art and Socialism* (Whitefish: Kessinger Publications, 2004), p. 3.

라, 일부 예술가들은 기계의 시대를 적극적으로 수용하고 예술과 산업을 조화시키고자 했다. 이러한 기계 기술과 그에 대한 반응이 결합되면서 장식미술(decorative arts)이 부상하고 인정받게 되었으며, 이는 백화점이 도시 경관의 중요한 요소로 자리 잡던 바로 그 시기와 맞물려 있었다. 예술과 기능이 융합된 장식미술은 백화점이라는 공간과 자연스럽게 어우러졌다.

예술과 기능이 결합된 가장 눈에 띄는 사례 중 하나는 백화점 건축과 내부 구조의 혁신이었다. 백화점 건물의 건축 양식은 대체로 보수적이었으며, 일본에서 지어진 다층 르네상스 양식의 백화점 건물들은 전 세계적으로 흔한 유형이었다. 헨리 러셀 히치콕(Henry-Russell Hitchcock)의 표현을 빌리자면, 이는 "상업적 위상의 기념비적 표현"이었다.[68] 일본뿐만 아니라 중국에서도 유럽식 신고전주의 건축은 문명과 발전의 상징으로 여겨졌다. 서구에서는 이 건축 양식이 현대적이라기보다는 '역사성을 모호하게 반영한' 것이었으며, 도전적이지 않으면서도 웅장한 인상을 주었다.[69] 이러한 백화점 건물들은 박물관의 전시 작품들과 비교될 수도 있는데, 고객들이 편안함을 느낄 수 있도록 설계된 점에서 유사성이 있었다. 그러나 엔지니어링의 발전과 디자인적 비전이 결합되면서 혁신적인 건축물이 등장하기도 했다. 대표적인 사례가 그레이

---

68 Quoted in Helle B. Bertramsen, "Remoulding commercial space: municipal improvements and the department store in Manchester," in John Benson and Laura Ugolini (eds.), *A Nation of Shopkeepers: Five Centuries of British Retailing* (London: I.B. Tauris, 2003), p. 218.
69 Richard Longstreth, *The American Store Transformed, 1920-1960* (New Haven: Yale University Press, 2010), p. 38.

트 아이언 스토어(Great Iron Store)로, 내부 철골 구조와 주철 파사드가 특징이었다. 1907년에 완공된 마셜 필드 백화점 건물("새로운 시카고 학파의 뛰어난 사례"), 프랑츠 주르댕(Frantz Jourdain)이 설계한 프랑스 파리 센 강변의 사마리텐느(Samaritaine) 백화점도 혁신전 디자인으로 논란이 되었다.[70]

이러한 건물들이 도시 경관과 발전에 미친 영향은 결코 과소평가할 수 없다. 1908년 레오 콜츠(Leo Colz)는, 백화점 건축이 베를린을 "세계적 수준의 대도시"로 변화시켰다고 평가했다.[71] 뉴욕에서는 1862년에 건설된 그레이트 아이언 스토어가 브로드웨이 9번가와 10번가 사이에서 한 블록 전체를 차지했다. 1956년 철거될 때까지 그곳이 지역 상권의 핵심이었다. 그레이트 아이언 스토어의 영향을 받아 다른 소매업체들도 이 지역에 자리 잡았고, 10번가 북쪽의 주거 지역은 점차 상업 및 엔터테인먼트 지구로 변모했다.[72] 이와 유사한 현상은 다른 지역에서도 나타났다. 상해(상하이)에서는 1917년과 1918년에 각각 선시공사(先施公司) 백화점과 영안공사(永安公司) 백화점이 건설되었는데, 이는 이전

---

70 Joan Marten, ed., *The Grove Encyclopedia of American Art* (Oxford University Press, 2007), p. 566; William Lancaster, *The Department Store: A Social History* (Leicester University Press, 1995), p. 66; Anthony Sutcliffe, "Architecture, planning and design," in Nicholas Hewitt (ed.), *Cambridge Companion to Modern French Culture* (Cambridge University Press, 2003), p. 62.
71 Lauren Kogod, "The display window as educator: the German Werkbund and cultural economy," in Peggy Deamer (ed.), *Architecture and Capitalism, 1845 to the Present* (New York: Routledge, 2013), p. 52.
72 Mona Domosh, "Creating New York's nineteenth-century retail district," in Keith Eggener (ed.), *American Architectural History: A Contemporary Reader* (New York: Routledge, 2004), p. 213.

[그림 6-3] 상해(상하이) 남경로, 1934년

까지 크고 작은 상점과 음식점이 자리했던 지역을 변화시켰다. 웰링턴 찬(Wellington Chan)은 이에 대해 "이후 남경로(南京路)가 급성장했다"고 평가했다.[73] (그림 6-3)

백화점에서 예술적 작업이 가장 두드러졌던 장소 중 하나는 바로 진

---

73 Wellington K. Chan, "Selling goods and promoting a new commercial culture: the four premier department stores on Nanjing Road, 1917-1937," in Sherman Cochran (ed.), *Inventing Nanjing Road: Commercial Culture in Shanghai, 1900-1945* (Ithaca: East Asia Program, Cornell University, 1999), p. 30.

열창(display window)이었다. 백화점이 도시 전역으로 확산되면서 진열창은 세계적으로 도시 디자인의 핵심 요소로 자리 잡았다. 1920년대, 중국의 엽천여(葉淺予, 예치엔위)는 남경로의 한 장면을 풍자한 만화를 그렸다. 이 만화에서 한 명의 현대적 여성과 한 명의 이주 노동자가 선시공사 백화점의 밝게 빛나는 진열창 앞에 나란히 서 있으며, 그 뒤로 서양식 마네킹이 유리창 너머로 그들을 내려다보고 있다. 엽천여가 직접 쇼윈도 장식가(window dresser)로 일한 적은 없었지만, 1921년 남경로의 어느 상점에서 일을 시작한 뒤 몇 년 만에 상해 최초의 패션쇼를 준비하느라고 바빴다고 한다. 패션쇼를 개최한 장소는 당시 그가 근무하던 화이트어웨이 레이들로(Whiteaway Laidlaw) 백화점이었다.[74] 훗날 그는 중국에서 가장 유명한 그래픽 디자이너이자 만화가 중 한 명이 되었다. 20세기의 예술가들이 상업과 밀접한 관계를 맺었던 국제적 경향에서, 엽천여는 결코 예외적인 인물이 아니었다. 미국에서도 상업과 예술의 관계는 두드러졌다. 제임스 내러모어(James Narramore)는 유명 예술가 중 많은 이들이 쇼윈도 장식가로 일한 경험이 있다고 지적한다. 그 중에는 빈센트 미넬리(Vincent Minnelli), 만 레이(Man Ray), 살바도르 달리(Salvador Dalí), 앤디 워홀(Andy Warhol) 등이 포함되었다.[75] 일본의 작가 류탄지 유(龍胆寺雄)는 대중문예상을 수상했던 그의 소설 《방랑시대(放浪時代)》에서 예술가 출신 쇼윈도 장식가를 주인공으로 설정했는데,

---

74 Antonia Finnane, *Changing Clothes in China: Fashion, History, Nation* (New York: Columbia University Press, 2008), p. 131.
75 James Naremore, *The Films of Vincente Minnelli* (Cambridge University Press, 1993), p. 14.

이는 그의 개인적인 경험이 반영된 것으로 보인다.[76]

쇼윈도 장식(window dressing)은 흔히 19세기 후반 북아메리카에서 시작된 것으로 알려져 있다. 특히 1890년대 시카고에서 프랭크 바움(L. Frank Baum)이 선보인 화려한 연출이 그 시초였다.[77] 그러나 이보다 앞서 유럽을 방문한 어느 미국인이 유럽의 뛰어난 쇼윈도 장식을 보고 감탄했다는 기록도 있어, 이미 단순한 화려함과 예술적 연출 간의 차이가 존재했음을 시사한다.[78] 런던, 파리, 브뤼셀과 같은 유럽의 주요 도시에서는 18세기부터 이미 판유리를 활용한 상품 전시가 널리 알려져 있었으며, 19세기에는 더욱 뚜렷해졌다. 판유리가 없더라도 상품 전시 기술은 널리 퍼져 있었을 것이다. 19세기 초 중국을 여행한 멜키오르 이반(Melchior Yvan)은 중국의 상품 진열 방식에 깊은 인상을 받았다. 그는 "그 어떤 나라에서도, 심지어 파리에서도, 중국인들만큼 상품을 전시하는 기발한 방법을 고안한 적이 없으며, 그들만큼 시각적으로 상품을 홍보하는 능력을 갖춘 적이 없었다"고 기록했다.[79] 따라서 프랭크 바움의 진열창 장식은 완전히 새로운 물질적 요소로 구성된 것이 아니라, 기존 요소들이 독특한 방식으로 결합된 역사적 현상이었다. 스튜어트 컬버(Stewart Culver)는 프랭크 바움이 만들어낸 쇼윈도 장식을 "상업적 이해관계와 미적 관심이 독특한 긴장 관계를 이루는, 전적으로 새로운 예술

---

76 Joan E. Ericson, *Hayashi Fumiko and Modern Japanese Women's Literature* (Honolulu: University of Hawai'i Press), p. 66.
77 Lancaster, *The Department Store*, p. 64.
78 Elizabeth Biddell Yarnall, *Addison Hutton: Quaker Architect, 1834-1916* (Associated University Press, 1974), p. 56.
79 Melchior Yvan, 1858. *Inside Canton* (London: Henry Vizetelly, 1958), p. 55.

적 표현 매체"라고 설명하며, 그것이 도시 거리를 걷는 행인을 "몰입한 관객"으로 변화시키는 힘을 지니고 있다고 평가했다.[80]

1890년대 시카고에서 프랭크 바움의 영향은, 예술과 상업의 경계를 허물어뜨린 중요한 요인 중 하나로 평가된다.[81] 20세기 초에 접어들면서 이러한 구분은 더욱 모호해지는 듯했다. 빌헬름 시대(Wilhelmine, 1888년-1918년) 베를린에서 백화점 쇼윈도는 상업과 종교, 개인 표현으로서의 예술과 사회적 예술, 낭만주의와 현대 스타일 사이의 갈등이 벌어지는 최전선이 되었다.[82] 암스테르담에서는 요제프 드 레이우(Joseph de Leeuw)가 메츠 앤드 컴퍼니(Metz and Co.) 백화점을 네덜란드 '아르 데코(Art Deco, 산업예술)' 미학의 중심지로 만들었다. 그는 예술가와 디자이너들을 고용하여 매장에서 판매할 상품과 생활용품을 제작하게 했으며,[83] 그 인력들이 네덜란드 모더니즘의 가장 영향력 있는 예술 저널 〈데 스틸(De Stijl)〉에도 기여했다.[84] 1925년 파리에서 열린 대규모 아르 데코 전시회는 이러한 미적 흐름을 극적으로 보여주었다. 이 전시회에는 건축 회사들뿐만 아니라 주요 백화점들도 경쟁적으로 참여하여, 현

---

80 Stewart Culver, "What manikins want: the wonderful Wizard of Oz and the art of decorating dry goods," *Representations* 21 (Winter, 1988), p. 106.
81 Bill Lancaster, *The Department Store: A Social History* (London: Leicester University Press, 1995), p. 64.
82 Kogod, "The display window as educator."
83 Tim Benton, Charlotte Beaton, and Ghislaine Wood, eds., *Art Deco, 1910-1939*, Ex. Cat (London: V&A, 2003), p. 187; Jan Middendorp, *Dutch Type* (Rotterdam: OIO Publishers, 2004), pp. 79-80; Michael White, *De Stijl and Dutch Modernism* (Manchester University Press, 2003), p. 99.
84 Marijke Kuper, ed., *Gerritt Th. Rietveld: The Complete Works* (Utrecht: Centraal Museum, 1992), p. 145.

대적 맥락에서 소비문화를 선보이고자 했다.[85] 뉴욕에서도 1928년 메이시스(Macy's) 백화점에서 현대 가구의 국제 전시회를 개최했다. 당시 뉴욕 메트로폴리탄 미술관의 회장이었던 로버트 드 포레스트(Robert W. De Forest)가 서문을 기고할 정도로 백화점과 미술계의 연계가 깊어져 있었다.[86]

메이시스 백화점의 전시는 1920년대 아르 데코와 모더니즘 미학의 세계화 과정에서 중요한 이정표였다. 이러한 시각적 변화가 전 세계적으로 압도적이었던 것은 아니지만, 거의 모든 도시 사회에서 그 흔적을 확인할 수 있었다. 특정한 '스타일'이 인쇄 매체, 가구 디자인, 패션, 순수 미술 등 다양한 분야에서 나타났다. 일본에서는 1920년대 바우하우스(Bauhaus)의 영향을 강하게 받은 무라야마 도모요시(村山知義)의 '마보(マヴォ) 운동'이 일어났고, 그의 추종자들이 광고, 백화점, 대중 언론 등에서 상업 예술을 적극적으로 활용하며 예술과 일상의 간극을 좁히고자 했다.[87] 브라질에서도 아르 데코와 바우하우스의 영향이 산업 디자인 전반에 걸쳐 확산되었다.[88] 이와 같은 문화적 흐름은 자연스러운 일이

---

85 N. J. Troy, *Modernism and the Decorative Arts in France: Art Nouveau to Le Corbusier* (New Haven and London: Yale University Press, 1991), chapter four, "Reconstructing Art Deco: purism, the department store, and the Exposition of 1925," pp. 159-266.
86 Robert De Forest, "Foreword," in *An International Exposition of Art in Industry From May 14 to May 26, 1928, At Macy's, Fourth Floor West Building, 34th Street and Broadway, N.Y.* (Exhibition Catalogue, New York Public Library), p. 5.
87 See Gennifer Weisenfeld, *Mavo: Japanese Artists and the Avant-garde, 1905-1931* (Berkeley, CA: University of California Press, 1931), p. 70.
88 Daryle Williams, *Culture Wars in Brazil: The First Vargas Regime, 1930-1945* (Durham: Duke University Press, 2001), p. 48.

었다. 당시 파리와 베를린은 전 세계 신진 예술가와 작가들이 모이는 중심지였으며, 런던과 뉴욕은 각각 독자적인 문화적 헤게모니를 행사하고 있었다.

이러한 문화적 흐름은 단순히 서구에서 비서구로 향하는 일방적인 것이 아니었다. 1925년 파리박람회의 네덜란드관에는 네덜란드령 동인도(현 인도네시아)의 미학적 요소가 반영되었으며,[89] 같은 박람회에서 인도네시아 예술에서 영감을 받은 현지 생산 바틱(Batik, 천연염색)이 12개 이상의 전시관에서 소개되었다.[90] 비슷한 시기 프랑스 백화점에서는 터번과 터키풍 하렘 바지가 판매되었으며, 이는 세계를 여행하는 세련된 중국 여성들 사이에서 인기를 끌었다.[91] 로지 토머스(Rosie Thomas)의 말처럼, "아르데코(Art Deco)는 세계적으로 현대성을 의미하는 스타일로 자리 잡아가고 있었다."[92] 백화점들은 이러한 미적 흐름을 전달하는 데 중요한 역할을 했다. 전시장에서, 또한 매장에서, 기능, 선(line), 표면(surface)이 조화를 이루는 독특한 스타일의 산업 제품들이 놓여 있었으며, 사람들은 이를 그 시대를 대표하는 디자인으로 인식하게 되었다.

---

89 Dennis Sharp, ed., *Twentieth Century Architecture: A Visual History* (Mulgrave: Images Publishing, 2002), p. 79.
90 P.B., "Review of *Paris International Exhibition 1925: Report on the Industrial Arts* (Department of Overseas Trade)," *Journal of the Royal Society of Arts*, 75, 3894 (July 8, 1927), p. 835.
91 Hui-lan Oei Koo with Mary Van Rensselaer Thayer, *Hui-lan Koo: An Autobiography* (New York: Dial Press, 1943), p. 104.
92 Rosie Thomas, "Thieves of the Orient: the Arabian Nights in early Indian cinema," in Philip F. Kennedy and Marina Warner (eds.), *Scheherazade's Children: Global Encounters with the Arabian Nights* (New York: New York University Press, 2013), p. 376.

비판적 고찰, 그리고 결론

백화점이 예술 세계에서 차지하는 역할은 시공간에 따라 일정하지 않았지만, 거의 모든 곳에서 백화점은 "눈으로 말하는" 능력을 지니고 있었다. 크와메 은크루마(Kwame Nkrumah)는 미래의 대통령이 될 사람으로서 가나의 수도 아크라(Accra)를 바라보며 그런 생각을 했다. 그는 수도의 주요 거리 한가운데 현대성을 "말해주는" 백화점이 있기를 원했다.[93] 신생국 중화인민공화국의 지도부도 같은 생각을 가졌다.[94] 자본주의와 제국주의에 비판적인 태도를 지녔던 혁명의 지도자들도 현대적이고 국제적인 수도의 모습에 백화점이 필수적이라고 여겼다는 사실은, 백화점이 근대 유통의 전형적인 존재였음을 강력히 입증하는 것이었다.

그러나 20세기 후반으로 접어들면서 백화점의 위상은 점차 약화되었다. 세계의 선진 경제권에서는 교외로 팽창이 가속화되었고, 주요 소매업체들은 도심에서 멀리 떨어진 인구 밀집 지역을 따라 이동했다. 그곳에 새롭게 건설된 매장은 거대한 쇼핑몰 내부로 흡수되었으며, 쇼윈도는 거의 눈에 띄지 않거나 개별적인 특징을 상실하여 예술적 요소가 사라졌다. 점차 백화점 내 예술 관련 부서도 사라졌고, 결국 백화점 자체가 도시에서 점점 자취를 감추었다. 궁전처럼 웅장했던 과거의 건물들은 여러 세입자에게 나누어 임대되거나 철거되었다. 물론 모든 백화점이 같은 운명을 맞이한 것은 아니지만, 이는 백화점의 가시성과 사회적

---

93 Murillo, "'The modern shopping experience,'" p. 372.
94 Guo Hongchi and Liu Fei, "New China's flagship emporium: the Beijing Wangfujing Department Store," in McPherson (ed.), *Asian Department Stores*, p. 116.

역할에 큰 변화를 의미했다. 20세기 초반 수십 년 동안 예술 분야에서 차지했던 두드러진 위치는 더 이상 그들의 것이 아니었다.

동시에 미술 시장도 상품화 과정이 다양해지고 변화하면서 더욱 광범위한 영향을 받았다. 1981년, 오스트레일리아 서부에 있는 발고 힐스(Balgo Hills)의 원주민 공동체에 캔버스 회화가 처음 소개되었다. 시작은 교회 공동체에서 진행한 종교 활동의 일환이었다. 1987년 공동체 안에서 왈라이리티 미술센터(Warlayirti Art Centre)가 설립되었다. 이듬해인 1988년 뉴욕의 아시아 소사이어티(Asia Society)에서 '드리밍(Dreaming)'이라는 전시회가 개최되자 왈라이리티 미술센터도 그 전시회에 참가했다. 원주민 예술이 주목받던 시점에 그들은 전시회에서 선두적인 위치를 차지했다.[95] (그림 6-4) 이후 인터넷이 등장하자 발고 힐스의 원주민 공동체는 외부 세계와 다방면으로 연결되어 관광 명소가 되었다. 왈라이리티 미술센터의 웹사이트에서는 그림, 예술품, 기념품 등 다양한 제품을 판매했다. 항공우편은 일주일에 한 번밖에 오지 않지만, 인터넷은 공동체를 세계와 연결시켰고, 탈산업 경제에서 수공예품으로 돈을 벌 수 있는 기회를 제공했다. 작품들의 주제는 주로 작가들과 땅의 관계를 담고 있다.

이러한 관계에 대해 사람들은 이제 익숙해진 것일까? 모택동 시대 이후 중국에서 등장한 초기 예술 잡지 중 《예술시장(艺术市场)》이라는

---

95 Zohl Dé Ishtar, *Holding Yalwulyu: White Culture and Black Women's Law* (North Melbourne: Spinifex Press, 2006), pp. 213-214; Howard Morphy, "Aboriginal art in a global context," in Daniel Miller (ed.), *Worlds Apart: Modernity Through the Prism of the Local* (London: Routledge, 1995), pp. 215-218.

[그림 6-4] 발고 힐스 공동체의 예술가(Tjumpo Tjapanangka)
오스트레일리아 북서부 사막 지대에 위치한 왈라이리티(Warlayirti) 문화센터에서 점묘화를 그리고 있다.

잡지가 있었다. 이 잡지는 중국에서 회화를 경제적 기반 위에 올려놓고자 했던 미술 비평가 그룹이 창간한 것이었다. 화가 여붕(呂鵬, 뤼펑)은 이 잡지에서 "중국 미술은 전력을 다해 시장을 향해 나아가고 있다"고 썼다. 그는 "시장으로 나아간다"는 개념을 단순하게 정의했다. 즉 "예술은 판매를 목적으로 생산되어야 한다"는 것이었다.[96] 이는 1942년 모택동이 "노동자, 농민, 병사, 그리고 소자산 계급을 위한 혁명 예술"을 주장

---

96 Lü Peng, "Heading towards the market," in Wu Hung with Peggy Wang (eds.), *Contemporary Chinese Art: Primary Documents* (New York: MOMA, 2010), p. 290.

했던 것과는 완전히 단절된 개념이었다.[97] 이러한 변화는 막스 베버(Max Weber)가 말했을 법한 물질적 삶에 대한 현실적인 접근법을 보여준다. 그러나 시장을 위한 창작은 곧바로 문제를 드러내기 시작했다. 왕남명(王南溟, 왕낭밍)에 따르면, 해외의 중국 예술가들은 "지배적인 문화 질서 속에서 살아남기 위해 자신만의 틈새를 개척하려" 하다 보니, 결국 "기껏해야 중국 관광 산업의 대중 오락 활동 수준과 다를 바 없는 예술 프로젝트를 만들고 있을 뿐"이라는 비판을 받았다.[98]

이러한 문화 상품화에 대한 비판은 한 세기 전 백화점 경영자들의 귀에도 익숙하게 들리던 말이었을 것이며, 더 거슬러 올라가면 청나라 화가 정판교(鄭板橋, 鄭燮)에게도 친숙한 개념이었을 것이다. 이 글에서는 백화점이 미술 시장에 미친 영향을 중점적으로 다루었지만, 이는 주로 제도적 관점에서 특정한 시대를 개별적으로 논의한 것이다. 그러나 감정의 역사(history of emotions)를 연구하는 역사학자가 예술과 상업의 관계에 대한 태도를 탐구한다면, 훨씬 더 긴 시간에 걸쳐 이어지는 지속적인 흐름을 발견할 수도 있을 것이다.

---

97 Mao Zedong, "Talks at the Yan'an Forum on literature and art," in Mao Zedong, *Selected Works* (Peking: Foreign Languages Press, 1965), pp. 250-286.
98 Wang Nanming, "The Shanghai Art Museum should not become a market stall in China for Western hegemony - a paper delivered at the 2000 Shanghai Biennale (2000)," in Wu Hung with Peggy Wang (eds.), *Contemporary Chinese Art: Primary Documents* (New York: MOMA, 2010), p. 353.

더 읽어보기

Adamson, Walter. *Embattled Avant-Gardes: Modernism's Resistance to Commodity Culture in Europe*. Berkeley, CA: University of California Press, 2007.

Benjamin, Walter. *The Arcades Project*. Cambridge, MA: Harvard University Press, 1999.

"The work of art in the age of its technological reproducibility," in Walter Benjamin, *The Work of Art in The Age of Its Technological Reproducibility, and Other Writings on the Media*, Edmund Jephcott, trans. Cambridge, MA: Belknap Press, 2008, pp. 19-55.

Bermingham, Ann and John Brewer, eds. *The Consumption of Culture, 1600-1800: Image, Object, Text*. London: Routledge, 1997.

Benson, John and Laura Ugolini, eds. *A Nation of Shopkeepers: Five Centuries of British Retailing*. London: I.B. Tauris, 2003.

Brewer, John and Frank Trentmann, eds. *Consuming Cultures, Global Perspectives, Historical Trajectories*. London: Berg, 2006.

Chaudhuri, Arun. *Indian Advertising, 1780-1950 A.D.* New Delhi: Tata McGraw Hill Publishing Company, 2007.

Choi, Sang Chul, John Dawson, Roy Larke, and Masao Mukoyama, eds. *The Internationalisation of Retailing in Asia*, London: Routledge Curzon, 2003.

Cochran, Sherman, ed. *Inventing Nanjing Road: Commercial Culture in Shanghai, 1900-1945*. Ithaca: East Asia Program, Cornell University, 1999.

Culver, Stewart. "What manikins want: The Wonderful Wizard of Oz and the art of decorating dry goods," *Representations* 21 (Winter 1988), 97-116.

Deeg, Lothar. *Kunst and Albers Vladivostok: The History of a German Trading Company in the Russian Far East, 1864-1924*, Sarah Bohnet trans. Berlin: epubli, 2013.

Domosh, Mona. *American Commodities in an Age of Empire*. New York: Taylor and Francis, 2006.

Finnane, Antonia. *Changing Clothes in China: Fashion, History, Nation*. New York: Columbia University Press, 2008.

Gerth, Karl. *China Made: Consumer Culture and the Creation of the Nation*. Cambridge, MA: Harvard University Asia Centre, 2003.

Goodman, Douglas J. and Mirelle Cohen. *Consumer Culture: A Reference Handbook*. Santa Barbara: ABC-CLIO, 2004.

Harris, Neil. *Cultural Excursions: Marketing Appetites and Cultural Tastes in Modern

America. Chicago: The University of Chicago Press, 1990.

Hilton, Marjorie L. *Selling to the Masses: Retailing in Russia, 1880-1930*. University of Pittsburgh Press, 2012.

Kogod, Lauren. "The display window as educator: the German Werkbund and cultural economy," in Peggy Deamer (ed.), *Architecture and Capitalism, 1845 to the Present*. New York: Routledge, 2013, pp. 50-70

Köse, Yavuz. "Vertical bazaars of modernity: western department stores and their staff in Istanbul (1889-1921)," in Touraj Atabaki and Gavin Brockett (eds.), *Ottoman and Republican Turkish Labour History. International Review of Social History*, Vol. 17, Supplement. Cambridge University Press, 2009, pp. 91-114.

Lancaster, William. *The Department Store: A Social History*. Leicester University Press, 1995.

Longstreth, Richard. *The American Store Transformed, 1920-1960*. New Haven: Yale University Press, 2010.

Mathur, Saloni. *India by Design: Colonial India and Cultural Display*. Berkeley, CA: University of California Press, 2007.

MacPherson, Kerrie L., ed. *Asian Department Stores*. Honolulu: University of Hawaii Press, 1998.

Miller, Michael B. *The Bon Marché: Bourgeois Culture and the Department Store, 1869-1920*. Princeton University Press, 1981.

Murillo, Bianca. "'The modern shopping experience': Kingsway department stores and consumer politics in Ghana," *Africa* 82/3 (August 2012), 368-392.

Rappaport, Erika. *Shopping for Pleasure: Women in the Making of London's West End*. Princeton University Press, 2001.

Whitaker, Jan. *Service and Style: How the American Department Store Fashioned the Middle Class*. New York: St. Martin's Press, 2006.

The World of Department Stores. New York: Vendome Press, 2011.

Woodhead, Linda *Shopping, Seduction, and Mr Selfridge*. London: Profile Books, 2007.

CHAPTER 7

종교

페터르 판 데르 페이르
peter van der veer

전통 국가의 종교적 성격

1715년 교황 클레멘스(Clemens) 11세는 중국의 천주교 신자들에게 공자 및 조상 제사를 금지하는 칙령을 내렸다.[1] 또한 기독교의 신을 지칭할 때 "천주(天主)"라는 단어를 사용해서는 안 된다는 내용도 칙령에 포함되었다. 이에 대응하여 1721년 청나라의 황제 강희제는 기독교 선교 활동을 전면 금지했다.[2] 이로써 16세기와 17세기에 걸쳐 공자의 사상과 기독교 신학을 조화시키려 했던 예수회 선교사들의 노력은 끝이 나고 말았다. 그러한 노력의 대표적인 사례가 1603년에 출간한 마테오 리치(Matteo Ricci)의 저서 《천주실의(天主實義)》(천주의 실질적 의미)였다.[3] 유교의 세계관에서 강조하는 천(天, 하늘)은 형이상학적 개념으로 비인격적인 존재를 의미하며, 하늘의 명령(天命, 천명)이 우주와 인간 사회를 이끌어 간다고 믿었다. 천명(天命)이 도덕적 정의를 지향한다는 개념은 의례와 정치에 중요한 영향을 미쳤다. 황제는 천명의 최고 집행자

---

1 이 글의 초고에 유익한 의견을 보내주신 Hartmut Lehmann에게 감사드린다.
2 David E. Mungello, ed., *The Chinese Rites Controversy: Its History and Meaning* (Nettetal: Steyler Verlag, 1994).
3 Matteo Ricci, *Tianzhu Shiyi* (Beijing 1603), translated, with introduction and notes, by Douglas Lancashire and Peter Hu Guozhen; edited by Edward J. Malatesta (Taipei: Institut Ricci, 1985).

인 '천자(天子)'로서 하늘을 위한 제사와 땅을 위한 제사를 집전해야 한다. 이러한 의례는 정치 체제의 정점에 위치해 있었다. 그러한 체제를 '정(正)'이라 했는데, 그 의미는 '정통성(orthodoxy)'으로 해석할 수도 있겠지만 '정당한 통치(legitimate rule)'로 해석하는 것이 더 타당할 것이다. 이러한 정치적 세계관에 부합하지 않는 모든 것은 '사(邪)', 즉 이단이거나 정통성이 없는 것으로 간주될 위험이 있었다.

국가적 차원에서 유교는 정치적 우주론으로 이해될 수 있다. 정치적으로 이 우주론을 받아들이는 한, 개인의 영적 요구는 어느 종교를 따르든 상관이 없었다. 불교 신앙이나 도교적 주술, 혹은 예수회에서 말하는 천주의 교리를 따를 수도 있었다. 이는 겉으로는 포용적으로 보이지만 어디까지나 유교식 정치 우주론을 수용하는 조건 하에서만 가능한 일이었다. 그러므로 18세기의 시점에서 유교 국가였던 중국과 기독교 국가였던 유럽을 비교하려면, 정치적 구조, 종교의 정치적 측면, 16세기 이후 점차 활발해졌던 세계의 교류를 반드시 함께 고려해야 할 것이다. 중국과 유럽의 관계에서 중요한 것은 가톨릭의 반종교개혁(Counter-Reformation) 운동이었다. 이는 중국에 진출해 있던 예수회의 존재와도 밀접하게 연관된 문제였다.(예수회는 반종교개혁의 핵심 세력으로, 예수회의 해외 선교 자체가 반종교개혁 운동의 일환이었다. — 옮긴이)

예수회는 서구의 최신 과학 지식을 중국에 전해주었다.[4] 물론 그들은 예수를 구세주로 믿는 것이 진정한 신앙이라고 보았다. 그러나 기독

---

4 Jonathan D. Spence, *The Memory Palace of Matteo Ricci* (New York: Viking, 1984).

교 교리를 전파할 때는 기존의 문화와 차이점을 강조하기보다는 기존의 문화적 체계 내에서 얼마만큼 수용될 수 있는지가 더 중요한 문제였다. 18세기 초 프란체스코회와 도미니코회를 비롯한 다른 가톨릭 선교 단체는 이러한 예수회의 정책, 즉 기독교가 자리 잡을 수 있도록 청 제국의 질서를 수용하는 방식을 점점 더 거세게 비난했다. 결국 교황은 예수회의 방식을 공식적으로 금지하기에 이르렀다. 그러나 당시 중국에서는 결코 간과해서는 안 될 현실이 있었다. 즉 중국을 통치하던 청 제국의 통치자들이 만주족 '오랑캐'라는 사실이었다. 청 제국의 황제들은 유교의 정치 우주론을 받아들임으로써 통치의 정당성을 확립하고자 했다. 외부자였던 그들은 유교적 정치 우주론을 옹호하며 자신의 정통성을 지속적으로 입증하는 동시에, 스스로의 민족적 정체성도 유지해야 했다. 이 점에서 인도와 중국은 뚜렷한 차이를 보였다. 청 왕조가 유교의 정치 우주론을 받아들였던 것과 달리, 무굴 제국은 이슬람 신앙을 유지하면서 힌두교 군주들과 정치적 동맹을 맺는 방식을 택했다.

유교의 우주론에서는 황제가, 기독교의 우주론에서는 교황이 중심적 지위를 차지하고 있는 상황에서 황제와 교황의 충돌은 1721년 중국에서 기독교 금지령으로 이어졌으며, 이는 100년 동안 지속되었다. 이 논쟁의 핵심은 문명의 우월성이 아니라, 의례의 문제를 결정할 권력과 권위의 문제였다. 중세 유럽에서도 이런 문제가 있었다. 중국의 지식인들은 예수회가 전한 실증적 과학을 받아들였고, 유럽에서도 또한 예수회를 통해 전해진 중국 사상으로부터 영감을 얻는 인물들이 있었다. 라이프니츠(Leibniz)가 대표적으로 그러한 인물이었다.[5] 문제는 이와 같은 학문적 교류가 아니라 의례적 권위에 있었다. 즉 황제가 '천자(天子, 하늘의 아들)'로서 천명(天命)을 받았다는 주장과, 교황이 '제1사도(Primus Apostolus, 베드로의 후계자)이며 그리스도의 대리자(Vicarius Christi)'로서 천명을 받았다는 주장이 충돌한 것이다. 교황의 주장은 철저히 정치-신학적이었으며, 종교개혁 과정에서 논쟁의 대상이 되었고, 초기 근대 유럽에서 종교전쟁으로 이어졌다. 이를 해결하기 위한 방법 중 하나가 바로 '영토의 지배자가 종교를 결정한다(cuius regio, eius religio)'는 원칙이었다. 중국에서도 사교(邪教, 이단)는 강력한 탄압의 대상이었다. 그들의 조직적 움직임이 왕권에 대한 반란으로 이어질 우려가 있었기 때문이다. 중국의 사교는 흔히 종말론적 신앙(millenarianism)의 형태를 띠었다. 그들은 불의한 세상의 종말과 정의로운 국가의 건립을 주장했으며, 불교의 영향으로 미륵불(彌勒佛, Maitreya)의 마지막 세상, 즉 법이 사라진 지상낙원을 가져다줄 것이라는 희망을 제시했다.

인도에 진출해 있던 예수회와 교황 사이에서도 유사한 갈등이 있었다. 이를 '말라바르 의례 논쟁(Malabar Rites Controversy)'이라 한다. 인도에서는 마두라이 선교회(Madurai Mission)의 창립자였던 예수회의 신부 로베르토 데 노빌리(Roberto de Nobili, 1577년-1656년)가 아코모다티오(accommodatio, 적응주의 선교)를 발전시켰다. 그는 브라만 계급의 생활 방식과 태도를 받아들임으로써 자신을 하층 계급과 분리했다. 예수회가 중국에서 황제의 의례적 위계질서를 받아들였던 것과 마찬가지로, 인도에서는 브라만 사제 계층과 카스트 제도를 수용했던 것이다. 이러

---

5 David E. Mungello, *Leibniz and Confucianism: The Search for Accord* (Honolulu: The University Press of Hawaii, 1977).

한 사회적 차별은 예수회 내부에서 논쟁을 불러일으켰고, 결국 선교 정책의 변화로 이어졌다.[6] 그러나 이 논쟁에는 정치권력과의 직접적인 충돌이 포함되지 않았기 때문에 중국에서처럼 극단적인 결과를 낳지는 않았다. 여기에서도 쟁점은 문명적 우월성이 아니라, 철저히 위계적인 사회에서 기독교의 평등사상을 어떻게 전파할 것인가 하는 전략적인 문제였다. 하지만 예수회가 어려움을 겪은 곳은 인도와 중국만이 아니었다. 18세기 중반이 되자 예수회는 전 세계 대부분의 지역에서 금지되었다. 심지어 상당한 경제적·정치적 영향력을 행사했던 라틴 아메리카에서도 추방되는 신세를 면치 못했다. 인도와 중국에서 기독교는 전체 인구에 비해 여전히 주변적인 위치에 머물렀다. 중국에서는 정치권력이, 인도에서는 카스트 권력이 기독교의 확장에 지속적인 장애물이었다. 16-17세기 라틴 아메리카의 기독교화가 성공한 이후로 기독교는 세계 어디에서도 선교에 성공한 사례가 없었다. 19세기 말 이후 기독교(개신교와 가톨릭 모두)의 확산이 가장 활발했던 곳은 부족 사회가 중심이었던 아프리카, 멜라네시아, 오세아니아 등이었다.[7]

18세기의 힌두교는 중국의 유교처럼 제국의 통치 권력과 밀접한 관련을 맺고 있지 않았다. 인도에서는 여러 무슬림 왕조가 광범위한 지역을 통치하고 있었다. 그중 가장 대표적인 왕조가 무굴 제국이었다. 무

---

6 Ines Zupanov, *Disputed Mission: Jesuit Experiments and Brahmanical Knowledge in Seventeenth-Century India* (Oxford University Press, 1999).
7 Jean and John Comaroff, *Of Revelation and Revolution, Vol. I: Christianity, Colonialism, and Consciousness in South Africa* (University of Chicago Press, 1991).

굴 제국은 남부와 동부의 무슬림 술탄들과 서부의 마라타(Maratha, 힌두교 군벌) 세력의 도전에 직면해 있었다. 동시에 라자스탄(Rajasthan) 사막 지역의 힌두 군주들과는 동맹을 맺기도 했다. 이들 왕조의 정당성을 뒷받침하는 데에는 이슬람(수니파와 시아파 모두)과 힌두교 의례가 포함되었지만, 당시 인도에서 종교가 정치권력의 조직 원리였다고 보기는 어렵다. 산스크리트어(Sanskrit)와 페르시아어(Persian)는 문명의 언어였으며, 아랍어(Arabic)는 꾸란(Quran)의 언어였다. 그러나 행정 실무에서는 힌디어(산스크리트 문자와 어휘 포함)와 우르두어(페르시아 문자와 어휘 포함) 같은 여러 언어가 함께 사용되었다. 카스트 계층 구조는 인도 사회 조직의 중요한 원칙이었지만, 힌두교 교리(순수성, 정화 등)와 직접적으로 연결되기보다는 비교적 개방적이며 유동적인 관계였다. 브라만 카스트는 인도 전역에 퍼져 있었으며, 법률, 의례, 철학 전통을 수호하는 역할을 담당했다. 그러나 15세기 이후 인도 전역에서 강력한 종교적 개혁 운동이 일어났으며, 브라만 중심의 질서에서 벗어난 신앙 운동들이 등장했다. 그중 하나가 북인도에서 구루 나나크(Nanak)가 창시한 시크교(Sikhism)였다. 이들은 18세기 무굴 제국에 도전하는 정치·종교적 세력으로 성장했으며, 오늘날에도 정치적으로 중요한 위치를 차지하고 있다.[8]

　이슬람 성직자들은 인도와 오스만 제국의 무슬림 통치자들에게 이슬람의 근본 원칙을 준수하라는 압력을 지속했다. 18세기 델리를 중

8　W. H. McLeod, *The Sikhs: History, Religion, and Society* (New York: Columbia University Press, 1989).

심으로 활동했던 샤 왈리울라(Shah Waliullah)는 순수 이슬람을 회복해야 한다고 주장한 대표적인 인물이었다.[9] 같은 시기, 사우디아라비아 (당시 오스만 제국의 일부)에서 활동하던 무함마드 이븐 압드 알-와하브 (Muhammad ibn Abd al-Wahhab, 1703‒1792)는 살라피(Salafi) 운동을 창시했다. 이는 오늘날까지 이슬람 근본주의에 영향을 미치고 있다. 그는 사우드 가문(House of Saud)과 연합하여 영향력을 확장했다. 이후 사우드 가문이 사우디아라비아를 통치했고, 이슬람의 성지 메카의 수호자가 되었다. 그러나 20세기 이전까지 이슬람 정통주의자들의 비판적 교리는 주류가 되지 못했다. 18세기의 이슬람 세계(보스니아에서 자와 섬에 이르기까지)에서는 그들보다 수피 사원에서 이루어지는 예배가 널리 행해지고 있었다. 이는 무슬림뿐만 아니라 모든 사람들이 참여할 수 있는 개방적인 신앙의 형태였다.

18세기의 불교는 그 기원지인 인도 아대륙에서는 거의 자취를 감춘 상태였다. 그러나 티베트, 몽골, 중국, 한국, 일본뿐만 아니라 스리랑카, 버마(미얀마), 태국, 캄보디아, 라오스, 베트남 등지에서는 성공적으로 전파되었다. 이들 지역에서 불교는 강력한 승단 조직을 바탕으로 거의 언제나 사회정치적 주요 세력을 형성했다. 그러나 왕권과의 관계는 지역에 따라 달랐다. 예를 들어 한국에서 불교는 한때 국교로 자리 잡았으나, 이후 여러 세기에 걸쳐 억압을 받다가 20세기에 들어서야 다시 부흥했다. 중국에서는 청 황실이 티베트 불교를 후원했지만, 전반적으로 불교

---

9 B. J. S. Baljon, *Religion and Thought of Shāh Walī Allāh Dihlawī, 1703-1762* (Leiden: Brill, 1986).

와 도교 교단 모두 엄격한 통제 아래 놓여 있었다.

19세기 이전까지 세계 모든 지역에서 종교는 국가 운영의 필수적인 요소였다. 물론 종교는 통과 의례, 농업, 건강, 악령 퇴치 등 인간의 다양한 관심사를 다루었지만, 이 모든 영역을 아울러 권력을 만들었으며, 그것이 특히 정치적으로 중요했다. 통치의 정당성은 하늘에서 부여되었으며, 사제 계급이나 승려 계급이 이를 매개하는 역할을 했다. 이는 기독교뿐만 아니라, 이슬람, 힌두교, 불교, 유교, 신토(神道)를 비롯하여 아프리카의 부족 사회에서도 동일하게 나타났다. 세속 권력과 종교 권력의 관계는 국가에 따라 달랐다. 중국이나 일본에서는 신왕(神王, divine kingship)의 개념이 있었고, 유럽에서는 국가와 교회 간의 권력 투쟁이 지속되었다. 그러나 어디에서든 종교는 국가와 사회의 중심에 있었다. 18세기 말의 프랑스 혁명(더불어 미국과 네덜란드의 혁명)은 유럽과 북아메리카에서 종교의 역할이 완전히 바뀌는 전환점을 의미했다. 이후 제국주의 시대에 세계 각국에서도 유사한 변화가 일어났다. 왕권 대신 주권을 가진 '국민'이 국가의 기초가 되었으며, 국민을 '하나의 민족'으로 통합하는 이념으로서의 '민족주의(Nationalism)'가 등장했다.

근대 국가와 종교

민족주의(nationalism)는 근대의 산물로 여겨지는 반면, 종교는 흔히 고대적이거나 역사를 초월하는 것으로 간주된다. 사상사 연구자들의 일반적인 견해에 따르면, 근대의 선구자는 종교를 비판한 유럽의 계몽주의였다. 이러한 비판의 정치적 표현이 곧 프랑스혁명의 반성직주의(anti-clericalism)와 프랑스 공화국의 세속주의(laïcité, 정교분리)였다.

또한 반성직주의는 19세기 라틴 아메리카의 자유주의(liberalism) 정치에서도 중요한 특징이었다. 이는 가톨릭 교회가 상당한 권력을 행사했던 지역적 맥락과 관련이 있다. 민족주의 연구자들의 주장에 따르면, 근대 민족(국민)국가는 본질적으로 세속주의(정교분리) 노선을 선택했으며, 이는 종교적 세계관이나 종교적 공동체가 소멸 내지는 주변부화된 결과였다.[10] 마찬가지로 근대 국가에서 시민적 정체성(civic identity)과 원초적 정체성(primordial identity)은 분명히 구분되었다.[11] 전자는 시민권을 기반으로 하는 것이고, 후자는 혈연, 언어, 종교 혹은 이들의 결합을 기반으로 하는 개념이다. 이러한 관점에 따르면, 근대 국가 형성 과정에서 원초적 정체성은 시민적 정체성으로 대체되었다. 이처럼 종교적 정체성을 시민적 정체성으로 대체하는 근대의 역사적 과정을 세속화(secularization)라고 한다.

사회학에서는 먼저 세속화 이론의 발전에, 그리고 최근에는 그 해체에 상당한 관심과 상상력을 쏟아왔다.[12] 세속화 이론은 세 가지 명제를 포함하는데, 종교적 신앙의 쇠퇴, 종교의 사적 영역화, 그리고 세속 영역의 분리 및 독립이 그것이다. 이들은 상호 연결된 과정이며, 그 원인은 근대화에서 찾을 수 있다. 유럽에서는 누구나 이러한 명제 중 하나 또는 그 이상의 증거를 충분히 찾을 수 있다. 그러나 세계 전체를 하나의 설득력 있는 세속화 서사로 통합해서 설명하기란 쉽지 않은 일이다. 나아

---

10 Ernest Gellner, *Nations and Nationalism* (Ithaca: Cornell University Press, 1983).
11 Clifford Geertz, *The Interpretation of Cultures* (New York: Basic Books, 1973).
12 Jose Casanova, *Public Religions in the Modern World* (University of Chicago Press, 1994).

가 이를 정치적·경제적 근대화의 단계와 연결 짓는 것은 거의 불가능에 가깝다. 일반적으로 유럽에서는 교회를 떠나는 현상(unchurching)이 진행되고 있지만, 이 현상은 지리적·역사적으로 매우 불균등하게 나타났다. 동시에 독일, 네덜란드, 벨기에와 같은 서유럽의 정치경제적 선진국에서는 여전히 기독교 민주당(Christian Democratic parties)이 중요한 정치적 역할을 담당하고 있다. 미국 또한 고도로 발달한 근대 사회지만, 유럽에서 다양한 단계로 진행되었던 교회 이탈 현상과 같은 것을 미국에서는 찾아보기 어렵다. 미국에서는 18세기 후반부터(즉 미국 독립 이후부터) 국가와 교회의 관계에서 세속적 제도를 유지해 왔지만, 대중의 교회 이탈 현상이 나타났다는 근거는 보이지 않는다. 오히려 흥미롭게도 미국에서는 국가와 교회의 분리가 교회의 성장에 긍정적인 영향을 미친 것으로 보인다. 따라서 근대화에 따라 종교가 쇠퇴한다는 서사는 미국의 사례에는 부합하지 않으며, 유럽의 경우에도 근대화와 단순히 연결될 수 없는 훨씬 더 복합적인 서사가 존재한다. 더군다나 이외에 세계 다른 지역에서 세속화 이론의 타당성을 찾기란 더욱 어렵다.

종교의 민족화

오늘날의 근대화 이론에는 수많은 가정(assumptions)이 포함되어 있으며, 이를 모두 그대로 받아들이기는 어렵다. 그러나 민족주의(nationalism)와 오늘날 우리가 알고 있는 종교가 근대의 산물인 것만은 분명하다. 양자는 모두 전근대에 존재하던 전통과 정체성이 근대를 거치면서 변화하여 만들어진 결과물이다. 민족주의와 종교는 모두 전근대 전통의 연속선상에 있으며, 때로는 매우 심오한 역사를 내포하고 있다.

무엇보다 민족성(ethnicity), 언어, 종교 등에서 나타나는 원초적 민족주의(proto-nationalism)는 근대 민족주의의 바탕이 되었다. 민족적 전통이 "발명(invented)"의 산물일 수도 있고, 민족 자체가 "상상(imagined)"의 산물일 수도 있지만, 그렇다고 그것이 완전히 무(無)에서 시작된 것은 아니다. 또한 이러한 전통들이 하나의 단일하고 완전한 문화로 형성되지 않았으며, 사회적 논쟁과 갈등 속에서 서로 다른 버전들이 경쟁하는 담론(discourse)의 형태를 띠었다. 그러나 민족주의에 선행하는 원초적 민족주의를 더 깊이 들어가 보면, 고대 히브리인, 그리스인, 인도인, 중국인 등에게서 발견할 수 있듯이, 고대의 언어적, 종교적, 민족적 통일성에 대한 이해와 영토적 주권에 대한 개념이 존재했다. 이는 특정 민족이 소유한 신성한 땅(sacred geography)과 나름의 신성한 역사(sacred history)가 있다고 보는 고대의 믿음이었다. 그것이 근대 민족주의적 상상력(nationalist imagination)에 사용될 많은 재료를 제공했다. 이 모든 재료는 민족주의적 목적에 부합하도록 변형되어야 했고, 따라서 종교 또한 근대에 들어와서는 민족화(nationalized)될 필요가 있었다.

    종교가 서로 대립했던 사회(가톨릭과 프로테스탄트, 수니파와 시아파 이슬람)에서는 분열의 잠재력을 줄이기 위해 종교를 민족주의로 포섭할 (최소한 부분적으로라도) 필요가 있었다. 종교는 민족 정체성의 일부가 되어야 하며, 종교적 갈등의 역사는 민족적 통합의 이야기로 재구성되어야 했다. 종교적 예배는 민족적 영광의 순간 또는 민족의 기억과 연결되었다. 그러나 이러한 동질화 과정은 결코 완벽한 성공에까지 이르지는 못했다. 민족주의가 통합뿐 아니라 분열의 도구로도 작용했기 때문이다. 다른 식의 민족주의나 다른 식의 종교적 정체성도 얼마든지 출현할 수 있었다. 오늘날의 아일랜드나 인도-파키스탄의 분열(뒤이어 파키스탄과 방글라데시의 추가 분열)이 대표적인 사례였다. 근대 민족국가에서는 다수와 소수를 형성하는 "숫자의 정치(politics of numbers)"가 중요했다. 종교는 다수파 민족주의의 기반으로도, 소수파 정체성의 기반으로도 사용될 수 있었다. 예를 들어 인도의 힌두 민족주의자들은 힌두교 중심의 통합을 위하여 카스트의 경계와 언어적 차이를 초월하려는 노력을 지속했다. 그러나 힌두교의 통합을 강조했던 그들의 노력은 오히려 이슬람과 같은 소수파 종교를 배제하는 방향으로 흘러갔고, 결국 힌두교와 이슬람의 더 깊은 분열을 초래하고 말았다. 한편 19세기 후반까지도 개신교 국가를 표방했던 영국과 네덜란드는 가톨릭 신도들을 같은 민족이라는 이념으로 포용했다.[13]

비스마르크의 주도로 개신교파가 다수인 독일 제국이 통합되는 과정에서도 가톨릭은 소수파로서 갈등을 겪었으나 결국은 제국에 통합되었다. 다른 개신교 국가에서도 민족의 이념으로 가톨릭 세력을 통합하는 일은 성공적이었다. 그러나 수십 년 뒤 독일은 같은 민족주의 이념에 따라 유대인을 배제했다. 그 결과로 홀로코스트라는 끔찍한 결과가 이어졌다. 이처럼 민족과 종교가 결합되는 개념은 20세기적 현상이었다. 홀로코스트는 그것이 얼마나 끔찍한 결과를 초래할 수 있는지를 보여준 강렬한 역사적 증거였다. 홀로코스트는 그 구체적인 특징에서는 독특한 사건이었지만, 19세기 후반부터 오늘날에 이르기까지 인종 또는 민족성

---

13 Peter van der Veer and Hartmut Lehmann, eds., *Nation and Religion: Perspectives on Europe and Asia* (Princeton University Press, 1999).

과 종교가 결합하는 위험한 사례들은 계속해서 나타나고 있다. 19세기에는 영국, 프랑스, 네덜란드의 식민지 통치자들이 제국 내 피식민지 민족들에 대해 종교적, 인종적 우월감을 가졌었다. 탈식민지 시대에 들어와 유럽으로 이주한 무슬림의 존재는, 이러한 갈등이 결코 종결되지 않았으며 오히려 그 불안정성 자체가 민족주의 형성에 중요한 역할을 하고 있음을 보여준다.

세속적 민족주의와 종교

종교의 민족화뿐만 아니라 세속적 민족주의(secular nationalism)도 19세기에 대두된 현상이었다. 세속적 민족주의란 이론적 차원에서는 종교의 대체물로 이해되기도 한다. 즉 민족주의 자체가 민족국가(nation-state)의 종교이며, 세속적 민족주의는 근대 국가의 정치 신학(political theology)으로 간주되기도 한다.(정치 신학이란 종교 국가에서 신학이 정치적 이론이나 실천에 영향을 미치는 방식을 의미한다. – 옮긴이) 그러나 이런 관점에서 본더라도 종교 공동체가 민족주의에 완전히 흡수되었다고 말하기는 어렵다. 종교 공동체는 여전히 국가와 분리된 규제의 대상일 뿐이었다. 정교분리의 원칙도 바로 그러한 규제의 일환이었다. 정교분리의 형태는 프랑스, 영국, 미국, 터키, 인도 등 경우에 따라 서로 달랐다. 그러나 모든 경우 세속적 민족주의가 하나의 이념이 되었으며, 그 이념에 따라 종교의 활동 영역이 설정되고 범위가 제한되었다. 과학은 세속적 민족주의 이념을 뒷받침했고, 과학과 종교의 분리 양상은 국가마다 크게 달랐다. 그러나 어디에서나 종교적 논의가 허용되는 공간을 규정할 때는 과학의 권위가 상당한 영향을 미쳤다. 정치적 영역에서 민주주의는 흔히 세속적(정교분리) 체제라고 평가되거나 세속적이어야 한다고 여겨지는 경우도 많았지만, 현실은 반드시 그렇지는 않았다. 민주주의와 세속성 사이에는 여러 가능한 연관성이 있지만 필연적인 연관성은 존재하지 않았다. 민주적 수단을 통해 사회에서 세속성이 촉진될 수는 있지만, 공산주의나 파시즘 정권과 같은 독재적 수단을 통해서도 얼마든지 세속성이 실현될 수 있었다.

종교를 제거하려는 급진적 무신론 프로젝트의 중요한 역사적 사례를 우리는 공산주의 체제에서 확인할 수 있다. 이 프로젝트는 공산주의 체제의 사회(소련은 1922년, 대부분의 다른 국가는 제2차 세계대전 이후)에 중대한 영향을 미쳤지만, 실제로 종교를 완전히 제거하는 데 성공한 사례는 거의 없었다. 다만 구 동독(DDR)만은 예외였는데, 구 동독은 세계에서 가장 세속적인 사회 중 하나로 꼽히는 국가였다. 그 외 대부분의 경우, 국가 권력은 종교 기관과 그 자원을 엄격히 통제했으며 특히 토지 개혁의 대상으로 삼았고, 통치에 도전할 가능성이 엿보이는 종교 운동에 대해서는 신속히 억압 조치를 취했다. 대표적 사례가 1990년대 중국의 파룬궁(法輪功, 법륜공) 탄압이었다. 그러나 탈사회주의(post-socialist) 조건이 조성되면서 이들 사회에서는 종교성이 다시 공공 영역에서 활발하게 드러나는 현상이 나타나고 있다.[14]

민주주의는 결코 세속화에 의존하지 않았다. 현실적으로 종교가 사라진 완전한 세속적 민주주의 '국가'가 존재하지 않는 이유는, 그런 '사회'가 존재하지 않기 때문이다. 정치적 참여와 대의제의 한 형태로서 민

---

14 Tam Ngo and Justine Quijada, eds., *Atheist Secularism and Its Discontents: A Comparative Study of Religion and Communism in Eastern Europe and Asia* (forthcoming).

주주의는 오늘날 민족국가의 특징적 체제가 되었다. 자유주의자들은 국가 체제가 세속적이어야 한다고 주장한다.(즉 정치와 종교는 분리되어야 한다고 주장한다. - 옮긴이) 또한 그들은 국가가 모든 종교를 평등하고 중립적으로 대해야 한다고 요구할 것이다. 그러나 그들의 주장처럼 종교의 자유가 허용된다면, 종교는 민주주의의 과정에서 중요한 역할을 할 가능성이 높다는 현실 또한 부정하기 어렵다. 그러므로 국가의 세속성과 사회의 세속성은 구분해서 보아야 하며, 각각의 경우 세속성의 의미를 명확히 해둘 필요가 있다. 영국, 네덜란드, 미국과 같은 근대 국가는 국가의 세속성을 보장하기 위해 나름의 장치를 마련해 왔다. 그러나 이들 국가 체제의 정당성은 사회 속에 뿌리를 두고 있으며, 그 사회적 차원에서는 종교가 중요한 공적 역할을 담당했다. 구체적으로 미국의 예를 살펴보자면, 미국에서 국가 체제와 종교의 분리 원칙은 영국에서 박해받던 종교적 소수파의 요구에서 비롯된 것이었다. 그러므로 미국의 경우 국가의 세속성은 명백하게 종교적 요구로부터 비롯되었다고 말할 수 있다. 19세기 후반의 네덜란드도 비슷한 맥락에 놓여 있었다. 당시 네덜란드에서는 국가 교회(state church, 네덜란드 개혁교회)가 교육 시스템에 큰 영향력을 행사하고 있었는데, 프로테스탄트 반대파들은 국가 교회가 통제하지 않는 독립적 교육 시스템을 요구했다. 이들의 주장 또한 국가와 교회의 분리를 주장하는 또 다른 종교적 요구라 할 수 있다.

세속성과 종교의 관계에서 세속성이 단순히 종교를 제한하는 측면에 그치지는 않는다. 민족주의적으로 해석된 종교적 전통은 근대 국가-사회의 관계, 그리고 사회-개인의 관계 형성에 중요한 역할을 했다. 전통에 따라 사회 관습적 규율(fields of disciplinary practice)이 만들어졌고,

그 규율에 따라 자발적으로 규율을 실천하는 주체적 근대 시민이 형성되었다. 또한 오늘날의 공적 담론을 형성하는 데에도 전통은 중요한 역할을 했다. 영국에서 복음주의자들은 노예제 반대 단체와 세계 선교 단체에서 대중을 조직하는 핵심적인 역할을 했다. 산업혁명 시기에는 노동계급을 대상으로 '도덕적 향상(moral uplift)'을 도모하는 다양한 단체들이 활동했다. 한편으로 종교 기관은 개인의 양심에 호소하며 문명화된 행동을 이끌었으며, 다른 한편으로 종교 운동은 대중(public), 여론(public opinion), 공적 담론(publicity)의 장을 만들어냈다.

종교적 민족주의

민족주의가 반드시 세속적일 필요는 없다. 경우에 따라 민족주의는 명백히 종교적 성격을 띠기도 한다.[15] 종교적 민족주의는 단순히 시민 종교(civil religion)에 지나지 않을 수도 있다. 예컨대 미국의 국가 지도자들이 "하나님의 가호 아래 있는 나라(a nation under God)"라는 믿음을 표현할 때, 이는 국교(state religion)가 아니라 시민 종교(civil religion)를 의미한다. 국가 기념일이나 기념비를 통해 종교적인 방식으로 죽음, 희생, 부활과 같은 주제를 상징하거나, 세계 속에서 국가의 사명을 표현하는 것도 시민 종교에 해당한다. 이는 특히 전쟁이나 죽음이 관련된 상황에서 더욱 두드러진다. 그 과정을 통해 국가는 개인의 삶을 초월하는 형이상학적 존재로 인식된다. 하나님으로부터 선택을 받았다는 등의 중요한

---

15 Peter van der Veer, *Religious Nationalism: Hindus and Muslims in India* (Berkeley, CA: University of California Press, 1994).

신학적 개념은 국내외 민족주의 프로젝트에 활용하기가 좋다. 이에 못지않게 중요한 개념이 국가의 부흥이나 재탄생인데, 이는 개신교의 각성(Awakening)이라는 은유와 연결된다.(여기서 말하는 각성이란 18-19세기 영국과 북아메리카를 중심으로 진행되었던 대규모 종교적 부흥 운동, 즉 대각성 운동을 의미한다. – 옮긴이) 마지막으로 민족을 약속의 땅(Promised Land)으로 이끄는 메시아나 지도자의 도래라는 개념이 있다. 이는 중요한 개념으로 유대교, 기독교, 이슬람교에서 공통될 뿐만 아니라 힌두교, 불교, 여러 중국 종교에서도 온갖 변형된 모습으로 등장한다. 위대한 민족주의 지도자들의 전기에도 흔히 신성한 선택, 신념을 시험하기 위한 시련, 더 높은 진리에 눈을 뜨는 개종, 그리고 순교라는 종교적 상징의 레퍼토리가 그대로 적용된다.

급진적 종교 민족주의의 사례는 인도, 파키스탄, 아일랜드, 이스라엘 등지에서 찾아볼 수 있지만, 이들은 모두 세속적 헌법과 국가 기관의 틀 안에 제한되어 있다. 국가를 장악한 급진적 종교 민족주의의 대표적인 사례는 1979년 이란 혁명이었다. 혁명의 결과로 시아파 성직자의 지도를 받는 이슬람 국가가 수립되었다. 이슬람교 또한 기독교, 유교, 불교 등 다른 종교와 마찬가지로 전통적 국가 의례의 정당성을 뒷받침하는 개념, 즉 정의로운 통치와 신성한 법에 대한 내용을 포함하고 있었다. 그러나 이러한 개념을 현대 국가에 그대로 적용하는 것은 완전히 다른 문제였다. 이를 위해서는 성직자의 권위와 민주적 선거 간의 복잡한 관계를 해결해야 했다. 이란은 이슬람 혁명을 다른 사회로 확산시키고자 했으나 결국 성공하지 못했다.

제국주의와 종교

19세기는 민족주의의 시대인 동시에 제국주의의 시대였다. 민족주의(nationalism)나 민족국가(nation-state)의 등장은 고립된 현상이 아니었다. 그 자체가 유럽의 팽창으로 세계 체제(world-system)가 형성되는 과정 속에서 등장한 것이었다. 세계 각지의 경제와 국가들이 상호연결되어 세계 체제가 만들어졌기 때문이다.[16] 민족주의의 핵심 요소는 주권(sovereignty)과 자결권(self-determination)이었지만, 이는 개별 국가 차원이 아니라 국제관계라는 더 큰 틀 안에서 개념화된 것이었다. 세계종교(world religions)도 마찬가지였다. 기독교와 같은 종교는 개별 민족주의에 완전히 포섭되기 어려웠다. 이른바 세계종교는 자체적으로 세계적 사명을 내포하고 있었다. 어떤 종류의 세계화를 논하느냐에 따라 세계화의 출발점은 달리 평가될 수 있겠지만, 어쨌든 유럽은 수 세기 동안 세계화를 주도했고, 동시에 세계화로부터 영향을 받았다. 이러한 세계화 과정에서 기독교나 이슬람 같은 세계 종교의 구조가 형성되었다. 세계 종교는 유럽 내외부를 막론하고 무역 경로와 군사 원정의 길을 따라가며 교세를 확장하고 신도를 얻었다. 그 과정에서 이슬람과 기독교 팽창주의자들의 경쟁이 벌어졌다. 오늘날 서구에서 형성된 이슬람교에 대한 인식은 바로 그 경쟁으로부터 심대한 영향을 받았다. 아시아에서는 종교 간 교류의 역사가 이미 오래되었고 또한 그것이 사회적으로도 중요한 전통이었다. 그러나 근대 제국주의와 민족주의는 아시아에

---

16 Peter van der Veer, *Imperial Encounters: Religion and Nationalism in Britain and India* (Princeton University Press, 2001).

서 과거와의 단절을 부추겼다. 제국 세력이 갑작스럽게 외부에서 들어온 데다가, 그들의 이데올로기가 전근대와 자신의 차이, 그리고 이른바 후진 사회(backward societies)와 자신의 차이를 강조했기 때문이다. 그래서 제국의 전성기에는 차이를 강조하는 비교적 관점 또는 진화론적 관점이 대단히 중요했다. 에드워드 사이드(Edward Said)가 주장했듯이, 오리엔탈리즘(Orientalism)을 통해 구축된 새로운 학문적 접근은 아시아인들에게 전통에 대한 새로운 이해를 제공했다.[17] 힌두교(Hinduism), 불교(Buddhism), 유교(Confucianism), 도교(Daoism) 등은 모두 서구의 용어였다. 언어학자, 고고학자, 기타 역사학자들이 아시아에서 사용되었던 '다르마(dharma)'나 '가르침(敎)' 같은 개념을 서구적으로 발견하고 평가하는 과정에서 새로운 용어들이 만들어졌다. 한편 상인, 선교사, 식민지 관료들은 아시아의 전통을 근대의 관점에 따라 파악하려고 노력했다. 그렇게 해서 형성된 당시 제국의 지식 체계는, 아시아의 전통이 이른바 '세계 종교'로 변모하는 과정을 이해할 때 필수적인 자료를 제공해 준다.

18세기 "영국의 힌두교 발견(British Discovery of Hinduism)"에 관한 논의가 풍부하게 이루어져 왔으며, 과연 "힌두교(Hinduism)"가 무엇을 의미하는지에 대한 질문도 반복적으로 제기되었다. 일반적으로 "힌두(Hindu)"라는 용어는 외부인들의 표현으로, 인더스 지역(Indus region)의 주민들과 그들의 문화를 가리키는 의미로 이해된다. 이 지역의 힌두교인들은 다양한 전통을 가지고 있었는데, 18세기와 19세기의 동양학자(Orientalist)들이 이를 체계화하면서 "힌두교(Hinduism)"라는 이름으로

---

17 Edward Said, *Orientalism* (New York: Vintage, 1978).

통합하였다. 이는 영국의 인도 식민지 구축 과정의 일부로 이루어진 사업이었다. 그러나 이러한 견해에 대한 반론도 없지 않다. 반론에 따르면, 다양한 힌두 전통들이 지속적인 상호 대화를 통해 이미 어느 정도 통합된 상태였으며, 인도 아대륙 전역에 퍼져 있는 브라만(Brahman)이라는 사제 계층에 의해 유지되고 있었다는 것이다. 두 입장은 모두 어느 정도의 진실을 포함하고 있으며, 어떤 시기를 논의하느냐에 따라 강조점이 달라질 것이다. 분명한 것은 19세기 "유럽의 근대성"이 아시아 전통의 개념화에 끼친 막대한 영향을 고려하지 않을 수 없다는 점이다. 힌두 전통이 "힌두교(Hinduism)"라는 영어 표현으로 번역되어 힌두교인들의 종교로 정의된 것은, 힌두인들이 자신들의 전통을 이해하는 방식에도 지대한 영향을 미쳤다.

힌두교가 18세기와 19세기에 "발명(invention)"되었다고 보기보다는, 이미 오래전부터 전해져 오던 힌두 전통이 근대의 논쟁을 통해 재구성 및 재정립되었다고 말하는 것이 더 적절할 것이다. 논쟁에 참여했던 당사자는 주로 프로테스탄트 선교사들이었다. 그들은 주체적 성찰(reflexive subject), 성직자를 거치지 않는 신과의 직접적 대화(unmediated access), 주체적 의지(agency) 등 프로테스탄티즘에서 익숙했던 관점에서 힌두 전통을 바라보았다. 그런 관점에서 그들은 왜곡된 주체성을 회복하는 정화(purification), 자연에 대한 잘못된 이해로부터의 해방(liberation)에 관심을 두었다.(정화와 해방은 모두 힌두교의 핵심 개념이지만 힌두교의 개념과 프로테스탄트의 개념은 분명한 차이가 있었다. 힌두교의 정화가 물이나 불 등을 이용하여 신체적 영적 순수성을 회복하는 의례 행위를 의미했다면, 프로테스탄트의 정화는 내면의 자율적이고 주체적인 신앙을 의미했다. 힌두교의 해방은 윤회의 굴레로부터 벗어나는 것을 의미했다면 프로테스탄트의 해방은 억압적 의례를 벗어나 합리적이고 과학적인 서구의 세계관을 받아들이는 것을 의미했다. ─옮긴이) 프로테스탄트 선교사들의 관점은 광범위한 서구적 담론, 즉 나아가 세계적으로 확산되고 있던 근대적 자아(modern self)에 대한 담론의 전형적 사례였다.[18] 선교 사업 전반에 걸친 주요 쟁점들이 물질성과 초월성에 대한 질문을 제기했으며, 물질주의(materialism)에 대립되는 의미로서 19세기적 영성(spirituality)의 개념이 형성되는 데 영향을 미쳤다. 이 문제는 뒤에서 다시 논의하기로 한다. 이와 밀접하게 관련된 또 한 가지 중요한 문제는 기독교를 단순히 보편주의적(universalistic)일 뿐만 아니라 이성적(rational)인 것으로 정의하려는 경향이다. 예컨대 후기 빅토리아 시대 진화론에서는 기독교가 후진적이지 않으며 과학적 진보와 조화를 이루고 있다는 개념은 중심이 되었다. 그러므로 근대적 합리성(modern rationality)의 개념을 이해하려면 그 이전 시기 개신교의 주요 개념과 그것이 가져온 세속적 결과를 탐구해 보아야 할 것이다. 이는 단지 종교의 문제에 그치는 것이 아니라 세속성(secularity)과 세속주의(secularism)의 본질과도 관련되는 문제다.

 19세기 후반, 프로테스탄트 선교 단체는 아시아와 아프리카에서 가장 중요한 문화적 근대화의 동력이 되었다. 사하라 이남 아프리카에서는 대다수 인구가 기독교로 개종하였으며, 교육과 의료, 그리고 일부 지역에서는 농업 경제의 일부까지 선교 단체에 의해 관리되었다. 아시아

---

18 Webb Keane, *Christian Moderns: Freedom and Fetish in the Mission Encounter* (Berkeley, CA: University of California Press, 2007).

(인도, 중국, 인도차이나)에서도 이들 선교 단체는 근대화에 중요한 역할을 했지만, 곧 힌두교, 이슬람교, 불교 등 다른 종교 단체들이 이를 모방하여 시민 사회의 영역을 점유하기 시작하였다. 탈식민지화 이후 기독교 교회는 현지인 성직자를 내세워 토착화의 과정을 거쳤다. 사하라 이남 아프리카에서는 독립 교회가 급증하며 다양한 종교적 풍경이 만들어졌으며, 기독교가 다수 종교인 상황에서도 그 다양성이 두드러졌다. 특히 나이지리아와 같은 일부 아프리카 사회에서는 이슬람이 기독교와 가장 큰 경쟁 상대로 영향력을 확장하는 중이다.

19세기 후반에도 선교사와 이른바 이교도(heathens)의 만남은 계속되고 있었다. 여기에 유럽 사상의 세속화로 인해 새로운 목소리 하나가 더해졌다. 그것은 바로 "종교학(science of religion)"이라는 새로운 학문 분야의 출현이었다. 마스자와 토모코(增澤知子)가 말했듯이 현대 종교 변화의 중요한 요소 중 하나가 바로 "세계 종교(world religions)의 발명"이었다.[19] "세계 종교"라는 범주는 비교 신학(comparative theology)과 종교학에서 비롯된 것이었다. 비교 신학은 기독교를 다른 종교와 비교하며, 기독교의 독자성을 강조하는 데서 시작하고 거기서 끝난다. 그러나 종교학은 모든 종교를 공평하게 다루려는 학문이 되고자 했다. 또한 종교학은 역사언어학(historical linguistics) 및 문헌학(philology)과 밀접하게 연결되었다. 이로써 종교학은 고유의 학문적 지위를 일부 확보하게 되었다.

---

19 Tomoko Masuzawa, *The Invention of World Religions* (The University of Chicago Press, 2005).

기독교와 더불어 불교가 또 하나의 세계 종교로 "발견"된 것은 특히 중요한 의미를 가진다. 19세기에 이르러 불교는 아시아 여러 지역에 존재하는 초국가적(transnational) 종교로 인정받게 되었다. 또한 과거의 적이었던 이슬람(Islam)과 달리 불교는 기독교와 마찬가지로 보편성을 지향하는 윤리적으로 고상한 종교로 간주되었다. 옥스퍼드 대학교의 산스크리트어학자 모니어 모니어-윌리엄스(Monier Monier-Williams, 1819년-1899년)와 같은 학자들은 불교가 철학이나 도덕 체계일지언정 종교는 아니라고 주장했다. 이는 오늘날까지도 지속되는 주요 쟁점이지만, 종교의 본질에 대한 서구 학계의 이러한 논의와는 별개로, 식민지화된 아시아에서도 중요한 변화가 있었다. 무엇보다도 인도에서는 고대 불교를 발굴하려는 고고학적 시도가 이루어졌다. 불교 유적은 힌두교의 층위 아래 묻혀 있었다. 인도 고고 조사국(Indian Archeological Survey)의 창립자인 알렉산더 커닝엄(Alexander Cunningham, 1814년-1893년) 소장은 잊혀진 불교 유적지를 찾아 탐사에 나섰으며, 대표적으로 사르나트(Sarnath)와 같은 주요 불교 유적지를 발굴했다. 이러한 발견은 고대 인도 역사를 정립하는 데 중요한 요소로 작용하였으며, 그 과정에서 불교는 브라만교(Brahmanism)의 적으로 묘사되었고, 이후 이슬람에 의해 파괴되었으며, 결국 힌두교에 의해 대체되었다는 서사가 형성되었다. 이러한 해석은 불교를 계급제 사회인 힌두교에 대한 대안으로 인식하는 인도사 서사의 중요한 부분이 되었다. 반세기 후, 불가촉천민(Untouchables)의 지도자이자 정치인인 암베드카르(B. R. Ambedkar)와 같은 평등주의 개혁가들이 이러한 관점을 수용했다. 불교는 인도의 토착 전통으로 인정받았고, 동시에 근대의 평등주의 이념을 담은 보편적 세계 종교로 간주되었다. 세계 종교로서의 불교는 전통의 맥락이 거의 소멸되었던 바로 그곳 인도에서 중요한 지역적 의미를 회복하게 되었다.

스리랑카에서는 또 다른 변화가 일어났다. 불교는 여기서 새로운 틀로 재구성되었다. 먼저 리스 데이비즈(Rhys Davids, 1843년-1922년)가 설립한 팔리어 문헌 학회(Pali Text Society)가 2만 6,000페이지에 달하는 불교 경전을(로마자 표기로!) 출간했다. 리스 데이비즈는 영국 공무원으로 스리랑카에서 근무했는데, 유명한 고대 도시 아누라다푸라(Anuradhapura)의 발굴에도 참여한 바 있었다. 그 뒤 신지학(神智學, Theosophy) 전문가였던 올콧 대령(Colonel Olcott, 1832년-1907년)은 불교 관련 도상으로 스리랑카의 국기를 디자인하고 불교 교리 문답서를 제작했다. 이로써 스리랑카의 불교 전통을 외부에서도 인식할 수 있는 종교로 변모시켰다. 누구보다도 중요한 역할을 했던 인물은 개혁가이자 승려였던 아나가리카 담마팔라(Anagarika Dhammapala, 1864년-1933년)였다. 신지학의 영향을 깊게 받았던 그의 노력은 결국 싱할라 불교 민족주의(Sinhala Buddhist nationalism)의 형성으로 이어졌다. 이것이 오늘날 스리랑카에서 타밀인 힌두교도와 싱할라인 불교도 갈등의 핵심이 되었다. 서구 학계가 제국주의적 관점에서 불교를 재해석했던 논리(동양의 전통을 자신의 관점으로 재해석한 오리엔탈리즘의 논리—옮긴이)를 차용하여, 스리랑카의 싱할리인은 이를 종교적 민족주의의 핵심적 근거로 삼았다. 한편 제국의 중심부였던 서구에서는 불교를 보편적 영성의 대표적 사례로 간주했다. 19세기 말 서구의 지식인들은 전통 종교에서 대체로 불편함을 느꼈지만, 불교는 이에 거슬리지 않는 비종교적 철학으로 보았던 것이다. 민족주의와 오리엔탈리즘의 상호작용은 제국주의 시대의 사고방식(중심부와 주변부 모두에서) 형성에 중대한 의미를 지녔다.

    네덜란드가 식민지에서 종교 관련 지식을 수집했던 방식과, 종교 연구 성과를 식민지 지배 도구로 활용한 사례를 연구한 네덜란드 학계의 뛰어난 연구 성과 두 편이 있다. 네덜란드 식민지 당국은 크리스티안 스눅 후르그로녜(Christiaan Snouck Hurgronje, 1857년-1936년)의 아라비아 이슬람 연구를 지원했다. 그의 연구는 특히 인도네시아 아체(Aceh) 지역 출신으로 메카(Mecca)에 거주하는 무슬림들에 대한 정보를 수집하는 데 초점을 맞추었다. 이는 범이슬람주의(Pan-Islamism)에 대한 두려움과 관련이 있었다. 오늘날뿐만 아니라 당시에도 범이슬람주의는 모든 무슬림 세력을 통합하여 제국주의에 맞서려 하는 반제국주의 음모로 간주되었다. 크리스티안 스노크 후르그로녜는 1874년 라이덴 대학교에서 신학을 전공했으며, 이후 당대의 가장 저명한 이슬람 학자로 자리 잡았다. 그는 1884년부터 1885년까지 메카에서 체류하며 네덜란드령 동인도에서 온 순례자들과 긴밀히 접촉했다. 이후 1891년에서 1892년 사이에는 식민지 정부의 자문 역할을 맡아 아체 지역에서 활동했다. 그의 지역 저항 운동 분석은 1898년 네덜란드가 동인도에서 벌였던, 가장 유혈이 낭자했던 군사 원정으로 이어졌다. 이 전쟁으로 아체 지방의 전체 인구 약 50만 명 가운데 6-7만 명이 사망했다. 크리스티안 스노크 후르그로녜의 연구는 에드워드 사이드가 《오리엔탈리즘(Orientalism)》에서 제기했던 논지를 구체적인 사례로 보여주는 동시에, 제국주의적 맥락에서 이슬람을 이해하는 기초가 되었다. 즉 위협이 거의 없는 힌두-불교의 층위를 바탕으로, 그 위에서 비교적 최근에 이슬람이라는 종교가 성립되었다고 보는 견해였다. 이슬람은 공격적이고 위험한 종교로 간주된 반면, 자와나 발리의 문화는 보다 평온하고 신비주의적인 힌두-불교에 의해 채워져 있다고 여겼다. 힌두-불교 문화의 근본을 평온한 구조로 이해하는 것은, 정치적 색채를 배제한 법질서를 필요로 했던 네덜란드 식민지 정부나, 혹은 독립 이후 수하르토(Suharto) 정권의 신질서(New Order)의 요구와 기묘하게 맞아떨어졌다. 그 이론을 가장 잘 보여준 사례가 보로부두르의 복원이었다. 보로부두르는 인도네시아에서 이슬람의 베일에 가려져 있던 세계적 불교 유적이었다. 이처럼 종교학은 제국주의적 환경에서 탄생한 것이었다. 당시 동인도는 네덜란드가, 인도는 영국이 지배하고 있었다. 이러한 정치적 맥락 속에서 고고학적, 언어학적, 민족학적 연구를 통해 습득된 종교 관련 지식이 분과 학문으로서 종교학의 주제가 되었다.

이슬람 연구도 이와 같았다. 뿐만 아니라 종교 전반에 대한 연구가 모두 그랬다. 불교를 포함해서 중국 종교에 대한 이해에 중요한 기여를 한 인물로 네덜란드의 중국학자 드 흐로트(J. J. M. de Groot, 1854년-1921년)를 들 수 있는데, 그는 중국 남부의 아모이(Amoy, 현재의 廈門)에서 중국의 종교 의례를 연구한 뒤 보르네오로 건너가 네덜란드 식민지 정부의 "중국 문제" 담당 관리로 활동했다. 그는 현지의 중국인 공동체, 즉 "콩시(公司)"로 알려진 조직을 상대할 정부 정책을 조언했다. 1854년 보르네오의 말레이 군주국들이 네덜란드의 통제 아래 들어가자 대부분의 콩시는 해체되었다. 유일하게 랑공 콩시(Langong kongsi)만이 남아 있었지만, 그것도 드 흐로트가 보르네오에 있던 1884년에는 최종적으로 해체되었다. 이후 드 흐로트가 네덜란드로 돌아갔을 때, 그는 국제적으로 중국 종교 연구의 최고 권위자로 인정받았다. 이러한 사례에서 보더라도, 현지 조사와 문헌 연구를 기반으로 했던 당시의 종교 연구는 식민지 통치자들이 직면해야 했던 현실적 도전과 긴밀하게 연결되어 있었다. 19세기 서구의 종교 연구 방식을 이해하고자 할 때는, 바로 이와 같은 현실을 주목해 보아야 할 것이다.

근대의 영성

19세기 후반, 종교(religion)와 세속(secular)이라는 쌍둥이 개념의 등장과 함께 '영성(spirituality)'이라고 하는 근대적 개념의 부상이 확인된다.[20] 이 또한 19세기의 정치, 경제, 문화적 차원에서 세계의 통합이 강화되는 세계화 과정의 일환이었다. 더 유명한 개념은 세속화지만, 영성 개념의 등장은 그와 밀접한 관련이 있었다. 많은 학자들이 주장했듯이, 보편적 개념으로서의 '종교'는 근대의 산물이었다. 그 뿌리는 이신론(理神論, Deism)을 주장했던 보편주의에 닿아 있으며, 16-17세기 유럽의 팽창 과정과 관련이 있었다.[21] "종교", "세속주의", 그리고 "영성"이라는 개념이 애초부터 보편적인 개념은 아니었기 때문에, 역사적으로 각각의 개념들이 어떤 과정을 거쳐 보편적 개념이 되었는지를 이해할 필요가 있겠다. 세속(secular)이라는 개념은 특히 유럽의 역사에서 교회와 세속의 관계와 관련되어 있지만, 이 또한 근대화 과정에서 유럽과 그 외 다른 지역을 막론하고 의미의 변화를 거쳤다. "세속주의(secularism)"라는

---

20 Peter van der Veer, *The Modern Spirit of Asia: The Secular and the Spiritual in India and China* (Princeton University Press, 2013).
21 Talal Asad, *Genealogies of Religion* (Baltimore: Johns Hopkins University Press, 1993).

용어가 영국에서 처음 사용되었던 사실을 보더라도 "세속" 개념의 기원이 근대와 닿아 있음을 분명하게 확인할 수 있다. 1846년 이 용어를 처음 사용했던 조지 홀리오크(George Holyoake)는 기독교를 "현실적으로 의미가 없으며, 과학적 근거가 부족한 공허한 사변(irrelevant speculation)" 이라고 공격했다. 그의 견해는 1850년대 초반에 형성된 세속주의 운동 단체들로 이어졌다. 이러한 단체들의 흥미로운 특징 중 하나는, 급진적 반(反)교회 성향, 반(反)기득권 사회주의, 이성과 과학적 탐구에 근거한 합리주의 사상 등을 영적 실험과 결합했다는 점이다. 세속주의 단체의 구성원들은 자발적 과학(do-it-yourself science)을 통해 초자연적 세계와 연결되는 문제에 큰 관심을 가졌다. 이러한 활동은 반(反)이성적인 것으로 간주되지 않았으며, 오히려 대학에서 이루어지는 것과는 다른 방식의 과학적 실험으로 여겨졌다. 그들은 옥스퍼드나 케임브리지처럼 상류사회 및 기성 교회와 밀접하게 연결해서 학문의 정당성을 뒷받침할 필요가 없었으며, 그걸 원하지도 않았다.

사회주의적 급진주의와 세속주의를 영성과 결합한 대표적인 사례로는 저명한 페미니스트 애니 베전트(Annie Besant)를 들 수 있다. 1870년대에 애니 베전트는 런던 세속주의 협회(Secular Society of London)에 가입했으며, 저명한 사회주의자이자 전국 세속주의 협회(National Secular Society) 회장이었던 찰스 브래들러프(Charles Bradlaugh)와 협력하여 산아 제한과 기타 페미니즘 관련 문제를 옹호하는 활동을 전개했다. 런던 유니버시티 칼리지(University College in London)에서 과학 학위를 취득한 최초의 여성이었던 그녀는 과학적 훈련과 급진적 사회주의 사상을 결합했으며, 동시에 영적인 문제에도 깊은 관심을 보였다. 마담 블라바츠키(Madame Blavatsky)를 만난 후 그녀는 신지학(Theosophy)의 주요 지도자가 되었으며, 인도로 건너간 후에는 잠시나마 인도 국민회의(Indian National Congress)의 의장을 역임하기도 했다.²²

제국주의와 제1차 세계대전의 참혹한 학살에 대한 반응으로 국가와 종교의 경계를 초월하는 영성(spirituality)의 개념은 점점 더 영향력을 확대해 나갔다. 인도의 시인 타고르(Tagore)와 같은 사상가들은 서구의 공격적인 물질주의를 거부하고, 아시아 전통 속에서 현실적인 대안을 찾고자 했다. 그러나 이러한 낙관주의는 일본이 제국주의 열강으로 부상하면서 상당 부분 좌절되었다. 그럼에도 불구하고 이 시기에는 여러 종교에서 교파를 초월한 평화를 추구하는 다양한 형태가 나타났으며, 이는 오늘날까지도 여전히 영향을 미치고 있다.²³

과학과 과학적 합리성은 세속적 시대(secular age)의 근본이며, 과학적 진보는 종종 사고의 세속화(secularization of the mind)에 의존하는 것으로 간주되었다. 오늘날의 관점에서 보면, 19세기에는 영성과 세속 과학이 서로 대립하는 것으로 인식되지 않았다는 점이 다소 낯설게 느껴질 수도 있다. 일반적인 과학사 서술에서는 과학 자체가 부당한 추측으로부터 스스로를 정화하는 과정을 내포하는 것으로 이해된다. 예를 들어 다윈의 시대에 진화론 발전에 기여한 알프레드 러셀 월리스

---

22 Arthur Nethercott, *The First Five Lives of Annie Besant* (University of Chicago Press, 1960), and *The Last Four Lives of Annie Besant* (University of Chicago Press, 1963).
23 E.g. Hans Küng, *Theology for the Third Millennium: An Ecumenical View* (New York: Doubleday, 1988).

(Alfred Russell Wallace)의 공헌은 일반적으로 인정되지만, 그의 영적 실험(spiritual experiments)은 과학이 스스로 정화한 일탈로 간주되는 경우가 많다.[24] 그러나 과학을 점진적 정화의 과정으로 보는 이와 같은 목적론적 시각에서는, 과학이 정화해 온 요소들과 정화의 대상이 되었던 과학 자체가 사회정치적 맥락 속에 깊이 뿌리내리고 있었다는 사실을 배제한다. 예컨대 영성주의(spiritualism)는 세속적인 진리 탐구 방식 중의 하나로 간주되었으며, 실증주의적 성격을 띠면서 종교적 반지성주의(religious obscurantism)와 전통 종교의 위계질서에 반대하는 입장이었다. 그러나 19세기 영국에서는 국가와 교회라는 서로 긴밀하게 연결된 두 기관에서 영성주의를 비롯한 진리 탐구의 다양한 방식들을 방해했다. 그럼에도 불구하고 영국의 영성주의, 영성(spirituality), 그리고 반율법주의적 전통(antinomian traditions) 속에서 식민지 지배에 반대하는 보편주의(universalism)가 탄생하였다.

영성이 등장하게 된 중요한 요인 중 하나는 그것이 종교에 대한 대안을 제시했다는 점이다. 당시는 무엇보다 제도화된 종교(institutionalized religion)에 대한 대안이 필요한 시기였다. 특히 서구에서 영성은 기독교에 대한 대안이었다. 19세기의 자유주의, 사회주의, 그리고 과학(특히 다윈의 진화론) 등에서 나타난 사상의 세속화와 함께, 특정 전통에 얽매이지 않는 보편적 영성 탐구 운동이 세계 여러 지역에서 확산되었다. 미국

---

24 Peter Pels, "Spirits of modernity: Alfred Wallace, Edward Tylor, and the visual politics of fact," in Birgit Meyer and Peter Pels (eds.), *Magic and Modernity: Interfaces of Revelation and Concealment* (Stanford University Press, 2003), pp. 241-271.

의 대표적인 사례로는 에머슨(Emerson)에서 휘트먼(Whitman)까지 이어지는 초월주의자들(transcendentalists)과, 메리 베이커(Mary Baker)의 크리스천 사이언스(Christian Science)가 있다. 영적 탐구를 지향했던 신지학(Theosophy) 또한 미국에서 탄생한 또 다른 결과였다. 캐서린 알바니즈(Catherine Albanese)의 연구를 통해 확인되었듯이 영성 운동이 가득했던 곳은 미국만이 아니었다. 세속주의 이데올로기의 확산과 함께 비슷한 유형의 영성 운동이 세계적으로 크게 확산되었다.[25]

특정 종교를 초월하는 보편적 영성을 탐구하는 흐름이 나타나는 과정에서 동양의 종교들이 특히 중요한 원천으로 간주되었다. 19세기 후반, 식민지 지배 세력의 종교였던 기독교 내부에서도 기독교로 개종시키려는 시도보다는 오히려 다른 종교 전통에서 보편적 도덕성과 영성을 찾고자 하는 움직임이 더 많이 나타났다. 이는 모든 전통을 변증법적으로 종합하려는 헤겔식 아우프헤붕(Aufhebung)의 한 형태로 볼 수 있다. 이러한 경향의 대표적인 사례가 1893년 시카고에서 개최된 세계 종교 의회(World Parliament of Religions)였다. 유니테리언(Unitarian) 조직이 주도한 이 행사에서는 세계 각지의 종교 대표자들이 초청되어 초교파적 공동 연단에서 연설하도록 했다. 종교학의 발전 또한 같은 맥락에서 이해할 수 있다. 당시 종교학은 기독교 신학을 넘어서는 새로운 학문 분야로 성장했다. '세계 종교(world religions)'라는 개념이 처음 등장한 것도 이 무렵이었다. 이는 높은 도덕성을 지닌 여러 종교 전통을 비교적 동등

---

25 Catherine Albanese, *A Republic of Mind and Spirit: A Cultural History of American Metaphysical Religion* (New Haven: Yale University Press, 2007).

한 위치에서 다룰 수 있도록 규정하는 개념이었다. 특히 불교(Buddhism)가 이 범주에 부합하는 후보로 간주되었다. 이슬람은 기독교와 유사한 특징을 지닌 데다 이미 세계적으로 확산된 종교였음에도 불구하고, 초기에는 세계 종교 개념에서 배제되었다.

오늘날의 세계 종교

1979년 이란 혁명 이후 세계 대부분의 지역에서 종교의 중요성에 대한 인식이 점차 높아지고 있다. 중동의 지정학적 중요성 때문에 이슬람교는 특히 주목을 받아왔다. 오늘날 세계 석유 공급의 상당 부분을 중동이 차지하는 가운데, 중동 지역 국가들은 정치적 구조가 취약하며, 팔레스타인 분쟁으로 유대교와 이슬람교의 대립이 심화되고 있다. 이런 조건 속에서 이슬람의 정치적 중요성은 중동 지역을 넘어서는 문제가 되었다. 2001년에는 급진적 이슬람주의 단체 알카에다(Al-Qaeda)가 미국을 공격했다. 미국을 부당한 지정학적 패권 세력으로 간주했기 때문이다. 미국의 정치학자 새뮤얼 헌팅턴(Samuel Huntington)은 이른바 미국에 대한 "성전(聖戰, holy war)"을 21세기의 새로운 문명 간 전쟁으로 해석했다. 이는 종교로 정의되는 문명 간의 충돌로, 과거 자본주의와 공산주의 대결을 대신하는 것이었다.[26] 그러나 정의가 모호한 문명을 강조하다 보면, 대부분의 전쟁이 여전히 민족국가 간의, 혹은 민족주의의 영향을 받은 전쟁이라는 현실을 간과하게 된다. 팔레스타인의 투쟁도 여

---

26 Samuel Huntington, *The Clash of Civilizations and the Remaking of World Order* (New York: Simon & Schuster, 1996).

기서 벗어나지 않는다. 그럼에도 불구하고 오늘날의 세계화는 초국가적 종교 운동을 위한 더 큰 활동 무대를 제공하고 있다.

기독교, 이슬람교, 불교는 역사적으로 무역 네트워크의 확장이나 정치적 형세에 따라 세계 종교가 될 잠재력을 가진 종교들이었다. 그러나 인터넷과 같은 새로운 형태의 통신 수단에 의해 세계화가 더욱 강화되는 오늘날, 이들 종교는 노동 이주민의 경로를 따라 확산되고 있으며, 진정한 세계 종교로 자리 잡게 되었다. 여기에 바하이(Bahai), 하레 크리슈나(Hare Krishnas), 법륜공(法輪功, 파룬궁) 등과 같은 다양한 신흥 운동들도 합류하고 있다.

이러한 초국가적 운동 대부분은 급진적인 정치적 성격을 띠고 있지는 않지만, 일반적으로 정치적 중요성을 지니고 있다. 오늘날 가장 중요한 기독교 운동은 개신교의 오순절(Pentecostal) 운동과 복음주의(Evangelical) 운동이다. 이들은 미국 정치에 큰 영향을 미칠 뿐만 아니라, 라틴 아메리카, 아프리카, 아시아의 많은 지역에서도 지지 혹은 반대 형태로 정치적 영향을 끼치고 있다. 오늘날 가장 중요한 이슬람 운동은 타블리기 자마앗(Tablighi Jama'at)이라는 경건주의 운동으로, 남아시아에서 시작되어 오늘날에는 무슬림이 거주하는 모든 지역으로 확산되었다. 이들은 네트워크 사회(network society)의 부상에 부합하는 형식이며, 그 자체로 민족국가를 대체할 수는 없지만 국가의 변화에 중요한 영향을 미치고 있다.[27] 네트워크 사회에서 중요한 요소는 인터넷의 발달로, 이는

---

27 Manuel Castells, *The Information Age: Economy, Society and Culture*, Vol. I: *The Rise of the Network Society*; Vol. II: *The Power of Identity*; Vol. III: *End of Millennium* (Oxford: Blackwell, 1996-1998).

종교적 변화에 있어 인쇄술의 발명만큼 중요한 역할을 할 것이다. 인터넷은 신학적 질문을 탐구하고 종교 문제를 가상 온라인 공동체에서 논의할 수 있는 새로운 가능성을 제공한다.[28] 어느 정도까지 인터넷은 종교에서 오래된 문제, 즉 초자연적 존재와 소통하는 가상성(virtuality)뿐만 아니라, 종교적 소통의 사회적 성격에도 새로운 방향성을 제시한다. 국제 이주는 오늘날 세계 사회에서 중요한 문제가 되었으며, 그에 따른 공간 이동은 초국가적 소통을 수반한다. 이는 새로운 형태의 종교적 감수성과 공동체를 형성하는 원동력이 되고 있다.

---

28 Gary R. Bunt, *Islam in the Digital Age: E-Jihad, Online Fatwas and Cyber Islamic Environments* (London: Pluto Press, 2003).

더 읽어보기

Albanese, Catherine. *A Republic of Mind and Spirit: A Cultural History of American Metaphysical Religion*. New Haven: Yale University Press, 2007.

Asad, Talal. *Genealogies of Religion*. Baltimore: Johns Hopkins University Press, 1993.

Baljon, B. J. S. *Religion and Thought of Shāh Walī Allāh Dihlawī, 1703-1762*. Leiden: Brill, 1986.

Bunt, Gary R. *Islam in the Digital Age: E-Jihad, Online Fatwas and Cyber Islamic Environments*. London: Pluto Press, 2003.

Casanova, Jose. *Public Religions in the Modern World*. University of Chicago Press, 1994.

Castells, Manuel. *The Information Age: Economy, Society and Culture*, Vol. I: The Rise of the Network Society; Vol. II: *The Power of Identity*; Vol. III: *End of Millennium*. Oxford: Blackwell, 1996-1998.

Comaroff, Jean and John. *Of Revelation and Revolution*, Vol. I: *Christianity, Colonialism, and Consciousness in South Africa*. University of Chicago Press, 1991.

Geertz, Clifford. *The Interpretation of Cultures*. New York: Basic Books, 1973.

Gellner, Ernest. *Nations and Nationalism*. Ithaca: Cornell University Press, 1983.

Huntington, Samuel. *The Clash of Civilizations and the Remaking of World Order*. New York: Simon & Schuster, 1996.

Küng, Hans. *Theology for the Third Millennium: An Ecumenical View*. New York: Doubleday, 1988.

Masuzawa, Tomoko. *The Invention of World Religions*. The University of Chicago Press, 2005.

McLeod, W. H. *The Sikhs: History, Religion, and Society*. New York: Columbia University Press, 1989.

Mungello, David E. *Leibniz and Confucianism: The Search for Accord*. Honolulu: The University Press of Hawaii, 1977.

Mungello, David E., ed. *The Chinese Rites Controversy: Its History and Meaning*. Nettetal: Steyler Verlag, 1994.

Nethercott, Arthur. *The First Five Lives of Annie Besant*. University of Chicago Press, 1960.

The Last Four Lives of Annie Besant. Chicago: University of Chicago Press, 1963.

Ngo, Tam and Quijada Justine, eds. *Atheist Secularism and Its Discontents: A*

Comparative Study of Religion and Communism in Eastern Europe and Asia. New York: Palgrave, forthcoming.
Pels, Peter. "Spirits of modernity: Alfred Wallace, Edward Tylor, and the visual politics of fact," in Birgit Meyer and Peter Pels (eds.), *Magic and Modernity: Interfaces of Revelation and Concealment*. Stanford University Press, 2003, pp. 241-271.
Ricci, Matteo. *Tianzhu Shiyi*. Beijing 1603, translated, with introduction and notes, by Douglas Lancashire and Peter Hu Guozhen; edited by Edward J. Malatesta. Taipei: Institut Ricci, 1985.
Said, Edward. *Orientalism*. New York: Vintage, 1978.
Spence, Jonathan D. *The Memory Palace of Matteo Ricci*. New York: Viking, 1984.
van der Veer, Peter. *Imperial Encounters: Religion and Nationalism in Britain and India*. Princeton University Press, 2001.
　Religious Nationalism: Hindus and Muslims in India. Berkeley, CA: University of California Press, 1994.
　The Modern Spirit of Asia: The Secular and the Spiritual in India and China. Princeton University Press, 2014.
van der Veer, Peter and Lehmann Hartmut, eds. *Nation and Religion: Perspectives on Europe and Asia*. Princeton University Press, 1999.
Webb, Keane. *Christian Moderns: Freedom and Fetish in the Mission Encounter*. Berkeley, CA: University of California Press, 2007.
Zupanov, Ines. *Disputed Mission: Jesuit Experiments and Brahmanical Knowledge in Seventeenth-Century India*. Oxford University Press, 1999.

CHAPTER 8

자연과학

제임스 매클렐런 3세
James E. Mcclellan III

이 글은 1750년 이후 과학의 역사를 세계사의 관점에서 살펴본다. 최근 300년 동안 인류는 새로운 시대로 접어들었고, 우리가 알고 있는 과학은 이 시기 역사에서 중요한 역할을 했다. 하지만 1750년 이후 과학과 세계사를 제대로 이해하려면 먼저 분석의 틀과 개념부터 명확히 할 필요가 있다. 그렇지 않으면 논의 과정에서 여러 가지 혼란이 생길 수 있기 때문이다.[1]

논점 설정 : 과학과 세계사

우선 우리는 '과학'이라는 개념 자체를 다시 생각해 볼 필요가 있다. 예를 들어, 우리가 흔히 말하는 "과학"이란 정확히 무엇을 뜻하는가? 포스트모던 비판 이론이 활발하게 논의되는 현대 사회에서 "과학"이라는 개념은 어떻게 이해해야 할까? 과학이란 단지 자연을 탐구하는 철학이자 지식의 모음인가, 아니면 하나의 사회적 제도인가? 만약 제도라면, 각종 연구 활동도 모두 과학이라고 할 수 있는 것일까? 그렇다면 과학적

---

[1] 과학사학회의 권위 있는 학술지 *ISIS*에 수록된 세계과학사 특집(Sujit Sivasundaram 기획)은 오늘날 글로벌 차원에서 과학사를 사고하는 출발점이 되었다. (*ISIS* 101, 2010, 95-158) 특집 섹션은 기획자의 Introduction과 여러 학자들의 논문으로 구성되었다. 저자들은 세계과학사 접근에 자기성찰과 자기객관화가 반드시 필요하다고 지적했다.

연구를 분석하는 과학사회학 역시 독립된 학문 분야로 인정받을 수 있는가? 국가나 정부의 지원을 받아 수행되는 연구 활동이 과학이라는 이름 아래 하나의 사회 제도로 자리 잡았다고 봐야 하는가? 나아가 기술과 더불어 과학을 생산을 가능하게 하는 주요 요소로 간주할 수 있을까? 우리가 흔히 사용하는 '과학'이라는 개념 안에는 이와 같은 여러 요소가 복잡하게 얽혀 있다. 따라서 이 모든 것을 하나의 틀로 정리하여 바라보는 일은 결코 쉽지 않다. 더 나아가 지난 2-3세기 동안 과학이라는 개념과 역할이 어떻게 변화해 왔는지 정리하는 일은 훨씬 더 어려운 도전이 될 것이다.

과학을 어떻게 이해하고 과학사를 어떻게 서술할 것인가? 위에서 언급한 문제들을 세계사라는 틀에서 생각하면 더욱 복잡해진다. 역사 서술의 문제에 관해서는 우리 시리즈의 다른 책에서 이미 다루었기 때문에, 여기서 다시 자세히 반복할 필요는 없다.[2] 이 글에서는 단지 과학의 세계사를 다룰 때 적용할 수 있는 여러 가지 접근법을 간단히 살펴보는 것으로 충분할 것이다. 과학의 세계사는 '보편사'(universal history)라고 할 수 있을까? 다시 말해, 지구와 인류 전체를 넘어 우주의 역사를 포함하는 것으로 볼 수 있을까? 아니면 '글로벌 히스토리'(global history)라고

---

2 특히 Vol. VII의 서론(한국어판 제15권 제1장)과 이 시리즈의 제1권에 실린 역사서술 관련 논문들을 참고하라. 세계사 서술과 관련해서 중요한 또 다른 연구 성과로는 Benedikt Stuchtey and Eckhardt Fuchs, eds., *Writing World History, 1800-2000* (Oxford: Oxford University Press / German Historical Institute London, 2003)이 있다. 세계사는 교과서, 교육용 영화나 영상물, 세계사 백과사전 등 다양한 형태로 구성되고, 제시되며, 논의되고 있다. 과학에 대한 논의 또한 이러한 다양성을 고려하면서 각각의 맥락에 포섭되어야 한다.

할 수 있을까? 글로벌 히스토리는 인류 전체의 관점에서 세계의 역사를 바라보며, 인구 증가나 이주와 같은 오랜 시간에 걸쳐 나타나는 요인들이 만들어낸 하나의 세계사를 말한다. 그렇다면 국가 간의 관계를 중심으로 서술하는 '국제관계사'(international history) 같은 접근도 가능할까? 혹은 과학의 세계사는 개별 민족, 사회, 문화들이 가진 다양한 이야기를 모아놓은 것이며, 인류 역사가 지닌 다문화적 다양성을 종합한 것에 지나지 않는 것일까? 또한 우리는 여전히 역사가 특정 목표를 향해 진행된다는 목적론적(teleological) 시각이나 '역사의 종말'(the end of history)과 같은 사고에 머물러 있는가? 아니면 우리가 아직 인식하지 못한 새로운 역사적 전환점 위에 서 있는 것일까? 과학의 세계사를 생각할 때, 이와 같은 접근 방식들은 매우 중요한 의미를 지니게 된다.

이렇게 '과학(science)'과 '세계사(world history)'를 함께 놓고 보면 분명한 사실 하나가 드러난다. 우리가 말하는 이야기는 서구의 과학과 전통만으로는 설명할 수 없다.[3] 다시 말해 다양한 문화의 관점이 반드시 필요하다. 1750년부터 오늘날까지의 시기만 보아도 과학의 문화와 전통은 결코 하나가 아니었다. 중국과 인도의 과학과 문명을 떠올리는 것만으로도, 과학적 전통과 지식의 발전을 제대로 이해하려면 다양한 문화적 배경을 함께 살펴봐야 한다는 점을 쉽게 알 수 있다.[4] 물론 우리가

---

3 Marwa Elshakry, "When science became Western: historiographical reflections," ISIS 101 (2010), 98-109에는 서구의 과학 개념이 만들어지는 데 역사서들이 어떤 역할을 했는지 상세히 논의되어 있다.
4 Sujit Sivasundaram, "Sciences and the global: on methods, questions, and theory," ISIS 101 (2010), 146-158은 현재 과학의 세계사를 서술하는 방식에 대해 논의했다. 이와

이야기하는 내용에는 유럽에서 시작된 '서양 과학'이 전 세계로 퍼져 나가는 과정이 포함된다. 특히 16-17세기의 과학혁명 이후, 19세기에 들어 근대 과학과 기술이 결합되면서 그 흐름은 더욱 강력해졌다. 따라서 1750년 이후의 과학사를 세계사의 관점에서 살펴볼 때, 서구 과학이 어떻게 성공하게 되었는지를 설명해야 한다. 또한 오늘날 우리가 '세계 과학(world science)'이라고 부르는 과학 체계가 어떻게 형성되었는지도 함께 다뤄야 한다. 그러나 최근의 역사학자들은 세계사적인 시각에서 서구 중심의 설명을 벗어나려고 한다. 오히려 유럽 역시 세계의 여러 지역 중 하나일 뿐이라는 관점에서 서구를 상대화, 즉 "지방화(provincialized)"하는 방향으로 접근하고 있다.[5]

대개 과학사는 세계사나 글로벌 히스토리 분야의 연구에서 잘 다루어지지 않았다. 예를 들어, 2003년에 출간된 《세계사 서술(Writing World History)》에서는 다양한 주제들이 언급되었지만 과학사는 빠져 있었다. 유럽과 근대성 분야에서 권위 있는 학자인 앤서니 기든스(Anthony

---

관련하여 Joseph Needham의 *Science and Civilization in China* 시리즈는 여전히 표준적 저작으로 남아 있다.

[5] Benedikt Stuchtey, "Introduction," in Benedikt Stuchtey (ed.), *Science across the European Empires, 1800-1950* (New York: German Historical Institute/Oxford University Press, 2005), p. 29에서는 Dipesh Chakrabarty의 연구를 인용했다. 이 주제들에 대해서는 James E. McClellan III, "Science and empire studies and postcolonial studies: a report from the contact zone," in Gesa Mackenthun and Klaus Hock (eds.), *Cultural Encounters and the Discourses of Scholarship*, Vol. 4 (Münster: Waxmann, 2012)를 추가로 참조하라. Patrick Karl O'Brien, "The deconstruction of myths and reconstruction of metanarratives in global histories of material progress," in Stuchtey and Fuchs (eds.), *Writing World History*, pp. 67-90에서는 "the growing field of global history"에서 기술적 측면이 중요하면서도 활발한 연구 분야라 평가했다. (p. 69)

Giddens)의 여러 저서들 역시 과학사에 대해서는 전혀 논의하지 않았다.[6] 또한 1999년에 발간된 《사학사(Storia della Storiografia)》 세계사 특집호에서도 과학사를 다루지 않았다. 세계사 교과서에서는 보통 과학혁명(Scientific Revolution)을 계몽주의와 연결지어 형식적으로만 언급하고 있다. 때로는 다양한 형태의 문서(documents)를 함께 제시하기도 하지만, 대체로 깊이 있게 다루어지지 않고 간략하게만 소개된다. 일부 책에서는 과학을 '문화'의 한 부분으로만 포함시키는 경우도 있다.

최근 반세기 동안 과학사 연구는 역사학계에서 괄목할 만한 발전을 이루었다. 연구자들은 과학과 유럽의 식민지 확장 간의 관계를 집중적으로 탐구했으며, 그 결과 과학과 제국 연구(Science & Empire Studies)라는 학문 분야가 번성하게 되었다. 그러나 이들이 보다 명확하게 세계사적 관점에서 과학사를 조망하기 시작한 것은 비교적 최근의 일이다.[7]

사학사의 측면에서 우리가 논의할 과학사는 사회과학 분야의 방대한 연구 성과와도 연결된다. 슘페터나 마르크스, 혹은 헤겔까지 거슬러 올라가지 않더라도, 프란시스 후쿠야마, 새뮤얼 헌팅턴, 토머스 프

---

6 Stuchtey and Fuchs, *Writing World History*; Anthony Giddens, *The Consequences of Modernity* (Stanford University Press, 1990) and *Europe in the Global Age* (Cambridge: Polity Press, 2007).

7 각주 1에서 언급된 *ISIS* 2010년호의 Forum 섹션 "world histories of science" 참조. 또한 McClellan, "Science and empire studies"와 "Colonialism and science," in Arne Hessenbruch (ed.), *Reader's Guide to the History of Science* (London and Chicago: Fitzroy Dearborn, 2000), pp. 143-144도 참조할 것. James E. McClellan III and Harold Dorn, *Science and Technology in World History: An Introduction*, 2nd edition (Baltimore: The Johns Hopkins University Press, 2006)은 이러한 경향을 잘 보여준다. René Taton이 편집한 초기의 다권본 과학사 저술이 지닌 국제성과 세계주의 역시 잊어서는 안 되며, 1950년대부터 출간된 Needham의 저작들이 제기한 여러 논점과 질문들 또한 여전히 중요하다.

리드만의 저작을 쉽게 떠올릴 수 있을 것이다.[8] 특히 주목해야 할 연구는 이매뉴얼 월러스틴(Immanuel Wallerstein)의 세계체제론(world systems theory)이다. 월러스틴과 사미르 아민(Samir Amin)은 새로운 세계체제 이론을 주장했다. 그들의 관점에 따르면 자본주의적 제국주의(capitalist imperialism)는 근대 세계화를 이끄는 핵심 동력이었다.[9] 전통적으로 사회과학의 근대성 논의에서는 언제나 모호하나마 과학이 언급되기는 했지만, 과학 자체에 대해 깊이 있는 논의를 해본 적은 거의 없었다. 예컨대 월러스틴은 조선, 철강, 섬유 등의 기술을 근대의 핵심 요소로 보았지만 과학 자체에 대해서 별도로 주목한 적은 없었다. 단지 "근대 세계체제의 지배적 이데올로기로서 과학적 합리주의의 승리"라는 표현을 부수적으로 덧붙이는 정도였을 뿐이다.[10] 이는 세계체제론의 맹점이라 하지 않을 수 없다. 세계체제론은 과학을 엑스플라난둠(explanandum, 설명

---

8 Francis Fukuyama, *The End of History and the Last Man, with a New Afterword* (New York: Free Press, 2006 [original edn. 1992]); Samuel P. Huntington, *The Clash of Civilizations and the Remaking of World Order* (New York: Simon Schuster, 1996); Thomas Friedman, *The Lexus and the Olive Tree* (New York: Anchor, 2000) and *The World is Flat* (New York: Farrar, Straus and Giroux, 2005).

9 Immanuel Wallerstein, *The Modern World System II: Mercantilism and the Consolidation of the European World-Economy, 1600-1750* (New York, London: Academic Press, 1980) 및 *The Modern World System III: The Second Era of Great Expansion of the Capitalism World-Economy, 1730-1840s* (San Diego, New York: Academic Press, 1989); 또한 Samir Amin, *L'Empire du chaos: la nouvelle mondialisation capitaliste* (Paris: L'Harmattan, 1991) 및 이 사상가의 초기 저술들을 참조하라.

10 Wallerstein, *Modern World System III*, frontispiece (sic) (강조는 원저자). Jerry H. Bentley, "World history and grand narrative," in Stuchtey and Fuchs (eds.), *Writing World History*, pp. 53-58에서도 마찬가지로 기술을 결정적 요인으로 보지만, 심지어 산업혁명 이후의 기술에서도 과학이 중요한 역할을 했다고는 보지 않는다.

해야 할 대상)에서 배제함으로써 본질적으로 중요한 사실을 간과해 버렸다. 이는 특히 월러스틴의 경우 아이러니한 점이다. 근현대의 과학은 순수 자연철학에서 생산력의 핵심 요소로 변화하고 있었다. 마스크스의 개념을 빌자면, 과학은 상부구조에서 하부구조로 근본적인 이동을 하는 중이었다.

세계체제론은 모든 문제를 경제로 환원하는 마르크스주의적 성향으로 비판을 받아왔다.[11] 앤서니 기든스는 이를 보완하여 몇 가지 다른 영역으로 확대해 나갔다. (1) 세계 자본주의 경제 체제(월러스틴의 주장), (2) 민족(국민)국가 체제, (3) 세계 군사 질서, (4) 국제 노동 분업 등이었다.[12] 과학은 분명 이 모든 영역에 관련되는 문제였다. 기든스와 마찬가지로 세계화 현상에 주목하는 이론가들은 갈수록 그것이 여러 측면을 포함하는 주제라는 사실을 인정하고 있다.[13] 예컨대 2004년에 티모시 브레넌(Timothy Brennan)은 세계화를 (1) 정치적 통합, (2) 무역, 상업 및 금융, (3) 지정학적 요인과 미국의 패권, (4) 새로운 형태의 식민지와 제국주의 등 다양한 차원에서 정의할 수 있다고 주장했다. 심지어 (5) 세계화는 실체가 존재하지 않으며, 여전히 민족(국민)국가와 지역이 기준이 된다는 주장도 가능하다고 했다.[14] 이런 와중에 과학의 문제를 어떻게 포함

---

11 Roxann Prazniak, "Is world history possible? An inquiry," in Arif Dirlik, Vinay Hahl, and Peter Gran (eds.), *History after the Three Worlds: Post-Eurocentric Historiographies* (Lantham, MD: Rowman & Littlefield, 2000), pp. 221-239.
12 Giddens, *The Consequences of Modernity*, pp. 70-78; also Prazniak, "Is world history possible?," p. 214.
13 On globalization, see Gidden's definition and discussion, *Europe in the Global Age*, pp. xii, 8; *The Consequences of Modernity*, p. 64.

시킬 것인가 한다면, 전체적인 이야기는 더욱 복잡해질 따름이다.

에드워드 사이드의 오리엔탈리즘을 계기로 탈식민주의 연구(Postcolonial Studies) 분야가 형성되었는데, 여기서 과학을 어떻게 다루었는지, 혹은 어떻게 외면했는지도 주목해 볼 필요가 있겠다.[15] 탈식민주의 연구는 문학 및 인문학 연구에서 시작되었기 때문에 과학을 주제로 삼는 경우는 드물었다. 과학이 논의되는 경우에도 탈식민지 연구에서는 서구 과학을 오만한 지적 체계로 보거나, 식민지 또는 제국주의 통치를 위한 도구로 비판하는 경향이 있었다. 이 문제는 뒤에서 다시 논의하게 될 것이다. 더욱이 탈식민주의 연구는 포스트모더니즘의 언어 비판과 맥을 같이하고 있으며, 거대 서사(master narratives)를 거부하는 경향이 배어 있다. 이는 비단 과학사나 세계사 서술과 관련되는 문제일 뿐만 아니라, 현재 우리의 논의에도 중요한 시사점을 제공하고 있다.

과학사의 또 한 가지 중요한 요소는 보편주의(universalist claims)와 관련되는 문제다. 보편성은 두 가지 측면을 가지는데, 하나는 과학적 지식의 보편성이고, 또 하나는 사회적 확산과 실천의 보편성이다. 즉 소크라테스 이전 시대 철학자들은 과학이 모든 자연 현상에 적용된다는 보편

---

14 Timothy Brennan, "From development to globalization: postcolonial studies and globalization theory," in Neil Lazarus (ed.), *The Cambridge Companion to Postcolonial Literary Studies* (Cambridge University Press, 2004), pp. 120-138.
15 에드워드 사이드, *Orientalism* (New York: Pantheon Books, 1978) and *Culture and Imperialism* (London: Chatto & Windus, 1993); 또한 McClellan, "Science and empire studies and postcolonial studies"를 참조하라; Sünne Juterczenka and Gesa Mackenthum, eds., *The Fuzzy Logic of Encounter : New Perspectives on Cultural Contact* (Münster: Waxmann, 2009), 그리고 로스토크(Rostock) 대학교와 "Cultural Encounters and the Discourses of Scholarship" 프로그램에서 출판된 관련 심포지엄 논문집들을 보라.

성을 주장했다. 그러나 현실적으로 그러한 과학적 지식이 전파된 사회적 범위는 제한적이었으며, 결코 보편적으로 받아들여지지는 못했다. 즉 과학의 보편성과, 지적 문화적 현실 속에서 과학이 얼마나 깊이 침투했는가 하는 역사적 현실은 구분할 필요가 있다. 이 문제의 핵심을 이해하기 위해 1687년 뉴턴(Isaac Newton)의 《프린키피아(Principia)》 초판이 출간되었을 당시를 생각해 보자. 그 시점에서 만유인력의 보편적 법칙, 즉 모든 사물에 수학적 비례에 따른 인력(引力)이 작용한다는 사실을 이해하고 인정한 사람은 뉴턴과 에드먼드 핼리(Edmund Halley) 단 두 명뿐이었다. 이후 1750년경에는 이 법칙을 받아들인 사람이 훨씬 많아졌겠지만, 세계적 관점에서 보면 그것이 결코 보편적으로 확산된 것은 아니었다. 그러므로 오늘날 보편적인 과학이 어디까지 확산되었는가, 혹은 얼마나 깊이 뿌리내렸는지를 묻는 것은 여전히 타당한 질문이며, 이를 통해 우리의 논의가 더욱 심화될 수 있을 것이다.

18세기의 계몽주의 운동 또한 같은 맥락에서 이야기할 수 있겠다. 계몽주의에서 과학이 차지했던 위상과 그것이 근대의 시대적 정체성 형성에 미친 영향은 잘 알려져 있다. 비록 논란이 없지 않지만, 계몽주의와 "이성(reason)"이 어떻게 바람직한(reasonable) 것으로 받아들여졌는지에 대한 이야기는 반드시 언급할 가치가 있다. 과학과 계몽주의가 결합되어 근대적 관점이 형성된 뒤로 계몽주의가 걸어온 길은 과연 어떻게 되었는지, 그리고 오늘날 문화 속에서 과학이 어떤 위치에 놓이게 되었는지 자못 궁금하지 않을 수 없다. 과학을 둘러싼 문화적 갈등의 지속을 어떻게 해석할 것인가? "토착 과학(vernacular sciences)"이나 원주민의 "전통 지식(native knowledge)"을 비롯한 비합리적인 신념들이 여전히 존재하는 현실은 또 어떻게 설명해야 하는가?[16]

마지막으로, 우리는 세계적 차원에서 과학의 공식적인 국제 조직을 염두에 두어야 한다. 이러한 조직은 이미 18세기 유럽 과학의 한 특징이었다.

이러한 요구사항, 위험 요소, 그리고 전망을 고려하면서, 또한 이 모든 주제를 한정된 지면 안에서 동시에 다루어야 하는 조건 하에 논의를 단순화하기 위해, 1750년을 기준으로 세계적 차원에서 과학의 한 장면을 포착하는 것부터 논의를 시작해 보기로 한다.

1750년 무렵의 과학

1750년경의 유럽에서는 서구의 과학 전통이 여전히 강하게 자리 잡고 있었다. 이는 중세 초기의 유럽, 이슬람, 그리고 그리스로까지 거슬러 올라가는 과거의 유산이었다. 다양한 기관들이 이미 확고하게 제도화되어 있었다. 대학, 국제 학술원 및 과학 학회 네트워크, 천문대, 식물원, 병원을 비롯하여 다양한 기관들이 존재했다. 그중 다수가 국가의 지원을 받고 있었다.[17] 그 이전에 일어났던 과학 혁명(Scientific Revolution)은 자

---

[16] Helen Tilley, "Global histories, vernacular science, and African genealogies; or, is the history of science ready for the world," [Forum: Global Histories of Science] *ISIS* 101 (2010), 110-119는 과학의 세계화와 과학이 주장하는 보편성에 비추어 비서구적 지식 체계와 인식론적 갈등을 다룬다. Neil Safier 역시 "Global knowledge on the move: itineraries, Amerindian narratives, and deep histories of science," [Focus: Global Histories of Science] *ISIS* 101 (2010), 133-145와 *Measuring the New World: Enlightenment Science and South America* (University of Chicago Press, 2008)에서 규범적이지 않은(nonnormative) 인식론과 지식 생산을 글로벌한 차원에서 논의한다.

[17] James E. McClellan III, "Scientific institutions and the organization of science,"

연에 대한 이해를 변화시켰다. 또한 당시의 과학과 과학자들은 베이컨 (Bacon), 데카르트(Descartes), 뉴턴(Newton)과 같은 과학의 영웅들, 새로운 우주론, 새로운 물리학, 자연철학 탐구 방식에 대한 새로운 아이디어를 물려받았다. 학자, 의사, 지식인, 아마추어 연구자 등은 수준 높은 지식의 공동체를 형성하고 있었다. 그들의 공동체는 과학의 학문적 발전에 기여했으며, 당시 유럽에서 학문 활동에 활력을 불어넣었다.

1750년 당시 세계 무대에서 유럽 열강과 유럽 과학은 북아메리카와 남아메리카, 카리브해, 인도, 중국 등 외부를 향해 널리 팽창하고 있었다. 스페인과 포르투갈의 국력과 과학이 모두 정체 상태였으나 여전히 무시할 수 없는 수준이었다. 네덜란드의 거점이었던 바타비아(오늘날의 자카르타)에도 바타비아 기술과학협회(Bataviaasch Genootschap van Kunsten en Wetenschappen, 1778년)가 설립되어 있었다. 이들은 일반적

in Roy Porter (ed.), *The Cambridge History of Science*, Vol. 4: *Science in the Eighteenth Century* (Cambridge University Press, 2003), pp. 99-120; *Science Reorganized: Scientific Societies in the Eighteenth Century* (New York: Columbia University Press, 1985); "Europe des Académies: Forces centripètes, forces centrifuges," *Dix-Huitième Siècle* 23 (1993), 153-165; James E. McClellan III and François Regourd, *The Colonial Machine: French Science and Overseas Expansion in the Old Regime* (Turnhout: Brepols Publishers, 2011)를 참조하라. 또한 René Taton, ed., *Enseignement et diffusion des sciences en France au dix-huitième siècle* (Paris: Hermann, 1964; reprint, 1986), Charles C. Gillispie, *Science and Polity in France at the End of the Old Regime* (Princeton University Press, 1980)과 같은 초기의 기초적 연구들도 참고할 것. E. C. Spary, *Utopia's Garden: French Natural History from Old Regime to Revolution* (The University of Chicago Press, 2000)은 동시대 과학의 조직, 제도화 및 연구의 유럽과 세계적 차원의 전개에 대해 추가 정보를 제공한다. Bertrand Daugeron, *Collections naturalistes entre science et empires, 1763-1804* (Paris: Muséum national d'histoire naturelle, 2009)는 같은 주제를 19세기까지 확장하여 다룬다.

으로 알려진 것보다 훨씬 더 중요한 역할을 담당했다. 영국과 프랑스는 주요 식민지 강국이었다. 과학과 의학은 그들의 해외 팽창을 위한 도구인 동시에 그들의 영향력이 전 세계로 확산되는 과정에서 혜택을 얻기도 했다. 18세기 후반에는 부갱빌(Bougainville), 쿡(Cook), 라 페루즈(La Pérouse) 등의 과학 탐험을 통해 서구 과학이 전 세계적으로 확장되었음이 분명하게 드러났다. 이와 관련하여 호주 보타니 베이(Botany Bay)에 설치되었던 유럽의 전초기지는 많은 것을 시사한다. 그러나 그러한 지배력은 19세기나 현대에 비하면 아직은 불분명한 것이었다. 1750년 당시 예수회 선교사들은 청 제국에서 황제를 위해 흠천감(欽天監)에서 천문 관련 업무에 종사했고, 광주(廣州, 광저우, Canton)에는 유럽 상인들이 진출해 있었다. 제국은 전문 지식을 갖춘 전문가 집단과 기관을 보유하고 있었으며, 유럽인의 영향에 접촉하거나 동화되는 경우는 거의 없었다. 이는 당시 문명이 고도로 발달해 있었던 인도도 마찬가지였다. 유럽인은 중국과 인도의 과학 및 의학에 여러 모로 깊은 관심을 보였고, 현지인들이 보유한 의학 및 식물학 지식에 대해서도 존중하는 태도를 취했다.[18]

---

18 McClellan and Dorn, *Science and Technology in World History*; McClellan and Regourd, *The Colonial Machine*, 전체 및 pp. 14-16; McClellan, *Colonialism & Science*, 특히 총론 부분, pp. 2-14; "Science and Empire Studies and Postcolonial Studies," *Science Reorganized*, pp. 125, 263를 참조하라. 접촉 지대(contact zone)에 대해서는 기본적으로 Mary Louise Pratt, *Imperial Eyes: Travel Writing and Transculturation* (London and New York: Routledge, 1992)을 참조하고, 또한 Francis Barker, Peter Hulme, and Margaret Iversen, "Introduction," in *Colonial Discourse/Postcolonial Theory* (Manchester University Press, 1994), pp. 1-23; Bernhard Klein and Gesa Mackenthun, eds., *Sea Changes: Historicizing the Ocean* (New York: Routledge, 2004); Kapil Raj, *Relocating Modern Science:*

1750년의 세계에서 과학을 신봉하는 사람들은 유럽과 아메리카, 그 외 일부 지역에 존재했을 따름이다. 그들에게도 과학은 여전히 자연철학, 즉 자연의 비밀을 해석하는 숭고한 탐구로 인식되었으며, 실용성과 상관없이 지식 그 자체를 탐구하는 순수한 활동이었다. 그럼에도 불구하고 당시의 국가 내지 정부 차원에서 과학과 실용적인 지식 모두를 후원했다는 사실에 주목할 필요가 있다. 과학과 국가 권력의 연관성은 최초의 문명까지 거슬러 올라가는 일이며, 정치 체제의 유형을 막론하고 언제나 과학의 전문가를 활용해 왔다.[19] 18세기 유럽의 민족(국민)국가에서도 이는 크게 다를 바가 없었다. 역사적으로 몇몇 기관들이 언급되지만, 뉴턴이 대학을 떠난 뒤 런던 조폐국(Mint)의 총재가 되거나, 동시에 런던 왕립학회(Royal Society of London) 회장을 역임했던 것도 우연이 아니었다. 당시 국가와 과학의 연계를 보여주는 개인적 또는 제도적 사례는 수없이 많다. 결과적으로 정부가 지원한 과학과 전문 지식은 유럽의 대외 팽창과 해외 식민지 및 무역의 유지에 도움을 주었다. 국가의

Circulation and the Construction of Knowledge in South Asia and Europe, 1650-1900 (Delhi: Permanent Black; New York: Palgrave Macmillan, 2007); Juterczenka and Mackenthun, eds., *The Fuzzy Logic of Encounter*를 참조하라. 포스트콜로니얼리즘과 여행 문헌의 최신 연구로는 Siegfried Huigen, *Knowledge and Colonialism: Eighteenth-Century Travellers in South Africa* (Leiden and Boston: Brill, 2009)를 참조하라. Carol Lynn Moder, "Discourse across cultures, across disciplines: an overview," in Carol Lynn Moder and Aida Martinovic-Zic (eds.), *Discourses Across Languages and Cultures* (Amsterdam/Philadelphia: John Benjamins Publishing Company, 2004), pp. 1-11는 언어학의 관점에서 핵심적 견해를 덧붙인다.

19 이러한 주제는 전체에 걸쳐 나타나며, Harold Dorn, *The Geography of Science* (Baltimore and London: The Johns Hopkins University Press, 1991)와 McClellan and Dorn, *Science and Technology*에서 더욱 발전된 형태로 논의된다.

지원을 받은 천문학, 식물학, 지도학, 의학 및 기타 여러 관련 분야의 연구는 식민지 개척과 이후의 제국주의적 목적에 이용되었다. 그에 따라 유럽의 과학 연구와 그 실용적 범위는 해외 경험과 전 세계와의 접촉 확대를 통해 더욱 확장되었다. 이러한 과정에서 유럽의 과학은 당시의 노예제와, 퇴행적 국가 경제 정책이었던 중상주의(mercantilism) 강화에 연루되었다.

18세기에는 세계의 다른 지역과 마찬가지로 유럽에서 과학과 기술은 여전히 별개의 분야였다. 사회적으로나 지적으로나, 일상적 기술의 세계는 과학이나 자연철학의 세계와는 상당히 분리되어 있었다. 당시의 과학자들은 과학을 실용적으로 적용할 기회를 마다하지 않았다. 그 좋은 예로 프랭클린(Franklin)의 전기 과학(electrical science)과 피뢰침을 들 수 있다.[20] 당시의 과학, 합리성, 실험은 문화적으로 큰 영향을 미쳤지만, 그럼에도 불구하고 과학과 동시대 산업은, 사회적으로나 지적으로나 거의 관련이 없었다.[21] 오히려 과학과 국가 권력 사이에는 연계가 있었으나, 과학과 산업 사이에는 연계가 없었다. 18세기 후반 영국에서 시작된 산업혁명은 과학이 아니라 기술의 세계에서 비롯되었다. 산업혁명을 주도했던 사람들은 영국 시골에 살던 문맹에 가까운 기술자들이었다. 그들이 증기기관, 석탄 및 철광 산업, 섬유 산업의 기계화를 이끌어냈다.

---

20 James E. McClellan III, "Benjamin Franklin and the lightning rod," in James E. McClellan III (ed.), *The Applied Science Problem* (Jersey City, NJ: Jensen/Daniels Publishers, 2008), pp. 92-111은 이 주제에 대한 권위 있는 설명을 제공한다.
21 See Margaret C. Jacob, *Scientific Culture and the Making of the Industrial West* (Oxford University Press, 1997).

당시 도시에서 활동하던 과학이나, 산업에 과학을 적용하려는 시도는 실제 산업혁명과는 관련이 없었다.[22] 프랜시스 베이컨(Francis Bacon)은 과학이 실용적이어야 한다고 생각했지만, 그의 사상이 현실에 직접적으로 영향을 미치지는 못했다. 과학혁명에 뒤이어 산업혁명이 일어났던 것은 우연히 그렇게 된 일에 불과하다.

계몽주의는 중요한 지적, 사회적 운동이었고, 18세기의 자연과학은 이를 뒷받침하는 핵심 요소였다. 주지하듯이 과학과 과학혁명은 계몽주의 운동을 촉발했으며, 사회과학, 정치학, 심리학, 신학, 법학 등 광범위한 분야에서 합리적 탐구를 촉진했다.[23] 만약 뉴턴(Newton)이 없었다면 미국의 〈독립선언문(Declaration of Independence)〉도 상상하기 어려웠을 것이다. 토머스 제퍼슨(Thomas Jefferson)은 자연과학적 방식으로 정치적 원자(시민)의 보편 법칙을 선언문에 담았다. 1795년에 출간된 콩도르세(Condorcet)의 저서 《인간 정신 발전의 역사적 개요(Esquisse d'un tableau historique des progrès de l'esprit humain)》와 프랑스혁명도 마찬가지 관계에 놓여 있었다. 유명한 표현인 '문자의 공화국(Respublica Literaria)'이란 계몽주의 시대의 특징을 나타내는 말이다. 유럽과 해외를 아울러 학문의 국제 조직이 결성되었으며, 여러 아카데미가 그에 중심적 역할을 했다. 문자의 공화국은 당시 서구 문명에서 과학의 문화적 영향력과 확산

---

22 McClellan and Dorn, *Science and Technology*, pp. 279-94.
23 Peter Gay, *The Enlightenment: An Interpretation*, 2 vols. (New York and London: W. W. Norton, 1995) [Original edition, New York: Knopf, 1966-1969]는 여전히 이 분야의 중요한 기준점이며, 특히 과학과 과학사를 중심으로 서술을 구성했다는 점에서 더욱 그렇다.

을 보여주는 중요한 사례여서 결코 간과할 수 없는 일이었다.[24]

과학의 지성사에 토머스 쿤이 제시한 유용한 모델이 있다. 그에 따르면 18세기 과학 연구는 대개 별개의 두 갈래 큰 흐름을 따라 전개되었다. 첫째는 이른바 고전과학(Classical sciences)이다. 천문학과 역학처럼 고대에 뿌리를 두고 있으며, 이론적·수학적 기반이 강하고, 높은 난이도를 요구한다. 둘째는 이른바 베이컨의 과학(Baconian sciences)이다. 이는 주로 17세기에 등장했으며 비교적 접근이 용이한 과학 탐구 영역으로, 전기, 자기, 기상학 등 실험적이며 경험적인 성격을 띤다.[25] 유럽 세력의 해외 팽창과 맞물려 18세기에는 식물학, 자연사, 지질학, 지리학 등의 분야에서 상당한 경험적 연구가 이루어졌다. 1761년과 1769년에는 여러 지역에서 금성의 태양면 통과(Transits of Venus) 관측에 성공했다. 대표적인 사례가 타히티에서 실시한 쿡 선장(Captain Cook)의 관측이었다. 같은 맥락에서 두드러진 업적이 18세기 라브와지에(Lavoisier)와 화학혁명이었다. 화학 분야의 혁신은 역사적으로 거의 언제나 예외적인 사례로 여겨져 왔다. 공기 화학, 연소 화학, 화학 명명법, 화학 원자론 등의 업적을 남긴 라브와지에의 혁명 또한 마찬가지였다. 토머스 쿤의 모델에 따르면 라브와지에의 혁명은 베이컨의 과학 체계 내에서 화학의 합리성을 입증했으며, 뉴튼의 《광학(Opticks)》(1704년)에서 제공된

---

24 동시대의 'Republic of Letters'에 대해서는 McClellan, "Europe des Académies," McClellan and Regourd, *The Colonial Machine*, pp. 429-445를 참조하라.
25 Thomas S. Kuhn, "Mathematical versus experimental traditions in the development of physical science," *Journal of Interdisciplinary History* 7 (1976), pp. 1-31. [reprinted in Kuhn, *The Essential Tension* (University of Chicago Press, 1977), pp. 31-65]; McClellan and Dorn, *Science and Technology*, pp. 295-302.

이론적 틀에도 부합했다. 이처럼 활발하고 다양한 연구가 진행되었음에도 불구하고, 1750년 무렵의 자연과학은 전반적으로 개념적 통일성을 결여하고 있었다.

과학과 산업의 결혼

19세기 과학의 이면에는 과학과 산업의 결혼이라는 중요한 이야기가 놓여 있다. 국가 기관의 과학 지원은 사라지지 않았으며, 산업화가 진행됨에 따라 관계는 오히려 확대되었다. 그러나 이 새로운 시대의 진정한 혁신은 과학과 산업의 결합 및 현대 응용과학(applied science)의 등장이었다.[26] 실용 과학의 사상적 기원은 베이컨(Bacon)까지 거슬러 올라가지만, 응용과학은 19세기에 이르러서야 본격적으로 시작되었다. 이는 당시 진행 중이던 산업화와 자본주의 발전의 일부였다. 그렇다면 구체적으로 어떤 과학이 관련되었는지, 어떤 산업이 존재했는지, 그리고 과학이 기술과 어떻게 결합하여 오늘날 산업 문명을 형성하는 강력한 원동력이 되었는지를 구체적으로 규명해야 할 것이다.

18세기 영국에서 시작되었던 산업혁명은 사회경제적 변혁을 촉발했으며, 그 영향력은 수천 년 전의 신석기 혁명이나 청동기 시대의 도시 혁명에 필적할 만한 것이었다. 그 결과로 산업문명(industrial civilization)이 부상했으며, 인간 존재 방식의 새로운 전환이 이루어졌다. 그 변화는

---

[26] McClellan and Dorn, *Science and Technology*, pp. 318-22, 412-14; McClellan, "What's problematic about 'applied science'?," in James E. McClellan III (ed.), *The Applied Science Problem* (Jersey City, NJ: Jensen/Daniels Publishers, 2008), pp. 1-36.

지금도 여전히 진행 중이다. 산업혁명이 시작될 때는 과학의 도움이나 응용이 없었지만, 19세기를 거치는 동안 산업 분야에서 응용과학(applied science)이 발전함에 따라 상황이 변하게 되었다. 기술사 연구자들은 오늘날의 세계 질서를 형성한 산업혁명이 단일한 사건이었는지, 아니면 여러 차례의 "산업혁명"이 존재했는지에 대해 논쟁을 벌이는 중이며, 각각에 대한 구분이 필요하다는 문제를 제기했다. 그러나 거시적 관점에서 보면, 하나의 포괄적이고 점진적으로 확대되는 과정이 작용하여 오늘날 우리의 삶과 우리가 알고 있는 세계를 변화시켜 왔으며, 이는 지금도 계속되는 중인 것으로 보인다. 과학과 과학 기반 기술(science-based technologies)은 오늘날의 산업 문명 형성에 뚜렷한 기여가 있었다.

19세기에 과학, 특히 물리학의 학문적 성취는 대단했다. 이러한 지식의 축적이 곧 현실적으로 세계를 변화시키는 새로운 기술로 이어졌다. 그 구체적인 내용은 비교적 명확하다.[27] 한 가지 사례를 들자면, 뉴턴의 에테르(ether) 개념, 갈바니(Luigi Galvani)의 개구리 다리 실험, 그리고 1800년 알레산드로 볼타(Alessandro Volta)에 의한 전지의 발명으로 이어지는 이야기가 하나 있다. 전류는 과학에 의해 창조된 자연의 새로운 현상으로, 과학과 기술 전반에 걸쳐 광범위한 영향을 미쳤다. 과학적 측면에서 그 파급효과는 험프리 데이비(Humphry Davy, 1778년-1829년)와 전기화학, 존 돌턴(John Dalton, 1766년-1844년)과 화학적 원자론, 그리고 미적분을 통해 전기와 자기를 수학적으로 정립한 앙드레-마

---

27 See again, Kuhn, "Mathematical versus Experimental Traditions"; McClellan and Dorn, *Science and Technology*, pp. 302-311.

리 앙페르(André-Marie Ampère)로 이어졌다. 한스 크리스티안 외르스테드(Hans Christian Oersted)와 마이클 패러데이(Michael Faraday)의 연구 덕분에, 1831년에 이르러 과학의 연구 성과가 모터, 발전기, 전자석과 같은 기술의 발전으로 이어졌다. 1837년에는 전신(telegraph)이라는 중요한 신기술이 등장했다. 토머스 에디슨(Thomas Edison)은 1882년 뉴욕에서 최초의 전기 조명 시스템을 개설했다. 1876년에 그레이엄 벨(Alexander Graham Bell)이 발명한 전화기 또한 19세기 물리학에서 비롯된 중요한 기술적 성취에 해당한다. 한편 제임스 클러크 맥스웰(James Clerk Maxwell)의 수학적 연구와, 전자기장과 관련한 패러데이(Faraday)의 수학적 정식화로부터 중요한 또 한 가지 기술 발전의 흐름이 이어졌다. 특히 1887년 하인리히 헤르츠(Heinrich Hertz)가 전자파를 발견했고, 이를 곧바로 구글리엘모 마르코니(Guglielmo Marconi)가 "무선 전신"으로 적용하면서 라디오와 텔레비전이 발전하게 되었다.

응용과학의 발전에서 19세기 독일의 염료 산업은 또 하나의 중요한 중심이었다. 이는 나폴레옹 전쟁 이후 독일의 대학들이 연구 기관으로서 재편되면서 분석화학과 유기화학이 급속도로 발전한 결과였다. 독일 특허법의 특성과 독일 통일의 진행 상황 또한 중요한 요인이었다. 1856년 윌리엄 퍼킨(William Perkin)이 석탄 타르에서 추출한 아닐린(aniline)을 사용하여 최초의 합성염료(synthetic dye)를 개발했다. 이후 석탄 타르 염료의 다양한 종류가 등장하며 염색, 화장품, 의약품, 폭발물 등 여러 산업 분야에 광범위하게 활용되었다. 이에 따라 바이엘(Bayer)과 같은 기업들은 과학적 성과를 적극적으로 수용하고 대학의 화학과와 긴밀한 협력 관계를 구축했다. 이 과정에서 1874년 바이엘사는 최초의 산업 연구소를 설립하였으며, 이는 19세기와 20세기에 걸쳐 다른 산업 분야에도 영향을 미쳤다. 결국 응용과학으로서의 발명과 기술이라는 새로운 모델이 확립된 것이다.[28]

19세기 과학과 산업 간의 새로운 연계를 강조한다면, 이 시기에 지속되었던 과학과 정부 간의 관계와, 대규모로 진행되었던 전쟁의 산업화 또한 간과할 수 없다.[29] 제1차 세계대전에서 사용된 화학 무기의 사용은 이를 극명하게 보여주는 사례이며, 군함(gunboat), 강선포(rifled artillery), 기관총(machine gun), 드레드노트(dreadnought), 화학무기(chemical weapons), 전차(tanks), 비행기(airplanes), 그리고 신뢰할 만한 전신(telegraph)과 같은 다양한 군사적 기술을 예로 들 수 있겠다. 이러한 예들은 군사 분야에서 응용과학이 갖는 위력을 분명히 보여주었다. 그 과정에서 정부는 산업화를 촉진하고 과학을 정부와 산업에 통합하는 데 기여하며 그 흐름을 더욱 가속화했다. 결국, 과학이 사회에서 차지하는 위치와 역할은 자연철학(natural philosophy)의 상부구조에서 벗어나 현대 산업 문명의 생산 기반과 수단의 일부로 자리 잡았다고 해도 과장이 아닐 것이다.

군사 분야에서 응용과학이 발전하면서 서구는 세계에 대한 지배력을 더욱 강화할 수 있었고, 과학은 제국주의의 도구가 되었다. 서구의 모든 식민지 제국주의 열강들은 식민지 확장과 제국의 운영을 지원하기 위해 과학자, 의사, 엔지니어 등 다양한 전문가들을 동원했다.[30] 예컨대

---

28 McClellan and Dorn, *Science and Technology*, pp. 318-322.
29 McClellan and Dorn, *Science and Technology*, pp. 311-318.

프랑스 제국 전역에 설립된 파스퇴르 연구소(Pasteur Institutes)는 19세기부터 20세기 전반기에 걸쳐 과학이 식민지 경영에서 수행한 역할과 그 영향력을 보여주는 대표적인 사례였다.

이러한 발전과 함께 19세기 서구에서 과학은 뚜렷하게 근대적인 방식으로 전문화되었다.[31] 1840년 윌리엄 휘웰(William Whewell)이 "과학자(scientist)"라는 영어 단어를 만든 것은 이러한 변화를 상징적으로 보여준다. 앞서 언급한 것처럼 1815년 이후 독일 대학들이 실험실과 대학원 프로그램을 갖춘 연구 기관으로 개혁된 것, 런던 지질학회(Geological Society of London, 1807)와 같은 전문 기관의 등장, 영국의 과학진흥협회 (British Society for the Advancement of Science, 1831) 및 미국의 유사 조직인 미국과학진흥협회(AAAS, 1848)와 같은 전문 학회들의 성장은, 과학이 박사급 연구자들이 전업으로 연구를 수행하는, 명확히 구분되고 인정받는 사회적 역할로 자리 잡았음을 보여준다. 한편 18세기와 19세기

---

30 Lewis Pyenson의 연구는 여기에서 반드시 인용할 필요가 있다. 그의 뛰어난 3부작을 참조하라: *Cultural Imperialism and Exact Sciences: German Expansion Overseas 1900-1930* (New York: Peter Lang, 1985); *Civilizing Mission: Exact Sciences and French Overseas Expansion, 1830-1940* (Baltimore and London: The Johns Hopkins University Press, 1993); *Empire of Reason: Exact Sciences in Indonesia, 1840-1940* (Leiden; New York: E. J. Brill, 1989). 또한 Michael A. Osborne, *Nature, the Exotic, and the Science of French Colonialism* (Bloomington: Indiana University Press, 1994)과 "Science and the French Empire," *ISIS* 96 (2005): 80-87도 참조하라. Regourd, "Science in the French colonies"는 추가적인 배경과 맥락을 제공한다. "Civilizing mission"은 특히 19-20세기 프랑스에 특징적이지만 다른 유럽 국가들의 식민 및 제국주의적 시도에서도 나타난다.
31 McClellan and Dorn, *Science and Technology*, pp. 309-311; McClellan, *Science Reorganized*, pp. 256-259; "Scientific institutions and the organization of science," pp. 105-106.

초반까지 과학의 국제 공용어는 프랑스어였으나, 19세기 후반부터 20세기 초반까지는 독일어가 그 역할을 대신했다.

예전에 "문자의 공화국(Republic of Letters)"에서도 선례가 전혀 없었던 것은 아니지만, 19세기에는 국제적으로 과학의 조직화와 연구 방식에 있어 새로운 형태가 등장했다. 유럽과 미국의 과학 연구 기관들 사이의 공식적 교류가 지속되었으며, 1827년부터 1848년까지 진행된 국제 지자기 조사(geomagnetic survey)와 같은 공동 연구 프로젝트도 계속되었다. 그러나 19세기 이후 국제적 조직화에서 가장 중요한 혁신은 국제학술대회(international scientific congresses)의 등장이었다.[32] 여러 학술대회에서는 최신 연구 성과를 교환하고 국제적인 연구 프로젝트를 조직하는 모델을 제시했다. 이처럼 특정 학문 분야의 전문학술대회는 국경을 넘어 과학적 네트워크를 형성했으며, 새로운 형태의 국제 과학 교류를 만들어냈다. 이를 통해 국제적 과학 공동체가 형성되었고, 과학 국제주의(scientific internationalism)라는 정체성이 확립되었다. 다만 이러한 흐름은 거의 전적으로 서구 중심의 질서 내에서 이루어졌다. 한편 이러한 국제학술대회는 민족(국가)주의적 감정이 자리하고 있었다. 이는 오늘날까지도 국제학술대회와 과학의 국제적 조직화에 영향을 미치고 있다.

19세기 과학의 지성사(intellectual history)를 논할 때, 쿤(Kuhn)의 모델을 다시 적용한다면 우리는 이를 간략히 '제2차 과학혁명(The Second

---

32 Eckhardt Fuchs, "The politics of the Republic of Learning: international scientific congresses in Europe, the Pacific Rim, and Latin America," in Eckhardt Fuchs and Benedikt Stuchtey (eds.), *Across Cultural Borders: Historiography in Global Perspective* (Lanham, MD: Rowman & Littlefield, 2002), pp. 205-207, 226-228.

Scientific Revolution)'으로 정리할 수 있다. 이 개념적 변혁은 흔히 간과되는 경향이 있었으나, 베이컨의 과학(Baconian sciences)을 수학화(특히 전기와 자기 분야)하거나, 기존의 고전 과학(Classical sciences)과 베이컨의 과학을 통합한 것도 그러한 변화에 포함되었다. 그 결과, 오늘날 우리가 알고 있는 현대 물리학이 탄생하게 되었다. 19세기 말에는 하나의 거대한 지적 종합(intellectual synthesis)이 이루어졌으며, '고전적 세계관(Classical World View)'이라 불리는 세계에 대한 총체적 이해가 형성되었다. 1905년과 아인슈타인의 이론이 등장하기 전까지 짧은 기간 동안, 물리학자와 화학자들은 강력하면서도 불완전하며 논쟁의 여지가 있는 과학적 우주관을 구축했다. 이러한 세계관은 뉴턴(Newton)의 절대 공간과 절대 시간(그리고 이에 따른 역사적 흐름) 개념을 바탕으로, 우주를 세 가지 요소로 구성된 것으로 보았다. 첫째, 보편적 중력(universal gravity)의 영향을 받으며 화학적으로 결합하고 역학 법칙에 따라 운동하는 불변의 화학 원자(chemical atoms), 둘째, 다양한 형태로 변환되지만 항상 보존되는 에너지(energy)의 힘, 셋째, 빛과 전자기 복사(electromagnetic radiation)의 물리적 매질인 보편적 에테르(ether)였다. 한편 19세기 물리학의 위대한 업적 중 하나는 에너지의 발견과 그 수학적 정복이었다. 줄(Joule), 켈빈(Kelvin), 맥스웰(Maxwell), 클라우지우스(Clausius) 등의 과학자들에 의해 이루어진 업적이었다. 이러한 발견과 성취는 과학, 특히 물리학이 하나의 지식 체계이자 인식 수단이며 동시에 실용성을 갖춘 학문으로서의 도덕적 권위를 확립하는 데 기여했다. 아이러니하게도 현대 과학의 또 다른 주요 기둥인 다윈의 진화론(Darwinian evolution) 역시 19세기 과학의 산물이었지만, 20세기 초까지도 진화론은 변방에 머물러 있었다.

주된 이유는 물리학자들이 진화에 필요한 긴 시간을 인정하지 않았기 때문이다. 그러나 1905년과 아인슈타인의 등장과 함께 과학의 판도가 크게 변화될 참이었다.

현대 세계의 과학과 산업문명

1900년의 세계는 1800년의 세계와는 전혀 다른 세상이 되었다. 산업혁명의 여파가 효과를 발휘했기 때문이다. 우리의 논의에서는 영국에서 전개된 산업혁명과, 그것이 전 세계로 확산된 보다 광범위한 산업화 과정, 그리고 그 실질적·사회적·문화적 결과로서의 산업문명을 개념적으로 구분할 필요가 있다. 지난 2세기 동안 산업화와 산업문명이 확대·확산된 결과, 이제는 지구 전체를 아울러 인간과 자연이 서로 연결되고 얽히고 의존하는 하나의 글로벌 생태계가 만들어지기에 이르렀다. 오늘날 지구상에서 가장 외딴곳에 위치하는 인류의 거점조차 산업문명의 영향을 벗어나지 않으며, 발전의 촉수가 거기까지도 미치고 있다. 세계 인구가 1800년 10억 명에서 오늘날 70억 명을 넘어섰다는 사실은, 이 시기에 전개된 극적인 세계적 변화를 보여주는 하나의 지표에 불과하다. 이러한 지표들을 뛰어넘는 과학의 기하급수적 성장을 감안하면, 오늘날 세계적 차원에서 과학과 산업문명의 중요성이 더욱 강조된다.[33] 20세기와 21세기에 접어들면서 과학과 과학 기반 기술은 가속도를 더해왔으며, 세계사적 변화를 주도하는 핵심 요소가 되었다.

---

33 Derek J. de Solla Price, *Little Science, Big Science... and Beyond* (New York: Columbia University Press, 1986), 특히 pp. 8, 135-154에서 이 중요한 논점을 다룬다.

간단한 목록만 보더라도 오늘날 세계적 차원에서 과학과 과학을 기반으로 하는 기술이 산업문명에서 차지하는 위상을 바로 확인할 수 있다. 무작위로 살펴보더라도 항공기, 자동차, 다양한 교통 시스템, 그리고 궤도를 도는 인공위성이 가능하게 하는 즉각적인 글로벌 통신을 떠올릴 수 있다. 재료과학(materials science)과 실리콘 칩(silicon chip)의 발전 덕분에 등장한 컴퓨터와 인터넷, 그리고 그에 수반된 모든 것 또한 간과하기 어렵다. 지난 반세기 동안 이러한 기술들이 세계와 일상생활을 어떻게 재구성했는지 생각해 보라. 과학과 군사 분야의 지속적인 연결을 보여주는 사례는 무수히 많다. 스텔스 폭격기(stealth bombers)나 원격 조종 드론(drones) 이외에도 우리가 알지 못하는 많은 기술들이 여기에 포함되어 있을 것이다. 또한 의학(scientific medicine)과 생물학, 화학, 그리고 여러 관련 분야에서 과학의 연구 성과를 이용하여 의료 기술에 적용해 왔다. 오늘날 초고도로 연결된 글로벌 세계는, 적어도 일부는 과학의 덕분이며, 어떤 의미에서는 그 자체가 과학의 산물이라 할 수 있다. 그렇다면 현대 문명의 기술에서 과학은 정확히 어떻게 활용 및 적용된 것일까?

1945년 일본에 투하된 원자폭탄은 현대 응용과학(applied science)의 대표적인 사례였다. 이로써 하나의 전쟁이 끝남과 동시에 또 다른 전쟁, 즉 물리학자와 핵무기로 균형을 만들어내는 냉전(Cold War)이 시작되었다. 그러나 기술이 곧 응용과학이라는 선입관은 클리셰(cliché)일 뿐이다. 원자폭탄은 그런 선입관을 무비판적으로 강화한다는 점에서 기술과 과학의 관계를 설명할 때 좋은 사례는 아니다.[34] 사실 폭탄은 과학 이론

---

34 On these points, see McClellan and Dorn, *Science and Technology*, pp. 391-414,

을 실용적으로 적용한 명백하고 직접적인 사례였다. 즉 과학계의 최신 연구 성과가 곧바로 실용적 응용으로 전환된 경우였다. 1938-9년 리제 마이트너(Lise Meitner)와 오토 한(Otto Hahn)이 핵분열(nuclear fission) 개념을 제시했는데, 그것이 1945년 미국이 일본의 도시를 초토화하는 폭탄 제조에 직접적으로 활용되었다.

하지만 산업과 세계 문명 속에서 응용과학의 현실은 일반적으로 생각하는 과학의 매력적인 이미지와는 조금 다르다. 과학의 현실은 대개 역사학자 데렉 프라이스(Derek Price)가 말했던 "간소화된 과학(boiled down science)"과 비슷했다. 이는 엔지니어나 연구개발 전문가들이 교과서나 온라인 등에서 얻을 수 있는 지식을 평범하게(그러나 결코 사소하지 않게) 활용하는 것을 의미한다.[35] 그 대표적인 사례가 제로그래피(xerography)와 복사 기술의 발명이었다. 화학자이자 변호사였던 체스터 칼슨(Chester Carlson)은 1938년 자신의 부엌에서 광학(optics)과 광화학(photochemistry) 지식을 활용하여 이 기술을 혼자서 개발했다. 이후 수십 년 동안 칼슨은 특허로 자신의 기술을 보호하는 동시에 홍보를 계속하고 다녀야 했다. 복사기는 1960년대에 이르러서야 일반적으로 사용되기 시작했다. 이는 곧 "과학"이 "기술"로 전환되는 과정에는 언제나 다양한 요소들이 개입된다는 사실을 보여준다. 이 경우 해당 기술이 복사기와 프린터로 발전하여 전 세계적으로 흔한 기술이 되기까지는 상당한 연구개발, 자금 조달, 사업적 조정, 그리고 핵심적인 마케팅 결정이 필요

and papers in McClellan (ed.), *The Applied Science Problem*, including his own "What's problematic about 'applied science'?," pp. 1-36.
35 de Solla Price, *Little Science, Big Science*.

했다. 여기서 우리는 발명이 필요의 어머니가 되었던 현실을 볼 수 있는데, 이는 필요가 발명의 어머니라는 속담과는 정반대의 현실이었다.

기술의 역사를 연구하던 연구자들은 1980년대에 "기술의 체계(technological system)"라는 개념을 도입했다. 이는 특정 기술이 작동하는 데 필요한 모든 요소와 방식을 포함하는 개념으로, 예를 들어 단순한 물질적 산물인 전구(light bulb)와 그것을 밝히기 위해 필요한 모든 시스템을 구별하는 방식이다. 과학과 응용과학(applied science)은 과학이 단순히 기계적으로 전환되어 기술이 되는 것으로 보기보다는, 기술 체계가 형성되는 과정의 일부로 이해하는 것이 더 적절할 것이다. 기술 체계 개념은 오늘날의 경이로운 기술들을 개념화하고, 혁신과 신제품 개발에서 과학이 차지하는 위치와 역할을 이해하는 데 매우 유용한 것으로 입증되었다. 이와 관련하여 토머스 파크 휴스(Thomas Parke Hughes)의 연구가 두드러진다. 휴스와 그의 동료들은 과학이란, 예를 들면 전기차(electric car), 풍력(wind power) 또는 태양광(solar power) 같은 새로운 과학 기반 기술이 등장하기 위해 필요한 퍼즐의 한 조각에 불과하다고 생각했다.[36] 오늘날 이와 같은 시스템적 사고(systems thinking)는 과거처럼 과학이나 그 응용을 특별히 우선시하는 관점을 넘어섰다.

---

36 See Thomas P. Hughes, *American Genesis: A Century of Invention and Technological Enthusiasm, 1870-1970* (New York: Viking, 1989) and "The evolution of large technological systems," in Wiebe E. Bijker, Thomas P. Hughes, and Trevor Pinch (eds.), *The Social Construction of Technological Systems: New Directions in the Sociology and History of Technology* (Cambridge: MIT Press, 1989), pp. 51-82. See also Bruno Latour and Steve Woolgar, *Laboratory Life: The Construction of Scientific Facts* (Princeton University Press, 1986).

산업 문명은 과학 연구 자체의 산업화를 초래했다. 이를 '거대 과학(Big Science)'이라 한다. 오늘날 거대 과학에서는 산업체 규모의 연구팀이 거대한 시설에서 과학 및 응용과학 연구를 대규모로 수행한다. 맨해튼 프로젝트(Manhattan Project)와 원자폭탄 개발이 그 전형적인 사례였다. 오늘날 최고의 사례로는 유럽 원자핵 연구소(CERN, Conseil Européen pour la Recherche Nucléaire)가 스위스-프랑스 국경 지역에서 운영하는 세계 최대·최고 에너지 입자 가속기인 대형 강입자 충돌기(LHC, Large Hadron Collider)가 있다. LHC는 지하 100미터 깊이에 건설된 길이 26킬로미터의 원형 가속기로, 6층 건물 크기의 입자 검출기가 장착되어 있으며, CERN은 자체적으로 4,400명의 직원을 고용하고 있다. 이와 같은 거대 과학 프로젝트 목록 중에는 다른 입자 가속기들, 국가 우주 프로그램, 그리고 세계에서 가장 빠른 컴퓨터를 개발하기 위한 경쟁 등이 포함되어 있다. 심우주 탐사 프로젝트와 많은 지상 천문대들도 이 범주에 속한다. 이러한 모든 프로젝트와 이와 유사한 물리 및 생물 과학 분야의 연구(예컨대 인간 게놈 프로젝트)는 정교한 연구 및 응용을 위해 복잡한 기술 장비를 개발·사용하는 대규모 연구팀을 조직하는 과정을 포함한다. 이들 연구팀과 개별 연구자들은 필연적으로 전문화된 과학 인력이며, 다국적 협력 네트워크에서 컴퓨터와 대규모 데이터 처리를 통해 서로 연결된 수백 명에서 수천 명에 이르는 규모를 가진다. 이러한 연구개발에는 막대한 비용이 소요되며, 이러한 규모의 자금은 주로 정부에서 조달되지만, 지역·다국적 기구 및 산업 부문에서도 지원이 이루어진다. LHC에는 30개국이 자금을 지원했으며, 총비용은 약 20억 달러에 달한다. 허블 우주망원경의 건설, 유지보수, 운영에는 1990년부터 2007년까지 약 30억 달러가 소요되었으며, 2003-5년 화성 탐사 로버 프로젝트(Rover Mission)에는 8억 2,000만 달러가 투입되었다. 국가주의적 성격을 띠거나 군사 연구에 해당하는 경우 다국적 협력이 적을 수 있지만, 여전히 산업적이고 관리적인 성격이 강하며, 이러한 현상은 전 세계적으로 나타난다. 20세기 이전의 과학 연구를 특징짓는 개인이나 소규모 팀이 수행하는 소규모 과학 연구는 사라지지 않았으며, 식물학, 고생물학, 수학 같은 분야에서 여전히 중요한 성과를 내고 있다. 20세기 과학 연구 산업화는 과학과 기술의 융합 및 세계적 차원의 근대성을 보여주는 새로운 현상으로, '기술과학(Technoscience)'이라는 이름이 붙여졌다.[37] 이 용어는 다소 포괄적인 개념으로, 과학과 기술을 별개의 영역으로 보기보다는 양자가 매끄럽게 융합된 상태를 의미하는 여러 가지 의미를 내포하고 있다.

오늘날 과학은 그 자체로 더 이상 '서구의' 것이 아니다. 이제 과학은 전 세계적으로 확산된 세계적 현상이라 할 수 있다. 이는 과학이 단순히 세계 전체를 연구 대상으로 삼는다는 의미가 아니라, 과학이 제도화되고 전 지구적으로 정착되었다는 점에서 그렇다.[38] 즉 우리가 과학 또는 자연철학(자연에 대한 인간의 이해)이라고 부르는 것이 대부분 유

---

37 Peter Galison and Bruce Hevly, eds., *Big Science: The Growth of Large-Scale Research* (Stanford University Press, 1992); McClellan and Dorn, *Science and Technology*, pp. 429-33을 참조하라. Giddens, *Europe in the Global Age*, pp. xii, 186는 "지식 경제(knowledge economy)"의 발전을 지적하며, 대학의 역할이 "factories of the knowledge economy"로 변화했음을 시사한다. Giddens의 관점은 오늘날 사회와 경제에서 과학이라는 사업(enterprise)의 위치를 명확히 하는 데 도움이 된다. 물론 그 개념 자체는 다소 모호할 수 있다.
38 Tilley, "Global Histories," encourages this perspective, pp. 112-114.

럽과 서구에서 비롯된 것은 사실이지만, 오늘날 과학은 세계적 차원으로 도약하여 전 지구적으로 정착되었다. 이 주장이 사실이라면, 1750년 이후 과학사 및 세계사에서 서구 과학의 세계화는 주목할 만한 현상이라 하지 않을 수 없다. 그러므로 오늘날의 과학을 논할 때는 '서구 과학(Western science)'이라는 형식적인 명칭을 버리고, 대신 '현대 과학(modern science)' 또는 '오늘날의 과학(science today)'이라는 표현을 사용하는 것이 바람직할 것이다.[39] 이러한 접근을 뒷받침할 근거는 충분한 편이다. 예를 들어 중국, 인도, 말레이시아, 한국, 대만 등 전 세계 어디에서든 대학 수준의 과학 강의(예: 물리학 또는 생물학)에서 어떤 내용을 교육하는지를 살펴보라. 또한 과학과 기술 분야에서 국가별 순위를 고려해 보라. 나아가 세계 과학은 산업과 연구개발(R&D) 문화가 국제적으로 정착된 현상이기도 하다. 원자력과 핵무기가 파키스탄과 같은 국가로 확산된 사실만 보더라도, 이제 과학과 과학 기반 기술을 논할 때 세계적 관점을 적용해야 함을 보여준다. 서구 의학(Western medicine)과 과학적 의학(scientific medicine)의 세계화는 더욱 뚜렷하게 나타난다. 오늘날 세계 곳곳의 병원과 의료 센터에서 같은 방식으로 조직화되고 제도화된 의료 체계를 찾아볼 수 있다. 해외에 나가 있던 중국인 과학자들이 본국으로 돌아오는 현상은 널리 인정되고 있으며, 중국과 인도는 이미 과학 및 기술 전문가 집단을 형성하고, 이들을 지원할 매력적인 연구 시설을 국내에 구축하고 있다. 사우디아라비아나 카타르와 같은 지역도

---

39 McClellan, "Science and empire studies and postcolonial studies"의 주장이다. 그 역사 서술적 배경과 맥락에 관해서는 다시 Elshakry, "When science became Western"을 보라.

과학 연구 및 응용의 새로운 중심지로 떠오르고 있으며, 이를 간과해서는 안 된다.[40] 연구개발(R&D)은 더 이상 엄격히 국가 단위로 이루어지는 것이 아니며, 중요한 것은 국가나 산업 기반의 전통적 R&D가 아니라 글로벌 통신 네트워크를 통한 혁신과 응용이다. 이 맥락에서, 과학의 세계화를 논할 때 다국적 기업(multinational corporation)과 국가(nation-state) 간의 관계를 주목할 필요가 있다. 유럽과 미국이 전 세계 연구개발 지출의 약 3분의 2를 차지하고 있으나, 그 비중은 감소하고 있으며, 다른 지역들은 국가 예산에서 미국보다 상대적으로 더 많은 비율을 과학 연구개발에 투자하고 있다.[41] 유럽과 미국은 전통적인 연구 중심지였지만, 이제는 다른 지역의 연구비 지출, 특히, 과학자 및 엔지니어 비중이 점점 더 확대되고 있다.

명칭의 변화나 관점의 변화로 과학의 정의와 사회적 역할을 둘러싼 학문적 담론의 지형이 바뀌었다. 논의의 초점은 서구과학이라는 기존의 편향된 개념이나 그와 관련된 탈식민지 시대의 갈등에서 벗어나, 보다 포괄적인 시각과 다양한 문제로 관심이 확장되었다. 예를 들면 사회 내부 및 전 세계적 차원의 부의 분배 문제, 민족(국민)국가(nation-state)의 현황과 세계적 국가 조직의 구조, 현대 세계 경제와 세계 자본주의의 상태, 세계화 기관(globalizing institutions)의 성공 여부 및 그 불가피성, 지역적·지방적·문화적 차원의 분리 경향(centrifugal forces), 인구, 생산, 소비, 그리고 오늘날 우리의 생활 방식이 초래하는 거대한 생태적 영

---

40 Tom Price, "Globalizing science," *CQ Global Researcher* 5 (2011), pp. 53-78; McClellan and Dorn, *Science and Technology*, pp. 311-318.
41 McClellan and Dorn, *Science and Technology*, pp. 418-419.

향 등과 같은 문제들도 과학 관련 논의들이다. 한 마디로 과학은 오늘날의 산업 문명과 지구의 상태에 대해 보다 직접적인 사고로 논의를 이끌어간다. 오늘날의 과학은 이러한 문제들의 일부이자, 동시에 그 영향을 받는 존재다. 이와 관련하여, 탈식민지 시대 연구(Postcolonial Studies)를 전문으로 하는 학자 게자 마켄툰(Gesa Mackenthun)과 쥐네 유터르첸카(Sünne Juterczenka)는, 오늘날 과학적 담론에서 요구되는 인식론적 '모호성(fuzziness)'이 부분적으로는 과학의 국제화 및 세계화의 결과라고 지적한 바 있다.[42](인식론적 모호성이란 과학 내부적으로 고정된 정의와 경계가 해체되고 과학의 사회문화적 의미가 다층적이고 유동적인 성격을 띠게 되는 현상을 의미한다. — 옮긴이)

그렇다면 20세기와 21세기에 걸쳐 자연철학(natural philosophy)으로서의 과학이 이룩한 놀라운 발전은 어떻게 설명할 것인가? 과학은 산업 문명에서 활용되는 지식 체계일 뿐만 아니라 우리 주변의 자연 세계를 설명하는 학문이기도 하다. 학문으로서의 과학의 발전 과정은 19세기의 고전적 세계관(Classical World View)이 붕괴하는 과정과 맞물려 있다. 이를 간략히 살펴보면, 아인슈타인의 일반 및 특수 상대성이론, 방사능과 입자물리학의 발전, 빛의 양자 이론, 그리고 베르너 하이젠베르크(Werner Heisenberg)와 에르빈 슈뢰딩거(Erwin Schrödinger), 이후 닐스 보어(Niels Bohr)에 의해 정립된 양자역학과 불확정성 원리 등이 포함된다. 여기에 에드윈 허블(Edwin Hubble)의 팽창 우주 이론, 빅뱅 우주론, 그리고 1965년 로버트 윌슨(Robert Wilson)과 아르노 펜지어스(Arno

---

42 Juterczenka and Mackenthun, "Introduction," p. 11.

Penzias)에 의해 발견된 우주 배경복사(3K) 또한 중요한 요소로 작용한다. 20세기 과학에서 중요한 이론적·실용적 발전 중 하나는 다윈주의 진화론의 부활과 성공이었다. 이는 멘델의 유전 법칙과 함께 1953년 제임스 왓슨(James Watson)과 프랜시스 크릭(Francis Crick)이 DNA의 이중나선 구조를 발견하면서 확증되었다. 이후 유전학의 발전은 자연철학과 실용적 응용(예컨대 DNA forensics) 모두에 중대한 영향을 미쳤으며, 지난 반세기 동안 눈부신 성과를 이루었다. 또한 진화론적 사고는 사회생물학(sociobiology)과 진화심리학(evolutionary psychology)을 비롯한 광범위한 과학적 논의에 영향을 미쳤다. 여기에 심리학(psychology), 고생물학(paleontology), 판구조론(plate tectonics), 그리고 오늘날의 방대한 과학 지식을 더하면, 우리는 인간과 자연 세계에 대해 전례 없이 정교한 이야기를 구성할 수 있는 능력을 갖추게 된 셈이다. 인식론 혹은 포스트모더니즘의 모든 경고를 감안하더라도, 이런 경이로운 과학적 발견들은 과학이 인류의 위대한 지적·문화적 성취임을 보여준다. 과학은 인간이 구축한 설명 체계이며, 여전히 열린 탐구 과정을 걸어가는 중이다. 예를 들어 암흑 물질(dark matter)과 암흑 에너지(dark energy)에 대한 과학적 질문과, 오늘날 수많은 연구 분야에서 이루어지는 관련 이론적 탐색들은 매우 흥미롭다. 이를 보더라도 《과학의 종말(end of science)》이라는 개념에 전적으로 동의하기는 어렵다.(John Horgan의 책에는 과학이 더 이상 근본적으로 새로운 발견을 제시하지 못할 것이라는 주장이 담겨 있다. – 옮긴이) 현재로서 과학이 제시하는 설명이 우리가 가진 최선의 지식이며, 저자의 견해에 따르더라도 원칙적으로 우리가 도달할 수 있는 최상의 지식 체계다.

오늘날 과학 연구 성과와 연구자들을 세계적 차원에서 결속시키는 수많은 국제 협회와 위원회가 존재한다. 예를 들면 유네스코나 국제과학협의회(International Council for Science, 1931년 창설 당시의 명칭은 국제 과학 연합 회의, ICSU, International Council of Scientific Unions) 등이다. ICSU에는 과학사 및 과학철학을 포함하여 100개 이상의 관련 단체가 포함되었다. ICSU와 그 산하 단체들은 매년 세계의 수많은 학술 대회, 회의, 심포지엄 및 모임을 후원하고 있다. 국제적으로 개최되는 과학 및 전문 학술회의는 수백, 수천 개에 이르며, 이들 행사 또한 수많은 전문 학회 및 기관의 후원을 받고 있다. 한편 19세기와 20세기 초반에는 과학의 국제 공용어가 독일어였다면, 이후 러시아어를 거쳐 오늘날에는 거의 보편적으로 영어가 그 자리를 차지하고 있다.

과학과 산업 문명은 특히 제2차 세계대전 이후 탈식민지 시대에 비판의 대상이 되어 왔다. 탈식민지화 과정에서 전화 등 과학 기반 기술이 경제적으로 불리한 국가와 민중에게도 상당한 영향을 미쳤지만, 그것이 곧 과학의 민주화를 의미하는 것은 아니었다. 오늘날 국가 간, 계층 간의 빈부 격차는 단순히 경제적인 차원에서뿐만 아니라 과학 및 기술적 차원에서도 점점 더 심화되고 있다.[43] 과학 연구에 존재하는 빈부 격차와 불균형은 오늘날 세계적 차원에서 과학이라는 학문을 바라보는 또 다른 시각을 제공한다. 과학과 세계가 직면한 여러 문제들의 관계와 관련해서는, 아직 많은 주제들은 충분히 논의되지 않았다. 예를 들면 구식민지에 남아 있는 '식민지 과학'의 존재와 성격, 제3세계 과학 아카데미,

---

43 Vertus Saint-Louis, "Foreword," in McClellan, *Colonialism and Science*, esp. p. xi.

두뇌 유출, 다국적 기업의 해외 연구개발 투자 불균형, 생물 해적행위(biopiracy), 생물 특허(biopatents), 민족(민속)식물학(ethnobotany), 원주민 유산과 권리, 그리고 지적 재산권 등이 이러한 문제에 해당한다.[44]

앞서 언급한 탈식민지 과학 비평의 입장에서는 과학을 서구적 거대 담론의 일부로 치부하는 경향이 강하다. 기존에는 과학을 계몽주의, 이성, 진보, 자유, 민주주의, 평등, 정의, 그리고 유럽 기원의 보편적 합리성의 일부로 보았다면,[45] 탈식민지 연구 비평은 전 지구적 관점에서 과학을 돌이켜보며, 그것이 제국주의, 식민주의, 인종주의, 성차별, 노예제, 종속, 지배, 착취, 이윤추구, 그리고 자기 이익과 얽혀 있었다는 반대되는 서사를 제시한다.[46] 또한, 다른 비평가들은 과학과 산업화가 초래한 문화적 균질화(cultural homogenization)와 지역 문화의 쇠퇴 및 위협을 개탄하며, 특히 세계 과학(world science)이 기술 발전, 시장 경제, 그리고 서구식 합리성과 밀접하게 결합된 점을 문제 삼는다. 과학과 과학자들은 대학, 산업, 국가 기관과 결탁하여 세계를 지배하는 '기술-관리 엘리트'의 일부로 간주되기도 한다. 지역주의, 국수주의, 미신, 그리고 다양한 형태의 근본주의는 여전히 세계 과학과 산업 문명의 헤게모니에 도전하고 있다. 산업 문명이 초래한 생태적 영향은 더 말할 필요도 없으며, 과학과 산업이 기후 변화 및 세계사적 차원의 환경 문제에 기여하는 요인이라는 점도 명확하다. 오늘날 인류의 삶은 경이로울 정도로 변화했

---

44 Safier, "Global knowledge on the move," pp. 139-143
45 Jörn Rüsen, "Comparing cultures in intercultural communication," in Fuchs and Stutchey (eds.), *Across Cultural Borders*, pp. 335-347; here pp. 337-338.
46 Paraphrased from Bentley, "World history and grand narrative," p. 49.

으며, 이는 산업 문명의 미래에 대한 근본적인 질문을 제기한다. 이러한 관점에서 오늘날의 과학은 문제의 일부이기도 하지만, 동시에 해결책의 일부가 될 가능성도 존재한다.

프랑스어에서는 "몽디알리자시옹(mondialisation)"과 "글로발리자시옹(globalisation)"을 구별하여 사용한다. 전자는 지역적 요소가 비공식적으로, 확산(diffusion)의 방식으로 세계적 차원으로 발전하는 것을 의미한다. 예를 들어 지역에서 운영되는 중국식, 태국식, 멕시코식 테이크아웃 음식점과 같은 경우다. 반면 후자는 전 세계 문화의 균질화(homogenization)를 의미하며, 동네 어디에서나 볼 수 있는 맥도날드(McDonald's)나 스타벅스(Starbucks) 같은 사례에 가깝다. 이러한 관점에서 과학이라는 학문적·연구적 활동은 이 두 개념 사이의 어딘가에 위치한다고 볼 수 있다. 과학은 분명 글로벌(global)한 성격을 띠며, 전문가들이 한 연구실이나 프로젝트에서 다른 곳으로 자유롭게 이동할 수 있다. 그러나 과학에는 특정한 표식이나 브랜드가 존재하지 않는다. 과학 연구는 여전히 국가 중심적(nation-based)이며 지역적 이해관계로부터 지원을 받지만, 동시에 일정 부분 이러한 이해관계나 기업의 이익에서 자유롭기도 하다. 또한 민족 음식점은 특정인이 쉽게 개업할 수 있지만, 과학 연구는 아무나 수행할 수 있는 것이 아니다. 그렇다면, 만약 "데몽디알리자시옹(démondialisation)" 즉 세계화의 역행이라는 현상이 존재한다면, 과학 역시 지역 혹은 지방의 정체성 속으로 후퇴하게 될 것인가?

현대 세계에서 과학이 미친 문화적 영향은 매우 크다. 특히 세속적(정교분리) 민주주의 사회에서 그 영향이 두드러진다. 그러나 안타깝게도 이러한 사회에서도 과학은 여전히 논쟁의 대상이 되고 있다. 세계적으로 과학은 단순히 권력의 도구인가, 아니면 가치와 연관된 것으로서 계몽주의의 이성, 인간의 이해, 그리고 인간의 진보라는 프로그램과 연결된 것인가 하는 질문이 제기될 수 있을 것이다.

더 읽어보기

Bijker, Wiebe E., Thomas P. Hughes, and Trevor Pinch, eds. *The Social Construction of Technological Systems: New Directions on the Sociology and History of Technology*. Cambridge: MIT Press, 1989.

Daugeron, Bertrand. *Collections naturalistes entre science et empires, 1763-1804*. Paris: Muséum national d'histoire naturelle, 2009.

de Solla Price, Derek J. *Little Science, Big Science . . . and Beyond*. New York: Columbia University Press, 1986.

Dorn, Harold. *The Geography of Science*. Baltimore and London: The Johns Hopkins University Press, 1991.

Fuchs, Eckhardt. "The politics of the Republic of Learning: international scientific congresses in Europe, the Pacific Rim, and Latin America," in Eckhardt Fuchs and Benedikt Stuchtey (eds.), *Across Cultural Borders: Historiography in Global Perspective*. Lanham, MD: Rowman & Littlefield, 2002, pp. 205-244.

Galison, Peter and Bruce Hevly, eds. *Big Science: The Growth of Large-Scale Research*. Stanford University Press, 1992.

Elshakry, Marwa. "When science became Western: historiographical reflections." *ISIS* 101 (2010), 98-109.

Gillispie, Charles C. *Science and Polity in France at the End of the Old Regime*. Princeton University Press, 1980.

Hughes, Thomas P. *American Genesis: A Century of Invention and Technological Enthusiasm, 1870-1970*. New York: Viking, 1989.

Huigen, Siegfried. *Knowledge and Colonialism: Eighteenth-Century Travellers in South Africa*. Leiden and Boston: Brill, 2009.

Jacob, Margaret C. *Scientific Culture and the Making of the Industrial West*. Oxford University Press, 1997.

Juterczenka, Sünne and Gesa Mackenthum, eds. *The Fuzzy Logic of Encounter: New Perspectives on Cultural Contact*. Münster, New York, München, Berlin: Waxmann, 2009.

Kuhn, Thomas S. "Mathematical versus experimental traditions in the development of physical science," *Journal of Interdisciplinary History* 7 (1976), pp. 1-31. [Reprinted in Kuhn, *The Essential Tension*. University of Chicago Press, 1977, pp. 31-65.]

Latour, Bruno and Steve Woolgar. *Laboratory Life: The Construction of Scientific Facts*. Princeton University Press, 1986.

McClellan, James E. III. *Colonialism and Science: Saint Domingue in the Old Regime.* Baltimore and London: Johns Hopkins University Press, 1992; reprint with a new preface by Vertus Saint-Louis, Chicago: University of Chicago Press, 2010.

"Science and empire studies and postcolonial studies: a report from the contact zone," in Gesa Mackenthun and Klaus Hock (eds.), *Cultural Encounters and the Discourses of Scholarship*, vol. 4. Münster: Waxmann, 2012, pp. 51-74.

Science Reorganized: Scientific Societies in the Eighteenth Century. New York: Columbia University Press, 1985.

"Scientific institutions and the organization of science," in Roy Porter (ed.), *The Cambridge History of Science*, Vol. 4: *Science in the Eighteenth Century.* Cambridge University Press, 2003, pp. 99-120.

McClellan, James E. III, ed. *The Applied Science Problem.* Jersey City, NJ: Jensen/Daniels Publishers, 2008.

McClellan, James E. III and Harold Dorn. *Science and Technology in World History: An Introduction: Second Edition.* Baltimore and London: The Johns Hopkins University Press, 2006; 3rd edn. 2015.

McClellan, James E. III and François Regourd. *The Colonial Machine: French Science and Overseas Expansion in the Old Regime.* Turnhout: Brepols Publishers, 2011.

Osborne, Michael A. *Nature, the Exotic, and the Science of French Colonialism.* Bloomington: Indiana University Press, 1994.

"Science and the French Empire," *ISIS* 96 (2005), pp. 80-87.

Price, Tom. "Globalizing Science," *CQ Global Researcher* 5 (2011), pp. 53-78.

Pyenson, Lewis. *Civilizing Mission: Exact Sciences and French Overseas Expansion, 1830-1940.* Baltimore and London: The Johns Hopkins University Press, 1993.

Cultural Imperialism and Exact Sciences: German Expansion Overseas 1900-1930. New York: Peter Lang, 1985.

Empire of Reason: Exact Sciences in Indonesia, 1840-1940. Leiden; New York: E. J. Brill, 1989.

Raj, Kapil. *Relocating Modern Science: Circulation and the Construction of Knowledge in South Asia and Europe, 1650-1900.* Delhi: Permanent Black; New York: Palgrave Macmillan, 2007.

Regourd, François. "Science in the French colonies," in George N. Vlahakis, Isabel Maria Malaquias, Nathan M. Brooks, François Regourd, Feza Gunergun, and David Wright (eds.), *Imperialism and Science: Social Impact and Interaction.*

Santa Barbara, Denver, Oxford: A.B.C. Clio, 2006, chapter 3.
Safier, Neil. "Global knowledge on the move: itineraries, Amerindian narratives, and deep histories of science," [Focus: Global Histories of Science] *ISIS* 101 (2010), pp. 133-45.
Measuring the New World: Enlightenment Science and South America. University of Chicago Press, 2008.
Sivasundaram, Sujit. "Introduction" and "Sciences and the global: on methods, questions, and theory," *ISIS* 101 (2010), pp. 95-97 and 146-58. [Focus: Global Histories of Science, *ISIS* 101 (2010), pp. 95-158.]
Spary, E. C. *Utopia's Garden: French Natural History from Old Regime to Revolution.* The University of Chicago Press, 2000.
Stuchtey, Benedikt, ed. *Science across the European Empires, 1800-1950.* Oxford: German Historical Institute/Oxford University Press, 2005.
Stuchtey, Benedikt and Eckhardt Fuchs, eds. *Writing World History, 1800-2000.* Oxford: Oxford University Press/German Historical Institute London, 2003.
Taton, René, ed. *Enseignement et diffusion des sciences en France au dix-huitième siècle.* Paris: Hermann, 1964; reprint, 1986.
Tilley, Helen. "Global histories, vernacular science, and African genealogies; or, is the history of science ready for the world." [Forum: Global Histories of Science] *ISIS* 101 (2010), pp. 110-119.

CHAPTER 9

음악 유행, 오브제에서 상품으로

티모시 테일러
Timothy D. Taylor

이 글에서는 세계 음악의 생산, 유통, 소비에 대한 이야기를 하고자 한다. 최근 수십 년간 디지털 및 기타 기술의 발전으로 음악의 유통과 소비가 보편적으로 확산되었다. 그리하여 작곡가 머리 셰이퍼(R. Murray Schafer)와 인류학자 스티븐 펠드(Steven Feld)가 "스키조포니아(schizophonia)"라고 명명한 현상, 즉 소리가 그 생성자로부터 분리되는 상태가 초래되었다.[1] 그러나 우리의 논의는 현대의 스키조포니아 현상 이전의 역사부터 간략하게 짚어보고자 한다. 먼저 음악의 대상화가 이루어졌고, 다양한 방식의 상품화가 그 뒤를 따랐다. 특히 우리가 주목하고자 하는 부분은, 서구의 거대도시에서 멀리 떨어진 지역에서 생산된 음악과 그 소비를 둘러싼 이데올로기의 문제다.

인류 역사에서 음악은 오랜 기간 동안 기록되지 않고 전해져 왔다. 심지어 오늘날에도 소리로 녹음되거나 악보로 기록되는 음악은 특별한 경우일 뿐 일반적이지는 않다. 서양에서 음악이 하나의 상품이 되고 다

---

[1] R. Murray Schafer, *The Soundscape: Our Sonic Environment and the Tuning of the World* (1977; reprint, Rochester, Vermont: Destiny, 1994); Steven Feld, "From schizophonia to schismogenesis: on the discourses and commodification practices of 'world music' and 'world beat,'" in Charles Keil and Steven Feld, *Music Grooves: Essays and Dialogues* (University of Chicago Press, 1994).

른 사람과 교환할 수 있는 것으로 여겨지기 시작한 것은 음악을 물건처럼 다루고 사고팔게 되면서부터였다. 이러한 역사의 흐름을 살펴보기 위해서는 음악이 처음으로 기록된 형태인 '악보 기보(notation)'부터 살펴보는 것이 좋다. 중세 유럽에서는 같은 성가(聖歌)라도 지역마다 서로 다른 방식으로 불렸다. 이는 음악이 입에서 입으로 전해지며 사람들의 기억 속에서만 보존되었기 때문이다. 그러다가 8세기경 카롤루스 대제(Carolus Magnus)는 각 지역과 세대를 넘어 교회 음악의 형식을 통일시키기 위해 악보로 음악을 기록하도록 명령했다. 처음 악보는 음악을 기억하는 데 도움을 주는 간단한 보조 수단일 뿐이었다. 악보는 처음에 종교 문헌처럼 손으로 필사(筆寫)되었는데, 점점 작곡가들은 악보를 통해 음악적 가능성을 넓히고 창의성을 발휘할 수 있다는 것을 알게 되었다. 그 결과 14세기 무렵에는 기욤 드 마쇼(Guillaume de Machaut, 약 1300년-1377년)와 같은 작곡가들의 음악이 더욱 정교하고 복잡하게 발전했다. 이때부터 악보는 단순히 음악을 기억하거나 통일시키기 위한 수단을 넘어 그 자체가 독자적인 의미를 가지기 시작했다. 그러나 여전히 대부분의 음악은 신을 찬양하기 위한 목적으로 만들어졌다.

15세기 말 음악 인쇄술의 등장과 함께 음악의 대상화에서 또 한 가지 중요한 변화가 나타났다. 활자를 이용한 인쇄술은 문서와 그림의 인쇄에서와 마찬가지로 음악 출판에서도 혁명적인 변화였다. 유럽 전역에서 음악의 유통이 촉진되었고, 덕분에 작곡가들이 교회 밖에서도 더 폭넓은 청중을 확보할 수 있었으며, 음악을 새로운 방식으로 대상화하였다.

자본주의

이러한 음악사적 발전도 중요했지만, 18세기와 19세기에 나타난 변화는 더욱 중요했다. 이 시기에는 음악가들의 생계 방식이 급격히 변화했기 때문이다. 오늘날까지도 일반적으로 통용되는 음악 개념과 직접적으로 관련된 여러 가지 복합적인 발전이 이 시기에 이루어졌다. 이제 이 문제를 구체적으로 살펴보도록 하겠다.

저작권

첫 번째 중요한 변화는 패트론(후원자) 시스템(patronage system)이었다. 작곡가나 연주자들은 오랫동안 교회 또는 귀족의 보호를 받으며 활동해 왔다. 그러나 18세기 후반 귀족 계급의 쇠퇴와 자본주의 중산층의 대두로 점점 더 시장 상황에 좌우되었다. 음악가들에게도 점차 기업가적 사고방식이 요구되었다. 이러한 변화는 여러 문화적·법적 전환에 의해 뒷받침되었다. 그중 첫 번째는 18세기 후반 저작권(copyright)의 도입이었다. 이는 작곡가나 출판업자가 자신의 작품에 대한 소유권을 가질 수 있도록 제도화한 것으로, 이전까지는 군주만이 부여할 수 있는 권리였다. 음악 작품이 자본주의 시장에 편입되면서, 작곡가들은 점차 자신을 예술가로, 나아가 19세기에 등장하게 될 '천재(genius)'의 개념으로 인식하기 시작했다. 이러한 개념은 당시에는 물론 오늘날에도 작곡가들이 자본주의 음악 시장에서 자신을 차별화하는 강력한 이데올로기로 작용하고 있다.

미학

또 다른 중요한 변화는 미학(aesthetics)의 부상과 '예술을 위한 예술(art for art's sake)'이라는 개념의 등장이다. 이 개념은 다소 기묘한 역사를 가지고 있다. 나는 이미 다른 글에서 후원 제도의 쇠퇴와 함께 예술 작품의 사용가치가 위기에 처한 문제를 보다 자세히 논한 바 있다.[2] 거의 모든 중요한 고전 철학자의 저작에서 음악, 특히 기악(instrumental music)은 독특한 위치를 차지하고 있다. 오페라(opera) 등 가사가 있는 다른 음악 장르, 혹은 춤을 동반하는 음악은 무언가를 재현하는 내용을 담고 있다. 즉 음악은 이야기를 전달하고, 소리로 그림을 그린다. 그러나 기악은 그렇지 않다. 장 자크 루소의 《음악 사전(Dictionnaire de Musique)》(1767) '소나타(sonata)' 항목의 내용은 다음과 같다.

> 이러한 난해한 소나타들이 무엇을 의미하는지 알기 위해서, 그림솜씨가 없는 화가가 그림 위에다 '이것은 나무다, 이것은 사람이다, 이것은 말이다'라고 글을 써두듯이 해야 할지도 모르겠다. 나는 유명한 퐁트넬(Fontenelle)의 기지를 결코 잊을 수 없다. 그는 끝없이 이어지는 심포니(symphony)에 질린 나머지 마침내 인내심을 잃고 이렇게 외치고 말았다. "소나타여, 도대체 나에게 무엇을 원하는가?"[3]

---

2 Timothy D. Taylor, *Beyond Exoticism: Western Music and the World* (Durham, NC: Duke University Press, 2007).
3 Jean Jacques Rousseau, *Dictionnaire de Musique* (Hildesheim: Georg Olms Verlagsbuchhandlung; New York: Johnson Reprint Corporation, 1969), p. 452; 강조는 원문을 그대로 따랐다. 인용문 속에 등장하는 퐁트넬은 Bernard le Bovier de Fontenelle(1657-1757)을 가리킨다. 그는 과학자이자 문필가로, 볼테르가 높이 평가하던

사용가치가 전혀 없는 것처럼 보이는 기악도 새로운 음악 시장에 진입해야 했다. 기악이 반드시 어떤 의미를 가질 필요가 없으며, 그 자체로 의미가 될 수 있다는 개념을 최초로 제안한 사람은 애덤 스미스(Adam Smith, 1723-1790)였다. 1795년에 출판된 한 에세이에는 다음과 같은 내용이 있다.

음악은 특정한 이야기를 전달하거나, 특정한 사건을 모방하거나, 혹은 일반적으로 자신을 구성하는 음들의 조합과는 별개의 특정한 대상을 암시하려는 경우가 드물다. 따라서 음악의 의미는 그 자체로 완결되며, 이를 설명할 해석자가 필요하지 않다고 할 수 있다. 이러한 음악에서 '주제(subject)'라고 불리는 것은 단지 특정한 주요 음의 조합일 뿐이다. 음악은 종종 그러한 조합으로 회귀하고, 모든 이탈과 변주는 그와 일정한 유사성을 지닌다.[4]

그는 음악을 회화와 비교한 뒤, 음악의 멜로디와 화성은 그것 자체 외에는 어떤 것도 '암시'하지 않으며, "실제로 그것들은 무(無, nothing)를 의미하거나 암시한다"라고 덧붙였다.[5] 그런 의미에서 1750년-1758년 사이에 출간된 바움가르텐(Alexander Baumgarten)의 기념비적인 저작 《미학(Aesthetica)》(전8권)은 빼놓을 수 없는 책이다. 이 저작은 '미학

인물이다.
4 Adam Smith, *Essays on Philosophical Subjects*, ed. W. P. D. Wightman and J. C. Bryce (Oxford: Clarendon Press, 1980), p. 205.
5 Smith, *Essays*, pp. 205-206.

(aesthetics)'이라는 용어가 최초로 사용된 사례로 기록되었다.

결국 중요한 점은 18세기 후반 음악이 자본주의 시장에 편입되면서 특히 기악을 중심으로 사용가치의 위기가 발생했을 뿐만 아니라, 미학(aesthetics)의 부상과 함께 교환가치가 확립되었다는 사실이다. 이러한 발전은 작곡가들에게도 중요한 의미를 가졌으며, 그들은 새로운 예술(art), 천재(genius), 걸작(masterpiece) 개념을 내세우며 다양한 차용과 재현의 방식을 정당화하기 시작했다. 저작권과 미학은 음악을 새로운 방식으로 대상화했으며, 특히 음악 상품이 거래되는 자본주의 시장에서 하나의 상품으로서 음악을 규정하는 데 기여했다.

민족주의/식민주의

19세기 유럽에서는 자국의 민속 음악을 적극적으로 차용하거나 표현하는 작곡가들이 많았다. 체코슬로바키아의 스메타나(Bedřich Smetana, 1824년-1884년)와 드보르자크(Antonín Dvořák, 1841년-1904년)가 있었고, 집시 음악을 표현한 리스트(Franz Liszt, 1811년-1886년), 브람스(Johannes Brahms, 1833년-1897년) 등 여러 작곡가들도 있었다.

미학의 발전과 더불어 천재 및 걸작이라는 개념이 확립되면서 예술의 자유를 얻었음에도 불구하고, 서구의 음악가와 청중들은 다른 지역의 음악에는 그다지 관심을 보이지 않았다. 19세기 말에서 20세기 초에 이르러 나타난 새로운 관심은, 부분적으로는 민족주의적 경향에서 비롯된 것이었다. 또한 일부 유럽 국가들, 특히 프랑스가 파리를 비롯한 기타 유럽 대도시로 유입된 식민지 문화를 점차 흡수했던 경험도 그에 영향을 미쳤다. 이처럼 다른 지역 음악에 대한 관심은, 17세기 초부터 지배적이었던 토널리티(tonality, 調成) 음악 체계가 소진되었다는 믿음에서 기인한 측면도 있었다.(tonic은 곧 으뜸음이다. 토닉을 기준으로 음들이 계층적으로 조직되는 체계를 토널리티라 한다. C장조는 C음을 중심으로 하는 토널리티를 가지며, A단조는 A음을 중심으로 하는 토널리티를 가진다. − 옮긴이) 음정을 조정해서는 더 이상의 혁신이 불가능하다고 생각했던 작곡가들 가운데 예컨대 바그너(Richard Wagner, 1813년 – 1883년) 등의 작품은 토널리티를 극한까지 밀어붙였다. 이에 따라 새로운 음악적 자원이 필요하게 되었고, 일부 작곡가들은 이를 비서구 음악이나 시골 민속 음악가들의 음악에서 찾았다.

19세기 말 프랑스에서 음악가들과 일반 대중은 19세기 후반부터 개최된 국제 박람회에 참석하면서 처음으로 다른 지역의 소리에 접하게 되었다. 이들 박람회에서는 프랑스의 식민지 민족들을 비롯한 다양한 집단의 음악이 풍부하게 연주되었다. 당시 박람회에서 접한 시각적·청각적 경험은 프랑스 예술가들에게 깊은 영향을 미쳤으며, 이는 새로운 형태의 모더니스트 예술(modernist art)을 창조하는 데 기여했다.

프랑스 모더니스트 작곡가들의 선구자였던 드뷔시(Claude Debussy, 1862년 – 1918년)는 1889년에 박람회를 방문한 적이 있었다. 1913년의 드뷔시는 당시의 낭만적인 언어를 사용하여 다음과 같은 기록을 남겼다.

> 서구 문명의 폐해에도 불구하고, 호흡만큼이나 자연스러운, 매력적인 음악을 잃지 않은 원주민들이 존재하였고, 지금도 존재한다. 바다의 영원한 리듬, 잎새 사이로 흐르는 바람, 그리고 수많은 자연의 소리가 그들의 음악학교다. 인위적인 이론서에 의존하지 않고도 그들은 자연의 소리를 충분

히 이해한다. 세기를 거쳐 형성된 오래된 노래와 춤에는 그들의 전통이 담겨 있다. 그러나 자와 섬의 음악은 그들만의 대위법에 입각해 있다. 그들의 대위법을 팔레스트리나(Palestrina-대위법을 완성한 이탈리아의 작곡가)의 그것과 비교한다면, 후자는 유치한 애들 놀이에 지나지 않는다. 유럽인의 편견을 버리고 그들의 타악기가 지닌 매력을 들어본다면, 우리 서구의 타악기는 시골 장터의 원시적인 소음처럼 들린다는 사실을 인정하지 않을 수 없다.[6]

드뷔시는 여러 작품에서 자와 섬의 음악을 활용하거나 이를 참조하였다.[7] 이 시기의 다른 작곡가들은 새로운 음악적 언어를 창조하기 위한 방편으로 민족 문화로 눈을 돌렸다. 러시아의 작곡가 이고르 스트라빈스키(Igor Stravinsky, 1882년-1971년)는 〈봄의 제전(Le Sacre du printemps)〉(1913)과 같은 대표적인 작품에서 다수의 러시아 민속 음악을 활용하며 러시아 민속 음악과 관계를 형성했으며,[8] 헝가리의 작곡가

---

6 Quoted by Edward Lockspeiser, *Debussy: His Life and Mind*, vol. 2 (Cambridge University Press, 1978), p. 115. 이 박람회의 음악에 대해 더 자세한 내용은 Annegret Fauser, *Musical Encounters at the 1889 Paris World's Fair* (University of Rochester Press, 2005)를 참조하라.
7 See Roy Howat, "Debussy and the Orient," in Andrew Gerstle and Anthony Milner (eds.), *Recovering the Orient: Artists, Scholars, Appropriations* (London: Harwood, 1995).
8 See Richard Taruskin, "Russian folk melodies in *The Rite of Spring*," *Journal of the American Musicological Society* 33 (Fall 1980), 501-543. Ralph Locke, *Musical Exoticism: Images and Reflections* (Cambridge University Press, 2009); and Michael Tenzer, "Western music in the context of world music," in Robert P. Morgan (ed.), *Modern Times: From World War I to the Present* (Englewood Cliffs, NJ: Prentice Hall, 1994).

베일러 버르토크(Béla Bartók, 1881년-1945년)는 동유럽 지역의 민속 음악을 수집하여 자신의 여러 작품에 반영했다. 당시의 다른 많은 음악가들과 마찬가지로 버르토크도 음악에 새로운 변화가 필요하다고 생각했다. 그는 고국의 민속 음악에서 그 해답을 찾고자 했다.[9]

스트라빈스키, 버르토크 등 여러 작곡가들이 비서구 음악이나 자신들의 음악과는 다른 "타자(other)"의 음악에 관심을 갖게 된 배경에는, 19세기 말에서 20세기 초에 걸쳐 금융 자본의 헤게모니가 강화된 현실이 일정 부분 작용한 것으로 보인다. 점차 사용가치(use-value)보다 교환가치(exchange-value)가 중요하다는 이데올로기가 확산되었으며, 나아가 모든 것을 이와 같은 시각에서 바라보게 되었다.[10] 그 결과 타자의 음악들은 점차 "다른" 것으로 간주되지 않고, 자신의 음악에 통합할 수 있는 소리로 재개념화되었다. 이는 마치 시각 예술에서 피카소(Pablo Picasso)

---

9 Béla Bartók, "The influence of peasant music on modern music," in Benjamin Suchoff (ed.), *Béla Bartók Essays* (London: Faber & Faber, 1976), 그리고 "The relation of folk song to the development of the art music of our time," in *Béla Bartók Essays*를 참조하라. 비서구 음악에 대한 서양의 접근 방식에 대해서는 Georgina Born and David Hesmondhalgh, eds., *Western Music and Its Others: Difference, Representation, and Appropriation in Music* (Berkeley, CA: University of California Press, 2000); Yayoi Uno Everett and Frederick Lau, eds., *Locating East Asia in Western Art Music* (Middletown, CT: Wesleyan University Press, 2004); Ralph Locke, *Musical Exoticism: Images and Reflections* (Cambridge University Press, 2009); Michael Tenzer, "Western music in the context of world music," in Robert P. Morgan (ed.), *Modern Times: From World War I to the Present* (Englewood Cliffs, NJ: Prentice Hall, 1994)를 참조하라.

10 Rudolf Hilferding, *Finance Capital: A Study of the Latest Phase of Capitalist Development*, ed. Tom Bottomore, trans. Morris Watnick and Sam Gordon (London: Routledge, 1981). See also Giovanni Arrighi, *The Long Twentieth Century: Money, Power, and the Origins of Our Times* (New York: Verso, 1994).

나 브라크(Georges Braque)가 일상적인 사물(예를 들면 신문지, 포장지, 나무 조각, 의자 등 – 옮긴이)을 자신의 작품에 차용하기 시작했던 것과 유사한 현상이었다.[11]

녹음과 재생의 신기술

버르토크(Bartók)를 비롯한 여러 음악가들은 축음기(phonograph)와 같은 새로운 기술을 이용하여 민요를 수집했다. 1870년대 후반, 미국과 유럽에서는 거의 같은 시기에 축음기가 발명되어 소리의 기록과 재생이 가능해졌다. 미국의 발명가 토머스 에디슨(Thomas Edison)은 축음기의 주요 용도를 음악 녹음으로 생각하지 않았다. 그보다는 임종을 앞둔 가족의 유언을 녹음하거나, 친구를 위해 노래를 녹음해서 나중에 들려주는 등 보다 사적인 용도를 염두에 두었다.[12]

그럼에도 불구하고 자동 피아노(player piano), 축음기, 그리고 이후의 라디오와 유성 영화(sound film)는 모두 음악과 인간의 관계에 심오한 영향을 미쳤다. 이 모든 장치들은 악보 인쇄술에서 시작되었던 음악의 대상화(objectification) 및 상품화(commodification)의 연장선상에 있었기 때문이다. 이제 음악의 '소리(sound)' 그 자체가 객체화되고 상품화되었다.

---

[11] See Fredric Jameson, "Culture and finance capital," *Critical Inquiry* 24 (1997), 246-265; and Timothy D. Taylor, "Stravinsky and others," *AVANT: The Journal of the Philosophical- Interdisciplinary Vanguard* 4 (2013), http://avant.edu.pl/wp-content/uploads/Timothy- D-Taylor-Stravinsky-and-Others1.pdf.

[12] 에디슨이 축음기의 용도에 관해 처음으로 쓴 글은 Timothy D. Taylor, Mark Katz, and Tony Grajeda, eds., *Music, Sound, and Technology in America: A Documentary History of Early Phonograph, Cinema, and Radio* (Durham: Duke University Press, 2012)를 참고하라.

물론 유럽과 미국의 소비자들은 이러한 새로운 기술을 받아들이는 데 느린 반응을 보였다. 음악의 연주가 아니라 녹음을 구매한다는 인식은 오랜 시간에 걸쳐 서서히 만들어졌다. 부분적으로는 19세기 후기에 새롭게 형성된 광고 산업이 그 과정을 촉진한 면이 있었다. 광고 산업은 자동 피아노, 축음기, 라디오와 같은 새로운 음향 재생 기술을 홍보하는 데 기여했다.[13]

많은 음악가와 지식인들이 초기에 "기계 음악(mechanical music)"을 비판하며 맹렬히 반대했지만, 그럼에도 불구하고 새로운 기술은 점차 대중화되었다.[14] 녹음 음반과 심지어 자동 피아노 연주 장치(player piano rolls)로 다른 지역의 음악을 접할 수 있게 되었다. 작곡가들은 다양한 소리를 듣고 그것을 자신의 음악에 활용할 수 있었다. 제2차 세계 대전 직후 자기 테이프(magnetic tape)의 출현으로 녹음된 음악의 전자적 조작이 가능해졌다. 피에르 불레즈(Pierre Boulez, 1925년 - 2016년)나 카를하인츠 슈토크하우젠(Karlheinz Stockhausen, 1928년 - 2007년) 같은 저명한 작곡가들의 작품이 대표적인 사례였다. 슈토크하우젠의 〈찬가(Hymnen)〉(1966 - 7년)는 전 세계 국가를 혼합한 작품이었다. 또 다른 그의 작품 〈텔레무지크(Telemusik)〉(1966년)에 대해 그는, "오래도록

---

13 See David Suisman, *Selling Sounds: The Commercial Revolution in American Music* (Cambridge, MA: Harvard University Press, 2009). 자동 피아노(player piano)는 19세기 후반에 발명된 장치로, 피아노에 부착하여 사용하며, 구멍이 뚫린 종이 롤을 통해 공기가 통과하면서 기계식 "손가락"을 움직여 피아노를 "연주"할 수 있도록 했다. 이후에는 연주 메커니즘이 피아노 내부에 통합된 자동 피아노가 등장했다.
14 비판적 의견의 일부가 여기에 수록되어 있다. Taylor, Katz, and Grajeda, *Music, Sound, and Technology in America*.

끊임없이 반복되었던 꿈, 즉 '나의' 음악이 아니라 전 세계, 모든 지역과 인종의 음악을 창조하려는 한 걸음 더 나아간 시도"라고 설명했다.[15] 이로써 음악은 원래 창작자로부터 더욱 분리되어, 오브제(object)이자 상품(commodity)으로서의 성격이 더욱 강화되었다.

신자유주의적 세계화 속에서 음악의 생산, 유통, 소비

이제 우리 논의의 주요 초점, 즉 새로운 디지털 기술에 의해 강화된 음악의 대상화(objectification) 및 상품화(commodification)의 최근 형태를 논의할 차례다. 디지털 기술은 음악의 세계적 소비를 가능하게 했다. 같은 시기 자본주의 체제 또한 변화를 거듭했다. 이 또한 새로운 디지털 기술의 기여가 있었다. 그러므로 지금부터 전개될 논의를 위해 먼저 배경 설명을 해두고자 한다.

특히 최근 수십 년 사이 새로운 형태의 자본주의가 등장했다고 주장하는 사람들이 있다. 물론 나도 그들의 견해에 동의한다. 다만 이론에 따라서 이 자본주의의 새로운 형태를 뭐라고 불러야 할지 의견이 일치되지는 않았다. 이를 후기 자본주의(late capitalism), 조직이 해체된 자본주의(disorganized capitalism), 신자유주의적 자본주의(neoliberal capitalism)라고 하는 사람들도 있고, 세계화(globalization), 정보화 시대(information age), 네트워크 사회(network society)라고 하는 사람들도 있다. 흔쾌하지

---

15 Karl H. Wörner, *Stockhausen: Life and Work*, ed. and trans. Bill Hopkins (Berkeley, CA: University of California Press, 1973), p. 58. See also Karlheinz Stockhausen, "World Music," trans. Bernard Radloff, *Dalhousie Review* 69 (1989), 318-326.

는 않지만 나는 이 중에서 신자유주의적 자본주의라는 용어를 선호하는 편이다. 이는 국가 권력, 신기술, 그리고 글로벌 시장 및 노동력을 적극적으로 활용하여 소수 엘리트 집단의 부를 증식시키는 정책을 특징적 요소로 간주한다. 나는 오늘날의 자본주의를 신자유주의로 규정하는 견해에는 동의하지만, 기존 연구의 상당수가 경제적 관점에 치우친 것은 문제라고 생각한다. 즉 신자유주의가 형성하는 문화, 즉 점점 더 긴밀하게 세계적으로 상호 연결되는 문화에 대한 충분한 주의를 기울이지 못했던 것 같다.

국제 레코드 산업은 20세기 초엽에 탄생했다. 탄생과 거의 동시에 유럽과 미국의 음악이 해외로, 주로는 식민지를 통해 유통되었다. 그러나 서구 이외 다른 지역의 음악은 비교적 최근까지도 서구의 대도시에서 쉽게 접하기 어려웠다. 물론 민족지(ethnographic) 필드워크의 녹음이나 기타 현장 녹음 자료를 접할 수는 있었지만, 예컨대 인도나 아프리카에서 제작된 상업 음반은 최근 수십 년 전까지만 하더라도 흔치 않았다. 규모가 작은 국가에서는 음반 산업이 없었고, 비교적 규모가 큰 국가에서도 산업 기반이 구축되지 못한 경우가 많았기 때문이다.[16] 그러나 이들 국가가 점차 자본주의 경제 체제로 편입되고 음반 산업이 발달하면서 음악 수출도 점점 더 보편화되었다.

오늘날 월드 뮤직(world music)으로 알려진 음악의 중요한 선구적 사례가 자메이카의 스카(ska)와, 그 뒤에 나온 레게(reggae)였다. 1950년대

---

16 See Roger Wallis and Krister Malm, *Big Sounds from Small Peoples: the Music Industry in Small Countries* (London: Constable, 1984).

에 시작된 스카는 칼립소(calypso) 등 다른 카리브해 음악뿐만 아니라 아프리카계 미국인의 대중음악의 영향을 받았다. 스카와, 또 다른 자메이카 음악인 록스테디(rocksteady)보다 십여 년 뒤에 레게가 등장하여 국제 음악의 슈퍼스타가 탄생했다. 미국이나 유럽의 바깥에서 탄생한 세계 슈퍼스타는 밥 말리(Bob Marley, 1945년 – 1981년)가 최초였다. 흑인과 유색인종 모두가 형제자매라고 믿었던 그는 세계적으로 헤아릴 수 없는 영향을 미쳤다. 호주의 어느 라디오 디제이는 "밥 말리가 1979년 초 애들레이드(Adelaide)에서 공연했다. 그 투어로 일어난 먼지가 가라앉지를 않았다"고 회상했다.[17] 그 영향으로 세계 다른 지역의 음악가들과 마찬가지로 호주의 원주민 음악가들 또한 레게를 비롯한 다양한 대중음악을 직접 창작하기 시작했다.

그러나 말리는 영어로 노래했으며, 그의 음악에는 아프리카계 미국인의 사운드와 스타일이 깔려 있었다. 그래서 미국과 유럽의 대중음악에 익숙한 청중들에게는 그의 음악이 그다지 이질적으로 들리지 않았고, 세계 시장에서도 성공할 수 있었다. 1980년대 이후 달라진 점은 서구 이외 다른 지역에서 제작된 음악이 레코드 시장에 점점 더 많이 유입되었다는 점이다. 음반 소매상들은 이 음악들을 어느 섹션에 진열해야 할지 난감해했다. 기존의 "국제(International)" 섹션에는 독일의 폴카(polkas)나 아일랜드의 주점 노래(drinking songs) 등이 포함되어 있었기 때문에, 서구의 대중음악과 유사한 사운드를 지닌 남아프리카 음악을

---

17 Quoted by Marcus Breen, ed., *Our Place, Our Music, Australian Popular Music in Perspective*, Vol. 2 (Canberra: Aboriginal Studies Press, 1989), p. 121.

그곳에 배치하기에는 적절하지 않아 보였다. 특히 이런 음악이 매장의 누구도 이해할 수 없는 언어를 사용했다는 점이 문제였다. 결국 1987년 런던에서 소매업자, 언론인, 라디오 DJ들이 모여 이러한 새로운 사운드를 설명할 용어로 "월드 뮤직(world music)"을 선정하였다. 대체로 영국과 미국의 대중음악 영향을 받았으면서도 새로운 형태를 띠는 음악이었다.[18] 영향력 있는 영국의 DJ이자 작가인 찰리 길렛(Charlie Gillett)은 당시 상황을 다음과 같이 회고를 남겼다.

> 우리의 목표는 소박하고 단순했다. 초점은 레코드 매장이었고, 그것만 고민했다. 미국에서는 나이지리아 출신의 킹 서니 아데(King Sunny Ade)가 레게(reggae)로 분류되었으며, 소매업자들이 그의 음반을 진열할 수 있는 유일한 공간이었다. 영국에서는 이 음악을 어디에 둬야 할지 몰랐다. 아마도 아데(Ade)의 음반은 단순히 알파벳 순서대로 놓여 아바(Abba) 옆에 위치했을 것이다. 1985년 폴 사이먼(Paul Simon)이 〈그레이스랜드(Graceland)〉를 발표하면서 모든 상황이 급변했다. 남아프리카 음악에 대한 대중적 관심을 폭발적으로 증가시켰다. 사람들은 음반 가게에 몰려와 "그 음반, 나도 좀 사고 싶은데"라고 문의했지만, 정작 점원들은 손님들을 어느 코너로 안내해야 할지 알지 못했다.[19]

---

18 See Timothy D. Taylor, *Global Pop: World Music, World Markets* (New York: Routledge, 1997).
19 Robin Denselow, "We Created World Music," *Guardian*, June 29, 2004, 10. 월드뮤직의 부상에 관한 더 자세한 내용은 Steven Feld, "Notes on 'World Beat,'" in Charles Keil and Steven Feld, *Music Grooves: Essays and Dialogues* (University of Chicago Press, 1994); George Lipsitz, *Dangerous Crossroads: Popular Music,*

"월드 뮤직(world music)"은 세계의 여러 음악가들에게 하나의 무대를 제공했다. 동시에 국제 음악 산업은 이 방대한 음악적 다양성을 하나의 "장르"로 만들고자 하였다. 이 용어는 또한 세계 각지에서 등장한 새로운 음악의 존재를 알리는 데 기여했다. 20세기 초의 음악가들이 그랬던 것처럼, 클래식과 대중음악을 막론하고 수많은 작곡가와 음악가들이 월드 뮤직을 통해 자신의 음악에 활력을 불어넣고자 했다.

수세기 동안 지속된 음악의 대상화(objectification)와 상품화(commodification), 그리고 미학 이데올로기가 지닌 해방적 효과 덕분에, 다양한 형태의 월드 뮤직은 수확의 준비가 된 것으로 보였다. 이는 특히 대중음악 분야에서 록 음악가들에게까지 확장된 현상이었다. 록 음악가들은 상업성에 얽매이지 않고 창의성을 실현할 특권을 부여받았다는 점에서, 클래식 음악의 작곡가들과 유사한 위치에 놓여 있었다. 더 정확히 말하자면, 월드 뮤직은 흔히 손쉽게 채굴 가능한 천연자원(natural resource)으로 간주되었다. 1980년대와 1990년대 월드 뮤직 관련 담론들을 살펴보면, 서구 음악가들이 비서구권 대중음악을 마치 능력 있는 탐험가나 큐레이터의 손길을 기다리는 천연자원처럼 묘사하는 경향이 두드러진다.

1980년대 최고의 인기를 누린 밴드 더폴리스(The Police)의 드러머였던 스튜어트 코플랜드(Stewart Copeland)는 1985년 아프리카 전역의 사운드를 활용한 음반 〈리드머티스트(The Rhythmatist)〉를 발매했다. 음

Postmodernism and the Poetics of Place (New York: Verso, 1994); Martin Stokes, "Music and the global order," *Annual Review of Anthropology* (2004), 47-72; Taylor, *Global Pop*을 참조하라.

반의 라이너 노트에는 스튜어트 코플랜드가 검정색 의상을 입고, 거대한 남근처럼 보이는 마이크를 든 사진이 실려 있었다. 그는 마치 신자유주의 세계의 새로운 탐험가와 같은 모습이었다. 코플랜드는 앨범과 앨범 제목을 다음과 같이 설명했다.

"리드머티즘(Rhythmatism)"이란 삶의 구조를 직조하는 패턴을 연구하는 학문이다. 이러한 개념을 염두에 두고 검은 옷을 입은 인물이 이른바 암흑 대륙(dark continent)을 가로질러 여행을 떠난다. 여정 도중에 그는 사자, 전사, 피그미족, 정글을 만나고, 마침내 바위(rock)를 발견하게 된다.[20]

코플랜드는 단순히 타인의 음악을 도용하는 것이 아니냐는 비판에 직면했다. 코플랜드가 도굴꾼처럼 다른 민족의 음악을 "채굴(mining)"한다고 본 것이다. 코플랜드는 이러한 발상 자체를 조롱하며, 오히려 세계의 음악가들은 멀리 사는 사람들이 자신의 음악을 즐긴다는 사실을 알면 기뻐할 거라고 주장했다.[21]

비슷한 입장을 가졌던 또 하나의 인물은 폴 사이먼(Paul Simon)이었다. 그는 서구 중심지가 아닌 다른 지역의 문화적 성과가 자연스럽게 흘러다닌다고 보았다. "문화는 물처럼 흐른다. 물을 칼로 자를 수는 없다."[22]

---

20 Stewart Copeland, liner notes to *The Rhythmatist*, A&M CD 5084, 1985.
21 David N. Blank-Edelman, "Stewart Copeland: the rhythmatist returns," *RMM*, February 1994, 38.
22 Denis Herbstein, "The hazards of cultural deprivation," *Africa Report*, July-August 1987, 35.

어디선가 폴 사이먼은 초기의 로큰롤 음악가들이 그랬듯이 자신도 흑인의 음악을 전유(appropriating)했다는 비판을 받은 적이 있었다. 그러자 폴 사이먼은 "히트곡 만드는 게 그리 쉬운 일이라고 생각하나?"라고 반문했다고 한다. 이는 마치 레이디스미스 블랙 맘바조(Ladysmith Black Mambazo)를 비롯한 남아프리카 음악가들의 음악이, 스스로는 가치를 지니지 못하는 미가공 원자재이며, 오직 우월한 지식과 기술을 가진 서구인의 손길을 거쳐 "세련"되어야 비로소 비로소 대중적 가치를 획득할 수 있다는 오만함을 드러낸 발언이었다.[23]

오늘날에도 이런 태도는 흔히 볼 수 있다. 록 음악가들은 물론 현대 클래식 음악 작곡가들도, 창작의 영감을 얻기 위해서라면 그 무엇이라도 활용할 수 있다고 믿는다.

폴 사이먼과 〈그레이스랜드〉(1986)

폴 사이먼의 1986년 앨범 〈그레이스랜드(Graceland)〉를 듣고 많은, 어쩌면 대부분의 청취자들이 월드 뮤직, 특히 아프리카 대중음악에 눈을 뜨는 계기가 되었다고 해도 과언이 아니다. 다른 문화권의 음악가들과 협업하는 많은 서구 스타들과 마찬가지로, 사이먼은 남아프리카공화국 대중음악을 한동안 들어왔으며, 그 음악을 배우기 시작하면서 현지 음악가들과 함께 앨범을 제작하고 싶다는 생각을 가졌다고 한다. 서구 스타들이 이처럼 오랜 관계를 주장하는 것은 흔한 일이다. 이는 아마도

---

23 *Paul Simon: Born at the Right Time*, directed by Susan Lacy and Susan Steinberg, 1991.

자신이 문화적 침략자(carpetbagger)로 비치는 것을 피하고자 하는 의도일 것이다. 일종의 오랜 감식안(connoisseurship)을 강조하는 전략은 이들 음악가들이 비서구 음악의 큐레이터 혹은 협력자로 인정받으려는 노력의 일환으로 볼 수 있다.[24]

폴 사이먼은 녹음을 위해 유엔(UN)의 남아프리카공화국 무역 금수 조치를 위반했으나, 그가 고용한 음악가들에게는 충분한 보수를 지급했다. 앨범은 음악적으로 큰 인기를 끌었으나, 금수 조치를 위반한 점, 그리고 남아프리카 대중음악을 차용했다는 점에서 비판을 받았다.[25] 그러나 폴 사이먼과 협업한 남아프리카공화국의 음악가들은 그들의 앨범을 옹호했다. 세계의 수많은 음악가들과 마찬가지로 그들 역시 세계적인 인지도를 얻고자 했다. 폴 사이먼과 같은 미국 슈퍼스타와의 협업은 그 목표를 달성하는 효과적인 방편이었다. 앨범에 참여한 기타리스트 레이 피리(Ray Phiri)는 다음과 같이 말했다.

남아프리카공화국의 음악가로서, 우리가 그를 이용한 것이지 그가 우리를 이용한 것이 아니다. 굳이 "이용"이라는 표현을 쓰자면 그렇다는 말이다. 우리는 세계로부터 고립된 상태였고, 국제 사회에 진출하기 위해 필사적으로 노력하고 있었다. 하지만 딱히 방법이 없었다. 그런데 갑자기 유명한 사람이 나타났고, 아름다운 가사를 쓰고 있었다. 그래서 우리의 리듬과 그

---

24 Louise Meintjes, "Paul Simon's Graceland, South Africa, and the mediation of musical meaning," *Ethnomusicology* 34 (Winter 1990): 37–73.
25 비판의 한 사례는 다음을 참조. Charles Hamm, "Graceland revisited," in *Putting Popular Music in its Place* (Cambridge University Press, 1995).

의 사상이 결합된다면 일종의 음악적 삼투작용이 일어나, 그것이 곧 "이것이 음악의 새로운 방향이다"라고 선언할 수 있으리라 생각했다.[26]

분명 〈그레이스랜드(Graceland)〉의 사례는 스타 음악가들과 현지 음악가들의 욕망과 관련하여 복잡한 질문을 제기했으며, 이후 데이비드 번(David Byrne), 피터 가브리엘(Peter Gabriel), 라이 쿠더(Ry Cooder)와 같은 유명한 서구 음악가들이 현지 음악가들과 협업하거나, 그들의 음악을 기획·중개하는 녹음 작업이 일반적인 흐름이 되는 계기를 마련했다. 이러한 작업들은 종종 논란을 불러일으키거나, 적어도 비판적 반응을 수반했다.

비서구, 혹은 보다 정확히 말하면 비유럽 및 비미국 출신 음악가들은 서구 스타들과의 협업을 통해 일정한 혜택을 얻었으며, 서구 대도시에서 점점 더 많이 알려지게 되었다. 그러나 그들 모두에게 슈퍼스타의 지위는 여전히 요원한 목표로 남아 있다. 이는 그들이 영어로 노래하지 않기 때문인데, 서구 청중은 대중음악을 영어로 듣는 데 익숙하다. 그러나 이들은 미국의 대학 콘서트 시리즈, 대학 라디오, 공영 라디오 등의 영역에서는 확고히 자리를 잡았다. 특히 미국 공영 라디오는 1988년부터 〈아프로팝 월드와이드(Afropop Worldwide)〉라는 프로그램을 운영해 오고 있다.

특히 아프리카 대륙 출신 음악가들은 자신을 서구의 음악과 기술에 무지한, 이른바 '부시맨' 출신의 전근대적인 인물로 보는 고정관념

---

26 *Born at the Right Time*.

에 맞서 싸우고 있다. 베냉 출신의 위대한 가수, 앙젤리크 키조(Angélique Kidjo)는 "아프리카 음악가는 특정한 종류의 음악을 만들어야 한다고 여기는 문화적 인종차별이 존재한다"고 말한 바 있다.[27] 다른 자리에서 그녀는 이런 말을 남겼다.

> 나는 전통적인 무언가를 기대하는 사람들을 만족시키기 위해 나의 음악을 바꿀 생각은 없습니다. 내가 만드는 음악은 곧 나 자신이며, 내가 느끼는 바를 표현한 것입니다. 전통 음악과 이국적인 것을 보고 싶다면 아프리카행 비행기를 타세요. 아프리카라면 길거리에서도 흔히 그런 음악을 들을 수 있을 거예요. 나는 북을 치거나 원시 부족 같은 옷을 입지 않을 겁니다. 빌어먹을 백인 남성들에게 잘 보이기 위해 엉덩이를 흔들지도 않을 거구요. 그런 구경거리가 필요하면 밖에 나가서 찾아보라고 하세요. 저는 그런 걸 하려고 이 자리에 있는 게 아닙니다. 나는 미국인들에게 컨트리 음악만 연주하라고 강요하지 않습니다.[28]

〈불가리아 소리의 신비〉(1975)

〈그레이스랜드(Graceland)〉 외에 서구의 상업 음반 시장과 음악 문화계에서 월드 뮤직 정착에 큰 영향을 미친 또 하나의 음반이 있었다. 바로 〈불가리아 소리의 신비(Le Mystère des voix bulgares)〉였다. 이 앨범은 1975년 작은 레이블에서 발매되었으나 큰 주목을 받지 못했다. 그러다

---

27 Ty Burr, "From Africa, three female rebels with a cause," *New York Times*, July 10, 1994, §H, 28.
28 Brooke Wentz, "No kid stuff," *Beat*, 1993, 43.

1986년 영국에서, 그리고 이듬해 미국에서 재발매된 후로 유명세를 얻었다. 이 앨범은 민족음악학자(ethnomusicologist)의 수년에 걸친 연구 성과로, 불가리아 여성 합창단의 사운드를 담았다. 이 음악은 얇고 투명한 듯한(diaphanous) 화성, 즉 2도 화성을 사용했다. 이는 앞서 언급한 서유럽 조성 체계에서 흔히 사용되는 3도 화성과는 달랐다. 음악과 언어 모두 낯설었지만 이 사운드는 서구의 청취자를 사로잡았다. 존 파렐즈(Jon Pareles)는 뉴욕 타임스(New York Times)에서, 이 음악이 "갑자기 힙합만큼이나 힙해졌다"고 평가하며, 가사 번역이 제공되지 않는 등 음반에 대한 정보가 부족했기 때문에 오히려 "청중이 이 음악을 순수하고 이국적인 발현, 즉 결점 없고 기적적인 소리로 즐기도록 만들었다"고 지적했다.[29] 이 음반은 월드 뮤직 분야 초기의 베스트셀러가 되었으며, 텔레비전 광고에도 사용되었다. 대다수 청중에게 낯선 언어로 노래하는 여성 합창단의 '이국적인' 소리는 월드 뮤직의 대표적인 특징이 되었으며, 그 결과 영화와 방송에서는 여성 독창자나 합창단이 의미 없는 음절을 노래하는 방식으로 월드 뮤직을 흉내 내는 일이 빈번하게 이루어지게 되었다.[30]

---

29 Jon Pareles, "Pop from the Black Sea, cloaked in mystery," *New York Times*, October 30, 1988, §H, 27.
30 See Taylor, *Beyond Exoticism*, and "World music today," in Bob W. White (ed.), *Music and Globalization: Critical Encounters* (Bloomington: Indiana University Press, 2012).

영향력이 컸던 음반들

월드 뮤직을 알리는 데 기여한 다른 음반들도 있었다. 피터 가브리엘(Peter Gabriel)의 음반도 그중 하나였다. 록 음악가였던 그는 마틴 스콜세지(Martin Scorsese) 감독의 영화 〈그리스도 최후의 유혹(The Last Temptation of Christ)〉(1988)을 위해 영화음악을 작곡했는데, 그 음악이 1989년 별도의 음반으로 발매되었다.(〈Passion: Music for The Last Temptation of Christ 〉) 그는 음반 제작에 중동, 아프리카, 남아시아의 음악과 연주자들을 기용했으며, 특히 주목할 만한 곡은 중앙아시아 전통 악기인 두둑(duduk)을 전면에 내세운 '라자로의 부활(Lazarus Raised)'이었다. 그 신비로운 음색은 이후 월드 뮤직을 샘플링한 사운드트랙과 녹음물에서 익숙하게 들리게 되었다.(샘플링이란 특정 음악이나 음향의 디지털 조각을 복사하여 다른 곳에 활용하는 작업을 의미한다.)

월드 뮤직의 대중화에 크게 기여한 또 다른 음반으로는 〈딥 포레스트(Deep Forest)〉를 꼽을 수 있다. 이 곡은 1992년 발매와 동시에 그래미상 후보에 올랐다. 수록곡인 '달콤한 자장가(Sweet Lullaby)'는 영국 차트에서 10위권에 들었다. 두 명의 프랑스 음악가가 제작한 이 음반은 중독성 있는 댄스 비트와 전자 음악, 그리고 '피그미족' 음악 샘플(sample)의 조합을 특징으로 한다. 여기서 '피그미족' 음악은 중앙아프리카 바카(Baka) 부족의 음악을 지칭한다. 이 음반은 예상 밖의 큰 성공을 거두었다. 이는 부분적으로 '피그미족'을 행복하고 순수한 선사 시대의 아이들로 낭만화(romanticization)하고 이국적으로 포장(exoticization)한 측면이 주효했기 때문이라 짐작된다.[31] 이 음반은 세계의 음악 샘플을 적극적으로 활용하는 테크노 음악(techno music)이라는 새로운 장르의 탄생에 기폭제 역할을 했다. 브라이언 이노(Brian Eno)와 데이비드 번(David Byrne)이 1981년에 발표한 음반 〈숲의 정령 가운데 나의 삶(My Life in the Bush of Ghosts)〉이 중요한 선례로 평가된다.[32]

샘플링과 음악의 소비

월드 뮤직(world music)을 무단 전용해도 괜찮다는 인식이 확산된 데에는 디지털 샘플링(digital sampling) 기술의 등장이 영향을 미쳤다. 새로운 디지털 기술로도 샘플링이 가능했다. 사용자들은 이미 녹음된 음악을 정확히 복사하여 자신의 음악에 삽입할 수 있었다. 처음에는 힙합 장르에서 샘플링이 널리 사용되었다가, 곧 이어 다른 대중음악 장르로 확산되었다. 특히 일렉트로닉 댄스 음악의 일부 장르에서는 샘플링이 대단히 흔한 일이 되었다. 그래서 그들은 음반을 취입할 때 샘플링 가능성(samplability)을 고민하게 되었다. 다시 말해 다른 음악가들이 샘플링하여 가져갈 만큼 인상적인 단편이 자신의 음반에 포함되어 있는지를 고민하는 것이다. 어느 음악가는 음악적 아이디어를 먼저 떠올리는지, 아니면 샘플을 활용하여 작업하는지에 대한 질문에 다음과 같이 답했다.

---

31 "피그미"와 이 녹음에 대한 논의는 다음을 참조. Steven Feld, "Pygmy pop: a genealogy of schizophonic mimesis," *Yearbook for Traditional Music* 28 (1996), 1-35; Feld, "A sweet lullaby for world music," *Public Culture* 12 (2002), 145-171.

32 이 앨범에 관한 더 자세한 내용은 다음을 참조. Steven Feld and Annemette Kirkegaard, "Entangled complicities in the prehistory of 'World Music': Poul Rovsing Olsen and Jean Jenkins encounter Brian Eno and David Byrne in the Bush of Ghosts," *Popular Musicology Online* 4, www.popular-musicology-online.com/issues/04/feld.html.

그때그때 달라요. 그냥 뭔가 굉장하다고 생각되는 것을 우연히 발견하면, 그것을 기반으로 곡을 만들 상상을 할 때도 있어요. 또 어떤 때는 여러 샘플들을 쌓아두었다가 곡 작업을 할 때 특정 섹션에 어울리는 남성 아랍 보컬이 필요하면 적합한 것이 있는지 찾아보곤 하죠. 하지만 경향은 그때그때 달라요. 샘플이 곡 전체를 떠올리게 하는 경우도 있지만, 불행히도 아주 흔하지는 않아요. 만약 항상 그랬다면 일이 너무 쉬웠겠죠![33]

디지털 기술이 등장하기 전의 음악가들이 이처럼 디지털화 및 파편화된 방식으로 음악을 개념화하는 것은 상상하기 어렵다. 베토벤이 교향곡 제9번을 작곡할 때 터키 행진곡의 선율을 차용한 것은 여러 복합적 이유가 있었다. 당시 빈(Wien)에서 유행하던 터키풍(alla turca) 양식으로 단순히 기쁨의 감정을 표현한 것이기도 하고, 과거 1683년에 오스만 튀르크의 군대가 도시를 거의 점령할 뻔했던 역사적 사건에 대한 기념의 의미도 있었다.[34]

이처럼 극도로 세분화된 음악 감상, 혹은 음악의 역사문화적 소비(consumption) 방식은 음악가들에게만 국한된 것이 아니었다. 여가 시간과 자아 정체성에서 소비의 역할이 점차 증대되는 문화에서 음악도 소비의 일부가 되었던 것이다. 다른 글에서 밝힌 바 있듯이 샘플링은 미국과 영국에서 소비가 고조되던 새로운 시기에 등장했다.(당시 미국의 레이건 대통령과 영국의 대처 총리는 모두 신자유주의 이념에 따라 경제 활성화의

---

33 Toby Marks, "Banco de Gaia" interview, www.chaoscontrol.com/archive2/banco/ bancosamples.html. This URL is no longer active.
34 See Taylor, *Beyond Exoticism*.

수단으로 소비를 장려했다.)³⁵ 아예 샘플링을 전문으로 하는 기계도 발명되었다. 복잡한 악기 소리에서 샘플을 채취하는 용도로 발명된 그 기계를 샘플러라 했다. 음악가들은 이 기계를 이용해서 샘플의 채취뿐만 아니라 이미 녹음된 음악을 샘플링하는 데도 사용했다. 그 결과 우리가 목격했듯이 음악가와 음악의 새로운 관계가 시작되었다.

음악의 파편을 맥락에서 분리하여 기능적으로 소비하는 방식은 힙합이나 샘플링 사용 음악가들에게만 국한된 것이 아니었다. 적어도 사회경제적 엘리트 계층의 청취 관습이 점점 더 다원화되면서 그것이 보편적인 현상으로 자리 잡았다. 미국과 유럽의 여러 국가에서 실시한 사회학 연구에 따르면, 엘리트 계층이 주로 감상하는 음악은 더 이상 클래식이 아니었다. 그들은 월드 뮤직을 비롯한 다양한 음악을 점점 더 많이 청취했다. 월드 뮤직은 주로 교육받은 중산층 사이에서 청중을 확보하고 있었다. 1980년대 후반에서 1990년대 초반 이른바 '요피(yuppie)' 가정(Young Urban Professional)에서 '불가리아 소리의 신비'라는 음반이 유행했을 때 그와 같은 경향이 처음으로 뚜렷하게 나타났다. 이처럼 점점 더 다원화된 음악 감상 방식은, 적어도 미국의 상류층 사회에서는 이제 보편적인 현상이 되었다.³⁶ 다른 글에서 논의한 바 있지만, 이러한 현상

---

35 Timothy D. Taylor, *Commercializing Culture: Capitalism, Music, and Social Theory after Adorno* (University of Chicago Press, forthcoming).
36 미국에서의 취향 변화에 대한 연구로는 Richard A. Peterson, "The rise and fall of highbrow snobbery as a status marker," *Poetics* 25 (November 1997), 75-92; Richard A. Peterson and Roger M. Kern, "Changing highbrow taste: from snob to omnivore," *American Sociological Review* 61 (October 1996), 900-907 참조. 유럽의 사례에 관해서는 Philippe Coulangeon, *Sociologie des pratiques culturelles*, 2nd edn. (Paris: La Découverte, 2010); Koen van Eijck, "Social differentiation

은 "힙(hip)"과 "쿨(cool)"이라는 이념이 점점 더 중요해진 결과이며, 수십 년 동안 광고 산업을 주도해 온 이러한 이념이 오늘날에는 문화 생산 전반을 점점 더 주도하고 있기 때문이다.[37]

청취자의 사회적 계층과 상관없이 세계의 음악가들은 혼란스러울 정도로 다양한 음악을 만들고 또한 소비하고 있다. 디지털 기술 덕분에 유튜브, 아이튠즈, 또는 스포티파이나 RDIO 같은 스트리밍 서비스를 통해 즉각적으로 음악의 이용이 가능해졌기 때문이다. 아메리카 원주민의 후손인 호피(Hopi)족 젊은 음악가들도 레게 음악을 만들고, 일본의 음악가들도 살사 음악을 만든다.(Orquesta de la Luz) 음악만 가지고는 이들과 미국이나 카리브해 지역의 음악가들을 구분하기가 어렵다. 아일랜드 음악은 점차 세계적으로 인기가 높아지고 있다.[38] 적어도 부유한 국가에서는 음악이 소비하거나 생산할 수 있는 또 하나의 상품이 되었다. 이는 우리가 논의하고 있는 대상화(objectification) 및 상품화(commodification)라는 오랜 역사적 과정의 결과라 할 수 있겠다.

---

in musical taste patterns," *Social Forces* 79 (March 2001), 1163-1184 참조. 또한 Timothy D. Taylor, "Advertising and the conquest of culture," *Social Semiotics* 4 (December 2009), 405-425도 참조하라.

37 Taylor, "Advertising and the conquest of culture." 또한 Timothy D. Taylor, *The Sounds of Capitalism: Advertising, Music, and the Conquest of Culture* (University of Chicago Press, 2012)도 참조하라. 광고업계 종사자들은 "hip"이나 "cool"(또는 종종 함께 사용되는 다른 용어인 "edgy")의 정의를 명확히 내리지는 않지만, 모두 청년 문화와 연관된 문화 생산 형태(특히 cool), 아이러니한 태도(특히 hip), 주류에 저항하는 성향(특히 edgy)을 가리킨다고 말한다.

38 See Shuhei Hosokawa, "'Salsa no Tiene Frontera': Orquesta de la Luz and the globalization of popular music," *Cultural Studies* 13 (July 1999), 509-534; and Neal Ullestad, "American Indian rap and reggae: dancing 'to the beat of a different drummer,'" *Popular Music and Society* 23 (Summer 1999), 62-81.

오늘날의 월드 뮤직

서구 사회에서 월드 뮤직(world music)은 엘리트 계층의 음악이라는 클래식 음악의 자리를 서서히 빼앗았다. 판매량은 고전 음악과 마찬가지로 많지 않지만 문화적 위상은 여전히 높은 편이다. 한때 클래식만 고집하던 BBC 라디오4가 재즈와 월드 뮤직을 추가한 것은 이러한 위상을 보여주는 대표적인 사례다.

1970년대에 이르러 롱플레잉 레코드(long-playing record)가 쇠퇴하고 카세트테이프(cassette tape)가 부상했다. 특히 저렴한 카세트테이프 덕분에 전 세계 음반 산업도 빠르게 성장했다. 인도나 중국 같은 인구 대국은 현재 거대하고 발달된 음반 산업의 중심지가 되었다. 중국과 인도의 팝스타들은 수백만 장의 음반을 팔 수 있다. 또한 인도 영화의 중심 발리우드에서는 매년 약 1,000편의 영화를 제작하며, 대부분이 뮤지컬 형식을 갖추고 있다. 최근 수십 년 간 그래왔듯이 음악의 세계적 흐름은 그 방향이 다양했지만, 여전히 가장 영향력 있는 제작의 중심지는 서구가 차지하고 있다. 한편 디아스포라를 오가는 음악의 이동처럼, 세계적 규모가 아닌 지역적, 혹은 초지역적 흐름도 나타난다. 예컨대 남부 캘리포니아의 페르시아 및 베트남 공동체에서는 지역에서 제작한 음악과 영화를 이란과 베트남으로 보내기도 한다.[39]

비서구권 음악가들은 디지털 기술, 특히 데이터 교환이 가능한 휴

---

39 See Farzaneh Hemmasi, "Iranian Popular Music in Los Angeles: Mobilizing Media, Nation, and Politics," Ph.D. diss., Columbia University, 2010; and Kieu Linh Caroline Valverde, "Making Vietnamese music transnational: sounds of home, resistance and change," *Amerasia Journal* 29 (2003), 29-49.

대전화(cellular phone)를 통해 서구와 더욱 긴밀히 연결되면서, 점점 더 복합적인 정체성을 형성하고 있다. 이들은 한편으로는 오랜 전통에 뿌리를 둔 지역적이며 토착적인 음악가로 자리 잡으면서도, 동시에 자신을 디아스포라의 일부로 규정한다. 예를 들어, 세네갈 다카르(Dakar)의 힙합(Hip hop) 음악가들은 아프리카 일부 지역의 음유 시인인 그리오(griot)의 전통을 차용하면서도, 지역적 사운드와 초국적(transnational) 요소를 결합한 힙합 음악을 창조하며, 스스로를 전 세계 흑인 음악 디아스포라의 일원으로 간주한다.[40] 과거에는 마이클 잭슨(Michael Jackson)이나 마돈나(Madonna)와 같은 세계적인 팝 스타가 되는 것을 꿈꾸던 비서구권 음악가들이 이제는 디아스포라의 민족적 또는 인종적 집단과의 연계를 더욱 자주 모색하고 있다. 말리 출신 힙합 음악가 암쿨렐(Amkoullel)은 로스앤젤레스를 방문한 자리에서 "우리에게 아메리칸 드림(American dream)은 없다. 아프리칸 드림(African dream)이 있을 뿐이다."라고 말했다.

결론: 오늘날의 분리 현상

오늘날에는 소리만 제작자로부터 분리된 것이 아니라, 청취자 또한 서로 분리되었다. 1979년에 출시된 소니 워크맨(Sony Walkman)의 등장으로 공공장소에서 개인적으로 음악을 청취하는 새로운 문화가 나타났다. 이는 기술적으로는 워크맨이 등장하기 훨씬 이전부터 가능했다. 심

---

40 Catherine Appert, "Rappin' griots: producing the local in Senegalese hip hop", in P. Khalil Saucier (ed.), *Native Tongues: An African Hip-Hop Reader* (Trenton, NJ: Africa World Press, 2011).

지어 초기 라디오 중 일부도 휴대 가능했으며, 헤드폰으로 듣는 방식이 확성기로 듣는 방식보다 먼저 존재했다. 그러나 개인화된 소비를 강조하는 신자유주의 이념이 대두된 이후에야 이런 방식의 음악 청취가 본격적으로 확산되었다.[41] 이후 MP3 오디오 포맷과 MP3 플레이어가 개발되었고, 현재는 디지털 오디오를 재생할 수 있는 휴대전화가 등장하면서 개인화되고(personalized), 개별화되고(individualized), 원자화된(atomized) 청취는 매우 흔해졌다.

친구들과 함께 음악을 듣거나 믹스테이프나 CD를 통해 음악을 공유하는 경험은 점차 사라지고, 스포티파이(Spotify)와 같은 스트리밍 서비스 및 페이스북(Facebook)과 연계된 온라인 플랫폼을 통해 음악 추천을 공유하는 방식이 그 자리를 대체하고 있다. 플레이리스트를 공유하는 것도 가능하다. 청취의 사회적 경험이 개별적 청취로 대체되고, 이후 유료 소프트웨어와 서비스를 통해 다시 사회적 경험으로 변환되는 현상은 오늘날 신자유주의의 세계의 또 다른 특징이다. 뒤메닐(Gérard Duménil)과 레비(Dominique Lévy)가 지적했듯이, 이 세계에서는 사회적 관계가 상업화되고 있다.[42]

1950년대의 사회학자 알프레드 슈츠(Alfred Schütz)는 음악이 존재하는 곳에는 언제나 사회적 요소가 있으며, 기계적으로 재생된 음악일지

---

41 See Shuhei Hosokawa, "The Walkman effect," *Popular Music* 4 (1984), 165-180, and Michael Bull, "No dead air! The iPod and the culture of mobile listening," *Leisure Studies* 24 (2005), 343-355.
42 Gérard Duménil and Dominique Lévy, *Capital Resurgent: Roots of the Neoliberal Revolution*, trans. Derek Jeffers (Cambridge, MA: Harvard University Press, 2004), p. 2.

라도 "상호 조율(mutual tuning-in) 관계"가 형성된다고 주장한 바 있다.[43] 그러나 사회적 관계가 점점 더 상업적 이해관계를 거쳐야 하는 상황에서, 이러한 상호 관계가 약화되는 것은 아닌지 의문이 든다. 오늘날 음악의 생산 방식이 파편화되고 단절적인 성격을 띠는 것처럼, 그 성향이 소비 방식에도 반영되어 나타나고 있다.

---

43 Alfred Schütz, "Making music together: a study in social relationships," *Social Research* 18 (1951), 76-97.

더 읽어보기

Primary materials

Bartók, Béla. "The influence of peasant music on modern music," in Benjamin Suchoff (ed.), *Béla Bartók Essays*. London: Faber & Faber, 1976.
"The relation of folk song to the development of the art music of our time," in Benjamin Suchoff (ed.), *Béla Bartók Essays*. London: Faber & Faber, 1976.
Copeland, Stewart. Liner notes to *The Rhythmatist*. A&M CD 5084, 1985.
Denselow, Robin. "We created world music." *Guardian*, June 29, 2004, 10.
Lockspeiser, Edward. *Debussy: His Life and Mind*, vol. 2. Cambridge University Press, 1978.
Marks, Toby. n.d. "Banco de Gaia" interview. www.chaoscontrol.com/archive2/banco/bancosamples.html. This URL is no longer active.
Stockhausen, Karlheinz. "World Music." Translated by Bernard Radloff. *Dalhousie Review* 69 (1989), 318-326.

Discography

Deep Forest. 550 Music/Epic BK-57840, 1992.
Eno, Brian and David Byrne. *My Life in the Bush of Ghosts*. Sire/Warner Bros. 9 45374-2, 1981.
Copeland, Stewart. *The Rhythmatist*. A&M CD 5084, 1985.
Gabriel, Peter. *Passion: Music for* The Last Temptation of Christ. Geffen Records M5 G 24206, 1989.
Simon, Paul. *Graceland*. Warner Bros. W2-25447, 1986.

Filmography

Paul Simon: Born at the Right Time. Directed by Susan Lacy and Susan Steinberg, 1991.

Secondary materials

Appert, Catherine. "Rappin' griots: producing the local in Senegalese hip hop," in P. Khalil Saucier (ed.), *Native Tongues: An African Hip-Hop Reader*. Trenton, NJ: Africa World Press, 2011.
Arrighi, Giovanni. *The Long Twentieth Century: Money, Power, and the Origins of Our Times*. New York: Verso, 1994.
Bellman, Jonathan, ed. *The Exotic in Western Music*. Boston: Northeastern

University Press, 1998.
Blank-Edelman, David N. 1994. "Stewart Copeland: the rhythmatist returns," *RMM*, February, 38-9.
Born, Georgina and David Hesmondhalgh, eds. *Western Music and Its Others: Difference, Representation, and Appropriation in Music*. Berkeley, CA: University of California Press, 2000.
Breen, Marcus, ed. *Our Place, Our Music: Australian Popular Music in Perspective*, vol. 2. Canberra: Aboriginal Studies Press, 1989.
Bull, Michael. "No dead air! The iPod and the culture of mobile listening," *Leisure Studies* 24 (2005), 343-355.
Burr, Ty. "From Africa, three female rebels with a cause." *New York Times*, July 10, 1994, §H, 26.
Coulangeon, Philippe. *Sociologie des pratiques culturelles*, 2nd edn. Paris: La Découverte, 2010.
Duménil, Gérard and Dominique Lévy. *Capital Resurgent: Roots of the Neoliberal Revolution*. Translated by Derek Jeffers. Cambridge, MA: Harvard University Press, 2004.
van Eijck, Koen. "Social differentiation in musical taste patterns," *Social Forces* 79 (March 2001), 1163-1184.
Everett, Yayoi Uno and Frederick Lau, eds. *Locating East Asia in Western Art Music*. Middletown, CT: Wesleyan University Press, 2004.
Fauser, Annegret. *Musical Encounters at the 1889 Paris World's Fair*. University of Rochester Press, 2005.
Feld, Steven. "A sweet lullaby for World Music," *Public Culture* 12 (2002): 145-171.
   "From schizophonia to schismogenesis: on the discourses and commodification practices of 'World Music' and 'World Beat,'" in Charles Keil and Steven Feld, *Music Grooves: Essays and Dialogues*. University of Chicago Press, 1994.
   "Notes on 'World Beat,'" in Charles Keil and Steven Feld, *Music Grooves: Essays and Dialogues*. University of Chicago Press, 1994.
   "Pygmy pop: a genealogy of schizophonic mimesis," *Yearbook for Traditional Music* 28 (1996): 1-35.
Feld, Steven and Annemette Kirkegaard. "Entangled complicities in the prehistory of 'World Music': Poul Rovsing Olsen and Jean Jenkins encounter Brian Eno and David Byrne in the Bush of Ghosts," *Popular Musicology Online* 4. www. popular-musicologyonline.com/issues/04/feld.html.
Hamm, Charles. "*Graceland* revisited," in *Putting Popular Music in its Place*.

Cambridge University Press, 1995.
Herbstein, Denis. "The hazards of cultural deprivation," *Africa Report*, July-August 1987, 33-35.
Hemmasi, Farzaneh. "Iranian popular music in Los Angeles: mobilizing media, nation, and politics." Ph.D. diss., Columbia University, 2010.
Shuhei Hosokawa. "'Salsa no Tiene Frontera': Orquesta de la Luz and the globalization of popular music," *Cultural Studies* 13 (July 1999), 509-534.
"The Walkman effect," *Popular Music* 4 (1984), 165-180.
Howat, Roy. "Debussy and the Orient," in Andrew Gerstle and Anthony Milner (eds.), *Recovering the Orient: Artists, Scholars, Appropriations.* London: Harwood, 1995.
Jameson, Fredric. "Culture and finance capital," *Critical Inquiry* 24 (1997), 246-265.
Lipsitz, George. *Dangerous Crossroads: Popular Music, Postmodernism and the Poetics of Place.* New York: Verso, 1994.
Locke, Ralph. *Musical Exoticism: Images and Reflections.* Cambridge University Press, 2009.
Meintjes, Louise. "Paul Simon's Graceland, South Africa, and the mediation of musical meaning," *Ethnomusicology* 34 (Winter 1990), 37-73.
Pareles, Jon. "Pop from the Black Sea, Cloaked in Mystery," *New York Times*, October 30, 1988, §H, 27.
Peterson, Richard A. "The rise and fall of highbrow snobbery as a status marker," *Poetics* 25 (November 1997), 75-92.
Peterson, Richard A. and Roger M. Kern. "Changing highbrow taste: from snob to omnivore," *American Sociological Review* 61 (October 1996), 900-907.
Rousseau, Jean Jacques. *Dictionnaire de Musique.* Hildesheim: Georg Olms Verlagsbuchhandlung; New York: Johnson Reprint Corporation, 1969.
Schafer, R. Murray. *The Soundscape: Our Sonic Environment and the Tuning of the World.* 1977. Reprint, Rochester, Vermont: Destiny, 1994.
Schütz, Alfred. "Making music together: a study in social relationships," *Social Research* 18 (1951), 76-97.
Stokes, Martin. "Music and the global order," *Annual Review of Anthropology* (2004), 47-72.
Suisman, David. *Selling Sounds: The Commercial Revolution in American Music.* Cambridge, MA: Harvard University Press, 2009.
Taruskin, Richard. "Russian folk melodies in *The Rite of Spring.*" *Journal of the American Musicological Society* 33 (Fall 1980), 501-543.

Taylor, Timothy D. "Advertising and the conquest of culture," *Social Semiotics* 4 (December 2009), 405-425.

Beyond Exoticism: Western Music and the World. Durham, NC: Duke University Press, 2007.

Commercializing Culture: Capitalism, Music, and Social Theory after Adorno. University of Chicago Press. In preparation.

Global Pop: World Music, World Markets. New York: Routledge, 1997.

"Stravinsky and others," *AVANT: The Journal of the Philosophical-Interdisciplinary Vanguard* 4 (2013). http://avant.edu.pl/wp-content/uploads/Timothy-D-Taylor-Stra vinsky-and-Others1.pdf.

The Sounds of Capitalism: Advertising, Music, and the Conquest of Culture. University of Chicago Press, 2012.

"World music today," in Bob W. White (ed.), *Music and Globalization: Critical Encounters.* Bloomington: Indiana University Press, 2012.

Taylor, Timothy D., Mark Katz, and Tony Grajeda, eds. *Music, Sound, and Technology in America: A Documentary History of Early Phonograph, Cinema, and Radio.* Durham: Duke University Press, 2012.

Tenzer, Michael. "Western music in the context of world music," in Robert P. Morgan (ed.), *Modern Times: From World War I to the Present.* Englewood Cliffs, NJ: Prentice Hall, 1994.

Ullestad, Neal. "'American Indian rap and reggae: dancing 'to the beat of a different drummer,'" *Popular Music and Society* 23 (Summer 1999), 62-81.

Valverde, Kieu Linh Caroline. "Making Vietnamese music transnational: sounds of home, resistance and change," *Amerasia Journal* 29 (2003), 29-49.

Wallis Roger and Krister Malm. *Big Sounds from Small Peoples: The Music Industry in Small Countries.* London: Constable, 1984.

Wentz, Brooke. "No kid stuff," *Beat*, 1993, 42-45.

Wörner, Karl H. *Stockhausen: Life and Work.* Edited and translated by Bill Hopkins. Berkeley, CA: University of California Press, 1973.

CHAPTER 10

스포츠

수전 브라우넬
Susan Brownell

1750년 이후 세계 스포츠의 역사는 평화로운 세계인의 연대를 여실히 보여주었다. 가장 잔혹한 전쟁이 세계를 휩쓸던 시기에, 어떻게 우호적인 스포츠 대회가 번성했을까? 근대 세계사에서 스포츠의 의미를 이해하고자 한다면, 이는 반드시 거쳐야 할 질문이다. 오늘날 세계 스포츠의 중심은 국제올림픽위원회(IOC)다. 그 아래 다양한 협회와, 지역, 국가, 국제 단체들이 겹겹이 연결되어 있다. 이와 같은 세계 스포츠 시스템의 기초는 1894년부터 제1차 세계대전이 발발했던 1914년 사이, 불과 20년만에 완성되었다. 그 무렵 태어났던 스포츠 단체들은 당시의 사회적 맥락과 밀접한 관계가 있었다. 19세기 후반, 자발적으로 수많은 협회들이 결성되었다. 저마다의 목적은 달랐지만 협회의 결성은 들불처럼 전 세계로 확산되었다. 당시만 해도 먼 지역을 오가려면 몇 주에서 몇 개월이 걸렸다. 그런 상황 속에서 놀랍게도 불과 몇 년 만에 국경과 대륙을 넘어 세계 곳곳에서 스포츠 단체가 설립되었다. 이는 특히 서구 자본주의와 식민주의, 기독교 선교 활동과 맞물리면서 새로운 사회적 네트워크를 만들어 나갔다. 당시의 지식인들도 이와 같은 현상에 주목했다. 예컨대 19세기 그리스에서는 이처럼 협회가 폭발적으로 늘어나는 현상을 '실로고마니아(syllogomania)', 즉 '협회 열풍'이라고 부르기도 했다.

스포츠의 세계사

기존의 세계 스포츠사 연구는 대개 개별 운동선수, 특정 종목, 올림픽 경기, 국가, 지역 등에 집중하는 경향을 보였다. 반면 이런 요소들을 연결하는 관계망에 대한 연구는 상대적으로 미흡했다.[1] 사회적 네트워크 연구는 1980년대 사회사(social history) 연구에서 시작되었다. 우리 논의도 여기에 기초하고 있다. 사회사에서는 부르주아적 사교(bourgeois sociability), 도시화(urbanization), 시민권(citizenship) 등의 사회적 맥락 속에서 스포츠를 조망했다.[2] 그다음으로 중요한 발전 단계라면, 근대 세계의 형성에서 국제 스포츠 기구의 역할을 확인한 것이었다.[3] 아직 남아

---

1 최근의 스포츠 세계사 관련 연구 성과는 다음과 같다. Allen Guttmann, *Sports: The First Five Millennia* (Amherst: University of Massachusetts Press, 2004); Richard D. Mandell, *Sport: A Cultural History* (New York: Columbia University Press, 1984); S. W. Pope and John Nauright, *Routledge Companion to Sports History* (New York: Routlege, 2009); Horst Ueberhorst, *Geschichte der Leibesübungen*, 6 vols. (Berlin: Bartels and Wernitz, 1971-1989).

2 Pierre Arnaud and Jean Camy eds., *La naissance du mouvement sportif associatif en France; Sociabilités et formes de pratiques sportives* (Lyon: Presses universitaires de Lyon, 1986); Richard Holt, *Sport and Society in Modern France* (London: Palgrave, 1981) Richard Holt ed., *Sport and the Working Class in Modern Britain* (Manchester University Press, 1991); Steven A. Riess, *City Games: The Evolution of American Urban Society and the Rise of Sports* (Champaign: University of Illinois Press, 1991); Christina Koulouri, *Sport et Société Bourgeoise: Les Associations Sportives en Grèce 1870-1922* [*Sport and Bourgeois Society: Sport Associations in Greece, 1870-1922*] (Paris: L'Harmattan, 2000); Christiane Eisenberg, *"English Sports" und Deutsche Bürger. Eine Gesellschaftsgeschichte 1800-1939* [*English Sports and German Citizens: A Social History, 1800-1939*] (Paderborn: Schöningh, 1999).

3 Akira Iriye, *Global Community: The Role of International Organizations in the Making of the Contemporary World* (Berkeley, CA: University of California Press, 2002); John Hoberman, "Toward a theory of Olympic internationalism," *Journal of*

있는 과제는, 지역 스포츠 클럽과 국제기구가 사회적 '동형(isomorphic)' 구조라는 점을 온전히 밝혀내는 것이다. 이들은 본질적으로 동일한 내부 구조를 가졌지만 관할 범위에 차이가 있을 뿐이며, 근대적 사교(sociability) 양식의 전형으로서, 모두 백인 중산층 남성과 서구 문화가 지배적인(배타적이지는 않지만) 경향을 보여주고 있다.

고전 정신에서 스포츠 정신으로

18세기 말 서유럽에서 지역 단위 운동 경기나 대회를 통합하려는 시도가 나타났고, 결국에는 세계적인 통합 체제가 만들어졌다. 근대 교통통신 수단이 원거리를 연결하기 시작할 무렵, 서로 직접 만난 적은 없지만 고전(classic) 교육을 받았던 서구 사람들을 중심으로, "상상의 공동체(imagined community)"라는 개념이 이미 형성되어 있었다. 그들은 스스로가 "서구 문명(Western civilization)"이라는 공동체의 구성원이라 여겼다. 이는 당시 전통 사회가 무너지던 현실과도 관련이 있었다. 새로운 사회 질서가 필요했던 상황에서 지식인들은 고전 문헌에서 유용한 아이디어를 얻고자 했다. 도시국가의 전쟁이 끊이지 않았던 고대 그리스와, 민족국가의 경쟁이 치열했던 당시의 서구 사회가, 그들이 보기에는 비슷한 상황에 놓여 있는 것 같았다. 고대 사회에서 운동 경기가 외교에 중요한 역할을 했다고 보고, 근대 세계에서도 운동 경기를 통해 비슷한 외교적 기능을 재현해보려는 노력이 시작되었다.

Sport History 22/1 (1995); Barbara Keys, *Globalizing Sport. National Rivalry and International Community in the 1930s* (Cambridge, MA: Harvard University Press, 2006).

1732년 네덜란드에서 고대 올림픽 경기에 대한 최초의 연구서가 출판되었다. 이후 1790년 프랑스에서는 고대 올림픽 경기를 재현하여 다시 개최하자는 주장이 제기되었다. 당시 프랑스 혁명의 사상적 기초를 형성한 사상가들은 스포츠를 고대 그리스 민주주의 개념과 연결했다. 19세기 중반, 유럽에서는 자본주의와 제국주의의 확산으로 사회적 계급 구조에 변화가 일어났다. 이에 따라 전통적인 고전 중심의 교육을 개혁해야 한다는 주장이 유럽 전역에서 제기되었다. 특히 학생들의 체력 단련이 더욱 강조되기 시작했다. 1880년대에 들어서면서 체육(體育, physical education)은 독립적인 학문 분야로 자리 잡게 되었다. 당시 체육 분야의 전문가들은 학문적 권위를 얻기 위해 고전적 표현을 적극 활용했다. 이들이 내세운 대표적인 표어가 바로 '건강한 신체에 건강한 정신(mens sana in corpore sano)'이었다. 이 표어는 비록 라틴어지만, 전문가들은 이를 고대 그리스의 이상과 연결지었다. 한편 프랑스의 귀족이자 교육 개혁가였던 피에르 드 쿠베르탱(Pierre de Coubertin)은 1894년에 최초의 국제올림픽위원회(IOC)를 설립했다. 그가 위원으로 초빙한 이들은 대부분 교육자거나 고전 교육을 받은 지식인들이었다.

  독일의 대학들은 고전 연구의 세계적 중심지였다. 그들은 올림픽 경기를 학술적으로 연구하여 고대 그리스 생활양식에 대한 새로운 이미지를 만들어냈다. 이 이미지는 남성 아마추어 운동선수를 위한 스포츠를 찬미하는 것이었다. 오류에 기반한 낭만적 해석은 이후 독일 민족의 모델이 되었다. 독일인은 스스로를 아리아 문명(Aryan civilization)의 계승자로서 '새로운 그리스인(New Greeks)'이라 자처했다. 1980년대 중반이 되어서야 학자들은 이러한 통념에 본격적으로 도전했다. 고대 그리스

운동선수들이 실제로는 프로 선수였으며, 헤라(Hera) 여신을 기리는 여성 경기 또한 고대 올림픽 경기장에서 정기적으로 열렸다는 사실이 문헌을 통해 입증되었다.[4]

전 세계적으로 식민지 행정관, 기독교 선교사, 그리고 서구식 국민 교육 모델을 추종하는 정부가 들어섰으며, 이들이 설립한 학교와 대학의 교육과정에서 체육은 필수 과목으로 포함되었다. 학교에서 스포츠를 접한 젊은이들은 졸업 후 사회에 진출하여 스포츠 클럽을 조직했다. 그 결과 세계적인 교육 네트워크가 곧 국제 스포츠 시스템의 토대가 되었다. 학교 스포츠가 곧바로 국제 스포츠 시스템으로 통합되지는 않았지만, 훈련장과 선수 자원을 공급하는 기능을 수행했다. 국제 스포츠 시스템과 학교 스포츠는 독립적인 구조를 유지했다.

현대 그리스는 서구 사회가 고대 그리스에 매료된 분위기를 활용했다. 오스만 제국에 점령되었던 과거의 잔재를 극복하고, 스스로를 서구 사회의 일원으로 자처했다. 1896년 제1회 아테네 올림픽과 1906년 중간 올림픽(Intercalary Olympic Games, 매 4년마다 개최될 예정이었으나 그리스의 정정 불안으로 단 한 차례만 개최됨)은 모두 아테네에서 개최되었다. 당시의 올림픽은 이후 1900년, 1904년, 1908년의 올림픽과 달리, 세계박람회와 연계되지 않은 독립적인 행사였다. 그리스에서 개최된 올림픽은 정부 및 민간 지원을 크게 받았다. 특히 세계 각지에 흩어져 있던 그리스인의 디아스포라에서 전체 수입의 6분의 1이 넘는 기부금이

---

4 David C. Young, *The Olympic Myth of Greek Amateur Athletics* (Chicago: Ares, 1984); Angeli Bernardini, "Aspects ludiques, rituels et sportifs de la course féminine dans la Grèce antique," *Stadion* 12-13 (1986-87), 17-26.

들어왔다. 올림픽이 그리스 근대 국가의 정체성을 확립하는 데 중요한 역할을 했기 때문이다. 2004년 아테네 올림픽 당시의 슬로건, '웰컴 홈(Welcome Home)'도 여전히 그러한 중요성을 담고 있었다.

신고전주의(neoclassicism)는 제2차 세계대전까지 서유럽을 지배한 민족주의(nationalism)의 핵심 구성 요소였다. 레니 리펜슈탈(Leni Riefenstahl)의 다큐멘터리 영화 〈올림피아(Olympia)〉에서 볼 수 있듯이, 신고전주의는 1936년 베를린에서 개최된 '히틀러(Hitler) 올림픽'에서 절정에 달했다.

독일의 체조와 영국의 스포츠

19세기 후반, 독일과 영국 두 중심지에서 각기 다른 두 가지 스포츠 전통이 뻗어 나왔다. 독일 모델인 투르넨(Turnen)은 체조, 무용, 칼리스테니(Kallisthenie, 미용 체조)를 포함하며, 개인 경쟁보다는 집단 연대 의식을 강조하는 대규모 축제를 선호했다. 스웨덴 체조와 체코의 소콜(Sokol) 또한 유사한 체계였다. 이외에도 유럽에서는 피겨 스케이팅, 승마, 펜싱 등이 널리 행해졌다. 영국 모델을 대표하는 스포츠는 경마, 권투, 크리켓, 축구, 럭비였다. 농구, 야구, 배구, 미식축구는 영국 모델에 뿌리를 두고 미국에서 개발되었다. 독일 모델과 영국 모델 모두 육상 경기를 포함했다. 또한 남성성을 기독교 신앙, 국가와 제국에 대한 봉사와 결부시키는 이념을 공유했다. 1850년대 영국 작가들은 그러한 이념을 "근육질 기독교(Muscular Christianity)"라 명명했다. 영국과 유럽 모두 성인 남성 교육에 스포츠를 포함하면서, 스포츠는 중산층과 상류층 사이에서 성별 차이를 강화하는 "남성의 영역"으로 자리 잡게 되었다.[5]

전 세계의 군사 학교에서는 독일식 체조를 선호했다. 이는 존경받던 프로이센 군대를 본보기로 삼은 것이었다. 영국식 스포츠는 해로우(Harrow), 이튼(Eton), 럭비(Rugby) 등 영국의 "퍼블릭(public)" 스쿨(사립학교)을 모델로 설립된 학교에서 각광받았다. 이들 학교의 목표는 자본주의와 식민지 행정 관리를 위한 젊은 인재의 양성이었다. 특히 축구는 영국 스포츠 중 유럽 대륙에 가장 널리 보급된 스포츠였다. 잉글랜드나 스위스에서 학교에 다닌 부유한 가정 출신의 남성들이 자본의 이동 경로를 따라 축구를 전파했기 때문이다. 스위스의 국제사립학교와 종합기술학교는 유럽 대륙에서 영국 스포츠 확산의 거점이 되었다. 특히 축구는 국제 경제를 주도하던 영국 자본가들의 자녀를 유인하는 데 효과적이었다. 영국 스포츠와 함께 유행했던 영국 선호 취향(Anglophilia)은 유럽, 특히 독일에서 국가주의적 반(反)영국 정서를 촉발했다. 이와 대조적으로 유럽의 공립학교는 국가주의 운동과 연계되어 체조를 중시하는 경향을 보였다.

의례에서 기록으로

협회 창립 열풍(association mania)과 근대 스포츠는 모두 부르주아 계층의 "신기록 집착(record-breaking mania)"과 밀접하게 연관되어 있었다. 훗날 공산주의 소련과 중국의 비평가들은 이를 "신기록 지상주의" 또는

---

5 Eric Dunning, "Sport as a male preserve: notes on the social sources of masculine identity and its transformations," in Norbert Elias and Eric Dunning, *Quest for Excitement: Sport and Leisure in the Civilizing Process* (Oxford: Basil Blackwell, 1986), pp. 267-83.

"메달 및 트로피 지상주의"라고 비난했다. 1888년에 나온 옥스퍼드 영어 사전 초판에 따르면, 오늘날 우리가 쓰는 의미의 '스포츠(sport)'라는 단어는 1863년 이전에는 사용된 예가 없다고 한다.[6] 근대 스포츠 개념은 '신기록'이라는 개념과 동시에 출현했다. "신기록"이라는 단어가 측정된 최고의 성과를 의미하는 용례 중 가장 초기의 사례는 1868년 육상 훈련 지침서에 나온다.[7]

앨런 거트만(Allen Guttmann)은 근대 스포츠와 산업 자본주의가 비슷한 시기에 등장한 이유를, 이 두 영역이 공통적으로 경험과 실험, 그리고 수학적 사고방식에 기반을 두고 발전했기 때문이라고 주장했다. 그는 근대 스포츠와 전근대 스포츠를 구분 짓는 가장 중요한 특징으로 '세속화(secularization)'와 '관료화(bureaucratization)'로 들었다. 즉 스포츠가 종교적 믿음과 의식에서 벗어나 수치로 측정 가능한 성과로 바뀌었다는 것이다.[8] 거트만의 이론은 흔히 "의례에서 기록으로(from ritual to record)"라는 표현으로 요약되는데, 이는 학계에서 많은 논쟁을 일으켰으며 지금도 찬반 양측의 입장이 존재한다. 여러 연구를 통해 다른 문화권과 시대에서도 스포츠 기록 관리가 존재했음이 밝혀지면서, 일부 학

---

6 Oswyn Murray, "The Olympic Games and the cult of sport in ancient Greece," in Susan Brownell (ed.), *From Athens to Beijing: West Meets East in the Olympic Games*, Vol.1: *Sport, the Body, and Humanism in Ancient Greece and China* (New York: Greekworks, 2013), p. 25.
7 Richard Mandell, "The invention of the sports record," *Stadion* 2/2 (1976), 250.
8 Allen Guttmann, *From Ritual to Record: The Nature of Modern Sports* (New York: Columbia University Press, 1978); Guttmann, "The development of modern sports," in Jay Coakley and Eric Dunning (eds.), *Handbook of Sports Studies* (London: Sage, 2000), p. 256.

자들은 스포츠 기록이 근대 사회에만 나타나는 특유한 현상이 아니라고 주장한다.[9] 기록을 체계적으로 관리하고 이를 계량화하는 것 자체가 꼭 근대적인 현상이 아니라고 하더라도, 기록을 지역, 국가, 세계 등 다양한 단위로 나누어 관리하는 관료적 시스템은 분명히 근대 사회의 특징이라고 할 수 있다.

스포츠 기록은 북아메리카와 영국의 선수들이 실제로는 서로 만나 경쟁하지 않더라도, 같은 스포츠 공동체에 속해 있다고 생각하는 근대적 인식에서 시작되었다. 이 공동체에서 배제된 선수의 기록은 공식적으로 인정받지 못했다. 예를 들어 1904년 세인트루이스 세계 박람회에서 열린 '인류학의 날' 행사에서는 미국 기록 발행인이자 〈스폴딩 연감(Spalding's Almanac)〉의 편집장이었던 제임스 설리번(James Sullivan)이 직접 참관했음에도 불구하고, 미국 원주민 선수들이 세운 장대 오르기 기록이 인정되지 않았다. 또한 중국이 공산 혁명 이후 국제 사회에서 고립되어 국제아마추어육상경기연맹(IAAF)에 가입하지 못했던 1957년, 중국 선수 정봉영(鄭鳳榮, 장펑롱)이 세운 여자 높이뛰기 세계 기록 1.77미터도 마찬가지의 이유로 인정받지 못한 사례였다.

협회의 성장과 사회의 변화

경마, 골프, 크리켓, 권투, 조정, 펜싱 등의 종목들은 1800년 이전에

---

9 Wolfgang Behringer, "Arena and Pall Mall: sport in the early modern period," *German History* 27/3 (2009), 331-357; John Marshall Carter and Arnd Kruger, eds., *Ritual and Record: Sports Records and Quantification in Pre-Modern Societies* (Westport, CT: Greenwood, 1990).

이미 성문화된 규칙이 제정되었고 클럽도 설립되어 공식 대회가 열렸다. 잉글랜드에서는 권투의 성문화 규칙이 1743년, 크리켓이 1744년에 제정되었다. 1800-40년 사이에는 사격과 요트의 규칙이 제정되어 체계가 갖추어졌다. 1840-80년 사이에는 야구, 축구, 럭비, 수영, 육상, 스키, 사이클링, 카누, 미식축구, 테니스, 배드민턴, 필드하키도 마찬가지로 규칙과 체계가 마련되었다. 1900년경에는 하계 올림픽 종목으로 채택되었거나, 향후 채택될 것으로 예상되는 약 30개 종목의 스포츠 중 22개의 종목의 체계가 만들어졌다.[10]

초기 근대 스포츠는 궁정, 자치 정부, 아카데미, 대학 등에 의해 조직되었다. 그러나 이후 자발적인 협회들이 곳곳에서 등장하기 시작했다. 초기에는 지역 기반의 단일 종목 클럽이 주를 이루었다. 잉글랜드에서는 1752년에 경마 기수들의 모임인 자키 클럽(Jockey Club)이, 1787년에는 메릴본 크리켓 클럽(Marylebone Cricket Club)이 창설되었다. 독일에서는 1816년에 함부르크 체조 협회(Hamburger Turnerschaft)가 설립되었다.

스포츠 클럽의 사회적 기능은 시대와 지역을 막론하고 유사한 양상을 보였다. 20세기로 넘어가는 세기의 전환기, 아테네의 두 스포츠 클럽에 대한 묘사는 오늘날 수많은 스포츠 클럽의 특징을 그대로 반영하고 있다. 회원 선발은 엄격한 기준에 따라 이루어졌으며, 구성원들은 유사한 배경을 가진 사람들로 채워졌다. 운영위원회는 지역 사회의 주요 인사들로 구성되었다. 엄격한 규율이 부과되었으며, 이를 어길 경우 제재

---

10 Maarten van Bottenburg, *Global Games* (Urbana: University of Illinois Press, 2001), p. 4.

나 제명이 이루어졌다. 회원들은 스포츠에 직접 참가하거나 관람하기 위해 모였고, 무도회, 만찬, 기타 사교 활동이 함께 이루어졌다. 이러한 사교 활동에서는 여성들이 스포츠 활동 자체보다 더 큰 역할을 담당했다. 연중 가장 중요한 행사는 시합보다는 사교댄스 파티인 경우가 많았다. 다른 클럽과의 협력과 경쟁 관계가 만들어지면서, 각 클럽은 명성을 얻기 위해 전국 규모의 경기를 주최하고자 했다.[11]

수익 창출을 목표로 하는 영리 클럽은 외형이 다를 수 있지만, 내부의 운영 체계는 비슷했다. 이스트 런던(East London) 지역 팬들의 충성도가 높은 것으로 유명한 축구 클럽 웨스트햄 유나이티드(West Ham United)는 템스 철강 공장(Thames Ironworks) 사장이었던 아놀드 힐스(Arnold F. Hills)가 노동자들의 불만을 완화하기 위한 목적으로 창단했다고 한다. 1900년에는 클럽을 주식회사 형태로 등록했는데, 초기 주주 중 힐스는 유일한 '신사(gentleman)' 계층이었으며, 2년 후 전체 주주 211명 중 노동자는 41명에 불과했다. 창립 이후 현재까지, 지역 사회의 유력 가문 두 곳의 후손들이 대를 이어 이사직을 맡고 있다.[12]

영국 식민지에서 크리켓 클럽은 '제국 스포츠(imperial sport)'로서, 영국 제국주의 이데올로기를 강화하고 제국을 결속시키는 사회적 관계망을 형성하는 의례화된 사회적 모임을 제공했다. 크리켓 클럽의 회원 자

---

11 Christina Koulouri, "Voluntary associations and new forms of sociability: Greek sports clubs at the turn of the nineteenth century," in Philip Carabott (ed.), *Greek Society in the Making, 1863-1913: Realities, Symbols and Visions* (Aldershot: Ashgate, 1997), pp. 146-157.
12 Charles Korr, *West Ham United: The Making of a Football Club* (London: Duckworth, 1986), pp. 1-9, 20, 28, 205-207.

격은 영국인과 영국의 이상을 철저히 주입받은 현지 엘리트들에게만 제한되었으며, 적절한 사회적 거리를 유지해야 한다는 이유로 유색인은 1930년대까지 대부분 배제되었다. 특히 사하라 이남 아프리카에서는 현지인들에 의한 스포츠 클럽 결성이 강력하게 억압되었다. 1922년에 설립된 케냐 축구 협회(Football Association of Kenya)는 아프리카 최초의 흑인 선수 협회였을 가능성이 있다. 아프리카인들을 위한 스포츠 클럽은 1920년대와 1930년대에 이르러서야 비로소 등장하기 시작했다.[13]

스포츠를 통한 식민지 주민의 문명화라는 식민주의자들의 낭만적인 이상은 어두운 현실에 가려졌다. 유색 인종과 백인 유럽 또는 북아메리카 출신 선수들 간의 경기는 인종적, 문명적 우월성을 과시하는 수단으로 여겨졌으며, 스포츠 클럽은 식민지 예속의 강력한 상징이었다. 1896년, 도쿄의 학생들로 구성된 야구팀은 불과 5년 전 일본팀과의 시합을 거부했던 외국인 팀, 요코하마 운동 클럽(Yokohama Athletic Club)을 압도적인 점수 차로 꺾었다. 제국주의 세력이 자신의 스포츠 종목에서 패배한 이 사건은, 야구가 일본의 국기(national sport)로 자리 잡는 계기가 되었다.

1882년 앵글로-이집트 전쟁 이후 영국 점령군이 현지에 주둔했다. 당시 이집트와 수단의 통치 계층이었던 파샤(pasha)의 봉기를 진압하는 것이 목적이었다. 영국 점령군의 요청에 따라 이집트 카이로에 게지라 스포츠 클럽(Gezira Sporting Club)이 설립되었다. 클럽 회원은 주로 영국

---

13 Allen Guttmann, *Games and Empires: Modern Sports and Cultural Imperialism* (New York: Columbia University Press, 1994), pp. 67-69.

귀족, 군 장교, 고위 관료들(프랑스 또는 독일 출신도 일부 포함)로 구성되었다. 이집트인은 50명당 1명꼴에 불과했고, 그나마도 대부분 파샤 또는 베이(bey) 같은 고위 계층이었다. 여성 회원은 가정교사, 평민 출신 간호사, 교사 등으로 제한되었다. 특히 간호사와 교사는 하급 장교들에게 여성 동반자를 제공하기 위한 목적으로 회원 자격이 주어졌다. 1952년 영국 점령에 저항한 7월 혁명(July Revolution) 기간 동안, 이집트 정부는 클럽을 접수하고 운영진을 이집트인으로 교체했다. 1956년 수에즈 위기(Suez crisis) 이후에는 구 엘리트 대신 신흥 엘리트들이 클럽 운영을 장악했지만, 이는 낡은 틀에 새로운 내용물만 바뀐 것과 같았다. 그럼에도 불구하고 게지라 스포츠 클럽은 창립 이후 현재까지 중동 지역에서 가장 영향력 있는 스포츠 클럽으로 남아있다.[14]

협회 설립 열풍은 19세기 중반에 이르러 지역적인 차원을 넘어 국가적인 규모로 확산되었다. 미국에서는 1859년에 전국 야구 선수 협회(National Association of Base Ball Players)가 창설되었고, 1860년에는 독일 체조 협회(Deutsche Turnerschaft가)로 전국 체조 협회들이 통합되었다. 잉글랜드 축구 협회(Football Association)는 1863년, 럭비 풋볼 연합(Rugby Football Union)은 1871년에 각각 설립되었다.

단일 종목 스포츠 협회에 이어, 여러 종목을 관장하는 협회들도 연이어 등장했다. 영국 올림피언 협회(British National Olympian Association)는 영국 전역에서 '올림픽 방식(Olympian)' 경기를 장려할 목적으로 1865

---

14 Jean-Marc Ran Oppenheim, "The Gezira Sporting Club of Cairo," *Peace Review: A Journal of Social Justice* 11/4 (1999), 551-556.

년에 설립되었으며, 이후 1905년에 설립된 영국 올림픽 협회(British Olympic Association)로 계승되었다. 미국 아마추어 육상 연맹(American Amateur Athletic Union, AAU)은 1888년에, 프랑스 체육 단체 연합(French Union des Sociétés Françaises de Sports Athlétiques, USFSA)은 1890년에 각각 설립되었다.

국제올림픽위원회(IOC)는 1860년에서 1910년 사이에 창설된 수백 개의 국제기구 중 하나였으며,[15] 아마도 여러 종목에 대한 관할권을 주장한 최초의 조직이었을 것이다. 국제주의(internationalism)는 단순히 민족(국가)주의(nationalism)의 총합으로 나타난 것이 아니었다. 국가주의와 국제주의는 상호 촉진적인 관계 속에서 동시에 발전했다. 국제기구의 설립은 종종 그 기구에 참여하고자 하는 사람들에 의해 하위 조직 결성을 촉진하는 계기가 되었다. 초기 세 번의 올림픽 대회는 초청장을 발송할 대상과 주소를 확인하는 것부터 난관에 봉착했다. 이 문제에 대응하기 위해 각국 올림픽 위원회(national Olympic Committees)가 조직되었다. 1906년 아테네 중간 올림픽 대회(Athens 1906 Intercalary Games)에서 처음으로 국가 올림픽 위원회가 대표 선수를 선발했고, 클럽이나 개인은 출전 신청을 할 수 없었다. 또 다른 과제는 경기 규칙을 통일하는 것이었다. 이를 위해 국제 스포츠 연맹(international sport federations)이 설립되었다. 1914년까지 총 14개의 국제 스포츠 연맹이 설립되었으며, 이들은 점점 더 많은 세계 선수권 대회를 조직하였다.

---

15 John Boli, "Contemporary developments in world culture," *International Journal of Comparative Sociology* 46/5-6 (2005), 387.

세계 자본주의와 함께 성장한 대중문화

이 역사적 과정의 유산은, 수익성이 높은 스포츠 제국을 운영하는 대다수의 조직이 실제로는 비영리 단체로 법인화되었다는 사실이다. 국제올림픽위원회(IOC), 국제축구연맹(FIFA)과 같은 국제 스포츠 연맹(international sport federation), 그리고 전미프로풋볼리그(NFL), 전미아이스하키리그(NHL), 전미농구협회(NBA) 등 미국 프로 스포츠를 관리하는 협회들이 모두 마찬가지다.(메이저리그 야구는 2007년 면세 혜택을 포기했다). 스포츠는 19세기 중반, 도시로 인구가 집중되면서 태동한 대중문화의 한 요소로 성장하였다. 이러한 조직들은 대중적 관람 문화를 가능하게 만든 여러 장치를 고안해냈다. 광고, 관중 통제, 대중 매체와의 긴밀한 협력, 기업 후원, 그리고 충성도가 높은 대중 팬들과 엘리트 구단주 간의 재구성된 관계 등이 이에 포함된다.

기업 후원은 초기부터 근대 스포츠의 핵심적인 특징이었다. 크리켓 경기 후원 사례는 1860년대 초반까지 거슬러 올라간다. 야구는 아마도 최초로 상업화된 팀 스포츠였을 것이다. 1859년 설립된 전미야구선수협회(National Association of Base Ball Players)는 세계에서 가장 오래된 전국 스포츠 협회 중 하나였으며, 1876년에는 내셔널리그(National League)로 대체되었는데, 이는 현재까지 존속하는 세계에서 가장 오래된 프로 스포츠 리그다. 같은 해, 세계 최초의 주요 스포츠 용품 회사인 스폴딩 운동 용품(Spalding Athletic Goods)이 설립되어 야구의 인기와 함께 번창하였다. 스폴딩은 1904년 세인트루이스에서 개최된 미국 최초의 올림픽을 광고에 적극 활용했다. 쿠베르탱은 "실용주의적 미국"이 자신의 신고전주의적 이상에서 벗어난 것에 불만을 표하는 의미로 해당 올림픽에 참석하지 않았다. 1899년 코카콜라는 야구 경기장에서 판매하기 위해 최초로 병에 담긴 음료를 출시했다. 1928년에는 암스테르담 올림픽에 병 제품을 대량으로 운송하며 최초의 올림픽 공식 기업 후원사가 되었고, 이후로도 올림픽 후원을 지속했다. 기업 자본의 유입은 프로 스포츠의 구단주-선수 간 위계질서에 비교적 무리 없이 통합되었지만, 자발적 협회(voluntary association) 형태로 운영되는 스포츠에서는 계층 갈등을 심화시키는 요인이 되었다. 기업 후원을 유치한 스포츠 클럽은 선수 훈련에 필요한 비용을 감당할 수 있었다. 이는 여가 시간과 경제적 여유가 부족한 프롤레타리아 계층의 참여 장벽을 낮추는 결과를 가져왔다. 20세기에 접어들면서 부르주아 스포츠에 프롤레타리아 선수들의 진입이 늘어나자 "아마추어리즘(amateur ideal)"이라는 가치는 더욱 엄격하게 적용되었으며, 국제올림픽위원회(IOC)는 그 대표적인 수호자가 되었다.

축구는 1896년과 1932년 올림픽을 제외하고 모든 올림픽 대회에서 정식 종목으로 채택되었으며, 20년 이상 올림픽은 사실상 축구 월드컵의 역할을 하였다. 그러나 축구의 대중적 인기 상승은 필연적으로 상업화를 촉진했다. 1920년대에 이르러 축구는 올림픽에서 가장 인기 있는 관람 스포츠가 되었고, 프로 리그도 점차 증가하는 추세였다. IOC는 프로 선수 출전 금지 규정을 위반했다는 이유로 올림픽 종목에서 축구를 제외하겠다고 압박했다. 이에 FIFA는 1930년 우루과이에서 최초의 FIFA 월드컵을 개최하고 프로 선수들에게 문호를 개방하는 것으로 대응했다. 우루과이가 개최국으로 선정된 것은 자국이 직전 두 번의 올림픽에서 우승을 차지했기 때문이다. 축구의 상업화와 전 세계적인 팬덤은 결국 FIFA를 IOC에 버금가는 재력과 영향력을 지닌 유일한 스포츠 기구로 부상시키는 데 결정적인 역할을 했다.

　IOC 수뇌부는 냉전 시대에 이르기까지 프로페셔널리즘을 올림픽 시스템의 가장 심각한 위협으로 간주했다. 그러나 냉전 시대에는 국가 차원의 보이콧 가능성이 프로페셔널리즘보다 더 큰 문제로 부각되었다. 1980년대까지도 IOC는 "아마추어리즘"에 입각해서, 올림픽 스포츠 시스템 내 선수들이 보수를 받는 것을 엄격히 금지하였으며, 이를 어길 시에는 자격 박탈이라는 강력한 제재가 뒤따랐다.

　라디오와 텔레비전이 보급되자 기업 자본이 스포츠 분야로 유입되는 규모가 획기적으로 확대되었다. 포드 자동차는 1935년 월드 시리즈 라디오 중계권 확보를 위해 10만 달러를 지불했다. 1960년 로마 올림픽은 여러 국가에 텔레비전으로 생중계된 최초의 올림픽이었다. 1964년 도쿄 올림픽에서는 최초의 위성 중계가 이루어졌다.

　개별 국가에서 스포츠의 상업화가 이미 상당히 진행되었음에도 불구하고, 냉전이 끝나기 전까지 국제 스포츠 시스템은 시장의 압력으로부터 상대적으로 자유로운 편이었다. 올림픽은 주로 국제 관계를 증진하는 수단으로 활용되었으며, 각국 정부는 경제적 이익보다는 정치적 목적을 위해 올림픽 개최에 적극적으로 나섰다. 세계 경제가 점차 성장하면서 올림픽은 매우 중요한 상업적 자산으로 떠올랐다. 하지만 국제올림픽위원회(IOC)가 올림픽에 대한 법적 권리를 명확하게 확보한 것은 1981년 나이로비 조약(Nairobi Treaty on the Protection of the Olympic Symbol)이 체결된 이후였다. 이 조약을 통해 IOC는 올림픽 상징에 대한 법적 보호 근거를 마련할 수 있었다. 당시에는 스위스를 포함한 대부분 국가의 상표법이 상표 등록을 영리 기업으로 제한했기 때문에, 스위스 로잔에 본부를 둔 IOC가 오륜 마크와 'Olympic'이라는 단어를 상표로 등록하는 데 큰 어려움을 겪었다. 결국 스위스의 상표법이 1993년에 개정된 이후에야 IOC가 올림픽 상징을 정식으로 보호할 수 있게 되었다. 1988년에 이르러 IOC는 마침내 프로 선수들의 올림픽 참가를 허용했다. 더불어 IOC는 글로벌 기업의 후원을 본격적으로 유치하기 시작했고, TV 중계권 판매에 대한 관리도 강화했다. 이때부터 IOC의 수익이 빠르게 증가하면서, 이 자금은 각국의 올림픽 위원회와 국제 스포츠 연맹, 올림픽 조직위원회뿐만 아니라 개발도상국 선수 개개인을 지원하는 데 사용되었다. 결과적으로 이는 올림픽 시스템 전체의 결속력을 강화하는 데 큰 도움이 되었다. 1990년대부터 미국에서는 기업 후원과 미디어, 스포츠 이벤트를 하나로 묶는 새로운 모델이 발전했고, 이는 전 세계 스포츠계로 확산되었다. 2000년대에 접어들면서 이러한 모델은 점차 더 많은 나라의 스포츠 시스템에 영향을 주기 시작했다.

결론적으로, 스포츠는 변화하는 세계 자본주의의 성격을 반영한다고 말할 수 있겠다.

성공한 스포츠와 성공하지 못한 스포츠

세계적으로 가장 널리 보급된 두 스포츠는 축구와 육상이다. 반면 주요 종목이지만 세계화에 실패한 스포츠를 꼽자면 크리켓, 야구, 독일 체조(Turnen)가 있다. 이들을 비교 분석해 보면, 어떤 스포츠는 세계적으로 확산되었고 다른 스포츠는 그렇지 못했던 이유를 짐작할 수 있을 것이다.

크리켓

크리켓은 대영제국의 위상을 나타내는 중요한 스포츠였으므로, 런던에서 규칙 및 경기 규정 관리를 엄격히 다루었다. 초기에는 메릴본 크리켓 클럽(Marylebone Cricket Club)이, 이후에는 임페리얼 크리켓 컨퍼런스(Imperial Cricket Conference, 1909년 설립)가 그 역할을 담당했다. 1930년에 열린 제1회 코먼웰스 게임(Commonwealth Games)은 대영제국이 붕괴되기 시작하는 시점에 제국의 통합된 이미지를 보여주고자 했다.(처음에는 대회 명칭이 British Empire Games이었다가 1978년부터 Commonwealth Games으로 바뀌었다. – 옮긴이) 식민지 출신 선수들의 참가를 허용한 것은 1920년대부터 나타난 크리켓의 '글로컬라이제이션(glocalization)' 경향, 즉 현지 문화에 따라 스포츠가 변형되는 현상을 억제하려는 시도였다. 트로브리안드 제도(Trobriand Islands)에서 크리켓과 전통 춤, 축제가 결합된 사례가 대표적이었다.[16] 1965년, 대영제국의 해체가 상당 부분 진행된 후에야 임페리얼 크리켓 컨퍼런스는 코먼웰스 외부 국가에도 문호를 개방하고, 명칭에서 '임페리얼(Imperial)'을 '인터내셔널(International)'로 변경했다. 오늘날까지도 크리켓의 인기는 과거 대영제국에 속했던 국가들에 한정되어 있다.

야구

야구는 1860년대부터 미국의 영향권 내에서 확산되어, 쿠바, 카리브

---

16 Brian Stoddard, "Sport, Cultural Imperialism and Colonial Response in the British Empire," *Comparative Studies in Society and History* 30/4(1988).

해, 중앙아메리카, 일본, 그리고 한국 등지로 퍼져나갔다. 그러나 그 권력의 중심은 결코 미국에서 벗어나지 않았다. 메이저 리그 베이스볼(Major League Baseball, MLB)은 타국 리그를 불평등한 체제 하에 종속시켜, 해외의 우수 선수들을 미국팀들이 독점하는 방식으로 운영되었다. MLB는 진정한 의미의 세계 선수권 대회 창설에 소극적이었으며, 2006년 최초로 월드 베이스볼 클래식(World Baseball Classic, WBC)이 개최되었을 때에도 국제기구가 아닌 MLB가 주관하여 수익의 대부분을 가져갔다. 야구는 1912년과 1936년에 시범종목, 그리고 1992년부터 2008년까지 올림픽 경기 정식 종목으로 채택되었으나, 2012년부터 제외되었다.[17]

축구

영국의 기득권층은 야구에 대한 미국 기득권층의 통제 방식과 유사하게 축구에 대한 통제력을 유지하고자 했다. 축구 조직 운영에 대한 통제는 영국에서 벗어났지만, 규칙 제정 권한은 여전히 영국이 장악했다. 1886년 경기 규칙을 표준화하고 잉글랜드, 스코틀랜드, 아일랜드, 웨일스 축구 협회 간의 협력을 증진하기 위해 국제 축구협회 이사회(International Football Association Board, IFAB)가 설립되었다. 국제축구연맹(FIFA)은 유럽 대륙의 주도로 1904년에 창설되었으며, 영국축구협회는 창립 회원국에 포함되지 않았다. 얼마 지나지 않아 영국축구협회도 FIFA에 가입했으나, 양측의 관계는 불안정했다. 제1차 세계대전 이후

---

17 William W. Kelly, "Is baseball a global sport? America's 'national pastime' as global field and international sport," *Global Networks* 7/2 (2007), 187-201.

영국은 국제 대회 및 FIFA에서 탈퇴했다. 1946년에 이르러서야 영국은 FIFA의 정회원국으로 복귀했다. 그러나 FIFA의 정관은 IFAB를 축구 규칙 제정 기구로 인정했으며, FIFA는 1913년에 IFAB에 대표를 파견하고, 1928년에 이르러서야 동등한 대표성을 확보했다.

유럽의 초기 축구 클럽들은 독일 체조 클럽보다 회원 수가 적었지만, 독일 체조 클럽은 외국인 혐오 및 민족주의적 성향을 강하게 드러냈다. 대다수의 독일 체조 클럽은 국적 제한 조항을 두었지만, 축구 클럽은 국적에 따른 차별이 비교적 적었다. 이러한 차이 때문에 축구는 국제적으로 엘리트 계층이 선호하는 스포츠가 된 반면, 체조는 독일인 공동체 안에서만 주로 확산되었다.[18] 그럼에도 불구하고 독일인들과 독일 디아스포라는 전 세계적으로 광범위한 참여층을 형성했으며, 노동자 스포츠 운동에서 투르넨 체조의 영향력이 이를 더욱 강화했다. 궁극적으로 독일 체조 운동은 두 가지 요인 때문에 쇠퇴의 길을 걷게 되었다. 첫째는 경쟁적 요소의 경시였다. 그래서 독일 체조는 경쟁 지향적인 영국 스포츠에 비해 대중적 인기가 낮았다. 둘째로 독일이 두 차례의 세계대전에서 패배한 것 역시 쇠퇴에 영향을 미쳤다. 독일 체조와 영국 스포츠 간의 세계적 경쟁은 제2차 세계대전에서 독일이 패배한 후에야 비로소 영국 스포츠의 승리로 귀결되었다.

특정 강대국 중심의 단일 조직에 의한 통제는 크리켓과 야구의 확산을 영국과 미국의 영향권 내로 제한하는 결과를 가져왔다. 독일의 2차

---

18 Udo Merkel, "The politics of physical culture and German nationalism. Turnen versus English sports and French Olympism, 1871-1914," *German Politics and Society* 21/2 (2003), 69-96.

례에 걸친 전쟁 패배와 정치적 고립은 독일 체조의 쇠퇴를 야기했다. 현재 독일 체조 클럽은 여전히 독일 스포츠 시스템의 근간을 이루고 있다. 축구의 경우, 여러 통제 주체(영국, 유럽 대륙, 라틴 아메리카)의 등장은 세계적인 확산의 주요 동력이 되었다. 1930년대 이전 축구의 대중적 인기는 올림픽 경기 대회 정식 종목 채택으로 더욱 확대되었다. 반면 크리켓은 올림픽에서 정식 종목으로 채택된 적이 없고, 야구는 1992년 이전에 단 두 차례만 올림픽 종목으로 채택되었다.

육상

또 다른 세계적 스포츠인 육상은 축구와 대조적으로 올림픽 경기 의존도가 매우 높았다. 1912년 국제육상경기연맹(International Association of Athletics Federations, IAAF)은 공식 설립 전에 국제올림픽위원회(IOC)를 상대로, 자체 세계 선수권 대회를 개최하지 않겠다는 약속을 했다. 실제로 1983년 제1회 챔피언쉽이 개최되기 이전에는 국제육상경기연맹 주최 세계 선수권 대회가 개최된 적이 없었다. 육상은 장비 의존도가 낮은 개인 종목 위주로 구성되어 있어 축구만큼 고도의 조직 체계가 필요하지 않았다. 올림픽 경기가 프로 선수들에게 개방되기 전까지 육상은 공식적으로 프로화되지 않았으며, 올림픽 경기는 여전히 세계적인 관심을 끄는 유일한 육상 선수권 대회로 남아 있다. 올림픽과의 긴밀한 연계는 육상의 초기 세계화에는 기여했을 수 있으나, 이후 점점 상업화되는 스포츠 세계에서 경쟁력을 갖추는 데는 걸림돌이 되었을 수 있다.

소외 집단의 스포츠 협회 따라하기

유럽의 엘리트 남성들이 스포츠 협회를 활용하여 네트워크를 강화하고 사회적 특권을 공고히 하는 것을 보고, 소외된 집단에서도 동일한 방식을 따르고자 했다. 엘리트 스포츠의 노선에 반대하는 노동자 스포츠도 있었지만, 소외 집단은 대개 기존 체제에 대한 본격적인 도전보다는 따라하기에 치중하는 경향을 보였다. 그런데 이들의 규모와 역량이 주류 체제에 위협적인 수준에 도달하자, 이들 조직은 주류 체제에 흡수 통합됨으로써 그 영향력을 상실하게 되었다.

유대인 스포츠

1880년대 후반부터 시작된 반유대주의가 확산되면서, 20세기로 접어들 무렵 유럽과 미국의 스포츠 및 컨트리 클럽에서는 대개 유대인들의 참여가 배제되었다. 유대인들은 스포츠 참여가 허용되는 경우 뛰어난 기량을 발휘했으며, 그렇지 않은 경우에는 대안적 성격의 자체 조직을 설립했다. 독일 체조 협회로부터 배척당하자 유대인 체조 협회를 조직했고, YMCA로부터 배제되자 청년 유대인 협회(Young Men's Hebrew Association)를 결성했다. 이 단체는 이후 미국 내 유대인 커뮤니티센터 운동의 모태가 되었다. 국적이 없는 상태로 IOC와 FIFA에 대표를 파견할 수 없었던 유대인들은 팔레스타인에서 "유대인 올림픽"을 개최하고자 했다. 이 구상은 유대 민족 국가 건설 이후 마침내 현실화되어, 1932년 텔아비브에서 제1회 유대인 올림픽(고대 유대인 지도자 마카비아의 이름을 따서 명칭을 Maccabiah Games이라 함)이 개최되었으며, 제2차 세계대전 기간을 제외하고는 이후 꾸준히 이어져 오고 있다.

디아스포라로서 유대인들은 개신교계 산업 자본가들과 마찬가지로 거주 국가 내에서 사회적 관계망 형성을 중요시했다. 유럽에서 "가장 왕성하게" 축구 클럽을 창단한 인물은 유대인 의사의 아들인 발터 벤제만(Walter Bensemann)이었다. 스위스 사립학교에서 교육을 받은 그는 16세의 나이에 카를스루에(Karlsruhe) 클럽을 창립했고, 1901년 영국으로 이주하기 전까지 독일 여러 도시에서 잇따라 클럽을 설립했다. 종전 후에는 주간 축구 전문지 《키커(Kicker)》를 창간하기도 했다.[19]

유대인들은 스포츠 단체 확산에 기여함으로써 글로벌 스포츠 시스템 구축에 중추적인 역할을 수행했다. 그러나 그들이 중산층으로 편입된 뒤로는 스포츠 분야에서 그들의 존재감이 점차 약화되었다.

여성 스포츠

독일 체조 운동은 외국인과 유대인에게는 다소 배타적이었지만, 여성에게는 영국 스포츠보다 비교적 개방적이었다. 이미 1840년대 초부터 소녀와 여성을 위한 체조 클럽이 설립되기 시작했다. 미국과 영국에서는 여성들이 학교에서 스포츠를 접한 뒤 남성 스포츠 클럽의 배제 정책에 맞서 1870년대부터 여성 스포츠 클럽을 조직하기 시작했다. 전통적인 엘리트 스포츠 종목인 양궁, 크리켓, 골프, 테니스 등은 타 종목에 비해 여성에게 비교적 관대했다. 1884년 윔블던(Wimbledon) 코트에서 최초의 여성 테니스 전국 선수권 대회가 개최되었고, 스코틀랜드에서는

---

19 Pierre Lafranchini and Matthew Taylor, *Moving the Ball: The Migration of Professional Footballers* (Oxford and New York: Berg, 2001), p. 29.

1893년 여성 골프 연맹(Ladies Golf Union)이 창설되었다.

쿠베르탱은 올림픽에서 여성의 참여에 반대했다. 그러나 그의 의지와는 반대로 제2회 올림픽에는 골프와 테니스, 제3회 대회에는 양궁, 제4회 대회에는 테니스, 양궁, 피겨 스케이팅에서 여성 경기가 정식 종목으로 채택되었다. 여성 스포츠 운동의 성장세에 힘입어 1921년과 1923년 모나코에서 최초의 "여성 올림픽"이 개최되었다. 앨리스 밀리아(Alice Milliat)는 1921년 국제 여성 스포츠 연맹(FSFI)을 창설하고, 1922년 파리에서 국제 여성 경기 대회를 조직했다. 그녀는 IOC에 여성 육상을 올림픽 정식 종목에 포함시키기 위해 꾸준히 로비 활동을 전개했으나, IOC와 IAAF 모두 소극적인 태도를 보였다. 그러나 1926년 파리에서 두 번째 여성 올림픽이 성공적으로 개최되자, IAAF는 FSFI의 대회에 더 이상 올림픽이라는 명칭을 사용하지 않는 조건으로, IAAF 가입과 1928년 올림픽 프로그램에 육상 5개 종목을 추가해 주기로 했다. 그러나 1928년 올림픽 800미터 결승에서 일부 여성 선수들이 극심한 피로감을 호소하는 사태가 발생하자, IOC는 이 종목을 올림픽 프로그램에서 제외하는 결정을 내렸다. 그러나 재고를 요청하는 강력한 항의에 부닥쳤다. 그럼에도 IOC와 IAAF는 여성 육상 종목의 확대에 여전히 미온적인 태도를 유지했다. 여성 800미터 종목은 1960년에 가서야 올림픽 프로그램에 복귀했다. 1972년 여성 1,500미터가 추가되기 전까지는 여성 최장거리 종목은 800미터였다. 1984년 로스앤젤레스 올림픽에서 여성 마라톤이 정식 종목으로 채택된 것은 여성 스포츠 역사에 획기적인 진전이었다.

IOC는 올림픽 여성 참가 선수 비율의 꾸준한 증가 추세를 주도해 왔다. 2012 런던 올림픽에서는 여성 선수 비율이 42퍼센트에 달했다. 그러나 스포츠 지도부 내 여성 비율은 그에 상응하는 증가세를 보이지 못했다. 최초의 여성 IOC 위원은 1981년에 임명되었으며, 30년이 지난 후에도 115명의 IOC 위원 중 여성은 19명에 불과했다. IOC 본부에도 여성 부서장이 전무했으며, 국내외 스포츠 기구의 여성 임원 또한 극소수에 불과한 실정이다. 스포츠 경기에 참가하는 것과 스포츠 조직을 운영하는 권한은 같은 종류의 일이 아니다. 지도적 위치에서 여성의 부재는 글로벌 스포츠 네트워크가 지난 100년 동안 본질적으로 남성 중심의 중산층 및 상류층 성격을 거의 변함없이 유지해 왔음을 보여준다.

노동자 스포츠

독일 체조 협회가 노동자들을 배제함에 따라, 1893년 독일 노동자 체조 연맹이 창설되었다. 이 연맹은 전 세계 노동자 스포츠 운동의 중심이 되었다. 1928년 무렵 독일 내 다양한 노동자 스포츠 단체 회원 수는 200만 명에 달했으며, 동유럽을 포함한 대부분의 서구 국가에서도 총 회원 수가 수만 명에서 수십만 명에 이르렀다.[20]

올림픽의 아마추어 규정은 훈련을 지속할 재정적 여력이 없는 노동자들을 사실상 스포츠에서 배제하는 결과를 초래했다. 1921년과 1937년 사이 총 4차례의 "노동자 올림픽" 대회가 개최되었다. 제2회 및 제3회 대회는 사회주의 노동자 스포츠 인터내셔널(Socialist Workers' Sports International)이 주최였다. 제3회 노동자 올림픽이 개최된 1931년 당시

---

20 James Riordan, *Sport, Politics and Communism* (Manchester University Press, 1991), pp. 35-36.

이 단체는 200만 명의 회원 확보를 자처했다. 마지막 대회에서는 사회주의 노동자 스포츠 인터내셔널이 경쟁 관계에 있던 공산주의 적색 스포츠 인터내셔널(Red Sports International)과 휴전에 합의했고, 1936년 베를린 올림픽에 대항하는 공동 행사를 조직했다. 앞에서 살펴본 유대인 스포츠 기구나 여성 스포츠 조직들과는 대조적으로, 노동자 스포츠 운동은 부르주아적 "기록 지상주의"에 치우친 기존 스포츠 모델의 대안을 모색하고자 했다. 노동자 올림픽에 참가하는 선수들은 특정 국가를 대표하지 않았으며, 성별, 인종, 경기력 수준과 무관하게 모든 이에게 문호를 개방하여 세계 노동자들의 연대 의식을 고취하고자 하였다. 노동자 올림픽에는 시, 노래, 정치 강연, 예술 공연, 야외극 등 다채로운 문화 행사가 포함되었다. 제2차 세계 대전 이후 노동자 스포츠 운동은 점차 대중적 인기가 높은 팀 경쟁 스포츠 중심으로 전환되기 시작했다. 이는 올림픽 체제와의 경쟁 구도를 완화하는 요인이 되었으나, 현재까지도 다수의 노동자 스포츠 단체가 여전히 존속하고 있다.

사회주의 스포츠 모델

1917년 혁명 이후, 소련에서는 기존의 부르주아적 스포츠 체제를 대신할 새로운 모델을 만들기 위한 대대적인 실험이 이루어졌다. 특히 부르주아적 성격의 스포츠 단체가 다시 생겨나는 것을 막기 위해 1923년에는 소련 체육최고위원회를 설립했는데, 이는 세계 최초로 스포츠를 담당하는 상설 정부 기관이었다. 소련의 스포츠 시스템은 주로 군대와 보안 기관, 그리고 노동조합 소속의 스포츠 클럽들을 중심으로 조직되었다. 이러한 모델은 제2차 세계대전 이후 다른 사회주의 국가들에도 퍼져나갔다. 동독과 중국에서는 스포츠가 노동조합을 통한 간접적인 방식이 아니라 정부 기관이 직접 관리하는 방식으로 운영되었다.

　소련과 중국은 스포츠를 식민주의의 수단으로 이용하는 것에 반대하면서, 소수민족 포용 정책을 과시하기 위해 대규모 스포츠 대회를 열었다. 소련은 그 첫 행사로 1920년 타슈켄트에서 중앙아시아 체육행사를 개최했다. 중국 역시 공산당이 집권한 직후인 1953년에 제1회 전국소수민족 체육대회(全國少數民族傳統體育運動會)를 개최했으며, 1982년부터는 4년마다 정기적으로 이 대회를 열고 있다. 이 대회는 소수민족들이 주류 문화를 따르도록 강요받지 않고, 각 민족의 전통 스포츠를 자유롭게 소개하고 즐길 수 있는 자리였다.

　제2차 세계대전 이후 소련은 새로운 자신감을 얻었으며, 이후 국제 스포츠 기구에 적극적으로 재가입하기 시작했다. 소련이 참가한 최초의 올림픽은 1952년에 개최된 헬싱키 올림픽이었다. 소련은 올림픽에서 사회주의 진영의 입지를 강화하고자 중국의 참가를 설득했다. 그러나 당시 중국은 외교 정책상 중화민국(中華民國)을 승인하는 어떠한 행사나 기구에도 참가할 수 없었다. '중화민국'은 국공내전에서 패배하여 대만으로 이주한 정권으로, 여전히 중국 대륙의 합법 정부를 자처하고 있었다. 결국 대만은 헬싱키 올림픽에서 철수했지만, 이후 국제올림픽위원회(IOC)는 중화민국의 제명을 거부했다. 헬싱키 올림픽 이후 중국이 다시 올림픽에 참여하기까지 다시 32년이 걸렸다.

서구권 이외 지역의 스포츠

　세계의 여러 권역 가운데 서구권과 과거 그들의 식민지였던 지역이

[그림 10-1] 2008년 하계 올림픽 당시 북경의 국가체육장
한 남성이 2008년 하계 올림픽 공식 개막을 앞두고 북경 국가체육장을 촬영하고 있다.

아닌 곳에서 올림픽을 개최한 유일한 지역이 동아시아였다. 1964년 도쿄 올림픽은 동아시아 최초의 하계 올림픽이었으며, 1988년 서울 올림픽과 2008년 북경올림픽이 그 뒤를 이었다.(그림 10-1) 또한 일본은 2회에 걸쳐 동계 올림픽을 개최했고, 한국도 2018년에 처음으로 동계 올림픽을 개최했다. 한국과 일본은 2002년 FIFA 월드컵을 공동으로 개최한 바 있다. 1968년 멕시코는 개발도상국 중에서 처음으로 올림픽 개최국이 되었으며, 브라질은 2014년에 FIFA 월드컵을, 2016년에는 남아메리카 최초로 올림픽을 개최했다. 아프리카 대륙에서는 2010년 남아프리카공화국에서 FIFA 월드컵이 처음 개최되었으나, 올림픽은 아직 개최된 적이 없다.

동아시아

동아시아의 스포츠 시스템은 기본적으로 YMCA와 미국의 영향을 강하게 받았다. 그래서 초기에는 축구나 크리켓보다 올림픽 스포츠와 야구에 중점을 두었다. YMCA가 1913년 필리핀에서 창설한 극동 게임(Far Eastern Games)은 지역 단위 종합 스포츠 대회로는 세계 최초였다. 이 대회는 1934년까지 일본, 중국, 필리핀 등지에서 총 10회 개최되었으나, 일본의 북중국 점령으로 외교 문제가 불거지면서 대회도 더 이상 진행될 수 없었다. YMCA의 강력한 입지 덕분에 동아시아는 일찍부터 올림픽 체제에 편입될 수 있었다. YMCA 조직 책임자였던 엘우드 브라운(Elwood Brown)은 지역 대회가 시스템적으로 올림픽에 선수 자원을 공급하는 역할을 할 것이라고 보았고, IOC도 그의 구상을 지지했다. 또한 강대국 반열에 오르기를 희망하는 동아시아인들에게 그의 구상은 애국심을 고취시켰다.

가노 지고로(嘉納治五郞)는 1909년 일본에서 IOC 위원으로 선출되었다. 그는 아시아 최초이자 비유럽권 최초의 IOC 위원이었다. 유도의 창시자인 가노 지고로의 활약으로 서구 외 지역 스포츠 가운데 최초로 유도가 1964년 올림픽 정식 종목으로 채택되었다.(태권도가 두 번째이자 마지막이었다.) 가노 지고로는 지나치게 비서구적으로 인식되는 스포츠는 서구권에서 수용되기 어려울 것이라고 예상했던 듯하다. 유도에 대하여 일본어로 강연할 때는 유교 철학이나 종교적 개념을 사용했지만,

국제 청중 앞에서 강연할 때는 이를 자제하고 과학적 용어를 신중하게 사용했다.[21] 2008년 북경올림픽에서 우슈를 정식 종목으로 채택하고자 할 때는 이미 가노 지고로의 고민은 잊혀진 과거의 일이었다. IOC가 우슈의 정식 종목 채택 안건을 부결하자, 중국 내부에서는 서구 사회가 과연 중국 문화를 수용할 수 있을지 논쟁이 촉발되었다. 가노 지고로가 최초의 비서구권 IOC 위원이 된 이후 한 세기가 지났음에도, 올림픽 체제에서 "동양 문화"의 위상은 여전히 숙제로 남아 있었다.

라틴 아메리카

IOC는 극동 게임의 성공을 바탕으로, 라틴 아메리카에서도 지역 대회를 개최하고자 엘우드 브라운과 협력 관계를 구축했다. 19세기 초부터 라틴 아메리카에서 영국이 강력한 상업 및 해군력을 행사하는 가운데, 축구와 크리켓은 이미 라틴 아메리카에서 확고히 뿌리내린 스포츠였다. 1902년 영국계 브라질인들이 플루미넨시 축구 클럽(Fluminense Football Club)을 창단했으며, 클럽 회원들은 유럽식 교육을 받은 엘리트 계층이었다. 플루미넨시 축구 클럽은 YMCA를 지원하여 1922년 최초의 라틴 아메리칸 게임(Latin American Games)을 개최했다. 아르헨티나, 브라질, 칠레, 파라과이, 우루과이가 대회에 참가했다. 1926년에는 멕시코, 쿠바, 과테말라 등이 참가하는 중앙아메리카 및 카리브해 게임

---

21 Andreas D. Niehaus, "'If you want to cry, cry on the green mats of Kōdōkan': expressions of Japanese cultural and national identity in the movement to include judo into the Olympic programme," *The International Journal of the History of Sport* 23/7 (2006), 1173-1192.

(Central American and Caribbean Games)이 연이어 개최되었다. 범아메리칸 게임(Pan-American Games)은 북아메리카와 남아메리카를 아우르는 대회로, 제2차 세계대전 이후 재건 붐이 일었던 1951년에 창설되었다. 같은 해 아시안게임(Asian Games)이 개최되어 극동 게임의 정신을 계승하면서, 더욱 포괄적인 대회로 새롭게 출범하였다.

아프리카

아프리카 최초의 IOC 위원은 그리스인이었다. 알렉산드리아의 대규모 그리스인 공동체 출신인 안젤로 볼로나키(Angelo Bolonaki, IOC 내에서는 Bolonachi로 통용)는 1910년부터 1932년까지 이집트 IOC 위원을 역임했으며, 이후 그리스 IOC 위원으로 소속을 변경하여 1963년까지 활동했다. 53년에 달하는 그의 IOC 위원 재임 기간은 역대 최장 기록이지만, 그의 출신 배경이 복잡한 국가적 역사를 연상시키는 탓에 올림픽 역사학자들 사이에서 거의 잊혀졌다. 라틴 아메리카 게임의 성공에 힘입어, 쿠베르탱과 볼로나키는 프랑스 및 이탈리아 정부 관계자들과 아프리카 게임 창설 논의를 시작했다. 1925년 알제(Algiers)에서 첫 대회가 개최될 예정이었으나, 프랑스의 반대로 무산되었다. 대회 일정은 계속 연기되었고, 개최 장소 또한 볼로나키의 출신지인 알렉산드리아로 변경되었지만, 대회 개막을 불과 몇 주 앞두고 영국 정부의 방해로 계획이 최종적으로 좌절되었으며, 프랑스 또한 영국의 입장을 지지하게 되었다. "억압받는 민족"이 "지배 인종(dominant race)"을 상대로 승리를 거둔다 해도 그것이 반란으로 이어지지는 않을 것이라고 주장했으나, 영국·프랑스·이탈리아의 식민지 행정관들은 이에 동의하지 않았다.[22]

1930년대 후반 남로디지아(Southern Rhodesia, 현 짐바브웨) 솔즈베리(Salisbury)에서 벌어진 권투 논쟁은 당시 만연했던 영국 정부의 불안감을 잘 보여준 사례였다. 유럽인의 장려 없이도 권투는 1915년경부터 아프리카에서 인기를 얻기 시작했다. 영국에서 훈련을 받은 경찰들이 권투를 했던 것도 권투의 위상 제고와 무관하지 않았다. 당시 현지 권투 경기 방식은 경기 시간이 짧고, 타격 횟수 또한 적었으며, KO 제도가 없을 뿐 아니라, 득점 및 승패 판정도 존재하지 않았다. 특이한 점은 권투 선수들이 상대 선수가 잠시 휴식을 취할 때면 특유의 활보 춤(strutting dance moves)을 선보였다는 점이다. 이를 지켜본 유럽인들은 당혹감을 감추지 못했다. 권투 클럽은 부족 단위로 조직되었으며, 최대 2,000명에 달하는 관객이 몰려 흔히 부족 간 충돌을 야기하는 원인이 되기도 했다. 오랜 논의 끝에 식민지 당국은 권투가 자생적인 "도시 부족주의(urban tribalism)"를 표출하는 수단으로 변질되는 것을 막기 위해 권투를 규제하고 통제하기로 최종 결정했다.[23]

제2차 세계대전이 끝날 때까지도 올림픽에 정기적으로 참가한 아프리카 국가는 남아프리카공화국과 이집트, 단 두 곳뿐이었다. 그 외 아프리카 출신 우수 선수들은 식민지 종주국 소속으로 올림픽에 출전해야

---

22 Dikaia Chatziefstathiou, "The diffusion of Olympic sport through regional games: a comparison of pre and post Second War contexts," Final Research Report, Postgraduate Grant Programme, IOC Olympic Studies Centre, Lausanne, 2008, pp. 36-41 (http://doc.rero.ch/record/12567).
23 Terence Ranger, "Pugilism and pathology: African boxing and the Black urban experience in southern Rhodesia," in William J. Baker and James A. Mangan (eds.), *Sport in Africa: Essays in Social History* (New York: Holmes and Meier, 1987), pp. 196-213.

했다. 극동 게임을 통해 고취된 민족주의를 지켜본 유럽 출신 IOC 위원들은 아프리카에 "국제 스포츠 정신" 확산을 우려했다.[24] 유럽 열강들의 우려에도 불구하고 동아시아에서는 스포츠를 통한 민족주의 고취가 허용되었지만 아프리카는 그렇지 않았다. 쿠베르탱도 식민주의와 인종차별적 편견을 완전히 벗어던진 인물은 아니었지만, 그럼에도 불구하고 식민지 프로젝트(스포츠를 통해 원주민을 '문명화'한다고 믿는 위계적 접근)보다는 올림픽 참가가 평화 보장 가능성이 더 크다고 믿었다.

유럽이 오래도록 고수해온 후견 체제(tutorship system)는 점차 세그먼트 시스템(segment system)으로 바뀌고 있다. 이는 독립적인 세그먼트가 상호 연관성으로 묶여있는 시스템이다. 후견 체제를 능숙하게 활용하지 못한 유럽이 그것의 몰락을 앞당긴 측면이 있다.[25]

쿠베르탱이 구상했던 전 지구적 세그먼트 시스템(global segmentary system) 구축의 역사적 흐름은 점차 가속화되고 있었다.

탈식민지화

1950년대부터 1970년대 말까지 아시아와 아프리카에서는 48개의

---

24 Letter from Franklin Brown to Baillet de Latour, August 12, 1926, in Chatziefstathiou, "Diffusion of Olympic Sport," p. 32.
25 Pierre de Coubertin, "The apotheosis of Olympism," in Norbert Müller (ed.), *Olympism, Selected Writings* (Lausanne: International Olympic Committee, 2000), pp. 517-518.

새로운 국가 올림픽 위원회(National Olympic Committee, NOC)가 승인되었다. 이는 2013년 기준 전 세계 NOC의 약 25퍼센트를 차지하는 규모였다. 이러한 변화는 스포츠계의 권력 이동을 촉진하는 계기가 되었다. 1962년 인도네시아가 아시안게임을 개최했을 때, 수카르노(Sukarno) 대통령은 국제 올림픽 위원회(IOC)가 대만 배제 문제를 이유로 대회 승인을 철회하고, 참가 선수들을 1964년 올림픽에서 제외하겠다고 위협한 것에 강한 반감을 가졌다. 그는 이듬해 신흥국 경기 대회(Games of the New Emerging Forces, GANEFO)를 창설했다. 1963년 자카르타에서 열린 제1회 GANEFO에는 소련, 중국, 최근 독립한 아시아·아프리카의 구(舊)식민지 국가들뿐만 아니라 일부 유럽 국가의 선수들까지 포함하여 총 51개국에서 약 3,000명의 선수가 참가했다. 대회의 재정은 상당 부분 당시 올림픽 체제에서 배제되어 있던 중국의 지원으로 충당되었다. IOC는 GANEFO를 심각한 위협으로 간주했다. 올림픽의 아시아 확장을 상징하는 1964년 도쿄 올림픽을 앞두고 등장한 아시아 주도의 스포츠 행사였기 때문이다. 그러나 인도네시아의 군사 쿠데타와 중국의 문화대혁명으로 GANEFO는 더 이상 지속되지 못했다.

1978년 중국은 스포츠 분야에서 서구의 "강력한 지배(death grip)"를 깨뜨리기 위한 또 하나의 시도를 주도했다. 이는 유네스코(UNESCO) 산하 정부 간 체육·스포츠 위원회(Intergovernmental Committee for Physical Education and Sport) 설립으로 이어졌다. 이러한 상황에서 당시 IOC 위원장 킬라닌(Lord Killanin)은 IOC가 세계 인구의 4분의 1을 차지하는 중국을 계속 배제할 수 없다는 점을 인식하게 되었다. 이에 따라 그는 1979년 중국의 IOC 재가입을 추진했다. 이는 이른바 "올림픽 포뮬러

(Olympic formula)"에 따라 이루어졌다. 결과적으로 대만의 중화민국(中華民國, Republic of China) 국호, 국기, 국가 사용이 금지되었고, 대신 "차이니즈 타이페이(Chinese Taipei)"라는 명칭으로 참가해야 했다.

한편 남아프리카공화국의 아파르트헤이트(apartheid) 정책에 반대하는 아프리카 국가들의 연대가 시작되면서, 비로소 세계 스포츠 무대에서 이들이 강력한 목소리를 내기 시작했다. 남아프리카 공화국은 1960년대부터 1990년대 초까지 올림픽과 국제축구연맹(FIFA)에서 배제되었다. 특히 1976년 올림픽에서는 뉴질랜드가 남아프리카 공화국과 스포츠 교류를 지속하는 데 항의하여 25개 아프리카 국가가 올림픽 보이콧을 선언했다. 반(反)아파르트헤이트 운동은 국제 스포츠 체계를 활용하여 정치적 개혁을 이끌어낸 몇 안 되는, 어쩌면 유일한 성공 사례로 평가된다. 이러한 맥락에서, 반(反)아파르트헤이트 운동가들이 로벤 섬(Robben Island) 감옥에 수감되어 있을 때, 수감자들끼리 축구 리그를 결성하여 일상을 유지하려 했던 시도는 특별한 감동이 아닐 수 없다.[26]

150년 동안의 세계 스포츠 시스템

오늘날 국제적으로 통용되는 대부분의 스포츠 종목은 1900년 무렵 이미 규칙이 성문화되었으며, 1914년 무렵이면 국가 및 국제 스포츠 관리 기구 체계에 편입되었다. 이후 100년이 넘는 동안 이 시스템은 거의 변함없이 유지되었다. 세계 스포츠 시스템이 중단된 유일한 시기는 제

---

26 Charles Korr and Marvin Close, *More than Just a Game: Soccer vs. Apartheid: The Most Important Soccer Story ever Told* (New York: St. Martin's Press, 2010).

1차 세계대전과 제2차 세계대전 기간이었다. 그러나 두 차례의 전쟁 모두 발발 직전에는 국가 간 경쟁이 심화되면서 스포츠가 급성장하는 시기를 거쳤고, 전쟁 직후에는 승전을 기념하는 스포츠 행사들이 개최되었다. 예컨대 1919년 엘우드 브라운(Elwood Brown)의 주도로 연합군 병사들 간에 올림픽 스타일로 치러진 파리 연합군 경기 대회(Inter-Allied Games in Paris), 그리고 1948년 런던 올림픽 등이 그 대표적인 사례였다. 1936년 베를린 올림픽이 독일의 침략적 팽창을 부추겼다는 비판이 있기는 하지만, 40년 후 서독은 다시 올림픽을 개최하면서 국제 사회에 평화적으로 재통합되려는 의지를 보여주었다. 세계 스포츠 시스템의 지배력은 1979년 중화인민공화국이 국제올림픽위원회(IOC)에 재가입하면서 더욱 강화되었다. 글로벌 스포츠 시스템에 편입된 중국은 이후 가장 적극적인 참여국 중 하나가 되었으며, 2008년 북경올림픽은 명실상부한 최초의 "세계(universal)" 올림픽이었다. 이 대회에는 브루나이를 제외한 전 세계 모든 국가 및 지역이 참가했으며, 총 204개 팀이 출전했다.

인종차별주의(racism), 성차별주의(sexism), 계급 갈등(class conflict), 반유대주의(anti-Semitism), 식민주의(colonialism), 외국인 혐오 민족주의(xenophobic nationalism), 두 차례의 세계대전, 냉전 등 수많은 분열적 요소들이 시스템을 와해하려는 시도 속에서도 세계 스포츠 시스템의 중심축은 오히려 확장되고 번성했다. 역설적으로 스포츠 시스템은 이러한 분열적 힘을 자양분 삼아 성장했으며, 바로 그 힘 때문에 더욱 확산되었다고 볼 수 있다. 상호 보완적 대립(complementary opposition)의 원리에 따라, 특정 집단이 스포츠 클럽을 조직하면 경쟁 집단은 사회적 경쟁에서 뒤처지지 않기 위해 유사한 조직을 결성해야 한다는 압박감을 느꼈다. 이러한 시스템 논리에 의해 스포츠 협회는 결사의 자유와 민족 자결권이 보장되는 곳이라면 지구촌 곳곳으로 확산될 수 있었다.

    스포츠가 없었다면 오늘날과 같은 형태의 현대 사회는 존재하지 않았을 것이다.

더 읽어보기

Arbena, Joseph L. *Sport and Society in Latin America: Diffusion, Dependency, and the Rise of Mass Culture*. Westport, CT: Greenwood Press, 1988.
Baker, William J. and James A. Mangan, eds. *Sport in Africa: Essays in Social History*. New York: Holmes and Meier, 1987.
Bale, John and Mike Cronin. *Sport and Postcolonialism*. Oxford: Berg, 2003.
Bottenburg, Maarten van. *Global Games*. Urbana: University of Illinois Press, 2001.
Brownell, Susan. *Beijing's Games: What the Olympics Mean to China*. Lanham, MD: Rowman and Littlefield, 2008.
　　ed. *The 1904 Anthropology Days: Sport, Race, and American Imperialism*. Omaha: University of Nebraska Press, 2008.
Edelman, Robert. *Serious Fun: A History of Spectator Sports in the USSR*. Oxford University Press, 1993.
Gems, Gerald R. *The Athletic Crusade: Sport and American Cultural Imperialism*. Lincoln: University of Nebraska Press, 2006.
Georgiadis, Konstantinos. *Olympic Revival: The Revival of the Olympic Games in Modern Times*. Athens: Ekdotike Athenon, 2003.
Giulianotti, Richard and Roland Robertson, eds. *Globalization and Sport*. Malden, MA: Blackwell, 2007.
Guttmann, Allen. *Games and Empires: Modern Sports and Cultural Imperialism*. New York: Columbia University Press, 1994.
　　Sports: The First Five Millennia. Amherst: University of Massachusetts Press, 2004.
Holt, Richard. *Sport and Society in Modern France*. London: Palgrave, 1981.
　　Sport and the British: A Modern History. Oxford University Press, 1989.
　　Journal of Global History, special issue on Sport, Transnationalism and Global History, 8/2 (July 2013).
Kelly, John D. *The American Game: Capitalism, Decolonization, World Domination, and Baseball*. Chicago: Prickly Paradigm, 2006.
Kelly, William W. and Susan Brownell, eds. *The Olympics in East Asia: The Crucible of Localism, Nationalism, Regionalism, and Globalism*. New Haven, CT: Yale Council on East Asian Studies Monograph Series, 2011.
Keys, Barbara. *Globalizing Sport: National Rivalry and International Community in the 1930s*. Cambridge, MA: Harvard University Press, 2006.
Klein, Alan M. *Baseball on the Border: A Tale of Two Laredos*. Princeton University Press, 1997.

Korr, Charles and Marvin Close. *More than Just a Game: Soccer vs. Apartheid: The Most Important Soccer Story ever Told.* New York: St. Martin's Press, 2010.

Krüger, Arnd and W. J. Murray. *The Nazi Olympics: Sport, Politics, and Appeasement in the 1930s.* Champaign, IL: University of Illinois, 2003.

Krüger, Arnd and James Riordan, eds. *The Story of Worker Sport.* Champaign, IL: Human Kinetics, 1996.

Lanfranchi, Pierre and Matthew Taylor. *Moving with the Ball: The Migration of Professional Footballers.* Oxford and New York: Berg, 2001.

MacAloon, John, ed. *Muscular Christianity in Colonial and Post-Colonial Worlds.* London: Routledge, 2007.

Maguire, John. *Global Sport: Identities, Societies, Civilizations.* Cambridge: Polity, 1999.

Power and Global Sport: Zones of Prestige, Emulation and Resistance. Abingdon: Routledge, 2005.

Mandell, Richard D. *Sport: A Cultural History.* New York: Columbia University Press, 1984.

Mangan, J.A. *The Games Ethic and Imperialism.* New York: Viking, 1985.

Morris, Andrew D. *Marrow of the Nation: A History of Sport and Physical Culture in Republican China.* Berkeley, CA: University of California Press, 2004.

Niehaus, Andreas D., ed. *Olympic Japan: Ideals and Realities of (Inter)Nationalism.* Würzburg: Ergon, 2007.

Ok, Gwang. *The Transformation of Modern Korean Sport: Imperialism, Nationalism, Globalization.* Seoul: Hollym, 2007.

Pope, S.W. and John Nauright. *Routledge Companion to Sports History.* New York: Routledge, 2009.

Riordan, James. *Sport, Politics and Communism.* Manchester University Press, 1991.

Roche, Maurice. *Mega-Events and Modernity: Olympics and Expos in the Growth of Global Culture.* London: Routledge, 2000.

Sugden, John and Alan Tomlinson. *FIFA and the Contest for World Football: Who Rules the Peoples' Game?* London: Polity, 1998.

Wagg, Stephen and David L. Andrews, eds. *East Plays West: Sport and the Cold War.* New York: Routledge, 2007.

Xu, Guoqi. *Olympic Dreams: China and Sports, 1895-2008.* Cambridge, MA: Harvard University Press, 2008.

Young, David C. *The Modern Olympics: A Struggle for Revival.* Baltimore: Johns Hopkins University Press, 1996.

CHAPTER 11

영화

라리타 고팔란
Lalitha Gopalan

영화사에서는 대개 1895년 12월 28일 뤼미에르(Lumière) 형제가 프랑스 파리 그랑 카페(Grand Café)의 살롱 앵디앙(Salon Indien)에서 개최한 상영회를 영화의 시초로 간주한다.¹ 상영회 프로그램은 뤼미에르 형제가 "악뛰알리떼(actualité, actuality)"라 명명한 10편의 단편 영화로 구성되었다. 각 영화의 필름은 17미터 길이로, 영사기를 수동으로 돌려 상영하면 약 40-50초 분량이었다.² 이 영화들은 뤼미에르 형제가 특허를 획득한 시네마토그라프(cinématographe)라는 기기로 제작되었다. 카메라(camera), 인화기(printer), 영사기(projector)의 기능을 결합한 기기였다. 최초 상영 작품 중 영화사에서 오랫동안 기념비적인 작품으로 칭송받는 것은 첫 번째 상영작 〈공장 문을 나서는 노동자들(La Sortie de l'Usine Lumière à Lyon)〉(1895)이다. 이 영화는 삼각대 위에 고정된 카메라 시점에서 하루의 노동을 마치고 공장 문을 나서는 노동자들의 행렬을 보여준다. 뤼미에르 형제의 사진 인화 공장 노동자들이 퇴근하는 일상적인

---

1 감사의 말: Adrian Pérez Melgosa, Alejandro Yarza, Roberto Tejada는 오랜 시간 동안 여러 여정에 걸쳐 큰 힘이 되어 주었다. 이 글은 디아스포라 속 우리들의 삶을 기록한 이야기다. 이 글에 숨어 있는 작은 흔적들을 그들도 알아볼 수 있기를 기대한다. 또한 갑작스러운 요정에노 불구하고, 기꺼이 일성을 소성해 준 Ali F. Sengul에게노 싶은 감사의 말씀을 선한나.
2 기원에 대한 이러한 설명 중 하나로, David A. Cook, *A History of Narrative Film*, 3rd edn. (New York: W.W. Norton, 1996)을 참조하라.

풍경이었다. 이는 근대 노동 계급의 출현을 상징하는 대표적 이미지로 널리 알려졌으며, 이후 학자 및 영화 제작자들은 이를 영화사의 중요한 한 장면으로 간주했다.[3]

뤼미에르 형제의 단편 영화는 실제 장소와 사물을 묘사하는 '악뛰알리떼(액추얼리티)' 개념을 견지함으로써, 백 년이 넘는 기간 동안 전 세계적으로 서사(narrative) 영화와 비서사(non-narrative) 영화를 막론하고 지대한 영향을 미쳤다. 예컨대 뉴스릴(newsreel) 영상은 뤼미에르 형제가 견지했던, 이른바 영화 이론가들이 '프로필믹(pro-filmic)'이라고 칭하는 것, 즉 카메라 앞에서 실제로 일어나는 현실이나 사건을 연출 없이 그대로 기록하려는 태도를 본받아 전투, 행사, 스포츠, 국가 의례 등의 장면을 기록하곤 했다. 스코틀랜드 출신 영화 비평가이자 영화감독인 존 그리어슨(John Grierson)과 연관된 다큐멘터리 영화 전통은 한 걸음 더 나아가 이러한 짧은 악뛰알리떼(액추얼리티) 영상들을 결합하여 더 긴 영화를 제작하는 방식으로 발전했다.[4] 이탈리아 리얼리즘(Italian realism), 인도의 사회적 리얼리즘(social realism) 등, 리얼리즘 개념에 기반한 서사 영화 또한 뤼미에르 형제가 만들어낸 다양한 활동의 '지속성(duration)'

---

3 *Arbeiter verlassen die Fabrik in elf Jahrzehnten / Workers Leaving the Factory in Eleven Decades* 참조. 12대의 모니터를 위한 비디오 설치 작품. 전시회 출품작(전시 제목: *Cinema like never before*) 기획 및 연출: Harun Farocki; 협력: Jan Ralske; 비디오, 흑백 및 컬러, 사운드, 총 36분(반복재생), 2006.
4 다큐멘터리 영화 제작에 대한 간략한 역사로는 John Grierson, *Grierson on Documentary*, revised edition, ed. Forsyth Hardy (New York: Praeger, 1966)을 참조하라. 또한 Philip Rosen, "Document and Documentary," in *Change Mummified: Cinema, Historicity, Theory* (Minneapolis: University of Minnesota Press, 2001)와 Michael Renov가 편집한 *Visible Evidence* (University of Minnesota Press) 시리즈도 참고할 것.

이라는 개념에서 기원을 찾을 수 있다.

뤼미에르 형제의 초기 악뛰알리떼(액추얼리티) 영화는 노동, 여가, 가정생활을 상세히 담아내며, 주로 리옹(Lyon)의 공장과 가정집을 배경으로 촬영되었다. 하지만 그들의 영화에는 문자 그대로, 또한 비유적으로 세계가 담겨 있었다. 뤼미에르 형제는 카메라와 필름을 가지고 해외를 여행했고, 파리, 더블린, 알프스 등지에서 촬영한 장면들은 도시와 농촌 생활에 대한 민족지적 관심을 보여준다. 뤼미에르 형제의 영화 DVD 모음집에서 베르트랑 타베르니에(Bertrand Tavernier)는 뤼미에르 형제가 더 먼 지역의 영상을 촬영하기 위해 카메라 기사들을 고용했다고 말한다. 그들이 제작한 영화 자체도 세계 곳곳으로 퍼져나갔다. 그랑 카페(Grand Café)에서 처음 상영된 후 뤼미에르 형제의 영화는 빠르게 세계 여러 대도시로 확산되었고, 1896년에는 봄베이(뭄바이)까지 진출했다. 이는 인도 영화의 탄생을 알리는 순간이었으며, 영화라는 예술 형식이 전 세계적으로 동시에 발흥했음을 강조하는 지점이다.[5]

뤼미에르 형제의 영화가 초기 영화사에서 두드러진 위치를 점하고는 있지만, 다른 방식의 영화도 없지 않았다. 역사학자들과 영화감독들은 이 점을 강조해서 말한다. 즉 현실 기록보다는 오히려 환상적이고 초현실적인 내러티브(narrative)를 지향한 또 다른 경쟁적인 방식이 존재했던 것이다. 내러티브 영화의 기원은 프랑스 영화 제작자 조르주 멜리에스(Georges Méliès)로 거슬러 올라간다. 그도 영화 촬영 기계

---

5 Erik Barnouw and S. Krishnaswamy, *Indian Film*, 2nd edn. (Oxford University Press, 1980).

(cinématographe) 개발에 착수했으나, 뤼미에르 형제를 포함한 다른 이들이 더 뛰어난 녹화 장치 특허를 획득하자 개발을 중단했다. 멜리에스는 일루져니스트(illusionist)이자 무대 마술사였으며, 마술 공연에 대한 그의 관심이 단편 영화로까지 이어졌다. 그의 영화는 극적인 무대 세트와 환상적인 내러티브가 특징이며, 대표적인 예가 〈달의 여행(Voyage de la lune)〉(1902년)이다. 기발한 연출을 통해 우주여행을 표현한 이 영화에서, 현실적인 크기 비례 대신 미장센(mise-en-scène)의 크기 착시 효과가 강조되었다.[6] 달의 장면에서는 익숙한 인간 형상 옆에 거대하고 기괴한 사물이 나란히 존재하며, 지구에서 본 달은 얼굴을 가진 거대한 공으로 의인화되어 있고, 그 눈에 로켓이 착륙하는 모습이 연출된다. 이러한 영화적 효과를 트롱프 뢰이유(trompe l'oeil, 착시 기법)라 하는데, 이후 루이스 부뉴엘(Luis Buñuel), 살바도르 달리(Salvador Dalí), 아르투로 립스테인(Arturo Ripstein)과 같은 초현실주의 영화감독들에게 영감을 주었다. 이들은 꿈의 상태를 이용하여 크기를 조작했는데, 살바도르 달리가 알프레드 히치콕(Alfred Hitchcock)의 영화 〈스펠바운드(Spellbound)〉(1945)에서 디자인한 거대한 가위와 눈이 대표적인 사례였다. 조르주 멜리에스는 오늘날까지도 전 세계적으로 공상과학(SF) 및 공포 영화 장르에 지속적인 영향을 미치고 있으며, 데이비드 크로넌버그(David Cronenberg), 스티븐 스필버그(Steven Spielberg), 데이비드 린치(David Lynch) 등의 감독들에게도 영향을 주었다.

---

6 영화에서 mise-en-scène은 세트, 배우, 조명, 소품, 구도 등 카메라 앞에 등장하는 디자인 요소들을 가리킨다.

영화는 최초 등장한 이후 전 세계로 빠르게 확산된 문화 상품(cultural product)의 대표적인 사례였다. 영화는 확산되는 과정에서 각 문화권의 전통에 자연스럽게 스며들었고, 지역 창작자들은 자국 고유의 연극, 문학, 음악, 신화와 같은 다양한 문화적 형태를 영화 제작에 반영하였다. 예컨대 뤼미에르 형제의 영화와 에디슨(Edison)의 키네토스코프(kinetoscope)가 일본에 소개되면서 일본 영화 제작이 활발해졌고, 1890년대 후반부터 일본 영화감독들이 무성 영화를 만들기 시작했다. 1909년에는 최초의 영화 잡지가 발간되기도 했다. 일본의 전통 연극 가부키(歌舞伎)와 노(能)의 영향을 이어받아, 당시 영화에서는 '벤시(弁士)'라는 남성(때로는 여성) 해설가가 함께 등장했다. 벤시는 스크린 옆에서 영화를 설명하고, 등장인물의 목소리를 연기하며, 장면에 대한 논평을 덧붙였다.[7] 일본 영화감독과 스튜디오는 해외 기술을 능숙하게 수용하면서도 일본 대중 예술의 관습에 맞게 기술을 변형시켜 적용했다. 영화가 세계적인 예술 형태로 자리매김하면서, 다양한 영화 스타일이 교류와 융합을 거쳐 나타났다. 이러한 스타일은 복합적이면서도 고유한 특성을 지녔으며, 각 지역의 예술 전통과 다른 국가 및 지역의 영화적 전통을 동시에 반영했다. 이처럼 영화는 고유한 문화적 맥락과 보편적인 예술적 가치가 융합된, 전 세계적인 문화 현상으로 자리 잡았다.

20세기가 시작되면서 영화 매체는 여러 측면에서 공고화되었다. 개인 감상보다 극장 상영이 주된 형태로 자리 잡았고, 무성 영화 제작이

---

[7] Jeffrey A. Dym, *Benshi, Japanese Silent Film Narrators, and their Forgotten Narrative Art of Setsumei: A History of Japanese Silent Film Narration* (Lewiston, NY: Edwin Mellen Press, 2003).

전 세계로 확산되었다. 앙드레 바쟁(André Bazin)은 기념비적 에세이 《영화 언어의 진화(The Evolution of the Language of Cinema)》에서, 내러티브 영화에 한해서는 영화 스타일이 무성 영화 시대에 이미 상당 부분 확립되었다고 주장했다. 오늘날 대부분의 비평가들도 그의 주장에 동의하는 바이며, 1920년대 유성 영화의 등장은 새로운 영화 언어를 획기적으로 바꾸지는 못했다.[8]

독일의 무성 영화는 기존 문화 형식이 어떻게 활용되어 오랫동안 지속되는 스타일 언어로 자리 잡았는지 보여주는 대표적인 사례이다. 독일 영화는 표현주의(Expressionism) 양식이 특징이었다. 텔로트(J. P. Telotte)가 언급했듯이 이는 1920년대 전위 예술 운동에서 비롯되었으며, "전후 독일 사회에 대한 끊임없는 비판"을 지향했다.[9] 텔로트는 이를 "대항 전략(oppositional strategy)"으로 규정하며, "양식화된 세트, 과장된 연기, 공간 왜곡, 짙은 그림자 활용, 사선 강조의 불규칙한 구도뿐만 아니라, 로우 키(low-key) 조명, 더치 앵글(Dutch angles), 심도(深度) 구성(composition in depth)과 같은 영화 기법을 통해 고전적 재현의 권위에 정면으로 도전하는 시각적 표현을 만들어냈다"고 분석한다.[10] 독일 표현

---

8 Andre Bazin, "The evolution of the language of cinema," in *What is Cinema?*, selected and translated by Hugh Gray (Berkeley, CA: University of California Press, 1967; rpt. 2005)를 참조하라. Bazin의 에세이에 대한 인상적인 평가로는 *Opening Bazin: Postwar Film Theory and Its Afterlife*, ed. Dudley Andrew with Hervé Joubert-Laurencin (Oxford University Press, 2011)도 참고할 것.
9 J. P. Telotte, "German Expressionism: a cinematic/cultural problem," in Linda Badley, R. Barton Palmer, and Steven Jay Schneider (eds.), *Traditions in World Cinema* (New Brunswick, NJ: Rutgers University Press, 2006), pp. 15-28.
10 Telotte, "German Expressionism," p. 16.

주의 스타일은 특정 역사 시기와 지역을 초월하여 오랜 기간에 걸쳐 복합적인 영향을 미쳤다. 수많은 촬영감독이 과도한 조명을 피하고 어둠과 그림자를 적극적으로 활용하는 방식으로 이를 모방했으며, 이는 전 세계 다양한 장르 영화, 특히 범죄와 음모를 다룬 필름 누아르(film noir) 등의 영화에까지 영향을 미쳤다.[11] 예컨대 리들리 스콧(Ridley Scott) 감독의 〈블레이드 러너(Blade Runner, 1982)〉는 미장센(mise-en-scène)과 필름 누아르 조명 기법에서 프리츠 랑(Fritz Lang) 감독의 〈메트로폴리스(Metropolis, 1927)〉에 대한 명백한 오마주를 보여주었다.[12]

영화학의 발전

영화는 처음부터 국경을 넘나드는 매체였다. 영화 연구에서 세계 영화(world cinema)를 여러 나라의 개별적인 전통이 모인 것으로 보는 시각도 있지만, 최근에는 아시아 영화, 발칸 영화, 유럽 영화 등과 같이 지역적이고 비교적인 흐름에 초점을 맞추는 경향이 늘어나고 있다.[13] 장르 영화 연구 또한 할리우드 영화만을 다루지 않고, 다양한 장르의 스타일

---

[11] See my essay "Bombay Noir," in Andrew Spicer and Helen Hanson (eds.), *A Companion to Film Noir* (Hoboken: Wiley Blackwell, 2013).

[12] Guiliana Bruno, "Ramble City: Postmodernism and *Blade Runner*," *October* 41 (Summer, 1987), 61–74. See Constance Penley's reading of *The Terminator* (1984), "Time travel, primal scene and critical dystopia," *Camera Obscura* 5 (Fall 1986), 66–85.

[13] See, for example, Stephen Teo, *The Asian Cinema Experience: Style, Spaces, Theory* (Hoboken: Taylor and Francis, 2012); Mark Betz, *Beyond the Subtitle: Remapping European Art Cinema* (Minneapolis: University of Minnesot Press, 2009); Catherine Grant and Annette Kuhn, eds., *Screening World Cinema: A Screen Reader* (London and New York: Routledge, 2006).

이 전 세계로 퍼져나가는 과정을 탐구하는 쪽으로 영역을 확장하고 있다.[14] 토비 밀러(Toby Miller)를 비롯한 여러 학자들은 할리우드를 제국주의 세력이라 비판하기도 한다. 할리우드 영화가 다양한 민족(국가) 영화 문화(national film cultures)를 억압한다고 보기 때문이다.[15] 이러한 비판의 배경에는 오늘날의 반세계화 정서뿐 아니라, 1960-70년대 라틴 아메리카 영화인들이 주창했던 '제3영화(Third Cinema)' 운동의 급진적 저항 정신이 자리 잡고 있다. 당시 제3영화 운동은 식민주의(colonialism), 자본주의(capitalism), 할리우드 모델을 비판하며 영화를 단순한 상업적 오락물로 폄하하는 것에 강력히 반발했다. 이와 같은 전투적 논쟁은 전 세계 지역 영화계에 영감을 주었으며 오늘날까지도 지속적인 영향을 미치고 있다.[16] 프레드릭 제임슨(Frederic Jameson)은 그의 저서 《지정학적 미학: 세계 체제 속의 영화와 공간(The Geopolitical Aesthetic: Cinema and Space in the World System)》에서 세계체제론(world system theory)을 영화 연구에 도입하였다.[17] 그는 영화를 폭넓게 분석하여 미학적 형태를 탐구했는데, 왕가위(王家衛, 왕지아웨이)의 홍콩 예술 영화, 필리핀의 감독 키들랏 타히믹(Kidlat Tahmik)의 〈향기로운 악몽(Perfumed Nightmare)〉, 프

---

14 필자의 저서 *Cinema of Interruptions: Action Genres in Contemporary Indian Cinema* (London: BFI Publishing, 2002)를 참조하라.
15 See Toby Miller et al., eds., *Global Hollywood* (London: British Film Institute, 2001) and *Global Hollywood 2* (London: BFI Publishing, 2005).
16 제3영화(Third Cinema)와 그 장기적 영향에 대한 대표적인 논문 선집으로는 Jim Pines and Paul Willemen, eds., *Questions of Third Cinema* (London: BFI Publishing, 1989)를 참조하라.
17 Frederic Jameson, *The Geopolitical Aesthetic: Cinema and Space in the World System* (Bloomington: Indiana University Press, 1996).

랑스의 감독 장-뤽 고다르(Jean-Luc Godard)의 〈열정(Passion)〉, 미국의 감독 앨런 파큘라(Alan Pakula)의 〈패럴랙스 뷰(Parallax View)〉와 〈모든 대통령의 사람들(All the President's Men)〉, 그리고 대만의 감독 에드워드 양(Edward Yang)의 〈공포분자(The Terrorizers)〉 등이 함께 논의되었다. 영화 연구의 초국적(transnational) 시각이 점차 심화되고 있으며, 학자들은 국제적 자금 조달(international financing) 및 제작(production), 장르와 스타일의 해석 및 재구성, 전 세계적 배급(worldwide distribution), 관객 수용뿐 아니라, 영화적 발전을 뒷받침하는 사회 정치적, 경제적, 산업적, 기술적, 인구학적 변화를 다각적으로 탐구하고 있다.[18] 하미드 나피시(Hamid Naficy)가 제안한 "억양 있는 영화(accented cinema)"라는 개념은, 그 지역의 민족(국가) 문화와 연계성이 미약하거나 거의 없는 디아스포라(diasporic) 또는 망명 공동체에서 생성된 영화를 해석하는 데 중요한 역할을 해왔다.[19]

또 다른 글로벌한 시각 중 하나로, 로버트 스탬(Robert Stam)과 엘라 쇼핫(Ella Shohat)의 오리엔탈리즘(Orientalism) 연구를 들 수 있다. 그들은 유럽과 미국의 서사 영화에서 지속적으로 나타난 오리엔탈리즘과 관

---

18 이러한 문제들에 대한 훌륭한 개관으로는 Kathleen Newman, "The geopolitical imaginary of cinema studies. Notes on transnational film theory: decentered subjectivity, decentered capitalism," in *World Cinemas, Transnational Perspectives*, edited by Nataša Ďurovičová and Kathleen Newman (New York: Routledge, 2010)를 참조하라. 초국적(트랜스내셔널) 시네마에서 영화 스타일을 혁신적으로 제고한 논의로는 Adrian Perez Melgosa, *Cinema and Inter-American Relations: Trafficking Transnational Affect* (New York: Routledge, 2012)를 참고할 것.
19 Hamid Naficy, *An Accented Cinema: Exilic and Diasporic Filmmaking* (Princeton University Press, 2001).

련해서 선구적인 연구를 수행한 바 있다.[20] 영화 제작자들은 작품에 이국적이거나, 이국적이라고 '여겨지는' 주제들을 종종 삽입하여 관객들이 먼 지역을 이해 또는 오해하는 방식에 영향을 주었다. 따라서 영화 제작자는 식민주의(colonialism), 인종 문제(race), 그리고 다양한 정치적 문제에 직간접적으로 관여했다. 이러한 경향은 뤼미에르 형제의 단편 영화에서부터 나타났으며, 이는 소설, 여행 문학, 사진 등 다른 문화 형태에서 제국주의 시대의 모험담이 유행하던 시대적 배경 속에서 제작되었다. 한 예로, 한 장면에서는 이집트의 피라미드를 이용하여 장면의 규모를 강조하고 화면의 움직임을 구성하는데, 피라미드의 웅장한 기하학적 구조가 화면을 가로지르는 낙타 탄 인물의 배경으로 활용되었다. 따라서 이집트의 고대 유적들은 단순히 화면 구성에서 규모감을 제공했을 뿐만 아니라, 파리 바깥의 이국적이고 시각적으로 매력적인 세계를 묘사하는 역할도 수행했다. 파리에서 최초 상영되었던 영화를 회고해 보면, 이 영화들이 "살롱 앵디앙(Salon Indien)"이라는 공간에서 상영되었다는 점을 주목하지 않을 수 없다. 이는 세기 전환기의 근대성이 반영된 시대적 분위기와 맞닿아 있으며, 피터 월런(Peter Wollen)이 지적했듯이, 동양적 주제를 활용한 이국적이고 화려한 연출이 자주 강조되던 당시의 경향을 분명히 보여준다.[21]

20 Ella Shohat and Robert Stam, *Unthinking Eurocentrism: Multiculturalism and the Media* (New York: Routledge, 1994)를 참조하라. 오리엔탈리즘에 대해서는 Edward Said, *Orientalism* (New York: Vintage Books, 1978)을 참고할 것.
21 근대성과 오리엔탈리즘 사이의 밀접한 관계에 대해서는 Peter Wollen, "Out of the Past," in *Raiding the Icebox: Reflections on Twentieth-century Culture* (London: Verso, 1993)를 참조하라.

안토니오 랜트(Antonio Lant)는 1910년대 미국 영화계가 '이집트 열풍(Egyptomania)'에 휩싸였다고 주장했다. 이런 현상은 영화의 초기 작품인 뤼미에르 형제의 단편에서도 이미 나타난 바 있었다.[22] 고대 이집트의 무덤, 미라, 피라미드와 같은 소재는 서사 영화 초창기부터 자주 등장했다. 안토니오 랜트는 이 경향을 잘 보여주는 예로 여성 스타 테다 베라(Theda Bera)가 주연한 영화 〈클레오파트라(Cleopatra)〉(1917)를 꼽았다. 당시 영화 홍보 담당자들은 주연 배우를 이국적이고 신비한 인물로 만들기 위해 가족 배경마저 꾸며냈다. 실제로 그녀는 미국 신시내티 출신이며 본명은 테오도시아 버 굿맨(Theodosia Burr Goodman)이었지만, 마치 이집트에서 성장한 사람처럼 소개한 것이다.(테다 베라라는 예명도 비슷한 목적에서 만들어졌다. - 옮긴이) 독일 표현주의 영화 또한 동양에 대한 신비롭고 이국적인 이미지, 즉 오리엔탈리즘의 영향력 아래 놓여 있었다. 대표적인 예로 영화 〈왁스웍스(Waxworks)〉(1924)는 표현주의적 기법을 이용해 아라비안나이트 스타일의 세트와 러시아 건축 양식을 결합하여 '동양의 신비'라는 이미지를 효과적으로 구현했다. 당시 유럽의 아방가르드 예술 역시 다른 문화권에 대한 호기심과 고정관념에서 자유롭지 못했다. 안토니오 랜트가 지적했듯이, 이러한 매혹은 유성 영화가 등장하면서 거의 사라졌으며, 결국 B급 영화의 하위 장르로 밀려났다. 그러나 완전히 사라지는 대신 프랑스 비평가 앙드레 바쟁(André Bazin)의 논의에 잔향을 남겼다. 시각적 이미지의 존재론을 논하는 글에

---

22 Antonia Lant, "The curse of the pharaohs, or how cinema contracted Egyptomania," *October* 59 (1992): 86-112.

서 앙드레 바쟁은 오리엔탈리즘에 미라 콤플렉스(mummy complex)가 있다고 지적했다. 이는 고대 이집트의 미메시스(mimesis)와 같은 의도였다.[23] (고대인들이 움켜잡을 수 없는 생명을 붙잡아두고자 미라를 제작했듯이, 서구인들은 손에 잡히지 않는 타문화의 일부 측면을 사진 또는 영화의 한 장면으로 고정시켜, 왜곡된 타문화의 이미지를 고착화시키고자 했다는 해석이다. - 옮긴이)

안토니오 랜트는 앙드레 바쟁의 언급을 효과적으로 활용하여, 영화 연구 분야에서 억압된 관점이 되살아나는 현상을 지적한 바 있다. 나도 같은 맥락에서 뤼미에르 형제의 작품 세계에서 주변부적인 영화에 주목해 보고자 한다. 로버트 스탬과 엘라 쇼핫 또한 이와 비슷한 연구를 한 적이 있었다. 기존의 영화 연구에서는 식민주의, 그리고 그에 수반되는 오리엔탈리즘과 인종주의가 유럽과 미국 영화의 부상에 '부가적으로' 따라붙는 현상으로 치부하는 경향이 있었지만, 로버트 스탬과 엘라 쇼핫은 그러한 서술 방식에 비판적 수정을 가하고자 했다. 그래서 이러한 요소들이 영화의 형태와 스타일에 깊숙이 침투했을 뿐 아니라, 유럽과 미국 영화가 세계적으로 부상하고 지배력을 확장하는 데 중요한 역할을 했음을 밝혀냈다.[24] 그들의 수정주의적 접근은 특히 오리엔탈리즘적 표

---

23 Andre Bazin, "The Ontology of the Photographic Image," in *What is Cinema?*
24 초기 미국 영화의 또 다른 스타인 Rudolph Valentino에 대한 Gaylyn Studlar의 해석도 참조하라. Rudolph Valentino는 *The Sheik*와 같은 이국적 장소를 배경으로 한 무성영화 시대의 제국 모험 영화에서 인기를 얻었다. Gaylyn Studlar, "'Out-Salomeing Salome': Dance, The New Woman, and Fan Magazine Orientalism," in Mathew Berenstein and Gaylyn Studlar (eds.), *Visions of the East: Orientalism in Film* (New Brunswick: Rutgers University Press, 1997).

현에 대응하는 사례들을 통해 중요한 통찰을 제공한다. 이집트 영화감독 샤디 압델 살람(Shadi Abdel Salam)의 〈잃어버린 시대의 밤(The Night of Counting Years)〉(1969년, 제목을 'The Mummy'라고도 함)은 영국 통치 직전인 1881년을 배경으로, 한 씨족이 미라 유물을 불법 골동품 시장에 내다 파는 이야기를 다룬다. 이 영화는 파라오 시대로 고착화된 이집트의 이미지에 대한 직접적인 '대응'으로, 현대 이집트의 민족문화를 보여주고자 했다. 즉 이집트에는 고고학적 담론의 지배를 받는 유물도 있지만, 동시에 다채로운 문화적 관습을 지닌 다양한 사람들이 공존하고 있다.[25]

영화를 비교적, 초국적, 세계적인 관점에서 평가하면 영화가 세상을 어떻게 표현하는지를 다양한 각도에서 살펴볼 수 있다. 이런 관점들은 영화를 이해하는 기본적인 틀을 제공한다. 이 글에서는 영화 해석의 다양한 방법을 사용해 전 세계 영화를 모두 다루기보다는, 지금까지 주목받지 못했던 새로운 시각에서 익숙한 영화 작품들을 다시 살펴보고자 한다. 특히 제2차 세계대전 이후 프랑스, 독일, 이탈리아 영화 중 대표적인 작품들에 초점을 맞출 것이다. 이러한 접근 방식을 통해 식민주의, 오리엔탈리즘, 차이, 거리감 같은 주제들이 좀 더 명확하게 드러나도록 작품을 새롭게 해석하고자 한다.

프랑스 영화

식민지 배경과 주제를 다룬 프랑스 영화 중 가장 영향력 있는 작품으로는 줄리앙 뒤비비에(Julien Duvivier) 감독의 〈페페 르 모코(Pepe Le

---

25 Stam and Shohat, *Unthinking Eurocentrism*, pp. 152-156.

Moko》(1937)를 꼽을 수 있다. 이 영화는 프랑스에서 가장 악명 높은 범죄자 중 한 명인 갱스터 페페 르 모코가 경찰을 피해 알제리 요새 주변의 옛 시가지인 카스바(Casbah)에 숨어들었다가, 부유한 사업가의 정부(情婦)인 연인을 찾아 카스바를 떠나는 과정을 그린다. 그는 프랑스 경찰뿐 아니라 알제리인 수사관의 추적을 받게 되는데, 이 수사관은 나중에 그의 친구가 된다. 지네트 뱅상도(Ginette Vincendeau)는 이 영화에 대하여 품위 있는 평을 남겼다. 즉 이 작품은 범죄 영화에서 흔히 볼 수 있는 과장된 미장센과, 제국주의적 모험을 다룬 영화에서 나타나는 과도한 장식의 오리엔트 풍경을 결합시켜, 범죄 스릴러를 오리엔탈리즘 판타지 영화로 탈바꿈시켰다는 평가였다.[26] 알제리의 이미지는 오랫동안 회화적 전통과, 그리고 파리에서 개최된 다양한 세계 박람회를 통해 대중에게 익숙해져 있었다. 지네트 뱅상도는 이것이 줄리앙 뒤비비에 감독의 영화에 영향을 미쳤다고 지적했다. 지네트 뱅상도의 분석에서 핵심은, 이 스릴러 영화가 프랑스 식민주의의 원칙을 수용하여, 카스바(Casbah)라는 공간의 신비로움과 아름다움을 착취하는 방식(오리엔탈리즘적 제스처)을 활용하면서도, 동시에 비극적인 인종 간 로맨스를 통해 식민지 사회에서 인종 간의 차별을 엄격하게 유지하려 했던 태도를 드러냈다는 점이다. 지네트 뱅상도는 이 영화가 식민주의에 대해 이중적인 태도를 취한다고 강력히 주장했다. 이는 특히 백인 여성이라는 인물을 통해 가장 뚜렷하게 드러난다. 그녀는 사랑을 위해 사회적 경계를 넘어서지만, 영화는 결국 그녀를 알제리나 해외에서 연인과 함께하는 결

---

26 Ginnete Vincendeau, *Pepe Le Moko* (London: BFI Modern Classics, 1998).

말이 아니라 프랑스로 돌아가는 선택을 하도록 함으로써 이러한 욕망을 통제한다.

지네트 뱅상도의 분석은 자연스럽게 앨런 윌리엄스(Alan Williams)의 보다 폭넓은 시각으로 이어진다. 그는 독일 점령기 동안의 프랑스 영화를 폭넓게 연구했다. 시기적으로는 〈페페 르 모코〉 개봉 후 몇 년이 지난 뒤부터다.[27] 윌리엄스는 영화의 제작과 해석에 영향을 미친 담론의 조건(discursive conditions)에 주목했다. 그러므로 영화 스타일의 세밀한 분석까지는 나아가지 않았다. 다만 이전 시기의 유려한 카메라 움직임이 정지된 장면의 구도(tableau compositions)로 뚜렷한 변화가 엿보인다고 지적했다. 그는 이를 점령의 억압적 효과로 해석한다. 독일 점령하에서 프랑스 영화계는 여러 방면에서 제약을 받았다. 프랑스 영화감독들의 할리우드 망명, 검열 당국과의 협상, 그리고 1937년 이전에 제작된 모든 영화를 소각하려는 독일 당국의 시도가 있었다. 이러한 제약들이 유령 영화나 판타지 영화처럼 은유적이거나 내면적인 주제와 서사를 가진 영화가 유행하게 된 배경일 수 있다. 프랑스 바깥의 세계가 다시 영화에 등장하기 시작한 것은 1950년대 후반 이후였다.

유럽 영화는 전쟁으로 심각한 타격을 입었다.[28] 영화 스튜디오는 폭격으로 파괴되었고 영화 산업이 붕괴하자 서유럽에서는 할리우드가 지

---

27 Alan Williams, *Republic of Images: A History of French Filmmaking* (Cambridge, MA: Harvard University Press, 1992)를 참조하라. Pepe Le Moko를 상기시켜주고 Alan Williams 를 추천해준 Elissa Marder에게 감사를 전한다.
28 전후 영화에 대해서는 수많은 자료 중에서 Gilles Deleuze, *Cinema 2: The Time Image* (Minneapolis: University of Minnesota Press, 1989)를 참조하라.

배적인 위치를 차지하게 되었다. 그러나 전쟁의 폐허는 영화감독들에게 스튜디오 세트의 관습에서 벗어나 새로운 스타일을 창조하도록 촉진하는 계기가 되기도 했다. 예컨대 이탈리아 네오리얼리즘(Italian neo-realism)은 로케이션 촬영과 비전문 배우 기용으로 유명해졌다.(이 문제는 뒤에서 다시 논의할 것이다.) 프랑스에서는 1950년대에 이미 독자적인 영화 스타일이 발전하고 있었고, 이는 1959년 '누벨바그(Nouvelle Vague)'라는 영화 운동으로 구체화되었지만, 학자들은 이 용어가 다양한 스타일과 주제를 포괄하기에 충분치 않다고 지적해왔다. 이러한 영화들을 평가하는 방식은 다양하지만, 프랑스 외부 공간에 대한 이미지와 관심은 많은 누벨바그 영화의 공통된 특징이며, 미국 영화에 대한 매혹 또한 마찬가지이다. 누벨바그 감독 중 다수는 앙리 랑글루아(Henri Langlois)가 파리에 설립한 영화 자료 컬렉션이자 아카이브인 시네마테크 프랑세즈(Cinémathèque Français)의 상영 프로그램에서 영향을 받았다. 시네마테크의 프로그램과 프랑스에서 가장 권위 있는 영화 잡지인 《카이에 뒤 시네마(Cahiers du Cinema)》는 영화 비평 문화의 활력을 보여주는 증거이며, 이는 다시 여러 영화 제작 스타일에 영향을 미쳤다.[29] 프랑수아 트뤼포(Francois Truffaut)의 〈400번의 구타(Les Quatre Cents Coups)〉(1959년)와 장 뤽 고다르(Jean-Luc Godard)의 〈네 멋대로 해라(Breathless)〉(1960년)는 누벨바그의 출발을 상징하는 작품들이다. 이 영화들이 전 세계 영화계에 미치는 영향력은 오늘날까지도 지속되고 있

---

29 프랑스 누벨바그에 관한 여러 책들 외에도, Glenn Myrent and Georges P. Langlois, *Henri Langlois, First Citizen of Cinema* (New York: Twayne Publishers, 1995)에 실린 Henri Langlois의 전기를 참조하라.

다. 영화 취향, 영화 학교, 영화 연구, 영화 제작, 영화 비평 등 영화 문화 전반에 프랑스 누벨 바그의 미학이 깊이 스며들었다. 1950년대 이후 프랑스 영화 문화에서 두드러진 특징은 할리우드 영화에 대한 관심이었다. 그러나 세계대전 이후 유럽, 아시아 등 세계 곳곳에서 벌어진 대량 학살과 제노사이드의 충격에 대응하고자 하는 영화감독들도 있었다. 알랭 레네(Alain Resnais), 아녜스 바르다(Agnès Varda), 크리스 마르케(Chris Marker)의 영화들을 분석해 보면, 이들 작품에서 서사 형식에 대한 탐구가 공통적으로 중요한 역할을 한다는 점이 드러난다. 화면에서 펼쳐지는 이미지의 배열과 지속 시간은 전쟁이 남긴 형언할 수 없는 공포를 전달하는 방식을 보여주었다.

알랭 레네(Alain Resnais)의 〈밤과 안개(Nuit et Brouillard)〉(1955년)에서는 해방 이후 나치 수용소를 따라가는 트래킹 샷(tracking shot)이 삽입되며, 동시에 나레이션이 건물의 다양한 기능을 정확하게 설명한다. 이를 통해 나치가 유대인을 조직적으로 학살한 프로그램의 체계성이 강조된다. 이미지 배열을 통해 더욱 강화된 이 영화의 서술 방식은 기록 유지, 표 형식의 데이터 정리, 건축적 배치, 그리고 기타 근대화 기술이 야기한 공포를 강렬하게 전달한다. 트래킹 샷은 알랭 레네의 작품에서 중요한 모티프로 자리 잡았다. 장-뤽 고다르(Jean-Luc Godard)는 알랭 레네 감독의 작품 〈히로시마 내 사랑(Hiroshima Mon Amour)〉(1959년) 좌담회에서 "트래킹 샷은 도덕성의 표식"이라고 언급한 바 있다. 이 영화에서 알랭 레네는 유럽을 넘어 프랑스와 일본을 연결하는 구조를 구축한다. 이야기는 히로시마 원자폭탄의 영향을 다룬 영화에 출연하기 위해 일본을 방문한 프랑스 여배우 '엘(Elle, 그 여자)'과 일본인 건축가 '일

(II, 그 남자)' 사이의 사랑 이야기로 전개된다. 촬영 휴식 시간 동안 두 사람의 관계는 깊어지지만, 프랑스 네베르(Nevers)에서 점령기 동안 독일 병사와 가졌던 엘의 과거 연애가 긴 컷어웨이(cutaway) 시퀀스로 삽입되며 관계를 위태롭게 만든다. 이 정교한 플래시백(flashback) 장면 속에서, 젊은 엘은 독일 점령군으로 복무하는 병사와 은밀한 사랑에 빠진 모습으로 등장한다. 이후 마을 사람들의 비난에 직면한 그녀는 머리를 삭발당하고 가택에 감금되며, 그곳에서 점차 정신을 잃어간다. 오랫동안 억눌려 있던 이 기억들은 플래시백을 통해 다시 떠오르며, 히로시마에서 연인을 만나는 동안 되살아난다. 히로시마 원폭의 트라우마는 네베르의 트라우마를 불러일으키며, 하나의 상실이 다른 상실로 이어지고, 결국 두 남성이 중첩되면서 히로시마에서의 관계를 압도한다. 마르그리트 뒤라스(Marguerite Duras)가 집필한 이 영화의 대사는 시제와 대명사를 유동적으로 활용하여, 샤론 윌리스(Sharon Willis)의 정교한 분석에서 지적되었듯이 플래시백과 나레이션의 사용을 통해 서로 다른 시간성과 인물 간의 차이를 지워버렸다.[30] 이 영화에서 나레이션은 영상과 소리를 일치시키기보다는 오히려 다른 시간성을 제시하며, 고정된 대응 관계를 해체하고 불협화음을 조장한다. 결국 알랭 레네의 이 영화는 하나의 사건이 또 다른 사건을 촉발시키는 방식으로 트라우마의 구조를 재현하며, 히로시마에서의 사건 서술이 네베르의 독일 점령기와 긴밀하게 연결되어 있음을 시사한다. 기억을 표현하는 방식으로서 플래시백 기법은 이

---

30 Sharon Willis, *Marguerite Duras: Writing on the Body* (Urbana-Champagne: University of Illinois Press, 1987).

미 〈시민 케인(Citizen Kane)〉(1941년)과 〈라쇼몽(Rashomon)〉(1950년)에서 등장했지만, 〈히로시마 내 사랑〉과 같은 플래시백의 활용 방식은 이후 영화에서 트라우마 연구의 방향을 예고하는 중요한 선례가 되었다.[31]

아녜스 바르다(Agnès Varda)의 영화 〈5시부터 7시까지의 클레오(Cléo de 5 à 7)〉(1962)는 건강검진, 우연, 징집 등의 사건을 통해 현재와 미래의 복잡한 관계를 설정했다. 그 의도는 세계를 바라보는 또 다른 방식을 보여주려는 것이었다. 주인공 클레오(Cléo)는 팝 가수로, 의사가 암일 가능성을 제기한 가운데 진단 결과를 기다리고 있다. 그녀는 두 시간 동안 결과를 기다리며 파리 시내를 배회하는데, 이 시간은 영화의 러닝타임과 거의 일치한다. 그녀는 우연이 자신의 기대와 불안을 좌우하도록 내버려둔다. 영화는 클레오가 타로 점술사를 찾아가는 장면으로 시작된다. 점술사는 불길한 예언을 내놓고, 이는 그녀를 미신적인 불안에 사로잡히게 만든다. 그러나 택시 라디오에서 흘러나오는 자신의 노래, 집에서 익살을 떠는 친구들, 그리고 극장 영사실에서 본 단편영화로 금세 주의가 분산된다. 이 영화는 한 무명 팝 가수가 겪는 사소한 고뇌에만 초점을 맞추는 것이 아니다. 오히려 클레오가 도시를 배회하는 동안, 곳곳에서 드러나는 프랑스 식민주의의 다양한 표식들을 통해 관객을 그 시대의 분위기로 끌어들인다.[32] 클레오가 택시를 타고 가는 동안 라디오에

31　세계 영화에서 플래시백에 대한 해석은 Maureen Turim, *Flashbacks in Film: Memory and History* (New York and London: Routledge, 1989)를 참조하라. 트라우마 시네마라는 개념에 대해서는 Janet Walker, *Trauma Cinema: Documenting Incest and the Holocaust* (Berkeley, CA: University of California Press, 2005)를 참고할 것.
32　Sharon Willis가 Varda의 영화에서 식민주의를 읽어낸 그녀의 해석을 내가 대신 전한 것을, 부디 오랜 세월이 지난 뒤에 전하는 감사의 표시로 받아주시기 바란다. 그녀의 통찰은 오

서는 프랑스 식민주의에 맞선 알제리 시위 소식이 흘러나온다. 그러나 그녀는 그 직후 흘러나오는 자신의 노래에만 주의를 기울인다. 반면 관객의 귀에는 두 소식이 모두 들린다. 그녀가 어느 거리를 거닐 때, 카메라는 아프리카 의례용 가면이 전시된 상점의 진열창을 배경으로 그녀를 따라간다. 이 가면들은 프랑스에서 단순한 '오브제 다르(objets d'art, 예술품)'로 전시되고 있다. 여기서도 클레오는 별다른 관심을 보이지 않지만, 카메라는 물건들을 천천히 포착하며 클레오의 시선과 대비를 이루고 있다. 클레오가 친구들과 함께 극장 영사실에서 관람하는 영화 속 영화(film-within-film)에는 블랙페이스(blackface, 흑인 분장)를 이용한 인종차별적 개그가 등장한다. 그녀가 웃음을 터뜨리는 장면은 프랑스 사회에 만연하면서도 거의 문제시되지 않던 인종차별의 한 단면을 보여준다. 클레오가 뤽상부르(Luxembourg) 공원을 지나 병원으로 가는 길에서는 보다 직접적인 장면이 등장한다. 알제리의 반식민 저항운동을 진압하기 위해 파견되는 프랑스 군인을 우연히 만나는 장면이다. 그러나 클레오는 이 만남에도 특별히 관심을 두지 않는다. 두 사람이 공원을 거닐며 병원이 점점 가까워지지만 영화는 끝까지 클레오의 최종 진단 내용을 제공하지 않는다. 이 영화는 클레오의 산만한 배회를 하나의 구조로 기록하는 방식으로, 프랑스 식민주의의 표식과 알제리 관련 뉴스가 넘쳐나는 시청각적 요소에 주의를 기울이도록 유도하는 또 다른 해석의 전략을 제시한다. 이 영화는 개인적인 서사와 식민주의적 문제를 동시에 다루면서, 전통적인 인물 중심 서사나 정치적 목적을 지닌 영화의 일

랫동안 내 마음에 남아 있었다.

관성을 해체한다. 이러한 분열적 구도는 같은 시기의 〈히로시마 내 사랑〉과 같은 작품에서도 발견할 수 있다.

비교적 가까운 사례로 자크 로지에(Jacques Rozier)의 〈아듀 필리핀(Adieu Philippine)〉(1962년)이 있다. 이 영화의 뛰어난 연출력은 다소 늦게 재조명되었다. 영화는 미셸(Michel)이라는 인물을 중심으로 한 여름날의 로맨스를 그린다. 그는 파리에서 TV 기술자로 일하고 있으며, 곧 알제리로 군 복무를 떠날 예정이다. 미셸은 절친한 두 여성과 각각 교제하지만, 결국 그들은 이를 알게 된다. 미셸은 두 사람을 피해 코르시카(Corsica)로 떠나지만, 여인들은 그를 뒤쫓는다. 여러 복잡한 상황이 전개되며, 영화는 두 여성이 미셸이 알제리로 떠나는 배를 바라보는 장면으로 끝난다. 이 영화는 겉보기에는 가벼운 분위기를 유지하지만, 알제리 독립 투쟁에 공감 어린 시선을 내비친다. 나아가 제목에서 오해(misrecognition)의 개념을 활용하는데, 갈등의 무대가 되는 곳은 필리핀이 아니라 알제리다. 이 두 영화가 프랑스 영화에서 알제리의 이미지를 형성하는 방식에 관여했지만, 알제리의 무장 투쟁을 가장 널리 알린 작품은 질로 폰테코르보(Gillo Pontecorvo)의 〈알제리 전투(Battle of Algiers)〉(1966년)였다. 이 영화는 알제리 독립운동을 정면으로 다루며, 이전의 유사한 주제들을 압도하는 강렬한 인상을 남겼다. 폰테코르보는 이탈리아 출신이지만, 당시 이탈리아에서 주류를 이루던 네오리얼리즘의 미학과는 직접적으로 관련되지 않았다. 나아가 그의 최고작인 〈알제리 전투〉는 특정한 국가적 영화 스타일에 속하지 않으며, 사실과 허구 사이에서 미묘한 균형을 이루는 작품으로 평가되었다.

크리스 마르케의 영화는 세계의 사건을 다루면서도 독특한 전략을 구사한다. 다른 영화감독들과의 연관성도 있지만 그만의 차별화 요소가 있다. 최근 그의 작품을 다룬 다큐멘터리에서도 말했듯이 크리스 마르케의 영화는 명확한 분류를 거부한다. 사실과 허구의 요소가 결합하여, 개인적인 성격이 깊은 영화들을 만들어낸다. 알랭 레네(Alain Resnais)와 공동 연출한 〈죽은 자들도 살아 있다(Statues Also Die)〉(1953년)는 사하라 이남 아프리카의 가면, 조각품, 기타 예술 형식들을 보여준다. 또한 죽어가는 고릴라와 유럽이나 미국에 거주하는 아프리카 출신 사람들의 모습을 병치하며, 식민주의가 아프리카 문화를 상품화하고 그 신비성을 상실하게 만든 원인임을 암시한다. 〈시베리아에서 온 편지(Letter to Siberia)〉(1957년) 역시 토착 문화의 소멸을 다루며, 시베리아의 근대화를 탐구한다. 영화는 뉴스릴 영상, 정지 화면, 만화 이미지, 그리고 크리스 마르케가 직접 시베리아에서 촬영한 영상을 결합하여 구성되었다. 앙드레 바쟁(André Bazin)은 이 영화를 비평하면서, 관찰자 다큐멘터리 방식에도 개인적인 어조를 포용하는 능력을 지적했다. 영화는 에세이 형식을 취하며, 크리스 마르케의 나레이션이 편지 형식으로 삽입되어 있다.[33] 크리스 마르케의 영화를 본 앙드레 바쟁이 처음 제시한 "에세이 영화(essay film)" 개념은 이후 영화 연구에서 지속적인 영향을 미쳤다. 노라 알터(Nora Alter)의 비평적 분석은 이 개념을 더욱 구체화하며, 이 장르가 끝없이 변화하는 것은 크리스 마르케가 각 작품에서 끊임없이 실험을 이어간 결과라고 강조한다.[34] 〈시베리아에서 온 편지〉, 여러 감독

---

33 Andre Bazin, "Chris Marker's Letter from Siberia." Translated by David Kehr. *Film Comment* (July/August 2003).

이 함께 만든 베트남 전쟁 반대 영화 〈머나먼 베트남(Loin du Vietnam)〉(1967년), 다큐멘터리와 허구, 해설이 혼합된 몽타주 영화 〈태양 없는 세상(Sans Soleil)〉(1983년) 등에서 우리는 크리스 마르케가 세계와 소통하는 방식을 분명하게 이해할 수 있다. 〈태양 없는 세상〉은 일본, 기니비사우, 미국, 아이슬란드 등 여러 장소에서 촬영되었다. 모두 유럽에서 멀리 떨어진 장소지만 역사적으로 유럽과 연결되어, 오리엔탈리즘이나 식민주의의 시선으로 바라보던 곳들이다. 크리스 마르케는 우연성과 즉흥성을 강조하는 방식으로 그 장소의 역사적 맥락을 재구성했다. 영화에서의 우연성 개념은 크리스 마르케가 채택한 여행기(travelogue) 장르에서 더욱 강화된다. 그의 영화에서 1인칭 나레이션은 기존의 관찰 다큐멘터리가 추구하던 객관성을 해체하는 방식으로 작용한다. 이러한 전략은 〈태양 없는 세상〉에서 가장 강하게 드러난다. 일본 여행은 곧 세계 곳곳으로 가는 여정으로 확장되며, 동시에 크리스 마르케의 개인적 아카이브로 연결된다. 이를 통해 아이슬란드와 일본을 연결하는 것처럼, 서로 이질적인 개념과 사물 사이에 예상치 못한 연관성이 구축된다.

    초기에는 미국 영화, 특히 히치콕(Alfred Hitchcock)의 할리우드 작품에 매료되었던 프랑스의 여러 누벨바그 감독들처럼, 크리스 마르케 또한 그의 시간 여행 걸작 〈탑승구(La Jetée)〉(1962년)에서 알프레드 히치콕의 영화 〈현기증(Vertigo)〉의 인용을 삽입한다. 〈탑승구〉는 핵전쟁 이후의 실험을 다루는 영화로, 정지된 사진들을 촬영하여 구성한 작품이

---

34 Nora M. Alter, *Chris Marker* (Urbana and Chicago: University of Illinois Press, 2006).

다. 그러나 할리우드에 대한 매혹은 곧 다른 영화로 옮겨갔다. 그가 감독한 에세이 영화 형식의 전기 영화 〈마지막 볼셰비키(The Last Bolshevik)〉(1992년)에는 오랫동안 잊혀졌던 소련 감독 알렉산드르 메드베드킨(Aleksander Medvedkin)을 재발견한 과정이 담겨 있다. 메드베드킨은 소련 영화사에서 세르게이 아이젠슈타인(Sergei Eisenstein), 뷔세볼로트 푸도프킨(Vsevolod Pudovkin), 지가 베르토프(Dziga Vertov)에게 가려진 인물이었다. 그러나 크리스 마르케의 영화는 그가 우화와 아이러니를 능숙하게 활용한 감독이었다는 점을 재조명하며 그의 작업을 지속적으로 탐구한다. 메드베드킨이 영화에서 반복적으로 등장시키는 낙타 모양의 컷아웃(cutout) 모티프는, 마르케 자신이 영화 속에서 컷아웃된 고양이로 등장하는 방식과 뜻밖의 유사성을 보인다. 이를 통해 시공간을 초월한 두 영화감독의 스타일이 조화를 이루게 된다. 이 두 영화에서 크리스 마르케는 영화 애호가(cinephile)의 아카이브로 시선을 돌린다. 이는 특정 국가 영화나 지배적인 할리우드 영화 취향에 국한되지 않으며, 오히려 세계 영화에 대한 그의 깊은 관심을 반영한다. 노라 알터(Nora Alter)는 크리스 마르케의 작업에 대한 가장 포괄적인 평가를 내린 바 있다. 그에 따르면 크리스 마르케는 끊임없이 변화하는 영상 매체와의 관계 속에서 궁극적으로 비디오 설치(video installation)로 방향을 전환했다고 지적한다. 예를 들어 〈임메모리(Immemory)〉(1998년)는 다섯 개의 비디오 모니터를 수직으로 배열하여 동시성과 분산성을 강조하는 작품으로, 그의 초기 작업과는 거의 닮지 않은 구성을 취하고 있다. 크리스 마르케의 작품은 확립된 스타일의 틀을 전적으로 거부한다.

장-뤽 고다르(Jean-Luc Godard)의 작품에서도 두드러진 발전 양상을 보였던 에세이 형식은 1968년 결성된 정치적 성향의 영화 제작 그룹인 지가 베르토프(Dziga Vertov Group)에서 본격적으로 시작되었다. 장-피에르 고랭(Jean-Pierre Gorin)과 안 마리 미에빌(Anne-Marie Miéville)이 여기서 협업의 성과를 올렸다. 그룹 자체는 오래 지속되지 못했지만 에세이 형식의 혁신을 보여준 두 편의 주목할 만한 작품이 있었다. 〈제인에게 보내는 편지(Letter to Jane)〉(1972년)는 사진과 영화 스틸을 활용하여 제인 폰다(Jane Fonda)의 뉴스 사진을 해체하고, 이를 통해 베트남 전쟁에서 미국의 역할을 비판한다. 또한 〈이곳과 저곳(Ici et Ailleurs, Here and Elsewhere)〉(1976년)은 프랑스 가정과 팔레스타인 사람들의 삶을 담은 비디오 및 영화 영상을 활용하여, 알제리 독립 문제에 침묵한 프랑스 식민주의를 드러내고, 동시에 영화 제작 과정 자체를 성찰하는 작업을 수행한다.

독일 뉴 시네마와 그 영향

독일 뉴 시네마(German New Cinema)로 분류되는 영화들은 독일의 어두운 역사와 문화적 차이를 주된 주제로 삼았다. 일부 영화는 식민주의 문제도 깊이 있게 다뤘다. 독일 뉴 시네마에 대한 논의는 보통 1962년의 오버하우젠 선언(Oberhausen Manifesto)에서 시작된다. 이 선언은 젊은 감독들이 기존 영화 스타일과 단절하고, 영화가 상업적인 이해관계에서 벗어나도록 국가가 재정적으로 지원해야 한다는 주장을 담고 있다. 라이너 파스빈더(Rainer Fassbinder), 한스-위르겐 지버베르크(Hans-Jürgen Syberberg), 베르너 헤어조크(Werner Herzog), 빔 벤더스(Wim Wenders), 폴커 슐뢴도르프(Volker Schlöndorff), 헬케 잔더(Helke Sander),

마르가레테 폰 트로타(Margarethe von Trotta) 등 여러 감독들이 독일 뉴 시네마의 대표 인물로 꼽히지만, 이들의 영화적 스타일을 하나로 묶어 설명하기는 어렵다. 그럼에도 이들이 독일의 역사, 특히 나치 시대의 과오를 성찰하는 데 중점을 두었다는 점은 분명하다. 이는 1970-80년대 독일 뉴 시네마 운동의 핵심이었다. 대부분의 감독들은 독일의 과거사에 집중하면서 국제적 이슈에서는 다소 거리를 두는 편이었으나, 예외적인 경우도 있다. 특히 라이너 파스빈더는 많은 작품을 통해 과거의 문제를 현재의 관점으로 끌어왔다. 그의 영화 〈두려움은 영혼을 먹어치운다(Angst essen Seele auf)〉(1974년)에는 북아프리카 출신 이민자가 등장하고, 〈마리아 브라운의 결혼(Die Ehe der Maria Braun)〉(1979년)에는 흑인 미군 병사가 등장한다. 이 작품 속 인물들은 모두 낯선 존재로 묘사되며, 그들을 통해 나치 시대가 남긴 깊은 공포와 전후 독일 내 미군 주둔이라는 불편한 현실을 드러낸다. 라이너 파스빈더의 영화는 주인공들이 역사 속의 잘못된 현실에 연루되는 공모의 문제를 끊임없이 제기한다. 이를 통해 그는 역사를 단지 기록하는 것이 아니라 반성하고 새롭게 해석하는 작업을 지속적으로 보여주었다.

프랑스의 누벨바그 감독들이 그랬듯이, 독일 뉴 시네마 감독들의 작품에서도 미국 영화와의 밀접한 영향 관계를 발견할 수 있다. 독일 뉴 시네마의 대표적인 감독은 빔 벤더스였다. 그는 특히 로드무비라는 장르를 통해 미국적 요소와의 상호작용을 가장 잘 드러냈다. 그의 대표작인 〈파리, 텍사스(Paris, Texas)〉(1984년)는 독일 뉴 시네마의 특징을 집약한 영화로 평가받으며, 동시에 미국적인 상징과 서부극의 요소를 새롭게 해석한 작품이다. 빔 벤더스는 또한 여행을 소재로 다양한 영화를 만들었다. 〈부에나 비스타 소셜 클럽(Buena Vista Social Club)〉(1999년)에서는 쿠바 음악 문화를 탐구했고, 〈영상으로 만나는 도쿄(東京画)〉(1985년)에서는 일본의 영향력 있는 영화감독 오즈 야스지로(小津 安二郎)의 영화 세계를 소개했다.

1982년 영화 〈피츠카랄도(Fitzcarraldo)〉에서 감독 베르너 헤어조크는 아일랜드 출신의 모험가를 주인공으로 삼았다. 클라우스 킨스키(Klaus Kinski)가 연기한 이 모험가는 페루에 오페라 극장을 짓겠다는 꿈을 품고 있었다. 그는 건축 자금을 마련하기 위해 아마존강에서 고무를 운반하려 했는데, 이를 위해 산을 넘어 거대한 증기선을 옮기려는 계획을 세웠다. 이 계획은 엄청난 육체적 노동을 필요로 했고, 무엇보다 적대적인 원주민이 사는 지역을 지나야 했다. 놀랍게도 현지 원주민들은 결국 그의 계획을 돕게 되었고, 증기선은 산을 넘는 데 성공했다. 그러나 원주민 추장이 밧줄을 잘라버리면서, 빈 배는 다시 강을 따라 떠내려갔다. 헤어조크는 영화를 촬영하면서 특수 효과 없이 실제 상황 그대로를 담아냈기 때문에 촬영은 더욱 힘들었다. 게다가 주연 배우인 클라우스 킨스키가 감독인 헤어조크와 촬영팀, 현지 엑스트라들과 끊임없이 충돌했기 때문에 촬영 현장은 매우 험난했다. 이런 어려웠던 촬영 과정은 1982년 헤어조크가 레스 블랭크(Les Blank)와 함께 만든 다큐멘터리 〈꿈의 짐(Burden of Dreams)〉에도 담겨 있다. 이 작품은 〈피츠카랄도〉의 제작 과정을 상세히 다루었으며, 민족지 다큐멘터리 형식을 개인적 에세이 스타일로 표현하여 다큐멘터리 영화에 새로운 변화를 가져왔다. 또한 〈꿈의 짐〉은 영화 제작 과정을 놓아보는 자기 성찰석 다큐멘터리의 시작으로 평가받고 있으며, 헤어조크가 정글 파괴에 대해 혼자 독백하는 장면도 포함하고 있다. 베르너 헤어조크는 이 힘든 제작 과정을 일기로 기록했고, 이 일기는 2004년 독일어판《쓸모없는 정복(Die Eroberung des Nutzlosen)》으로 출판되었으며, 2009년에는 영어로도 번역되었다. 이 책에는 아마존 정글의 야생 생태와 원주민 문화에 대한 헤어조크의 깊은 고민과 성찰이 잘 담겨 있다.

독일 뉴 시네마 운동의 두드러진 특징은 영화 역사상 보기 드물게 많은 여성 감독들이 활동했다는 점이다. 이들은 페미니즘과 다양한 방식으로 관계를 맺었다. 대표적인 감독 헬케 잔더(Helke Sander)는 독일 최초의 페미니즘 영화 협회를 만들었고, 페미니즘 영화 잡지《여성과 영화(Frauen und Film)》를 창간했다. 헬케 잔더는 영화〈전방위적으로 축소된 인격(Die allzeitig reduzierte Persönlichkeit – Redupers, 1977)〉에서 주연 배우로 직접 출연하기도 했다. 이 영화는 서베를린에서 사진 촬영을 맡은 여성 사진작가가 겪는 3일간의 삶을 보여준다. 여성의 일상과 분단 도시의 현실을 동시에 그리면서, 감독 자신의 경험과 허구 사이의 경계를 오가며 정체성 형성에 대해 깊이 생각하게 한다. 또 다른 여성 감독 마가레테 폰 트로타(Margarethe von Trotta)의 멜로드라마〈마리안네와 율리아네(Marianne and Juliane, 1981)〉는 여성 운동에 뛰어든 두 자매의 이야기를 담고 있다. 두 자매는 각자 다른 방식으로 사회에 저항하는데, 그중 한 명은 폭력적인 혁명 테러 조직에 들어갔다가 결국 감옥에서 의문의 죽음을 맞는다. 영화는 정치적 주제를 다루고 있지만, 더 큰 관심은 자매의 관계에 있다. 이 작품은 두 자매가 개인적인 신념과 정치적 현실 사이에서 갈등하고, 결국 서로의 차이를 끝까지 좁히지 못하는 모습을 세심하게 그려낸다.

울리케 오팅어(Ulrike Ottinger)의 독창적인 영화들은 소재와 촬영 방식 모두 독일을 벗어났다. 1989년 영화 〈몽골의 잔다르크(Johanna d'Arc of Mongolia)〉에서 몽골어를 구사하는 인류학자를 포함한 다양한 유럽 여성들이 시베리아와 중앙아시아 초원을 가로지르는 기차 여행을 하던 중, 몽골 공주에게 인질로 잡히게 된다. 기차와 함께 움직이던 카메라는 이후 정적인 화면을 통해 몽골의 인상적인 풍경과 다양한 만남의 에피소드를 담아낸다. 이로써 영화는 여행 장르에서 민족지로 전환된다. 이처럼 서로 다른 영화적 스타일을 독창적으로 결합한 울리케 오팅어의 영화는 문화적 차이뿐만 아니라 성적 차이에 대한 개념도 강조한다.[35] 유럽 여성들은 자신을 사로잡은 몽골인들에게 매료되며, 대체로 우호적인 관계를 형성한다. 이는 성적 차이와 정치적 요소를 새롭게 접목하며, 유토피아적 가능성을 폭넓게 탐색하는 방식으로 전개된다. 울리케 오팅어는 다시 몽골로 돌아가, 유목민들의 삶을 조명하는 8시간 분량의 다큐멘터리 〈타이가(Taiga)〉(1992년)를 연출하고 촬영하였다. 이외에 다른 많은 작품들 역시 문화 간 교류를 탐구하며, 종종 시간적 경계를 넘나든다. 1996년 영화 〈상하이 망명(Exil Shanghai)〉은 사진, 문서, 인터뷰를 통해 제2차 세계대전 당시 상하이에 거주했던 오스트리아, 독일, 러시아 출신 유대인 여섯 명의 삶을 조명한다. 이후 이들이 이후 샌프란시스코 지역으로 이주하는 과정과 1996년 현대적 대도시로 변모해 가는 상

---

35 Annette Kuhn, "Encounter between two cultures: a discussion with Ulrike Ottinger," *Screen* 28/4 (Autumn 1987), 74-79. Janet A. Kaplan, "Encounter between two cultures: interview with Ulrike Ottinger," *Screen* 61/3 (Fall 2002), 7-21.

하이의 모습을 교차시킨다. 2009년 영화 〈한국의 혼수함(Die koreanische Hochzeitstruhe)〉은 한국 결혼 문화에서 전통과 현대가 충돌하는 양상을 탐구한다. 압도적인 화면이 인상적인 영화 〈설원에서(Unter Schnee)〉(2011년)는 일본 북서부의 에치고(越後) 지방을 배경으로, 눈 덮인 설원의 풍경 속에서 발달한 독특한 종교 의식, 결혼 풍습, 축제 등을 다큐멘터리 형식으로 담아내는 동시에, 가부키(歌舞伎) 배우처럼 분장을 한 두 학생의 시간여행, 여우 요괴의 도움과 변신의 이야기가 포함되어 있다.

프랑스의 누벨바그와 독일의 뉴 시네마는 모두 세계적으로 큰 영향을 미쳤다. 더들리 앤드루(Dudley Andrew)의 《세계 영화 지도(An Atlas of World Cinema)》는 영화학의 교과서와 같은 저서인데, 그는 두 영화 운동의 영향이 대만까지 미쳤다고 지적한다.[36] 작가주의 영화의 부상으로 주목받은 대만 뉴웨이브(Taiwan New Wave) 또한 하나의 미학적 기준으로 묶기 어려운 경향을 보인다. 그러나 분석적 관점에서 보면, 후효현(侯孝賢, 후샤오시엔), 양덕창(楊德昌, Edward Yang), 채명량(蔡明亮, 차이밍량)을 비롯한 주요 감독들의 작품은 롱테이크 기법을 통해 영화에서 시간과 공간을 탐구하는 실험을 지속했다고 볼 수 있다. 후효현(후샤오시엔)의 〈비정한 도시(悲情城市)〉(1989년)와 〈해상화(海上花)〉(1998년), 〈고령가 소년 살인사건(牯嶺街少年殺人事件)〉(1991) 등의 작품에서는 롱테이크 기법이 역사적 사건의 영상적 재현을 근본적으로 재고하는 방식을

---

36 Dudley Andrew, "An atlas of world cinema," in Stephanie Dennison and Song Hwee Lim (eds.), *Remapping World Cinema: Identity, Culture and Politics in Film* (London and New York: Wallflower Press, 2006), pp. 19-29를 참조하라. 세계영화를 이론적 문제로 평가한 내용은 이 책의 다른 장들도 참고할 것.

제공한다. 이와 유사한 뉴웨이브 운동은 일본에서도 시작되었으며, 인도 각지의 거대한 영화 산업에서도 나타났다. 이는 유럽 영화의 영향인 동시에 독자적인 발전 과정의 산물이기도 하다.

브라질의 학자 루시아 나깁(Lucia Nagib)은 그의 저서 《세계 영화와 리얼리즘의 윤리(World Cinema and the Ethics of Realism)》(2011년)에서 독특한 비교를 제시했다. 즉 프랑스 영화 〈400번의 구타(Les Quatre Cents Coups)〉(by François Truffaut, 1959년), 캐나다 이누이트어 영화 〈아타나르주아트(Atanarjuat: The Fast Runner)〉(2001년), 부리키나파소의 영화 〈야바(Yaaba)〉(1989년), 브라질 영화 〈태양의 땅에서 신과 악마(Deus e o Diabo na Terra do Sol)〉(1964년)를 나란히 비교했다. 이들은 모두 민족 영화(national cinema)라는 경계나 특정 시대 구분 등 기존의 범주화를 거부하는 작품들이다.[37] 저자는 이러한 영화들이 나름대로 각기 다른 영화 운동의 선구자 역할을 했으며, 주제적 차원에서도 특이한 공명이 있다고 주장한다. 예컨대 주인공들이 영화 속에서 실제로 '일탈한다'는 점에서 유사성을 보이기도 한다. 루시아 나깁의 영화 분석은 세계 영화를 이해할 때 리얼리즘을 하나의 개념적 기준으로 삼아야 한다는 주장을 중심으로 전개된다. 리얼리즘이 동시적(synchronic) 및 통시적(diachronic) 관점에서 모두 유효한 개념이며, 시공간을 초월해 서로 공명하는 다양한 영화를 해석할 수 있는 생산적인 틀이라고 보기 때문이다. 저자가 강조하는 핵심 개념은 '리얼리즘'이며, 이를 통해 세계 영화의 생

---

[37] Lucia Nagib, *World Cinema and the Ethics of Realism* (London: Continuum, 2011).

산적인 고고학적 지도를 그려낸다. 루시아 나깁은 로버트 스탬과 엘라 쇼햣이 제안했던 "다중 중심적(multicentric) 다문화주의"의 개념을 따르며, 기존의 위계와 이분법(예컨대 할리우드와 그 외의 영화, 예술 영화와 대중 영화, 제1영화와 제3영화, 민족 영화와 글로벌 영화)를 넘어서는 방식으로 영화를 이해하자고 제안했다.

이탈리아, 인도, 이란 영화의 리얼리즘

개념적 범주로서의 리얼리즘에 대한 이러한 주장은 이미 선행 연구들에서 제기된 적이 있었다. 뤼미에르 형제의 악뛰알리떼(액추얼리티) 영화 같은 초기작부터 로버트 플래허티(Robert Flaherty)의 〈북극의 나누크(Nanook of the North)〉(1922년) 같은 초기 민족지 영화(ethnographic film), 그리고 이탈리아 네오리얼리즘(neo-realism) 영화에 이르기까지, 영화 연구는 꾸준히 리얼리즘에 주목해 왔다. 이탈리아 네오리얼리즘에 대한 일반적인 견해는, 이 사조가 로베르토 로셀리니(Roberto Rossellini)의 〈무방비 도시 로마(Roma città aperta)〉(1945년)에서 시작되어 약 10년간 지속되었다. 그 배경에는 이탈리아 영화 산업 붕괴와 같은 물질적 조건이 있었다고 본다.[38] 학계에서는 물질적 조건이 영화 스타일을 그토록 광범위하게 결정할 수 있는지에 대한 논쟁이 지속되어 왔다. 노아 스타이마츠키(Noa Steimatsky)는 최근 세련된 수정주의적 관점을 담은 저서에서 초기 다큐멘터리 영화가 네오리얼리즘에 미친 영향력을 주장했

---

[38] See essays in *Springtime in Italy: A Reader on Neo-Realism*, edited by David Overbey (Hamden, CT: Archon Books, 1978).

다. 특히 미켈란젤로 안토니오니(Michelangelo Antonioni)의 초기작 〈포강 사람들(Gente del Po)〉(1942/47년)의 희귀한 영상 자료를 발굴하여 자신의 주장을 뒷받침한다. 노아 스타이마츠키는 이러한 요소들을 설득력 있게 분석하여, 아직 본격화되지 않은 스타일의 징후로 해석한다. 여기서 말하는 스타일이란, 범람하는 강과 같은 배경에 대한 집중, 줄거리 전개의 축소, 그리고 인간 주인공의 행동을 절제하는 방식 등을 의미한다.[39] 비록 이처럼 거의 소실된 작품 하나가 네오리얼리즘의 전체 계보를 재구성할 수는 없을지라도, 우리는 이탈리아 네오리얼리즘에서 나타나는 자연경관에 대한 초기 다큐멘터리 영화의 영향력에 주목해야 한다. 이러한 경향은 전쟁으로 스튜디오가 파괴된 후 야외 촬영이 증가한 현상과도 관련지어 설명되기도 한다. 그러나 노아 스타이마츠키는 전후 이탈리아 사회의 재건과 재구성에 영화가 기여한 역할에도 주목한다. 예컨대, 루키노 비스콘티(Luchino Visconti)의 〈로코와 그의 형제들(Rocco e i suoi fratelli)〉(1960년) 마지막 장면에서 루카가 롱샷으로 잡은 고층 건물을 향해 달려가는 모습은, 전쟁의 폐허 속에서 정치경제적 타협을 통해 재건을 도모하는 전후 이탈리아의 상황을 효과적으로 드러낸다.

리얼리즘은 단순히 이탈리아의 민족 양식에 국한되지 않았으며, 인도 독립 시기와 맞물려 인도에서도 수용되었다. 사티야지트 레이(Satyajit Ray)는 1947년 콜카타에서 영화 동호회를 설립하여 이탈리아 네오리얼리즘의 주요 작품들을 소개했다. 더불어 그는 프랑스 감독 장 르누아르

---

39 Noa Steimatsky, *Italian Locations: Reinhabiting the Past in Postwar Cinema* (Minneapolis: University of Minnesota Press, 2008).

(Jean Renoir)가 인도에서 〈강(The River)〉(1951년)을 촬영하는 과정을 가까이에서 지켜보기도 했다. 벵골 고전 소설을 원작으로 한 아푸 3부작(The Apu Trilogy, 1955 – 59년)을 연출한 그는 아마추어 배우와 스태프를 기용했음에도 불구하고 국내외 유수의 영화제에서 많은 상을 수상하는 쾌거를 거두었다. 모이나크 비스와스(Moinak Biswas)는 사티야지트 레이 감독의 영화에서 풍경 묘사 방식과 야외 로케이션의 흐름 및 음향이 지닌 자연주의적 요소에 주목했다.[40] 모이나크 비스와스는 영화감독 리트윅 가탁(Ritwik Ghatak)이 〈아파라지토(Aparajito)〉(1956년)에서 칭송한 리듬의 중요성을 다시 언급하며, 사티야지트 레이 감독의 영화에서 풍경의 지속성이 영화 자체를 드러내는 방식이라고 해석했다. 배우 중심의 서사(narrative)를 지양함으로써, 사티야지트 레이 감독의 영화는 관객이 긴 묘사 장면(목가적이든 아니든) 전반에서 두드러지는 리듬의 미학을 인지하도록 유도한다. 그의 영화는 이탈리아 네오리얼리즘과 장 르누아르의 영향을 드러내면서도, 모이나크 비스와스가 지적하듯 벵골 소설의 자연주의적 전통과 오래도록 밀접하게 연결되어 있었다.

이탈리아 네오리얼리즘에서 자주 등장했던 폐허의 이미지, 특히 재난의 잔해는 수십 년 후 이란 영화(Iranian cinema)에서 자연재해라는 형태로 다시 등장했다. 압바스 키아로스타미(Abbas Kiarostami)의 코케르 3부작(Koker Trilogy), 즉 〈내 친구의 집은 어디인가?〉(1987년), 〈그리고 삶은 계속된다(1992년)〉, 〈올리브 나무 사이로〉(1994년)가 대표적이

---

40 Moinak Biswas, "Introduction" and "Early films: the novel and other horizons," in Moinak Biswas (ed.), *Apu and After: Re-visiting Ray's Cinema* (Calcutta: Seagull Press, 2005).

다. 이 3부작 중 두 번째와 세 번째 영화는 이란 북부의 작은 마을 코케르(Koker)를 배경으로, 1990년 이 지역을 덮친 지진의 여파를 담아내는 데 주력한다. 이는 그의 리얼리즘에 대한 애착을 보여주는 동시에, 영화에서 공간을 구성적 수수께끼로 탐구하는 데 대한 심도 깊은 관심을 드러낸다. 예컨대 〈올리브 나무 사이로〉는 코케르 인근에서 진행되는 영화 촬영 현장을 배경으로, 특히 영화 속은 물론 현실에서도 관계가 불확실한 커플의 장면을 리허설하고 재촬영하는 과정에 집중한다. 영화는 이러한 망설임을 활용하여 배우와 실제 인물 간의 딜레마 사이의 구분을 더욱 모호하게 만든다. 동시녹음(sync sound)은 프레임의 공간을 확장하는 데 활용되어, 화면 밖에서 들리는 영화감독의 지시사항과 같은 소리를 통해 영화 촬영이 진행 중임을 상기시킨다. 영화의 결말은 사실과 허구의 경계를 더욱 흐릿하게 만든다. 익스트림 롱샷(extreme long shot)으로 주인공 타레(Tahreh)와 호세인(Hossein)이 걷다가 잠시 대화를 나누는 모습이 포착된다. 앞서 영화는 이들이 신혼부부 장면을 연습하는 모습을 미디엄 롱샷(medium long shot)으로 보여준 바 있다. 사운드트랙을 통해 그들의 대화 내용을 직접적으로 드러내는 대신, 호세인이 카메라를 향해 달려올 때 콘체르토 음악이 울려 퍼지면서 영화는 막을 내린다. 내러티브가 아닌 음악이 리얼리즘에서 결말을 맺는 장치로 작용하며, 그것이 허구에 속한다는 사실을 암시한다. 여기서 영화가 중요하게 제기하는 문제의식은, 서사 영화에서 리얼리즘이라 할지라도 그 자체로 사실이 아니라 인위적으로 구성된 것에 불과하다는 관점이다. 리얼리즘의 한계는 외부의 사실과의 관계에서가 아니라, 영화의 구성 원리 그 자체, 영화를 둘러싸고 있는 권력의 구조 그 자체 때문에 만들어지는 것이다.

결론

 흔히 끝맺음은 시작점으로 되돌아가는 순환의 과정이며, 지구나 원과 같은 형태를 다룰 때 이러한 회귀는 필연적으로 보인다. 우리 논의에서 제시되었던 이야기의 한 갈래는 프랑스에서 시작했지만, 나는 그 끝을 중국에서 마무리하고자 한다. 구성과 시퀀싱에서 뚜렷한 차이점에도 불구하고, 뤼미에르 형제의 〈공장 문을 나서는 노동자들(La Sortie de l'Usine Lumière à Lyon)〉은 이후 영화 제작에 심오한 영향을 드리웠다. 영화와 노동은 오랫동안 근대성의 대표적인 이미지로 자리매김해 왔다. 마지막으로 논할 작품은 장편 극영화로, 스테디캠이 뒤로 움직이며 시작된다. 카메라는 긴 복도를 따라 후진하면서, 다급하게 핀을 찾아 헤매는 한 여성을 계속해서 초점에 담는다. 인 미디어 레스(in media res, 중간에서 시작하는) 기법으로 시작하는 이 영화는, 인도 전통 의상을 입은 채 중국어를 구사하는 여성이 북경의 테마파크 소속 무용단원임을 깨닫는 데 다소 시간이 걸리게 한다. 더 정확히 말하자면, 이 시퀀스에서 그녀는 타지마할의 모형 앞에서 공연을 펼치고 있다. 중국 감독 가장가(賈樟柯, 지아장커)의 영화 〈세계(世界)〉(2004년)는 북경의 실제 테마파크를 노동의 공간으로 삼아 살아가는, 세계 각지에서 온 이주 노동자들의 삶을 조명한다. 영화 제목에서 짐작할 수 있듯이, 북경세계공원(北京世界公園)은 세계 여러 나라와 지역의 역사적 기념물 및 유명 랜드마크의 축소 모형들로 가득 채워진 공간이다.

 가장가(지아장커) 감독의 영화는 뤼미에르 형제가 고용한 촬영 기사들이 찍었던 악뛰알리떼(액추얼리티)의 구도를 재현하면서, 트롱프 뢰이유(trompe l'oeil, 착시 기법)를 활용하는 방식을 보여준다. 영화 〈세계(世

界))는 북경세계공원 내에 존재하는 구성적 아이러니를 다층적으로 드러낸다. 축소된 타지마할, 실물 크기의 피사의 사탑, 멀리서 볼 때는 웅장하지만 가까이 가면 그 위엄이 반감되는 에펠탑 등이 이러한 아이러니를 예시한다. 가장가(지아장커) 감독은 〈세계(世界)〉 이외에도 여러 작품을 통해 영화의 기원에 대한 탐구를 다양한 방식으로 확장시킨다. 그의 영화는 버려진 공장, 침수되는 마을, 테마파크 등 다채로운 장소들을 배경으로 한다. 예컨대 영화 〈삼협호인(三峽好人)〉(2006년)은 삼협댐 건설로 사라져가는 마을을, 다큐멘터리 영화 〈쓸모없음(无用)〉(2007년)은 중국 패션 및 의류 산업의 현실을 조명한다. 또한 영화 〈24개 도시의 기록(二十四城记)〉(2008년)은 항공기 공장 철거 후 아파트 단지로 변화하는 과정과 그 속에서 살아가는 3세대의 이야기를 담아낸다. 이러한 영화들 속 노동의 이미지는 뤼미에르 형제의 노동자들은 물론, 공산주의가 약속했던 유토피아와도 현격한 차이를 보인다. 대신 우리는 급변하는 노동의 개념과 노동의 풍경을 마주하게 된다.

뤼미에르 형제와 가장가(지아장커) 감독 사이의 간극은 세계 영화사를 서술하는 하나의 방식이다. 이 다채롭고 불균등한 역사는 국가별 영화와 스튜디오 스타일이라는 틀에 갇히기도 하지만, 국제영화제에서 스타일의 자유로운 교류, 영화 학교의 교육 과정, 무엇보다 영화광(cinephilia)들의 대담한 탐구를 통해 때로는 경계를 허물기도 한다.[41] 나

---

41 *Cinema of Interruptions: Action Genres in Contemporary Indian Cinema* (London: BFI Publishing, 2002) 서문을 참조하라. 시네필리아에 관한 보다 최근의 에세이들은 *Framework* (Spring and Fall 2009): 50,1/2를 참고할 것.

는 우리의 논의를 영화광의 정신으로 마무리하고자 한다. 그래서 영국의 영화 잡지 〈사이트 앤 사운드(Sight and Sound)〉에서 10년마다 시행하는 설문조사(Decade Poll)에 2012년 본인이 제출했던 목록을 소개한다. 설문조사의 내용은 국제적인 영화 전문가 집단에게 역대 최고의 영화 10편을 선정하도록 요청하는 것이다. 나의 목록은 세계 영화(world cinema)라는 개념에 대한 깊은 관심의 표현이다. 이 글에서 직접 언급하지는 않았지만, 이 목록을 통해 독자들에게, 세계 영화의 또 다른 역사가 얼마든지 존재할 수 있으며, 단 하나의 역사만으로는 세계 영화의 풍부한 이야기를 온전히 담아낼 수 없다는 점을 강조하고 싶다.

— 내가 선정한 10대 영화 —

1. 카메라를 든 사나이(The Man with a Movie Camera, 1929) – 지가 베르토프(Dziga Vertov) 감독

2. 잔느 딜망, 상업부두 23번지, 브뤼셀 1080(Jeanne Dielman, 23 Quai du Commerce, 1080 Bruxelles, 1975) – 샹탈 애커만(Chantal Akerman) 감독

3. 살로 혹은 소돔의 120일(Salò, or the 120 Days of Sodom, 1975) – 피에르 파올로 파졸리니(Pier Paolo Pasolini) 감독

4. 아모르(Amor, 1980) – 로버트 비버스(Robert Beavers) 감독

5. 안녕, 용문객잔(Goodbye, Dragon Inn, 2003) – 채명량(蔡明亮, 차이밍량) 감독

6.. 13개의 호수(13 Lakes, 2004) – 제임스 베닝(James Benning) 감독

7. 열대병(Tropical Malady, 2004) – 아피찻퐁 위라세타쿤(Apichatpong Weerasethakul) 감독

8. 조니 갓다르(Johnny Gaddaar, 2007) – 스리람 라가반(Sriram Raghavan) 감독

9. 더 와이어(The Wire, 2002-2008) – 데이비드 사이먼(David Simon) 제작 (시즌 2)

10. 인 카메라(In Camera, 2010) – 란잔 팔릿(Ranjan Palit) 감독

시간은 취향을 변화시키고, 사랑을 시험하며, 영화광에게 영감을 불어넣는다. 시간은 곧 지속성(duration)을 형성하는 요인이기도 하다. 10년 전 본인의 목록에 포함되었던 영화들 모두가 지금도 같은 위상을 유지하고 있는 것은 아니다. 그 영화들이 빛을 잃은 것은 아니지만, 그중 일부가 언젠가 재조명될 날을 기다리며 아카이브 속으로 잠시 자리를 옮겼을 뿐이다.

더 읽어보기

Andrew, Dudley with Hervé Joubert-Laurencin, eds. *Opening Bazin: Postwar Film Theory and Its Afterlife.* Oxford University Press, 2011.

Alter, Nora M. *Chris Marker.* Urbana and Chicago: University of Illinois Press, 2006.

Badley, Linda R., Barton Palmer, and Steven Jay Schneider, eds. *Traditions in World Cinema.* New Brunswick, NJ: Rutgers University Press, 2006.

Barnouw, Erik and S. Krishnaswamy. *Indian Film.* 2nd edn. Oxford University Press, 1980.

Bazin, Andre. *What is Cinema?* selected and translated by Hugh Gray. Berkeley, CA: University of California Press, 1967; rpt. 2005.

Berenstein, Mathew and Gaylyn Studlar, eds. *Visions of the East: Orientalism in Film.* New Brunswick: Rutgers University Press, 1997.

Betz, Mark. *Beyond the Subtitle: Remapping European Art Cinema.* Minneapolis: University of Minnesota Press, 2009.

Biswas, Moinak, ed. *Apu and After: Re-visiting Ray's Cinema.* Calcutta: Seagull Press, 2005.

Cook, David A. *A History of Narrative Film.* 3rd edn. New York: W.W. Norton, 1996.

Deleuze, Gilles. *Cinema 2: The Time Image.* Minneapolis: University of Minnesota Press, 1989.

Dennison, Stephanie and Song Hwee Lim, eds. *Remapping World Cinema: Identity, Culture and Politics in Film.* London and New York: Wallflower Press, 2006.

Ďurovičová, Nataša and Kathleen Newman. *World Cinemas, Transnational Perspectives.* New York: Routledge, 2010.

Dym, Jeffrey A. Benshi, *Japanese Silent Film Narrators, and their Forgotten Narrative Art of Setsumei: A History of Japanese Silent Film Narration.* Lewiston: Edwin Mellen Press, 2003.

Gopalan, Lalitha. *Cinema of Interruptions: Action Genres in Contemporary Indian Cinema.* London: BFI Publishing, 2002.

Grant, Catherine and Annette Kuhn, eds. *Screening World Cinema: A Screen Reader.* London and New York: Routledge, 2006.

Grierson, John. *Grierson on Documentary,* edited by Forsyth Hardy. Revised Edition. New York: Praeger, 1966.

Jameson, Frederic. *The Geopolitical Aesthetic: Cinema and Space in the World System.* Bloomington: Indiana University Press, 1996.

Melgosa, Adrian Perez. *Cinema and Inter-American Relations: Trafficking Transnational Affect.* New York: Routledge, 2012.
Miller, Toby et al., eds. *Global Hollywood.* London: British Film Institute, 2001.
Global Hollywood 2. London: BFI Publishing, 2005.
Myrent, Glenn and Georges P. Langlois. *Henri Langlois, First Citizen of Cinema.* New York: Twayne Publishers, 1995.
Naficy, Hamid. *An Accented Cinema: Exilic and Diasporic Filmmaking.* Princeton University Press, 2001.
Nagib, Lucia. *World Cinema and the Ethics of Realism.* London: Continuum, 2011.
Overbey, David. *Springtime in Italy: A Reader on Neo-Realism.* Hamden, CT: Archon Books, 1978.
Pines, Jim and Paul Willemen, eds. *Questions of Third Cinema.* London: BFI Publishing, 1989.
Rosen, Philip. *Change Mummified: Cinema, Historicity, Theory.* Minneapolis: University of Minnesota Press, 2001.
Shohat, Ella and Robert Stam. *Unthinking Eurocentrism: Multiculturalism and the Media.* New York: Routledge, 1994.
Steimatsky, Noa. *Italian Locations: Reinhabiting the Past in Postwar Cinema.* Minneapolis: University of Minnesota Press, 2008.
Teo, Stephen. *The Asian Cinema Experience: Style, Spaces, Theory.* Hoboken: Taylor and Francis, 2012.
Turim, Maureen. *Flashbacks in Film: Memory and History.* New York and London: Routledge, 1989.
Vincendeau, Ginnete. *Pepe Le Moko.* London: BFI Modern Classics, 1998.
Walker, Janet. *Trauma Cinema: Documenting Incest and the Holocaust.* Berkeley, CA: University of California Press, 2005.
Williams, Alan. *Republic of Images: A History of French Filmmaking.* Cambridge, MA: Harvard University Press, 1992.
Willis, Sharon. *Marguerite Duras: Writing on the Body.* Urbana-Champagne: University of Illinois Press, 1987.

케임브리지 세계사 17

생산, 파괴, 접속 3

가족의 변화와 문화의 네트워크

2025년 10월 25일 1판 1쇄

존 로버트 맥닐·케네스 포메란츠 편집
류충기 옮김

펴낸곳 : (주)소와당笑臥堂 | 신고 번호 : 제313-2008-5호
주소 : (03994) 서울시 마포구 연남로 13(영상빌딩 3층)
전화 : (02)325-9813
팩스 : (02)6280-9185
전자우편 : sowadang@gmail.com

저작권자와 맺은 협의에 따라 인지를 생략합니다.
값은 뒤표지에 적혀 있습니다.
잘못 만든 책은 서점에서 바꾸어 드립니다.

ISBN 978-89-6722-045-7 94900
ISBN 978-89-6722-028-0 94900 (세트)